中国红十字会第一人

宁波市鄞州区红十字会　组织编写

沈敦和史事编年

孙善根　编著

浙江大学出版社
ZHEJIANG UNIVERSITY PRESS

序

王汝鹏

（中国红十字会原副会长、红十字国际学院院长）

欲知大道，必先为史。

从历史中汲取智慧与力量，是我们党的优良传统。党的十八大以来，习近平总书记十分重视历史的研究学习，强调："历史是人类最好的老师。"①中国红十字运动的历史是一部弘扬人道、倡导博爱、践行奉献的历史，各级红十字组织和广大红十字工作者有责任、有义务认真发掘和深入研究红十字运动史，做到以史鉴今、以史增信、以史励人。

在中国红十字运动发展的历史上，生于浙江宁波的沈敦和是一个不能被遗忘的重要人物。1904 年，为救护日俄战争中的东北难民，以他为首的上海慈善家，筹集钱款，发起成立中、英、美、德、法五国合办的上海万国红十字会（中国红十字会的前身），并被推举为中方办事总董。他积极争取朝野支持和国际承认，并担任此后的中国红十字会副会长，实际主持红十字会工作达 16 年之久。他建医院、办学堂，以恤兵博爱、救死扶伤、拯难救危为己任，竭智尽力，为中国红十字会的创立和中国红十字运动的发展做出了卓越贡献。时人称："论开创则百世不祧之祖，论慈善则万家生佛之宗。"

当前，全党正在深入开展党史学习教育，宁波市鄞州区红十字会把学习党史与学习红十字运动史结合起来，编纂了《中国红十字会第一人——沈敦和史事编年》，纪念沈敦和筚路蓝缕之功，以向浙江省红十字会成立 110 周年献礼，这是一件非常有意义的好事。该书对沈敦和生平事迹与相关言论进行了深入

---

① 2015 年 8 月 23 日，习近平总书记致第二十二届国际历史科学大会的贺信。

1

细致的搜集和整理,并收录了大量富有价值的历史图片,生动展现了中国红十字运动先驱沈敦和人道、博爱、奉献的形象,为后人深入了解和研究近代中国红十字运动史提供了极其宝贵的文献。

昔人已乘黄鹤去,不废江河万古流。在110多年的中国红十字运动史上,一代代红十字人开拓进取、励精图治,为中国红十字事业付出了心血、汗水、智慧乃至生命。正是因为他们的筚路蓝缕、接续奋进,中国红十字会才从无到有、由弱到强。中华人民共和国成立后,在中国共产党的领导下,中国红十字事业得到了长足发展,成为中国特色社会主义事业的重要组成部分,在国际红十字运动中发挥着越来越重要的作用。中国红十字会也成为党和政府在人道领域的助手和联系群众的桥梁纽带,"党和国家高度重视这支力量"。①

习近平总书记指出,红十字是一种精神,更是一面旗帜。② 历史的长河滚滚向前,时代的号角催人奋进。让我们高举习近平新时代中国特色社会主义思想的伟大旗帜,紧紧围绕党和国家的中心任务,以一往无前的奋进姿态,大力弘扬人道、博爱、奉献的红十字精神,开拓进取,改革创新,为促进新时代中国特色红十字事业高质量发展贡献智慧和力量。

---

① 2015年5月5日,习近平总书记在会见中国红十字会第十次全国会员代表大会代表时的讲话。
② 2015年5月5日,习近平总书记在会见中国红十字会第十次全国会员代表大会代表时的讲话。

前　言

"万家生佛"

——中国红十字会第一人沈敦和的生平与事功

　　整整一百年前的 1920 年 7 月 5 日下午五时,一代慈善家、中国红十字会主要创始人沈敦和在上海家中病逝。同日下午,由其一手筹备的红会时疫医院如期开幕,只是已不见沈敦和忙碌的身影。"闻者同深悲悼",随后红十字同人为其举行追悼会,赞扬"他的精神永存,在中国红十字会运动中长存"。英文《字林西报》则称其为伟大的人道主义者和改革者。而一年前即 1919 年 5 月 3 日,中国红十字会常议会在为其离职而举行的会议上决定"发起为沈君立碑或制铜像以志纪念",称赞他"办理会务十有余年,前后集款至二百余万元之巨,中国之有红十字会实创自沈君"。[①] 时人称之为"当今之大慈善家也,办红十字会及公立医院,实心实力,名震寰区"[②]。

　　那么从宁波鄞县走出去的沈敦和是如何成为清末民初大慈善家的?他又是如何从洋务官员转型为职业慈善家的?其在中国红十字运动历史进程中又具有何种地位与作用?就让我们回到沈敦和生活的历史时代,回到其所作所为的活动现场一探究竟吧!

一

　　沈敦和(1857—1920),字仲礼,出身于鄞县一个茶商世家,其父沈雄,则以

---

① 《红十字会常议会纪事》,《申报》1919 年 5 月 5 日。以下凡出自《申报》者不再注明。
② 乐童、孝娥:《追述沈仲礼君之家庭》,《妇女旬刊》1922 年第 91 期。

文进入官府,曾充通商大臣崇厚①文案,随之协助办理五口通商事宜。见多识广的沈雄注重以新式教育培养子女,他延请英人为沈敦和进行家教,及长又使之游学美、英等国。1876年左右,沈敦和就学于英国剑桥大学法政科,一年后因奔父丧而回国。当时的中国在经历了太平天国起义后的短暂休整后,即将进入一个山雨欲来风满楼的大动荡时期,西方势力的大举入侵及其应对成为这个古老国度的时代主题。这无疑为既具有良好的西方教育背景又有地域优势等社会资源的沈敦和提供了一个广阔的活动舞台。

回国之初,沈敦和担任"上海会审公堂谳员陈君之译员"。不久各种机遇即纷至沓来,1881年,沈敦和因成功办理江宁美教士租地建房案,得到两江总督刘坤一赏识,从此进入仕途。先是参与铺设电报线路、办学,而后担任江南水师学堂提调、江南自强军营务处总办,协助张之洞、刘坤一在宁、沪两地办理对外交涉、练兵等各项洋务,并先后参与1884年中法之战与1894年中日甲午战争的后勤保障诸事,特别是因成功主持江南自强军编练而名噪一时。在其主持下,自强军成为一支以德国阵法编练而成的现代化军队,"自强军名闻中外",沈敦和被誉为"兵家"。其间,他还编译出版了大量介绍西方各国概况与军事技术方面的书籍,成为清末西学东渐的重要人物。1899年8月,沈敦和被一贯排外的朝臣刚毅参劾去职,押往张家口军台戍边"赎罪"。不久,义和团运动在北方风起云涌,排外主义甚嚣尘上。随后,八国联军占据京津地区,又挥师西向,锋指燕晋之地,举国震惊。时在张家口的沈敦和挺身而出,两次用计退敌。"自鸡鸣驿以至张家口,皆赖沈敦和坚忍劳苦,尽力周全,地方得以安谧。既止洋兵之西趋,又全万民之性命,是沈敦和保全之力,既非笔墨所能宣,而沈敦和专对之才,亦非寻常所可及。边民感戴,万口同声。"②时人称为其"舌战联军保全千百万民命"。为此"商民夹道跪迎者约七里之遥","群称沈君为塞上福星,朔方生佛"。③为此沈敦和不仅很快官复原职,而且被委任为山西冀宁道、山西洋务局总办、山西大学堂监督等,力行山西新政而开晋中风气。其间,沈敦和由于精明能干,特别是精通洋务,善于处理当时极为棘手的教案等

---

① 崇厚(1826—1893),满洲镶黄旗人,道光二十九年举人。1861年后任三口通商大臣,署直隶总督。1870年天津教案后,被派赴法国"谢罪"。1878年充任出使俄国大臣,谈判交还伊犁问题,因擅自签订丧失中国领土主权的《里瓦几亚条约》,受到舆论谴责,被捕入狱。后被降级使用。

② 《转录京师新闻汇报所登奎都统奉调沈仲礼观察折片》,1901年3月7日。

③ 中国历史研究社编:《庚子国变记拳变余闻》,上海书店1982年版,第219页。

2

事件,被各地竞相重用。1902年后,又被委为矿路总局提调、上海记名海关道、沪宁铁路总办等,一时有"江南第一红道台"之称。

1903年后,鉴于宦海凶险莫测,沈敦和开始脱离仕途,转而从事企业活动与社会慈善事业。他先后创办和与人合办华安人寿险公司、四明银行、华商合群保险公司、同利制铁厂等企业,成为近代中国保险业的开拓者,并连任上海总商会会董。"先生不志为官,而专注于实业,惟实业足以救亡,是先生之卓见也。"①但其间接连不断的天灾人祸与救国救民的志愿迫使他以更多的时间与精力从事慈善公益事业,乃至成为职业慈善家。他先后联络中外人士发起创办"东三省红十字普济善会"以及后来的上海万国红十字会、中国红十字会和黄浦救生善会、华洋义赈会等慈善团体,担任上海济良分所总董、上海天足会会长,成为清末民初享誉中外的慈善界头面人物。他还长期担任四明公所董事,清末时与同乡虞洽卿、严信厚等参与领导四明公所抗法斗争。1911年宁波旅沪同乡会成立时,他获得旅沪宁波同乡的一致拥戴,被推举为首任会长,成为当时旅沪宁波帮领袖人物,在旅沪宁波人中享有威望。沈敦和公余以书画自娱,亦喜作古诗词,尤擅长于细笔山水画,所作仿古瓷器多次获万国博览会大奖。

二

风云际会的沈敦和经历和参与了清末民初几乎所有的重要历史事件与重大活动,诸如办理洋务、输入西方文化与对外交涉以及编练新兵、兴办新式企业与办学、女子放足、慈善赈济等等,不一而足,是一个有着多方面作为与成就的风云人物。时人称其"不独为军界之干材,也是外交界、慈善家、企业界出类拔萃的人物"②。但沈敦和着力最多并奠定其历史地位的当属他发起创办并长期主持中国红十字会。"推原创始之人,以前会长鄞县沈仲礼公讳敦和为最。"③

1904年初,日俄两个帝国主义国家为争夺对中国东北的控制权而在中国辽东半岛展开厮杀,史称日俄战争。当时软弱无能的清政府竟将辽东划为交

---

① 《沈仲礼传》,《中国实业杂志》1914年第5期。
② 南荟外史著:《沈敦和》,上海集成图书公司1911年版。
③ 《红会为创始者建塔记功》,1929年7月28日。

战区,宣布"局外中立",一时我东三省同胞流离失所,成为难民,受尽磨难。激于义愤,时为上海记名海关道的沈敦和挺身而出,于当年3月3日,与前四川川东道任锡汾、直隶候补道施则敬等20余人发起成立"东三省红十字普济善会","专以救济该省被难人民为事"。当时《申报》称"普济善会,特中国红十字会之先声耳"。①

由于"东三省红十字普济善会"具有浓重的传统善堂色彩,其无法取得日俄交战双方的认可。认识到这一困境后,见多识广又精明强干的沈敦和立即改弦更张,转而寻求国际合作。他通过当时在传教士中极具影响力的李提摩太,与英、德、美、法等四国驻上海领事、公共租界官员取得联系,并获得他们支持,合办一个新的红十字会。1904年3月10日,万国红十字会上海支会成立,不久改名为"上海万国红十字会"。董事会由45名人员组成(其中西董35人,华董10人),并从45名董事中推出9名组成办事董事,其中中方办事董事为沈敦和、施则敬以及后来增加的任锡汾,而以沈敦和的地位最为重要。

上海万国红十字会成立后,积极争取日俄双方的承认与朝野的支持,随后即开展救济工作,至当年6月已募款约20万两。与此同时,在东北的救济工作也逐渐展开。到1906年初该会设于东北的各分会结束时,各地先后被救济的难民总数达46万7000多人,其中受赈者20多万,受到中外舆论的广泛好评。②

上海万国红十字会的成立标志着中国红十字会的诞生。但当时该会仓促成立,为临时机构性质。日俄战争结束后,该会除了曾拨余款救济美国旧金山震灾外,实际上已经停止活动。如何实现由临时机构向常规性机构过渡并由地方慈善团体向全国性的红十字会转变,仍是一个有待解决的问题。在这一过程中,沈敦和同样发挥了关键的作用。

1911年10月武昌起义爆发后,沈敦和即征集中外绅商为会员,募集捐款,又以中国红十字会的名义,派出救护队前往武汉、南京等地开展战地救护。上海独立后不久,沈敦和又在上海召开中国红十字会进行大会、特别大会,紧锣密鼓地进行舆论宣传与筹建工作。其间,北京方面也着手组织红十字会,并先后任命盛宣怀、吕海寰为中国红十字会会长,力图将红十字会置于官办的范围

---

① 《中国宜入红十字会说》,1904年3月5日。
② 池子华、郝如一主编:《中国红十字(1904—2004)历史编年》,安徽人民出版社2005年版,第6页。

之内。但沈敦和借助上海中外绅商的支持，顶住北京方面的压力，坚持民捐民办原则。同时，沈敦和积极进行国际承认工作，并在日本赤十字社支持下加入红十字国际委员会。1912 年 5 月，万国红十字大会第九次会议在华盛顿举行，中国红十字会与中国政府代表首次应邀与会。这是中国红十字会首次参与国际会议，从此成为国际红十字运动大家庭的一员。

尽管辛亥革命后，北京政府一直支持北京的红十字总会，但迫于社会的压力和沈敦和的强硬立场，最后北京方面只得妥协。1912 年 9 月，南、北红十字会达成合并协议。

根据合并协议，当年 9 月 29 日在上海召开中国红十字会第一次会员大会。据报载，与会人士达 1300 余人，充分显示了上海社会对沈敦和及其红十字会的强大支持。会议通过了《中国红十字会章程》，并完成了从董事会向常议会制会内运作体制的转变，特别是通过了《京沪合并章程》，规定总会设于首都亦即北京，上海设总办事处，会长驻京，副会长驻沪，主持总办事处工作，红会具体事务由总办事处负责实施。

10 月 6 日，中国红十字会第一次常议会在上海召开，会上选出袁世凯、黎元洪为名誉正副总裁，吕海寰为会长，沈敦和为副会长兼常议会议长，江趋丹为理事长。10 月 18 日，北京政府公布正副会长人选，以表示政府对总会新人事安排的承认。10 月 30 日，全国统一大会在上海召开，北京政府外交、内务、海军和陆军等部以及副总统黎元洪、奉天都督赵尔巽、江苏都督程德全等官员都派代表出席，显示政府对红十字会合并的承认与支持。此次全国统一大会实现中国红十字会的合并，讨论通过中国红十字会章程。该章程规定设立常议会，沈敦和同时担任常议会议长。该会有对红十字会资产的管理和监督权，对分会章程的审核权，又可以召集临时全国大会。更重要的是该会掌握修改章程的权力，这使得常议会实质上成为总会决策机关，而上海方面从一开始便主导了常议会。沈敦和以副会长、常议会议长的双重身份，率领总办事处继续在上海主持会务，主持中国红十字会工作。北京总会实际上无可奈何，甚至在需要经费时还要向总办事处求援。这种情况一直维持到 1919 年 5 月沈敦和被北京政府免职为止。

显然，沈敦和是缔造中国红十字会初期京（北京总会）、沪（上海总办事处）对立，正副会长各司其职这种二元结构的关键人物，也是红十字运动在中国得以开展的主要推动者。他凭借个人能力、声望、人脉，凝聚海内外民间资源，奠定了中国红十字会的基础。其间,从"东三省红十字普济会"到中国红十字会,作为会务实际主持人,沈敦和以恤兵博爱、救死扶伤、拯难济危为己任,以上海为依托,积极开展会务活动,特别是组织实施各类卓有成效的赈济与救援工作,尤以灾难救济、医疗卫生、战地救护与国际救援四个方面的工作最为显著,取得了重要的人道主义效果,也有力地扩大了红十字运动在中国的影响。

三

清末民初,沈敦和主持红十字会期间先后创办并主持上海时疫医院以及后来的中国红十字会时疫医院、红十字会总医院(今上海华山医院)及医学堂、天津路分医院、中国公立医院等,大力培养医护人才,参与疫病救治,为当时上海乃至全国疫情与疾病的防治发挥了重要作用。其中 1910 年公共租界发生鼠疫,工部局在源昌路、阿拉巴斯脱路(今曲阜路)、北山西路等地强行挨户检查鼠疫,其后又公布检疫章程,引起居民强烈抗议与恐慌,酿成"检疫风潮"。沈敦和等"乃谋自立医院,与英工部局力争,虽允可而迫于四日为限"。他为此公开演说募款,力言"治安不可扰,主权不可损,医院成立不可缓",获得民众热烈的响应。"敦和爱大会士民,慷慨陈词,继以挥涕"。场面十分感人。当年 11 月 23 日,中国公立医院如期在英租界成立,10 天检验完毕 2400 户华人,未发现一人感染鼠疫,就此检疫风潮平息,市面恢复正常。① 而沈敦和创办于 1908 年的时疫医院至其去世当年的 1920 年,已历时 13 年之久。"每岁夏秋之交,捐资赁屋开办,专治急痧时疫,成效颇著。"② 时人称:"上海租界华人自立医院能得工部局之认可者,自时疫医院始。"数十年中,这家医院救治病人数以万计,得到各界交口称赞,"诚上海第一善举也"。1918 年 5 月 6 日《新闻报》以《慈善可风》为题刊文盛赞沈敦和,认为"沪上热心公益创办慈善事业者首推沈仲礼君,若红十字会时疫医院、公立医院等无不悉心筹划,成绩优美,久已有口皆碑"。

其间,中国战火到处蔓延,天灾人祸不断,沈敦和历尽艰辛,多方奔走呼吁,组织动员各方力量,开展兵燹救援与灾害赈济工作。如在武昌起义,宁沪、京津、直皖、直奉诸战役以及南北各省旱涝、风火、疫疠等灾变中,他都竭智尽

---

① 《中国公立医院抽查鼠疫近情》,1910 年 12 月 21 日。
② 《工部局补助时疫医院建筑费》,1920 年 3 月 29 日。

力,积极组织救护工作,民众深受其益,誉之为"万家生佛"。其中辛亥革命期间,上海红十字会除了派遣救护队前往战地救护之外,也与各地中外教会人士合作进行救护工作。总计武汉三镇战区治愈兵民 3434 人,南京战区救治伤兵约 500 余人。等到战事向北发展,上海红十字会又派留日医药团编队前往,加上各地传教士,从皖北到津浦铁路沿线,设立许多临时医院。总计前后救治伤病兵民约 1 万余人,掩埋尸体仅武汉、南京两地就有 3000 多具。①

20 世纪初红十字会部分灾难救济一览

时间	救济概况
1904 年	日俄战争造成东北地区难民众多,上海万国红十字会派队前往东北各地,从事救护难民、资遣回籍,并于战后施放急赈,从光绪三十至三十一年共救济 46 万余人。
1910 年	7 月,安徽北部发生旱灾,随后传染病流行,上海红十字会组织 4 个救护队前往灾区,先后在安徽临淮、寿州、凤阳、正阳、凤台、怀远、宿州、蚌埠及江苏清江、海州、桃源等处救灾,总计救治灾民 6.75 万人。
1912 年	10 月,浙江水灾,青田、瑞安、永嘉诸县受灾尤重,总办事处当即派出放赈、掩埋、防疫等 3 队,携带现金、粮食、衣物、药品等,前往灾区,总计救济灾民 2 万余人,救治伤病数千人,掩埋尸体数百具。
1913 年	因二次革命战争产生大量难民,其中部分逃来上海,总办事处自 7 月至 12 月共资遣难民 17812 人,且派队前往南京、徐州救济。同年山东韩庄、江苏徐州等地旱灾,总办事处派员前往救济。
1914 年	安徽、河南发生白狼起义,总办事处募得银 1 万两,派员前往放赈,救济数万人。山东高密等县水灾,派员携款 15000 元,棉衣 8000 余套,前往灾区散放。
1915 年	6 月,浙江衢州水灾,灾民 6 万余人,总办事处派员携款 24 万元前往救济;7 月上海风灾,江西万安、泰和、吉安、南昌等县水灾,总办事处分别予以救济。
1917 年	安徽、河北水灾,安徽北部受灾达数十县,总办事处与安徽士绅组织安徽义赈会,筹募款项,派员至灾区散放急赈,救济灾民约 10 万人;河北灾区多达百余县,天津受灾尤重,总办事处筹款后,派员会同天津分会,先放急赈于天津杨柳青等处,指定徐水、文安、东光、沧县、石家庄等处,由急赈再继以冬赈,总计散放赈款 11.2 万元,棉衣 10.4 万件。
1918 年	湖南省兵灾继以水灾,总办事处派遣救护队前往,总计在湖南散放赈款 2.1 万元,棉衣 2.47 万件。

① 池子华、郝如一主编:《中国红十字(1904—2004)历史编年》,安徽人民出版社 2005 年版,第 15—18 页。

续表

时间	救济概况
1919年	江苏、浙江、安徽、湖北等四省水灾,总办事处与上海各慈善团体合力筹募赈款,救济品运往救济,救助吴淞水灾,发给极贫者棉衣一套、米8升,次贫者米6升,商人不愿受米者,每人借10—20元不等。
1920年	河南、河北、山东、山西、陕西、湖南、福建、浙江、湖北等省爆发水旱灾,后又因直皖战争、粤桂战争等影响,导致天津以及四川、湖南、广东、广西等省兵灾严重,总办事处为了救助各项灾情,共支出赈款84150元,棉衣裤8000余件,又在北通州、保定、大名设立临时诊疗所,进行战地救护。

资料来源:中国红十字会《中国红十字会征求会员大会特刊》,第39—72页;中国红十字总会《中国红十字会历史资料选编(1904—1949)》,南京大学出版社1993年版,第299—300页。

此外,沈敦和领导的中国红十字会总办事处还以捐款捐物、派遣医疗队等形式,援助美、俄、日等国受灾的华侨与当地人民,产生了良好的国际影响。

20世纪初红十字会国际灾难救助一览

时间	救援概况
1906年	美国旧金山地震,红十字会捐助白银2万两。
1914年	日本鹿儿岛地震,总办事处捐助国币2000元;后因欧战爆发,应红十字国际委员会请求,总办事处又捐助国币8000元。
1918年	派医疗队前往海参崴,设立临时医院,停留时间长达8个月,共计花费26000余元。
1919年	俄国革命爆发后遍地难民,总办事处除募得旧军衣1500套、赈款2700元外,另拨款5000元,交由美国红十字会驻上海办事处运往救济。同时为救援德、奥华侨返国,垫款20000元。
1920年	派员租船救济载运俄属庙街华侨2000余人返国,前后历时两个月,总计支出56000余元。

资料来源:中国红十字会《中国红十字会征求大会会员特刊》,1920年,第40—52页。

1919年4月底,北洋政府为加强对中国红十字会的控制,利用美国红十字会对沈敦和的不满与猜忌,突然任命蔡廷干为副会长,这实际上剥夺了副会长沈敦和的权力。

沈敦和被免职,即将告别自己一手创办的中国红十字会,其内心是不平静的。其实沈敦和并非贪名恋栈，此前他也曾请辞红十字会副会长职务，可他终未离职而去，皆因其不忍心放下这一尽瘁多年的红十字事业以及那些亟须救护的伤兵病员、苦难灾民。正如他在辞副会长及议长函中所言："敦和追随其际、无补时艰，衰朽余年，日荷重负，良心众志成城，不愿谢绝热心同志，独善其身；国无宁岁，更不忍抛弃无告穷民，坐视不救。"①这无疑是他长期从事红会工作的自我总结，也是其为红十字事业奋斗不懈的真实心声。正缘于此，近20年他始终如一、呕心沥血地为红会工作力事奔走而无怨无悔，义无反顾。即便免职后，仍为上海突发时疫操劳，自谓此次疫情"关系沪上安危，未便以告休退老之身，遽置民命安危于不顾"，又一如既往地积极投身其中，终使疫情得到控制。随后又担任湖北义赈会会长，为赈济灾民而奔波。也许是过分刺激和劳累的缘故，在去职一年后即1920年7月5日，沈敦和因病在上海寓所去世，享年64岁。一颗伟大的慈爱之星就此陨落。

四

可以说，沈敦和为其一手创办的中国红十字会倾注了全部的心血与精力。1919年7月他离职时，对此有过一段追述："二十世纪以来，世界多故，残贼人道，干犯天和，水旱疫疠，兵祸颠连，十年五乱，政争党争，南北背驰。本会应时势之需要，尽匹夫之责任，摈绝权利以尽义务，赤手空拳成此基础。与斯世水深火热之灾黎、断肢折胫之疮痍，争生存于旦夕，冒锋镝之凶，托沿门之钵，日处惊风怒浪之中，艰难之境，陨越堪虞。兹本缔盟万国，遍设分会，设医学以备人才，开医院以拯疾苦，集三万会员，劝二兆善款，国内国外天灾人祸，无役不从。"②其间，各种天灾人祸发生时，人们总是把希望的目光投向上海的沈敦和及其红十字会，所谓函电交驰，应接不暇，而后者几乎都是有求必应，"无役不从"，被认为是"救苦救难之大元帅、救命军之大教主"，③乃至成为黑暗中难得的光亮。由此，沈敦和也成为其间媒体"出镜率"最高的新闻人物之一。据笔者初步统计，1904年至其去世的1920年，其名字仅在《申报上》就出现5100余次。一时沈敦和几乎等同于中国红十字会，沈敦和就是红十字会，红十字会就

---

① 《中国红十字会卸事副会长沈敦和启事》，1919年7月20日。
② 《中国红十字会卸事副会长沈敦和启事》，1919年7月20日。
③ 《红十字会大会志盛》，1911年10月25日。

是沈敦和。

沈敦和为中国红十字运动所做的历史性贡献也赢得了当时人们广泛的好评与崇敬。时人称:"沈副会长办理会务,前后十六年,集款二百数十万元,分会一百四十余处,连年天灾人患,胥赖红十字会拯恤,虽有各善士慷慨乐输,但非沈公任劳任怨,曷克臻此?中国向无红十字会,日俄之战,东省人民惨遭兵祸,若非沈公首肯任事,当时红会又何由成立?是中国之有红十字会,实创自沈公也。"①所谓天道自在人心,无疑这是客观的历史事实,也是对沈敦和历史功过的公正评价。

斯人虽逝,精神长存。显然,沈敦和是清末民初大动荡时代的建设者,②是一个对近代中国慈善公益事业有大功的人,特别是他披荆斩棘,奋发有为,为中国红十字会的创办与发展做出了突出贡献,是当之无愧的中国红十字运动的主要缔造者。其博施济众、恫瘝在抱的人道主义精神更是光照寰宇,历久弥新。饮水思源,在中国红十字运动蓬勃发展的今天,我们不应忘记沈敦和及其历史功绩,这不仅是对先驱者的纪念,更是大力弘扬人道主义精神,激励人们投身当代中国慈善公益事业的强大动力。

---

① 中国红十字会总会编:《中国红十字会历史资料选编 1904—1949》,南京大学出版社 1993 年版,第 470—471 页。

② 1902 年前后沈敦和担任山西洋务局时与之颇有来往的美国探险家弗朗西斯·亨利·尼科尔斯就认为:"沈敦和这个人是当今中国重建时期最重要的人物之一。"(美)弗朗西斯·亨利·尼科尔斯著:《穿越神秘的陕西》,三秦出版社 2009 年版,第 32 页。

凡　例

一、本书以沈敦和为中心，全面梳理报刊、函电、书籍、档案等各类资料，按照时间顺序，编排其言行思想、生平事迹及相关史事，努力还原历史的真实面相。

二、正文顺序按公元纪年年月日编列，民国元年以前附列农历纪年。传主年龄以传统虚岁计算方式记述。

三、引文力求采用原件、原书或报刊最初文本为准，原件无标点者，按照常用标点符号用法标点。近代报刊中同音字、近音字混用情况相当普遍，如苏宝森有时为苏葆生、苏葆笙，赵芹波有时写成赵荃波。这种情况一律不予更正。对原文中的繁体字、异体字，一般以现行简化字处理，有些古体字，则保留原字。对原文中因字迹模糊而辨别不清的字用"□"表示；明显错、衍、脱字用（）将正确之字置其后。

四、所引资料无确切日期者，或系于月末（是月），或系于年末（是年），或加"约"字系于相应位置。

五、本书各条纪事基本上注明来源；由于引用《申报》较多，凡来自《申报》者，不再一一注明。

六、一些需要说明的人物、事件、概念或补充材料等，用脚注形式处置；同一史事不同资料记述有差异者，亦以脚注加以说明。

七、引文内日期及其他数字，按原件汉字书写，叙文、注释中有关日期、数字，一般用阿拉伯数字记述。外国人或外国书名，尽量附列原文。

八、本书所附照片、手迹、书影置于与文字相应的位置，并有文字说明，如照片中已有说明或不言而喻者则不再说明。

目　录

1857 年(咸丰七年)1 岁

是年,出生于浙江鄞县城区一茶商家庭,为明代重臣沈一贯之后。[①] 父沈雄,母张氏。为家中次子。[②]

1876 年(光绪二年)20 岁

是年前后,赴英美游学,后在剑桥大学圣约翰学院攻读法政科。1 年后因丁忧回国。"回华议叙,从九品选用。"(秦国经主编:《中国第一历史档案馆藏清代官员履历档案全编》,光绪朝,沈敦和,华东师范大学出版社 1995 年版)

1878 年(光绪四年)22 岁

7 月,向北方秦晋豫赈灾捐款洋五角。(《接录上海六月念五至七月初五赈捐收》,1878 年 8 月 11 日)

---

① 近代鄞县一地沈姓聚族而居者不下五六处,由于现存沈氏宗谱并不完整,沈敦和究属哪支,笔者遍寻而难得其详。但 1910 年 9 月 28 日《四明日报》的一则报道也许能解其中之谜。沈敦和之父沈雄早年入幕通商大臣崇厚,协助办理通商事宜,全家遂迁往上海。几经变迁,沈宅成为提督署用房。据本地文史专家考证,提督署用房在今宁波城区广济街宁波老年大学内。报道说:"在籍士绅沈敦和等日前为致敬先人事,具禀道署。当蒙桑观察批示云,提署为故相旧宅,事虽久远,确凿可稽,所请春秋入署致祭亦属报本孝思。惟现当绿营更章,似未便率行咨请,已另行函知贵绅矣。"(《入署致祭缓行》,1910 年 9 月 28 日)

② 由于资料的缺乏,沈敦和家世及其早年情况并不是很清楚。据 1908 年英国伦敦皇家出版公司出版的《香港、上海及中国其它地方商埠二十世纪印象记》一书,在《上海著名中国人士沈敦和》中记载:"父沈筱余,宁波茶商,君为次子。君生于 1857 年,在学龄期内,获得所有有钱人家能给予之教育。在上海自费求学后,负笈赴英,入剑桥之圣约翰学院肄业,专攻政治经济学,但 12 个月后,因父丧回国,不能竣所学。"(宁波市政协文史委员会编:《上海总商会的宁波人》,中国文史出版社 2010 年版,第 275 页)而 1911 年上海集成图书公司出版的《沈敦和》小册子是这样记载的:"沈敦和,字仲礼,世业茶商,父雄,始为儒,充尚书崇厚文案,随崇办理五口通商事宜数年。知办洋务,非通西文不可,又以通异国文语,非引置庄岳之间不可,挈敦和家于上海,延英人至家,课英国文语。学成游美,复由美至英,肄业甘桥大学,学法政,时光绪初年也。"(南苕外史著:《沈敦和》,上海集成图书公司 1911 年版)

是年前后,担任"上海会审公堂谳员①陈君之译员"。(宁波市政协文史委员会编:《上海总商会的宁波人》,中国文史出版社2010年版,第275页)

1879年(光绪五年)23岁

8月,向上海晋赈公所捐洋十元。(《接记上海新太古内协助收解晋赈公所捐数》,1879年9月6日)

1881年(光绪七年)25岁

12月8日,《申报》报道,时在上海会审公署办理洋务的沈敦和,奉南洋大臣刘坤一②之命,赴南京襄办电报事宜。为此7日友人在《申报》上作《送沈仲礼之金陵》七言诗为其送行。报道说:

> 南洋大臣刘岘庄制军亦在金陆设局开办电工一节已列前报。兹闻不日亦可竣工通传打报,督办为龚仰蕖、郭月楼、朱子清、谢子受四观察。昨又札调向在上海会审公署办理洋务之沈仲礼少尉敦和赴宁襄办电报事宜,少尉即拟束装就道矣。(《电局调员》,1881年12月8日)

是年,因协助两江总督刘坤一成功处理传教士江宁租地案而获刘器重,"留南洋十余年"③。其间先是负责敷设南京清江浦电报线事,后"被委在江宁机器局组设教习英文之学堂"④。记载称:

> 刘坤一方督两江,值美国教士于江宁城中正街高起洋楼,与万寿宫对峙。刘以体制所关,令教士改作,教士不从。洋务局员无能发策助刘者,刘患之,思得谙外国法律之人。时中国学生在他国习法政者,敦和最著闻,或以语刘。刘乃调敦和至江宁,与教士交涉,七日而教堂他徙。刘奇

---

① 审理案件的官员。
② 刘坤一,字岘庄,时任南洋通商大臣。
③ 《沈仲礼传》,《中国实业杂志》1914年第5期。
④ 宁波市政协文史委员会编:《上海总商会的宁波人》,中国文史出版社2010年版,第275页。

敦和才,不令赴英,留南洋差遣。(南苕外史著:《沈敦和》,上海集成图书
公司 1911 年版)

1882 年(光绪八年)26 岁

年初,新任两江总督左宗棠在南京设立金陵同文馆,被聘任为教习兼管
理员。

继充水雷鱼雷学堂提调,协助英国教习哈维式鱼雷之发明人哈维工作,
"两人共同开办一大规模之学堂,君辛勤于此者四年"。(《沈敦和》,载宁波市
政协文史委员会编《上海总商会的宁波人》,第 275 页)

对于沈氏主持的同文馆,《申报》报道说:

南京设立同文馆,以教华童,目下规模大备。学生皆取二十岁以内,
除西国语言文字之外,又学电报诸法。现经沈君仲礼为之督率,诸学徒皆
日进有功。有某学生入馆仅阅六月,居然卓有可观。昨由西友处见该学
生所书西文一纸,行列并然,书法清爽,亦足觇其进境之速,而督率之勤能
于此可见一斑矣。(《学徒进境》,1882 年 8 月 10 日)

1884 年(光绪十年)28 岁

8 月,中法战争全面爆发,任海防粮台委员,从事对台湾守军后勤接济工
作,后"以功保县主簿"。时人记载:"朝命龚照瑗驻上海,办海防粮台,调敦和
往助,出奇计济师台湾,以功保县主簿,是为敦和得官之始。"[1]另一记载称:"中
法战争起,台湾巡抚刘铭传处境危急,北京朝命下,饬君突破封锁以人员、金钱
接济之。抵沪后,设办公处,征得轮船二。两轮虽不如理想,而卒能往返台湾、
上海间 20 次,未尝受损。"(《沈敦和》,宁波市政协文史委员会编《上海总商会
的宁波人》,第 275 页)

---

① 南苕外史著:《沈敦和》,上海集成图书公司 1911 年版。

1885 年(光绪十一年)29 岁

3 月 4 日,因协防台湾有功,李鸿章与曾国荃联名向清廷举荐一批出力员弁、翻译、司事等,沈氏榜上有名。(顾廷龙、戴逸主编:《李鸿章全集》第 11 册,奏议,安徽教育出版社 2008 年版,第 4 页)

4 月,获生平第二次升迁,"奉派会同特鲁洛普少佐修筑吴淞口新炮台,事毕受任炮台管理人员"。(《沈敦和》,宁波市政协文史委员会编《上海总商会的宁波人》,第 275 页)

7 月前后,向上海仁济善堂助药捐十元。(《上海北市六马路仁济善堂经收第二批各善士乐助药捐》,1885 年 7 月 6 日)

10 月 18 日,为安装新从英国购置的火炮,时为水雷局提调①的沈敦和与金陵筹防局汤小秋赴吴淞测量地势。报道说:

> 曾沅圃宫保前向英国定购十二寸口径巨炮,并延订精于修筑炮台之德陆伯总戎来华监修长江各处炮台。现在德总戎已经抵华,炮位亦将次运到,故宫保特派金陵筹防局宪汤小秋观察来沪与德总戎筹商一切。昨日观察偕水雷局提调沈仲礼参军同赴吴淞测量地势,闻不日尚须赴长江阸要各处察看也。(《会勘炮台》,1885 年 10 月 19 日)

是年,由出洋肄业同人翻译、沈敦和校的《西学课程汇编》发行。时人称该书"于泰西书院规条分晰至精,学术名称释举悉备"。(《新出西学课程汇编》,1885 年 9 月 9 日)

1886 年(清光绪十二年) 30 岁

3—6 月,为中英在香港商办开征洋药税厘,作为兼任中国使者赫德爵士及

---

① 提调是清代在临时设置的机构中负责处理事务的官员。

苏松太道邵友濂文案,先后两次赴港参与和议。①《申报》先后报道说:

江督辕门抄

(农历正月)廿三日水雷学堂、同文馆教习、候补理问②沈敦和奉松太道邵委赴香港。(1886 年 3 月 5 日)

定期赴港

正任苏松太道邵小村观察由京回沪已列前报,兹闻观察择于十二日偕赫税务司及前为洋药局总办之方观察、沈仲礼参军等乘轮赴香港筹办洋药捐税事宜。至本埠洋药局业奉上宪札委严伯雅太守为总办,已于前日到局视事,贺客盈门,殊热闹也。(1886 年 6 月 6 日)

4 月 2 日,陪同新任苏松太道汤小秋等拜会各国领事。(《正名》,1886 年 4 月 5 日)

5 月,被委为南洋大臣翻译,报道说:

南洋大臣曾沅圃宫保以迩来洋务日繁,特委同文馆主讲沈仲礼司李③为南洋翻译,所遗同文馆主讲闻已改委上海曹君接办云。(《委员翻译》,1886 年 5 月 25 日)

6 月初,被委为南洋大臣洋务委员。(《白下官场录要》,1886 年 6 月 7 日)

9 月 24 日,陪同上海道龚照瑗等拜会各领事与江海关税务司等。报道说:

关道宪、龚仰蘧观察于昨晨偕同英会审员蔡二源太守、代理法会审员葛蕃甫同转、洋务委员沈仲礼参军、沈鼎忠司马,先至法领事署会晤恺君,旋赴新关吉税务司及英领事啊君处拜会。观察午刻回署。下午二点钟再往奥领事及美俄德西洋日本各国领事署拜会。(《道宪拜客》,1886 年 9 月 25 日)

――――――――――

① 而另据 1908 年香港出版的《香港、上海及中国其它地方商埠二十世纪印象记》一书记载,时间为当年"9 月 11 日,第二次鸦片战争后之和议开议于香港,君(指沈敦和)受任充中国使者赫德爵士及邵观察文案,参与和议"。(《沈敦和》,宁波市政协文史委员会编《上海总商会的宁波人》,第 275 页)

② 理问为布政使司直属官员之一,掌勘核、刑名、诉讼。

③ 司李,即司理,为掌狱论之官。

9月25日上午,继续陪同上海道龚照瑗等"至天主堂、新关造册处、日斯巴尼亚钦差署、英刑司署拜会,午刻至官银号用膳"。(《拜客再志》,1886年9月26日)

是年,翻译的《英国阿姆斯特郎十二时口径前膛炮图说》出版。(粟进英著:《晚清军事需求下的外语教育研究》,湖南大学出版社2010年版,第157页)

1887年(清光绪十三年)31岁

是年,直隶总督李鸿章、两江总督曾国荃组织南北洋海军联队,设江南水师学堂,以造就海军将才,奉委具体负责学堂筹建工作。"敦和度地江宁威风门外,建筑校舍,规制焕然,功速而费省。延英国海军名将希而逊为教习。"(南苕外史著:《沈敦和》,上海集成图书公司1911年版)

1888年(清光绪十四年)32岁

10月初,向奉天水灾协赈公所捐洋十元。

10月23日,据《申报》报道,时在金陵政界的沈敦和已初露锋芒并爱好书画:

> 四明沈仲礼司李精西学,熟悉洋务,听鼓金陵,凡有交涉事件,大宪恒委任之。而公余之暇,尤喜临池,素爱鲁芝友太史行楷书,下笔殊觉神似。近以太史墨迹数种亲为钩勒,付之石印,以供同好。(《铁画银钩》,1888年10月23日)

1889年(清光绪十五年)33岁

2月初,镇江发生中外商户被焚事件,引发列强兵舰云集镇江。为应对此事,两江总督曾国荃特地将"业经奉差远出"的沈敦和"用五百里排单,由驿星夜驰调",与当地官员筹商办理善后事宜。(《京口滋事续闻》,1889年2月19日)

5月10日,开始兼管江南水师学堂文报。(《江督辕门抄》,1889年5月7日)

12月,"助江浙赈捐洋一百元,求病速愈"。(《骏惠众来》,1889年12月25日)

南京江南水师学堂旧址

1890年(清光绪十六年) 34岁

7月22日,据《申报》披露,时为理问的沈敦和禀知遵海防例捐升候选同知①。(《江督辕门抄》,1890年7月29日)

8月,奉委江南水师学堂提调。(《江督辕门抄》,1890年8月22日)

是月,北方顺天直隶大水成灾,沪上绅商组织赈济,向顺直赈灾捐洋二十元。(《助赈汇志》,1890年8月27日)

10月初,作为水师学堂提调抵沪招考学生。(《招考告示》,1890年10月11日)

是年,由出洋肄业局翻译、沈敦和编校的《西学章程汇编》在慎记书庄石

① 同知为知府的副职,正五品,因事而设,每府设一二人,无定员。同知负责分掌地方盐、粮、捕盗、江防、海疆、河工、水利以及清理军籍、抚绥民夷等事务。

江南水师学堂官员与师生合影

印。7年后即1897年(清光绪二十三年),作为西政丛书之一重印。该书首为格林书院详细课程及章程,课程包括数理化、制造之学、各国语言、水军阵法、测候、交涉公法等37门功课名称。书院山长、监院、各科教员人数,书院考课之一、次、三等分数的规定。以下依次为政治学馆章程,泾士学堂章程,法国沙浦制造军官学校学堂课程单,法国汕答佃矿务学堂课程单,白海土登监工上等学堂课程单,赛隆匠首学堂第一、第二、第三课程等,所记甚详。(张晓编著:《近代汉译西学书目提要——明末至1919》,北京大学出版社2012年版,第223页)

1891年(清光绪十七年)35岁

6月初,奉命办理翻译事务,免水师学堂提调职。(《江督辕门抄》,1891年6月11日)

7月,被委为金陵洋务总局翻译。(《江督辕门抄》,1891年7月19日)

11月下旬,参加选拔金陵机器制造局同文馆肄业生,"取中年岁未满二十以及中西文字优长者十余人,仍留馆学习,预为使署储才之地"。(《译馆抢才》,1891年11月30日)

1892 年(清光绪十八年)36 岁

1 月初,"奉委赴吴淞公干"。(《金陵官报》,1892 年 1 月 4 日)

1 月 15 日,应邀主持金陵机器制造局同文馆学生考试。(《洋务抡才》,1892 年 1 月 26 日)

2 月 24 日,为建造相关炮台,"奉委赴圌山关、都天庙估工"。(《金陵官报》,1892 年 3 月 3 日)

3 月 30 日,被委为代理洋务局。(《金陵官报》,1892 年 4 月 9 日)

5 月间,完成《英法俄德四国志略》的编纂并作序。该书记述四国历史沿革、疆域、政治、财赋、文学、武备、教育、风俗、物产等。随后是书于 1896 年由上海图书集成印书社印行,是为我国系统介绍欧洲列强的早期著作。序录于下:

> 敦和自束发未习举业,而于经世有用之书,妄希涉猎。稍长,见时事多故,往游泰西,阅十有三月。于其国之语言文字,积久有得,乃复周览其山川,熟察其政事,以逮乎人民风俗,耳之所闻,目之所接,辄以西学笔之,意所不能通,则证之于彼都之人士与其典籍。都凡二十有余国,率随得随录,不加文义,得稿盈箧,未遑类次。旋华以来,迭受知疆吏,捧檄奔走,鲜坐定时。近岁在省,始获暇晷,而二三同好,公余过从,询及旧录,恨相见之晚,爰检校故纸,择其大者,分别条理。其有前人所已述,则采取他书,不复意补。积六十日,译成英法俄德,名之曰志略,付诸削氏。其余他国,容假岁月,次第编竣,聊志弱龄数万里之外鸿雪之迹。非敢云问世也,抑敦和思之,方今中外辑睦,皇华诸使驻节海外,类多博闻亮达,不辱使命之臣,其所为料量荒服之情形,规测重洋之要害,必有鸿编巨帙足以备朝廷采而固疆防,区区是略,百不逮一,世之览者亦等诸海客谈瀛可矣。
>
> 光绪十八年壬辰四月　四明沈敦和识

（沈敦和著:《英法俄德四国志略》四卷,上海图书集成印书社 1896 年版）

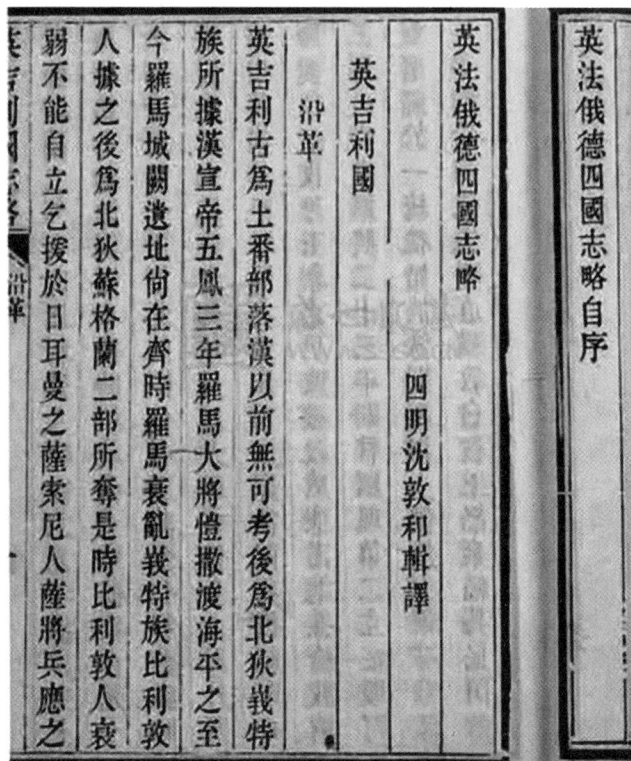

《英法俄德四国志略》书影

绍兴高食生为该书作跋并刊登在《申报》上，对沈敦和与该书内容多有评价，并认为其所以志此四国者有其良苦用心，希望借此对当时我国关系重大的四国有比较详细的了解。作者还认为沈氏"华文则金石诗古皆能贯而通之，于洋务则于光化电重诸学皆能抵掌而谈，如数家珍"。文录于下：

英法俄德四国志略书后

英法俄德四国志略为同乡沈仲礼司马所撰。司马自幼殚于泰西之学，语言文字无一不精，而又能使中西一贯，且周游外洋者数年。即其所身亲目睹以及考之于古，证之于今，其有吻合者则留之，不合者删改而增损之。其为文也简而赅，其用意也深而远。见之者但以少许胜人多许而珍之，犹其测之以浅者矣。或疑司马所志何以仅此四国，岂海外之国惟此四者为大，故特笔记，此外皆等诸自桧以下乎？此则近乎势利之谈，司马所不为也。有以为司马虽周历数年，而亲为详考只此四国，余则有所不暇及，故就其所确见者笔之于书，其不确者皆不敢滥入也。即此可见司马实事求是之意，然实事求是则司马之素心也，而以为见闻较确者惟此四国，余皆忽略视之，夫岂其然。吾盖深思久之，而知所以特志此四国者，正其胸中之丘壑，平生之经济所因此而流露焉者也。方今大势，俄罗斯逼处东边珲春黑龙江，壤地相错。而俄人不能得志于黑海，必思另寻出路，以一遂其吐气扬眉之志，则其眈眈虎视者不卜而可知矣。为中国计者莫不曰俄患不可不防也。既欲防之，则安得不知其国中之事，人情风土，疆域山川，文学武备，皆觇国者所当知，故记之独详。而与俄联络一气者则莫如法，法国之通好于俄，非真有爱于俄也，亦不过为乘机进取之计。观于安南之夺，知法人之志不在俄国下，蚕食鲸吞有不顾其理之所安者，则法之宜防亦与俄等，防之又安得不先知其国中之事，物产制作一一默察而备记之，此其所也。余尝谓中国之御俄也莫善于结英，英人能拒之于黑海，不使出，则以水师俄不及英也。司马殆与余有同心，故于英国为之冠，而不厌其详焉。盖我欲与之联络结契，以期为他日之声援，则必深知其性情，早联以气谊，而后彼此可称知己，而莫逆于心。倘我不能知彼，则彼即能知我而其意气间终有不能浃洽之处。若我能深知夫彼，相孚以诚，则彼自能深信夫我，而相交以义，如此则两国之交固，而彼此可以互相倚依。我固恃英之助，英亦可以恃我之助，斯外患不足虞矣。惟德与法实为世仇，虽法亦曾侵俄而为俄所败，亦曾侵英而为英所破，惟德则受创最深，亦最近。故德之于法，刻刻防之，法之于德亦时时图之，法合于俄，则德必合于英。彼奥义诸国虽与德近，而与俄法多有姻娅盟约，恐不可恃。德而欲防法之合俄以复仇，舍英与中又奚属乎。近来中国与德交谊颇笃，购德器，用德人，较之英国不相上下。而法人未必不相忌嫉，英虽阻俄于黑海，而近年以来骎骎乎有不能复阻之势，非不能阻，盖阻之于此者逸之于彼也。英与法未尝不可合，而英若有疑于法，法亦若有疑于英，德未尝不可合于俄，而俄若不惬于德，德亦若不惬于俄。此时为中国谋者，于英德则结之，于俄法则防之。英德与中交情愈固，则俄之谋沮，虽有狡焉思逞之志，亦不敢遽尔肆意。然则欲结之，欲防之，而可不知其国之备细者乎。兵法云知己知彼百战百胜，故为将者急急于悉敌情，而纳交者亦必当称知己。此则司马先撰此四国志略之意也乎。余与司马交有年矣，见其于华文则金石诗古皆能贯而通之,于洋务则于光化电重诸学皆能抵掌而谈,如数家珍,辄钦佩之。前者曾以地球之图缩印于纨扇上以见赠,知其于舆地之学必有心得,而又美其运意之精巧,至今什袭藏之。兹者蒙自金陵邮寄此书以见示,其书之尽美尽善,桂序、江序言之详矣,因就其言外之意,书数语于篇末,司马其哂之否。壬辰仲冬古越高昌寒食生识。(《申报》,1893年1月14日)

6月中旬,再次被委任为江南水师学堂提调。(《金陵官报》,1892年7月7日)

1893年(清光绪十九年)37岁

1月31日,《申报》报道其参与的江南水师学堂年终考试情形,报道说:

金陵水师学堂年终例由总办考试优劣,以定明年去取。日前桂芗亭观察聘请镜清兵船何心川管带为主试,及禀明督宪,一面会同提调沈仲礼司马及中西各教习于初一日清晨齐集一堂,令上中下三班各学生鹄立阶下,按册点名,辨别年貌,以杜顶冒之弊。初一日先试英文,次算学,次打靶,次升桅,次击刺及泅水驾驶各法,初五日考试华文,凡五日而竣事。有技艺超群者受上赏,瑕瑜互见者受下赏,平等者准其在堂学习,不堪造就者黜之,弃取悉秉至公,惩劝各孚众志,诸学生亦有月异日新之势,而无嫉贤害能之心。储之者平时,用之者一旦,诚哉!其为御侮之资干城之选也,岂不盛欤。(《武备储材》,1893年1月31日)

2月2日,应邀参与金陵机器局同文馆学生选拔并获得舆论好评。报道说:

机器局同文馆例于十二月十六日考试,总办郭月楼观察聘请水师学堂提调沈仲礼司马,评定甲乙藻鉴,一秉大公,人才胥归陶铸,众论为之翕然,非司马深于此道,岂能抉择无私若此哉。(《考试学生》,1893年2月14日)

6月9日,"奉饬知蒙保知府,留省补用"。(《金陵官报》,1893年5月18日)

江南水师学堂章程一种

6月,为山西赈灾,与江南水师学堂总办桂芗亭一起"劝令教习、委员、学生、司事,集捐洋银一百五十三元四角"。(《泽被鸿嗷》,1893年6月28日)

8月16日,代表江南水师学堂再次赴上海负责招生事宜。次日《申报》刊登江南水师学堂总办《宪示》与沈敦和达到上海的新闻。文录于下:

宪示照登

布政使衔总办江南水师学堂前淮扬海道桂为出示招考事,照得本学堂设在金陵下关城内,招募英俊子弟在堂肆业,分授驾驶管轮诸学,备充水师将佐之选,开办以来于今三载,肄业各生已着成效。兹因出有空额,特派提调沈仲礼太守来沪招考,凡有籍隶近省,曾习英文二三年,汉文能作策论或小讲,体气壮实,天资颖悟,年在十三岁以上十八岁以下,情愿投考者,仰即速至招考公所报名,听候考试。俟录取后照章由家属觅保,分别出具甘保各结,先行到堂试习,慎毋观望自误,特示。

闻水师学堂提调沈仲礼太守已抵沪,其考试章程本报后幅登有告白,兹不赘及。(1893年8月17日)

江南水师学堂官员留影

8月28日,《申报》称赞沈敦和办理江南水师学堂之成绩,报道说:

江南水师学堂庚寅年创办之始,经派提调沈仲礼太守莅沪,考取娴谙中西文字学生百人到堂肄业。由教习洋员授以天文、地舆、海道测量、勾股、驾驶、管轮等艺,甫经三载,成效颇多。去秋,刘制军礼延英国名进士傅兰雅赴堂逐加面试,半月始竣,谓前列诸生其学业堪与英国水师学生相颉颃。制军深为嘉许,当将周邦正、黄仲则、姚念先、奚清如、陆有麟、吴佩璋等各给八九品顶戴,以示优异。现在头班诸生竿头日进,不久可望毕业送上练船。沪上西文书院林立,人才辈出,西学既有根底,加习水师各艺,可收事半功倍之效。故上宪复委沈太守来沪招考,连日投考诸生应对敏捷,写作俱佳者,颇不乏人。今已取定十名,均于英文、算学、地舆、汉文诸艺卓有可观,堪备异日干城之选。此外尚须广招精选,使毋遗珠之憾云。

（《珊网宏开》,1893年8月28日）

9月17日,为顺直新灾赈向保民兵船经募洋一百元。(《上海北市丝业会馆筹办顺直新灾赈捐沪局琐记十八》,1893年9月23日)

11月中旬,向顺直新灾赈助洋三十二元,"求病速愈"。(《上海北市丝业会馆筹办顺直新灾赈捐沪局琐记三十二》,1893年11月26日)

1894年(清光绪二十)38岁

1月,因劝办顺直赈捐奖叙花翎。(秦国经主编:《中国第一历史档案馆藏清代官员履历档案全编》,光绪朝,沈敦和,华东师范大学出版社1997年版)

8月初,因中日已经开战,奉命赴上海祥生船厂,检查在该厂修理的一条日本船。对此《申报》连续加以报道:

日人犯禁

数日前,有一日本船由英国东来,意欲湾泊上海,误撞某洋行轮船,以致损坏,乃驶至祥生船厂修理。外间传言船内暗藏军火,事闻于南洋大臣刘岘帅,立派金陵武备学堂提调沈仲礼太守来沪稽查。前日午后查得内有铁管提轴及制火药所用之硝八桶,遂饬提硝至岸上。想须将船扣留也。(1894年8月10日)

续查禁物

日本船在祥生船厂修理,经沈仲礼太守查出各物,已列昨报。昨日太守又至祥生厂查出盐酸加里二百桶,交化学名手看过。据云可作制造自来火之用,又可作铜帽子药,因此又禀道宪移文英领事,欲将此物扣留。又日漆九十桶,据云系油漆商船之用,然亦可以油漆兵船也。(1894年8月11日)

8月11日,为防止日军南下,奉命赴吴淞口外安设水雷,《申报》先后报道:

淞防志

中日开衅以来,虽认吴淞一地为局外之地,然日本全无礼义,深恐乘人不备,阴存窥伺之心,是以大宪特饬沈仲礼太守相度情形,拟就口外安设水雷,以备轰沈敌舰。昨日太守已由沪赴淞矣。(1894 年 8 月 12 日)

安设水雷

沈仲礼太守奉南洋大臣谕,近日在吴淞口外沿海一带安设棉花、炸药、水雷,共有五百数十人。中外商船宜格外留心行驶,免遭不测,并望各沙船字号电告在外各船,咸知趋避。(1894 年 8 月 15 日)

8 月下旬,奉命与美领事交涉,防止寄寓中国之日人改装,"暗侦军务"。报道说:

日本寄寓中国之民人自请美总领事保护后,时有间谍改易华装,匿迹市廛,暗侦军务。南洋大臣特派沈仲礼太守来此查办,与美官再三申辩,必欲拘获严惩。美官许以如有改装易服之倭人,见其形迹可疑立即解回本国。想从此间谍无所施其伎俩,而军中秘要不致为彼狡所窥矣。(《不准改装》,1894 年 8 月 31 日)

11 月中旬,随卸任南洋大臣的刘坤一北上。[①](《南洋要信》,1894 年 11 月 14 日)

是年,翻译的日本冈本监辅编的《日本史略》一卷附《日本师船考》一卷出版。其中《日本师船考》出版于甲午战争爆发之初的 1894 年 9 月,当时《申报》为之隆重作了推荐。认为沈氏"精于洋务,盘盘才大,上游以左右手倚之。兹见日人侵犯高丽,师船纵横海上,乃详加考略,翻译成书。凡各船之大小若何,速率若何,制自何年,成于何厂,钩稽详细,一览了然。首冠各兵船图,尤足以洞敌情而资攻击,诚军中所不可不备者也"。(张晓编著:《近代汉译西学书目提

---

① 据李志茗所著《赵凤昌传》记述,张之洞调署两江总督后,刘坤一奉召入京主持前敌军务,作为其下属的沈敦和将随刘坤一北上。但赵凤昌告诉张之洞南洋各口水雷都是沈敦和一手安设,他既经手这样的要事,并听说沈为人也好,是"洋务中用心而正派者",建议"留宁以备用",得到张之洞的采纳。(李志茗:《赵凤昌评传》,上海古籍出版社 2019 年版,第 72 页)

要——明末至 1919》,北京大学出版社 2012 年版,第 371 页;《石印新译日本师船考告成》,1894 年 9 月 14 日)

1895 年(清光绪二十一年)39 岁

1 月 2 日,《申报》报道沈敦和勤于江防诸事:

> 候补知府沈仲礼太守早岁出洋肄业,西学宏深,迩来供职白门,多所建树。今岁倭人事起,经刘岘帅派驻沪上侦探敌情,并督率兵士就各海口安设水雷,数月以来不辞况瘁。香帅知其能也,委以巡阅各炮台之重任。太守感恩图报,披星戴月,仆仆往来,修改从心,益形巩固。(《江防新志》,1895 年 1 月 2 日)

2 月,奉两江总督张之洞命,在沿江一带安设水雷、地雷。报道说:

> 金陵信云,倭奴犯顺,凡近海口之地无不戒谨。江督张香涛制军莅任以来,海防事宜昕宵筹划,江南各口如吴淞、江阴等处均设重兵,挑选大将以镇之,更遴委沈仲礼太守敦和在沿江一带安设水雷、地雷。太守素精西学,故江左官民视太守如保障。(《派办团练》,1895 年 2 月 26 日)

3 月 5 日,《申报》报道,两江总督张之洞称在其所属候补道一百余人中,精于西法者以黄遵宪、沈敦和等 4 人为最,并次第派委各要差。(《桃渡晴波》,1895 年 3 月 5 日)

3 月 13 日,《申报》以《知人善任》为题报道沈敦和知人善任,举荐人才。报道说:

> 金陵访事人云,洋务学生吴其藻,广东人,当法人构衅时,在扬武兵船执事,及船被轰沉没,思与其死而湮而不彰,不如将现成之炮一开却,与敌人拼命,因之扳机发响,猛击敌船。及法事敉平,衮衮诸公皆邀褒奖,而吴独憾抱向隅。洎事为沈仲礼太守所知,即荐至金陵制造局同文馆教习英文,座拥皋比,五更寒暑。适张香帅调署两江督篆,传见之下,询知往事,即委令管带开济兵船。至前管带徐君传隆经香帅奏补川沙营参将,刻已赴任履新云。

4月间，中日战事结束，"事平，叙江防劳务，晋知府"。（南苕外史著：《沈敦和》，上海集成图书公司1911年版）

5月9日，《申报》报道沈敦和见重于张之洞，报道说：

> 金陵访事人云，江南水师学堂提调沈仲礼太守敦和干练精明，素为上游所重。去岁海疆有事，防务戒□，张香帅以太守精于律算格致，委至长江各要隘，布置水雷。太守深虑一人未遑兼顾，禀请派出堂中驾驶学生四名，往江阴口驻守，兹又派委数名往驻吴淞炮台。本月初五日太守诣督辕禀见，香帅传入花厅，晤商良久。（《白门志略》，1895年5月9日）

7月19日，《申报》报道沈敦和张之洞所请德国教习子爵来春石泰经常探讨强兵之道及实地操练兵法之术，报道说：

> 两江总督南洋大臣张香涛制军公忠体国，实事求是，于本年三月间礼延德国将弁四十余员航海至江宁，分布各营，任以统带、管带、营哨等职，拟将江南陆营悉数改为德制，而命四明沈仲礼太守日与德国子爵来春石泰游戎，反复推求中国仿行西法而仍不能强兵之故。来君曰：中国之学西法也，学其步伐整齐，枪炮命中而已，即西人之教习华兵也，亦第教以步伐枪炮而已。此皆西法之绪余，其大要固不在此。夫未经战阵之兵，虽训练娴熟，器械坚利，一旦猝遇大敌，鲜不目骇心惊，手足无措。苟非将帅得人，法令严肃，未有不鸟兽散者。故德国练兵必设假敌与正军对列，互相攻击，出奇设伏，因地制宜，一如交战状，俾习惯于平时，不如是则临事仓皇，而欲战必胜攻必克也难矣。太守闻其说而韪之，以告香帅。香帅曰可。于是试以马步炮三营及护军各营，使从德将学战阵之法学两月余，曰可以观矣。遂告太守，请香帅订日临阅。香帅欣然于闰五月十七日黎明时排导出朝阳门，登钟山，太守及诸大僚侍焉。先一日，上元、江宁两令君饬盖演武厅于山上。香帅入座良久，四顾殊无所见，方疑练兵之未至也，忽闻枪声一震，山下伏兵齐露其首。错愕间，山上伏兵亦出放炮轰击，未几而山下之兵倏忽不见，山上洋将甫以千里镜测其伏处，而山下之兵又突出山上轰击如前状。山下者又伏不见，盖山上则护军营之为假敌守炮台者，山下则卫队之为正军来攻者。先皆屯于八里以外，及香帅驾临始衔枚疾走，绕道穿林而至，伏于深沟，故不之见。此即因地制宜之崖略也。少选正军分兵攻其后，故军移炮御之。山下之兵渐逼渐进，故军前后受敌，

施炮不绝,药渐尽,正军遂呐喊一声,跃登其上,敌军以枪击之,相持许久,枪炮之声隆隆然,烟迷雾合,耳目震骇。士民倾国来观,齐声喝采。敌军力渐不支,遂退让,犹思包抄其后,蓦地沟内马队数百长驱而出,直奔敌,敌乃靡。正军并力追数里,而后据其垒。方马队之出也,经演武厅后,厅中人皆不及知,所谓神出鬼没者非欤。其伏也,则间寂无敢哗,以枪为号,枪一发即一鼓而进步伐,无或惩信乎纪律之师也。是日也得敌炮六,遣红旗报捷于帅座,香帅顾之色喜,召洋将劳之,遂升舆返。(《大帅阅操》,1895 年 7 月 19 日)

8月20—29日,主持江南水师学堂考试事宜,报道说:

候补知府沈仲礼太守敦和前奉督宪札委办理水师学堂,训练各学生艺皆纯熟,上月二十九日禀知张香帅,自七月初一日起至初十日止举行考试。至期各学生皆戎装而至,站立主试官左右,听候点名,然后各尽所长,以邀刮目。太守于试毕分别等次,奖以重金。(《丁帘秋影》,1895 年 8 月 31 日)

7月24日,《申报》报道,鉴于时疫流行,时为沿江炮台操练事务、江苏候补知府的沈仲礼"惠赠专治时症瘰疬灵药原方并附来书,遵方虔制,种德无量"。(《金陵会办》,1895 年 7 月 24 日)

9月16日,《申报》报道沈敦和办理江南水师学堂情形并盛赞沈"精明干练"。沈敦和受命筹备陆军武备学堂(即后来的江南自强军),报道说:

金陵访事人云,两江总督张香帅讲求西法,精切异常,近复开筑马路,行驶马车,并拟创自来水局,委员赶办,并力经营。水师学堂前由曾忠襄公开府两江时奏准创设,定例头班学生以五年卒业,既卒业,即派登各兵船练习一切,以时赴外洋探求水道。客岁驾驶学生堂课甫毕,即值日人肇衅,北洋各兵舰悉赴前敌,因之总办桂观察令诸生暂住堂中,按月膏火增至银十二两,俾仍攻所读之书,所习之艺。至今夏管轮头班诸生亦已卒业,提调沈仲礼太守赴督辕禀知香帅,择于本月初一日起至初十日止甄别中西文字及天文、地理、算学、机器等事。事毕太守禀谢,该学生等尚拟操演阵法以及打靶各技,须请大帅莅临阅福。香帅欣然允诺,即饬太守传令驾驶、管轮、鱼雷诸生于十三日在操场伺候。届期阴云密布,细雨连绵,操场中泥滑如油,诸生大为败兴。迨晴光乍放,大可合操,香帅因接陕甘回匪乱耗,急欲调员解军机前往,遂札委桂观察到堂代阅。观察权者道篆,公事殷繁,转派沈太守代阅,太守又感受风寒,未能前往,不得已请副提调王明府代阅。近闻香帅以该学堂只练水师,至于陆路军营驰马攻战之法,宜另行招集青年子弟,延西人悉心教导,方能精益求精,遂于某日传沈太守赴辕商办。闻太守已在城北购地,建造陆军武备学堂,并饬某员至北洋武备学堂调头班学生十余名来宁候用。此固香帅为国家培育人才之至意,然非太守之精明干练,亦乌克悉心布置,井然秩然哉。(《为国储才》,1895年9月16日)

10月初,奉张之洞命,到上海延聘德员,以为南洋各勇传授枪法,报道说:

候补府沈仲礼太守敦和精于西学,素为香帅所倚重,前经屡委要差。兹因南洋各勇尚未精练,需延西人传授枪法,于是特饬太守赴上海延聘德员二十人,听候简用。十八日太守由上海返江宁,次日即诣辕禀销差使。(《白下官场纪事》,1895年10月14日)

11月初,受命担任洋操提调,训练江南自强军。报道说:

江苏候补知府沈仲礼太守敦和奉委训练洋操提调差,太守遂延请德国练军教习二十余人到省,在故衣廊租赁民屋为公馆,每日赴小教场训练督标各营,自辰至西,略不疏懈。太守与各营主均亲临阅视,劳瘁不辞。(《白下官场纪事》,1895年11月8日)

是月,奉张之洞命,在嘉定、青浦、昆山、新阳、镇洋等地进行铁路勘察事宜。"测路绘图,以次兴筑。"(《上海官场纪事》,1895年11月22日;《辟界续谈》,1895年11月24日)

12月8日,《申报》报道沈敦和等在金陵编练自强军情形:

刻下制军励精图治,于洋务尤孜孜讲求,不遗余力,练军一则久纪报章。兹闻督标新兵暨驻省防营马步各队终日在小教场操演各种阵图,技艺渐底纯熟。洋操提调沈仲礼太守偕众营主亲临阅看,均觉勇气百倍,大有可观,禀知香帅。香帅极加奖谕,洋操统带来春石泰每间日一传见,甚为浃洽云。(《清溪闲话》,1895年12月8日)

12月28日,"禀知赴沿江炮台公干"。(《江督辕门抄》,1896年1月6日)

是年底,张之洞着手筹建新军,定名自强军,聘请德国军官来春石泰等35

人担任营哨官,又委任钱恂与沈敦和为自强军洋务提调,协助来春石泰工作。(张之洞:《选募新军创练洋操折》,《张之洞全集》,卷四十,奏四十,河北人民出版社1998年版)

是年,翻译的德国来春石泰著的《借箸筹防论略》一卷附炮概浅说,作为质学丛书之一出版。来春石泰为德国子爵,应两江总督张之洞之聘,来华练自强军,与沈敦和共事3年。此即来春石泰所上条陈我水师形势诸事。(张晓编著:《近代汉译西学书目提要——明末至1919》,北京大学出版社2012年版,第171页)

是年,由来春石泰著、(德)锡乐巴译、沈敦和述的《德国述要》一卷,作为西政丛书之一出版。(张晓编著:《近代汉译西学书目提要——明末至1919》,北京大学出版社2012年版,第433页)

是年,来春石泰撰;沈敦和、(德)锡乐巴译的《德国军制述要》在南京印行。(张晓编著:《近代汉译西学书目提要——明末至1919》,北京大学出版社2012年版,第175—176页)

是年,所作《中西度量衡表》一卷元和江氏刊本印行。

1896年(清光绪二十二)40岁

1月前后,陪同两江总督张之洞等"阅看"自强军操练。(《白门官话》,1896年1月4日)

2月2日,《申报》在《读张香帅创设自强军奏稿系之以论》一文中披露,对于自强军事务,沈氏与钱恂"提调一切事宜,二太守皆曾游历外洋,洞悉外洋所以致强之道,付以专责,讵不能胜任愉快,发憾全无"。

2月15日,参与"点验"从清徐等地招募来的自强军新兵。(《钟阜春运》,1896年3月1日)

2月底,刘坤一重任两江总督,继续重用沈敦和,报道说:

> 岘帅回任以来,整顿武备不遗余力,沿江一带炮台,前香帅曾委沈仲礼太守敦和总办其事,兹岘帅复加札饬,以专责成。刻下又因新募江防勇丁须教洋操,太守驰回省垣禀明开操日期,以慰宪廑云。(《白门冠盖》,1896年5月4日)

江南自强军在金陵时操练场景

3月24日,《申报》报道江南自强军3月14日开操情形:

金陵采访友人云,省垣练军仿德国兵法,分为十三营,经洋操总办禀请督宪遴委营官哨弁部勒整齐,并添设翻译官计共十三员,按照练军营数,佐洋将临时指挥,军械亦均准备停当。惟洋式号挂至上月始购办齐全,点数发给。总办钱琴斋观察、提调沈仲礼太守择于二月朔日开操。先期诣督辕禀报,岘帅随移文照会洋操统带来春石泰,转饬练兵众教习复传齐各营管带暨翻译官,谕令一并遵照。届期各营员弁整队赴小教场伺候,俄项洋将偕翻译人等飞骑而至,逐队点名分哨操演。先教以步伐坐作,进退变动不常,未踰时观察及太守相继踵至,就演武厅暂憩片时,然后一一察阅,迨返时已钟鸣十二下矣。(《练军开操记》,1896年3月24日)

4月1日,"奉委沿江四路①炮台提调,并销会办炮台事宜"。(《江督辕门抄》,1896年4月12日)

5月前后,开办沿江炮台洋操。(《江督辕门抄》,1896年5月5日)

5月8日,"赴各炮台放饷"。(《江督辕门抄》,1896年5月17日)

---

① 即金陵、镇江、江阴、吴淞四处,当时新旧各台20余座,炮200余尊,编为四路,奏设总台官4员,专台官10余员,洋教习10余员。(《白下官场纪事》,1896年5月20日)

22

是月,查阅沿江防务,并至沪"拜会各当道"。报道说:

> 候补府沈仲礼太守经刘岘帅委令查阅沿江防务,前日由镇江一路看视炮台,顺道来沪。昨日命驾入城,拜会各当道,至县署时,黄大令饬家丁挡驾。(《上海官场纪事》,1896 年 5 月 15 日)

是月,刘坤一调"沈仲礼太守为四路炮台提调官,并派轮船一艘,责成提调常川往来查察,按月将操防情形据实禀闻,各炮台已于三月朔日遵照新章开练矣。嗣太守以往来江上,所有原办自强军洋操提调未能兼顾,禀请岘帅电调上海洋务局郑瀚生大令来省接办云"。(《白下官场纪事》,1896 年 5 月 20 日)

6 月 10 日前后,赴沪招考南洋水师学堂学生。(《怀才待试》,1896 年 6 月 9 日)

6 月 24 日,《申报》继续报道沈仲礼受刘坤一重用情形:

> 补用道沈仲礼观察敦和在省效力,迭办要差。大宪保请俟补缺后以道员仍留原省补用。某日接奉刘岘帅饬知,即于翌晨趋赴督辕叩谢。(《白下官场纪事》,1896 年 6 月 24 日)

是月,因办理江南水师学堂出色获奖,"以道员补用"。报道说:

> 南洋水师学堂设在金陵,训练五年驾驶、管轮两头班学生,所学均已成就。前经南洋大臣刘岘帅敦请英国水师提督费军门派员莅堂,援照英国水师毕业考试之例,认真考试,将试卷封寄外洋,请名师评定甲乙,然后寄回出榜,准其一体毕业,并赏给五六品顶戴。说者谓中国各省宫学堂考核以此次为最严,亦最允焉。去腊署两江总督张香帅以堂中人才辈出,非在事人员历年勤奋,不克臻此,因封章奏请奖励。月初钦奉谕旨,总办桂芗亭观察交军机处记名简放,提调沈仲礼太守以道员补用,其余各教习亦晋一阶。驾驶洋教习彭耐尔君、管轮洋教习希尔逊君均赏给双龙三等宝星。(《酬庸懋典》,1896 年 6 月 16 日)

7 月 4 日,"奉委赴吴淞估造自强军营房"[①]。(《江督辕门抄》,1896 年 7 月 15 日)

---

① 据时人回忆,江南水师学堂房屋"形式布置,皆沈君匠画,略仿英国水师学堂常见之式,相势绘图,请上海西(方)工程名家,参阅图式,稍变其制,兴工建造,整齐不紊。公务厅、客厅与学徒住房、饭房、睡房皆照华式;西学堂、工艺房、洋教习房则仿西式"。(赵生瑞:《中国清代营房史(下册)》,中国建筑工业出版社 1999 年版,第 1177 页)

7月19日，刘坤一批准总办营务处洋务提调钱恂辞职，改委沈敦和总理自强军营务处。该日江苏官报显示：知府沈敦和自吴淞估造营房回，奉委总办营务处、吴淞防营务处并交卸提调西路炮台差。不久沈督率全军从南京移驻吴淞。(《金陵官报》，1896年7月26日；汤志钧主编：《近代上海大事记》，上海辞书出版社1989年版，第513页)

8月20日，前往上海拜会"各当道"。报道说：

> 昨有洋操营务处兼办淞防自强军营务处候补道沈仲礼观察命驾入城，赴各当道拜会，至县署，黄大令延入花厅，晤谈良久，与辞而别。(《观察拜会》，1896年8月21日)

8月27日，就自强军缺额兵丁可否令会办张腾蛟前往通海募齐事，与两江营务处桂嵩庆联名呈文两江总督刘坤一。刘批：该军各营勇丁现经缺额二百四十余名，自应募补足额，以归一律。仰即移知张镇滕蛟就近前往通海一带认真选择精壮，妥为招募，并准拨给英洋一千元作为小口粮川资等项之用。事竣核实造报，候札饬支应局转移淞沪捐厘局就近拨给具报缴。八月初三日。[沈敦和：《自强军创制公言》(卷下)，上海顺成书局石印，光绪二十四年四月]

吴淞自强军军营大门

是月，遵例报捐过班道员。(秦国经主编：《中国第一历史档案馆藏清代官员履历档案全编》，光绪朝，沈敦和，华东师范大学出版社1997年版)

8月—1898年5月，在其主持下，自强军全部前往吴淞驻扎并开始正规的军事操练时期,是为全军最兴盛时期。

9月中旬,接刘坤一函,要求其从自强军中择优者,"学习绘图与测量之事"。函称:

现在自强一军,于施放枪炮及队伍阵势,操练渐熟,似应择哨长、排长中之聪敏者,责令学习绘图与测量之事。测量工夫较为精细,若绘粗图应亦无难。学会一件便算一件,造就一人便算一人,尚祈裁酌。淮勇近在狮子林,并希商之班协戎,督饬所部,一律练习德操,想亦乐于从事也。(刘坤一著、陈代湘校点:《刘坤一集》第5册,岳麓书社2018年版,第85—86页)

江南自强军列队留影

9月15日,《申报》报道沈敦和向刘坤一建议将自强军移驻吴淞之内情,认为"江宁地方与通商口岸情形究有不同,洋人一切起居,颇多不便"。报道说:

金陵自强军移驻吴淞归沈仲礼观察总理营务处,本馆已屡登报牍,务极精详矣。兹又从官场友人觅得两江总督刘岘帅奏片,其言曰再江南创练自强新军,本在省购建营地、营房,驻扎操练。惟该军延订洋员共有三十余人,江宁地方与通商口岸情形究有不同,洋人一切起居,颇多不便。臣与司道再四商酌,并商准总理衙门,拟将该军移驻吴淞,以期军民相安。该处本有营房公所,已饬局员拨款量加增葺,并饬原驻吴淞之防营移扎狮子村炮台腾出营地操场,俾资训练。现已改委候补道沈敦和总理自强军营务处,督率全军调扎吴淞,会同洋统带来春石泰督饬华洋营哨各官实力教练,期成劲旅。该军本设马队二营,以一洋员管带,本难兼顾,现因挑选精壮,饬令归并一营,以昭核实。除分檄饬遵外,理合附片陈明,伏乞圣鉴,谨奏。按此片于本年六月二十九日入奏,至七月初八日观察接奉岘帅行知,从此训练益精,蒸蒸日上,金汤巩固,当不虞外侮之来矣。(《移营奏牍》,1896 年 9 月 15 日)

10 月 1 日,就改用西医华官并另设病兵住房事,与两江营务处桂嵩庆联名呈文两江总督刘坤一。刘批:如禀办理,仰即遵照缴。〔沈敦和:《自强军创制公言》(卷下)〕

10 月 7 日,就制备自强军新式操衣裤靴头布事,与两江营务处桂嵩庆联名呈文两江总督刘坤一。刘批:据禀已悉,仰候札饬金陵防营支应局核明给领,归执具报缴。廿九。〔沈敦和:《自强军创制公言》(卷下)〕

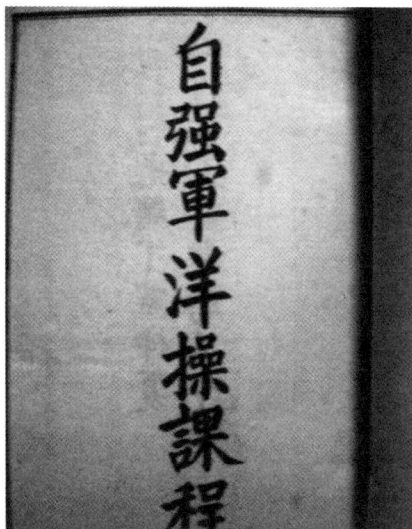

江南自强军洋操课程封面影印件

11 月 11 日,前往拜贺吕海寰①新任上海道。(《上海官场纪事》,1896 年 11 月 12 日)

是月,就自强军军乐队开办日期既减额加薪事呈文两江总督刘坤一。呈文及批文录下:

———————————

① 吕海寰(1842—1927),字镜宇,山东掖县人,后成为著名外交家,也是中国红十字会重要创始人之一。

禀军乐队开班日期暨减额加饷等情形俯赐批示立案由
（二十二年十月）

敬启者，窃查奉拨薪饷章程内开军乐队十六名，每名月给洋十一元。前据洋统领带来春石泰，以各营兵丁操练步伐打靶瞄准渐臻纯熟，即须全军合操，其合操时须设军乐队以为节奏等语。当经洋将函致洋厂购办外，洋乐器陆续运到，复经职道招募熟谙西乐兵三名，随同洋员帮为教习，其余即由本营各兵选充学习。惟是募到之三名即系帮同教习，若照章每月给洋十一元，伊等皆不愿充，而另行加给，碍难开支。因与来春石泰再四筹商，拟于定章十六名内裁减一名。除所募三名外，余选十二名，共计十五名，其裁减一名每月洋十一元作为加给军乐队头目洋六元，月给十七元，副目二名，一加三元，月给洋十四元，一加二元，月给洋十三元，其余十二名仍照章月给洋十一元。似此少用一名以为挹注，虽名数稍有不符，而饷项仍无出入。现于本年正月初四日选募开办日期暨减额加给缘由，肃泐禀陈，仰祈大人鉴核俯赐批示立案，实为公便，恭请钧安。

职道敦和谨禀

奉督宪刘批：据禀已悉，仰即移明金陵防营支应局知照缴。二十二日

［沈敦和：《自强军创制公言》（卷下）］

12 月 16 日，就自强军购置外洋马刀并就近制办长矛价银应否由金陵防营支应局核给事，呈文两江总督刘坤一。［沈敦和：《自强军创制公言》（卷下）］

是月，翻译的德国来春石泰所作的《德国军制述要借箸筹防论略合编》由图书集成局排印。该书"将德国军制缕析条分，绘图贴说，呈之当轴，俾得借法自强"。（《德国军制述要借箸筹防论略合编》，1896 年 12 月 27 日）

是年，重新编纂的德人瑞乃尔辑译的《管炮法程》一卷作为质学丛书之一在金陵出版。该书原名《克卢卜海岸炮管理法》，后改为今名，内容分为论临用法、用炮时法、用完时法、代收法。（张晓编著：《近代汉译西学书目提要——明末至 1919》，北京大学出版社 2012 年版，第 184 页）

是年前后，编成劝勇歌，在自强军中传唱，词录于下：

劝勇歌，劝吾军，马步炮队须详听，为望汝曹各端品，不惮苦口言谆谆。
军之名，曰自强，力图振作意深长，奏明创办除积习，远募将弁来重洋。

江南自强军步兵列队留影

募洋员，充营哨，德国陆操归督教，月薪不惜千万全，只望汝曹知则效。

每兵饷，月五元，常年放给十二关，肉食三元另外给，已觉优厚异寻常。

操衣裤，靴与帽，四时发给均美好，有病医药不费钱，此外诸军难比较。

待尔等，恩极隆，当思报国勇与忠，若或不肯安本分，胡为胡作逞英雄。

须知有，军令在，斩首割耳难宽贷，小亦棍责或革除，不流为匪必为丐。

想当日，招募初，严别游勇与棍徒，验收入伍皆朴实，颇多识字能知书。

尔本是，良家子，自应爱身明道理，学成技艺报国家，富贵功名从此始。

自军兴，战事开，多少英雄称将才，提镇参游红蓝顶，那个不自当兵来。

劝吾军，毋自小，万里前程难逆料，要想做个有用材，第一是要声名好。

劝吾军，毋欺民，养兵原为保民生，村庄人家莫骚扰，街市买卖须公平。

劝吾军，毋轻薄，调戏妇女图欢乐，军令森严决不容，好色害身何犯着。

劝吾军，毋吸烟，鸦片流毒茫无边，自误终身真可惜，查知重办亦无颜。

劝吾军，毋斗狠，惹祸都因小不忍，一时逞怒自招刑，到了后来空悔恨。

劝吾军，毋怕劳，日日勤奋学洋操，学成精艺备时用，到处自然身价高。

总言之，须爱好，爱好才把名声保，人正自然有升腾，一生何至兵终老。

歌虽浅，是良言，汝辈闻之矢勿谖，人人志勇图报效，外人何敢轻中原。

［沈敦和：《自强军创制公言》（卷上）］

1897 年(光绪二十三年)41 岁

1 月初,为使自强军士兵月饷节用有度,不致浪用,特制定存饷新章,"扣存月饷,俾免临时竭蹶之虞,加惠三军亦云至矣"。其章程曰:

一兵丁每名每月存饷一元,交汇丰银行生息,计长年息银百分之三,现每半月发饷一次,此银应由上半月扣存。一每营须派洋营官一员、副营官一员、副哨官一员并公举兵丁三名为董事,凡存银取银皆须一齐到场,并稽查账目,该洋营官每月须将存银簿呈由营务处盖戳,仍发还该董事等收管。一董事中如有更调革除者,随时另举补充,并知照银行登记。一各兵丁之为董事者,来往路费应于充公项下开支,每名每次往返洋四角,不得冒滥。一每营由营务处发给账簿一本,由该洋营官详明登记某兵所存月饷若干,息银若干,某兵取回月饷若干,连息若干。一兵丁因病革退或升调别军者,准将存饷连息发还;若因过犯革退以及私逃者即将存饷连息充公,充公之项准各该营董事会商移作与本营大众有益公用,惟须呈由营务处核准方可动用。一每营存饷生息充公移作何用等账,各须半月结算一次,榜示营门。一病故之兵存饷及息,准其家属于一年内来营具领,逾期充公。一此案批准须先一月出示,然后举行。(《存饷新章》,1897 年 1月 8 日)

1 月 5 日,就自强军札委左右翼长督操 4 营事,呈文两江总督刘坤一。刘批:札委二件转给收领,饬令任事具报并移来统带知照缴。十二月十二日[沈敦和:《自强军创制公言》(卷下)]

1 月 15 日,就练将学堂购备桌凳及所需经费并编书薪费事,呈文两江总督刘坤一。刘批:如禀办理,仰候札饬支应局遵照缴。三月初七日[沈敦和:《自强军创制公言》(卷下)]

2 月 5 日,组建的自强军军乐队正式成立。[沈敦和:《禀军乐队开办日期暨减额加饷等情俯赐批示立案由》,《自强军创制公言》(卷下)]

2 月 11 日,《申报》报道沈仲礼编练自强军情况:

江南所练自强军自移至吴淞即由沈仲礼观察总理营务,于去冬腊杪

德国教官现场指导自强军情形

暂息操演数天。兹已于新正初七日开操矣。自强军统领及各营员皆系借材德国,每日发号施令,皆须熟于德语者为之通词,而沪上德翻译颇难其人,沈仲礼观察因重币招徕,使之传达一切。想日内必有应召而至,愿代传宣者矣。(《自强军纪事》,1897 年 2 月 11 日)

是月,鉴于自强军士兵操练已基本娴熟,在驻地办起练将学堂,分派洋将 4 人充任教习,轮流教授枪法、步法、测绘、战学四门课程。每日集华副营官、哨官赴堂听课,以 4 个月为期。4 个月后,又接办练弁学堂,由自强军中选派排长入堂学习,练习行军、侦探、测绘等技艺。这些学堂的开办,使自强军营哨排长各级将弁得到了轮训。(夏东元著:《洋务运动史》,华东师范大学出版社 1992 年版,第 341 页)

3 月 25 日,就租用农田操练租金由支应局拨付事,与两江营务处桂嵩庆联名呈文两江总督刘坤一。刘批:据禀已悉,该军操场租赁民田并酌给已种豆麦仔种等项共计洋一千二百三十一元七角,候札饬支应局如数动放给领归垫,仰即遵照缴。三月初四。[沈敦和:《自强军创制公言》(卷下)]

5 月 1 日,主持自强军阅操,并邀请驻沪各国领事、水陆团练各将弁共 170 余人观看。报道说:

南洋自强军自移屯吴淞口后,大吏委沈仲礼观察总理营务处,日督德弁精心训练,务极雄强,未及二年早臻娴熟。昨日邀集中外官绅及西商团练队、西国贵妇一观茶火之容。自午后至将晚，共操九次。第一步马炮队，全军排列一字阵；第二步马炮队，全军走阵；第三步队一营，横分三排，演枪法步伐阵式；第四步队一营，直分三排，演枪法步伐阵式；第五马队，下马操矛阵；第六炮队，两营合操车炮阵；第七步队，右翼四营，合操枪法阵式；第八步队，左右翼合操攻守阵式；第九马队，上马操矛阵。鄙人压线之暇，得以凭轼而观，行将磨墨濡毫，一纪细叙军容之盛焉。（《军容茶火》，1897年5与2日）

对此，上海的西文报刊评论说："此军人人体气强壮，枪械整洁"，步队"听其扳机作势之声则千人一律，及装药放响则初次不齐，二、三次较佳"；马队"操京甚精，进退徐疾，皆如人意"。连当时江苏巡抚赵舒翘视察自强军时，对其"行军阵法"，也发出"江南诸军无如自强军"的感叹。国内舆论更对自强军"士躯之精装，戎衣之整洁，枪械之新炼，手足之灵捷，步伐之敏肃，经委之严谨"，赞叹不已。大阅操的成功，使自强军名声大振，令中外人士有耳目一新之感。（夏东元著：《洋务运动史》，华东师范大学出版社1992年版，第341页）

对此，5月3日《申报》也以《观自强军合操记》为题予以好评，认为沈氏"蒿目时艰，不辞劳怨，心精力果，敌忾同仇。诸德员亦深感知遇之恩，愿以楚材为晋用，举兵士之弱者而汰之，有烟癖者则革除之，宽猛兼施，抚之如家人父子，用能使士卒用命，上下一心。说者谓观察之调度有方，诸德员之拊循得法，盖离之则两美，合之则兼全焉"。

5月7日，就自强军阅操后各界评价及如何练成劲旅事，呈文两江总督刘坤一。得到后者的认可，"所见甚是，应准如禀办理"。呈文及批文录下：

禀督宪刘两湖督宪陈明自强军训练粗成接教精艺情形乞鉴核批示由（二十三年四月初六日）

敬禀者，窃照驻沪各国领事水陆团练、各将弁等共一百七十三人，于本年三月三日来沪观自强军合操并打炮靶前经电禀宪鉴在案。查自强军自移淞督练渐臻娴习，禀蒙抚宪并赐校阅行军阵法，尤蒙嘉许，寓沪西国官商纷纷投函均欲来观。因即订期邀集，用昭辑睦，亦兼藉以考求要义，益务精强。当雇轮船迎送，款以西宴，观操之时颇加赞美。现各述登西报谨释附呈，职道详加延访，冀资参考。据英国驻京公使随员副将布郎言，观步伐枪法整齐灵捷,实为近年新法,足抵泰西强国练过二年之兵。又俄使署随员副将华格克及俄德兵轮管带皆深于枪炮诸法,是日均曾赴宝山县境观打炮靶者也,佥称统观全操,惟炮法最为胜操。炮兵丁灵快精壮,堪敌西国一等炮勇,第有一等之体段,未臻一等之技艺。再能不惜子弹勤加操练,堪称炮队精兵。职道告以操地难租,无处合操打靶。据称现做靶场小沙背地方,形长虽稍狭隘,然轮派两营更番操练演战阵,宽敞有余。至冬,农间田旷,全军合操亦与西例冬令合操相合。至单人打靶与一排人打排靶法,跪卧立三种打靶法。大中小三种定靶法与活动靶法。据山林村落战守法皆应次第练习,而最要为操目力,定敌人远近法,其法绘人于靶,头面眼耳口鼻悉据。譬先置立六百密达远试令兵,兵丁瞄望间以所见之状初必见靶不见绘人,或贱人若干长,逐渐移近若干密达。每近一次,必于绘人所见渐真人身加长若干,至头面、眼耳、口鼻一一了然而后已。乃又日渐移远,则目力先已练准,虽每移稍远,而所见绘人仍必不差,遁远至六百密达,而一如近时之所见。是目光引之而愈长,目力练之而愈准也。至六百密达而见人面目口鼻,则前此试练之时,譬如见人身长一尺则知距若干远,身长八寸则知距若干远。而又随时试设一靶,令兵测望距若干远。缘每五步合四密达,较准而无讹。随另派人步量考验,渐久渐准。临敌远近,一望而知,枪炮自无虚发。诚于诸法学成庶称劲旅,堪胜教师,第此功精微,能得实效而不能得速效云云。

职道不谙兵事,谬理该军,询据洋统带营官兵等,亦皆知俄将等所言为练兵极功。佥称奉限四月练成,仅先教毕粗涉功夫。如该俄将等云云,遽难讫事,应候请示接练等语。窃维自强军系奏创大举,不惜岁费数十万金。原冀成劲旅,现在既得其粗,正可徐及于精。若竟此告成,则以前所靡之巨款仅得此似精不精之兵,驯至荒疏,似堪惋惜。职道谬为分析,窃以四月前为成军之终,四月后又为练兵之始。借俄将旁观之论,作我军渐进之程。惟接教前项各法,功夫深细,未易克期呈效。

上年八月奉宪函谕饬择哨长排长之聪明者,责令学习测量、绘图等因。查练将学堂尚应有四个月功课,测量、瞄靶诸技尚可学完,副哨官等已经随同学习。至排长人等拟俟四个月后接设练弁学堂,续行授课。现兵丁等步伐枪法练已粗成,无论何时调防,亟应接练各种打靶及操目力诸精细要法。冀多一日练习,即多一步功夫,其行军阵法未便稍荒。应即如该俄将所言，就小沙背靶场轮派两营更番操练。该处相距稍远，职道事较繁赜，未能日往督操，拟由会办张镇腾蛟督队，兼资弹压。业已商令来统带继续开练，理合肃泐禀陈，仰祈岘帅外合将自强军训练粗成接教精艺情形禀祈大人鉴核，俯念该军规模粗备，宽限接练，俾底精纯，而收实用，似于自强之基少有裨益。是否有当，伏乞电鉴，卑职当督饬华洋将弁认真精进，以求仰副宪台创制之深衷，俾底精纯而收实用，不敢稍存退诿也。恭请垂鉴。

职道敦和谨禀

自强军洋操口令《攻敌操法口令解》

附呈西报论自强军操法手折一扣释西报论自强军操法

四月初二日上海西字日报云,吴淞密迩上海,而一年前西人之往游者不免招兵勇之凌辱,遭士人之揶揄,使人视为畏途,无敢复至。今自强军营务处总办沈观察折柬遍邀各国水陆文武团练官绅观操,诚中国治兵以来之创举,其情意之隆尤有令人足感者,始知旧时成见消除殆尽。按观察西学悠长,久著名誉,前充两江洋务提调兼办金陵水师学堂,自总办南洋之操暨淞防营营务处才八个月耳。

前张制军创募之自强军因与督标亲军营不谐,由宁移淞,计共额兵二千五百八十名,内步队八营,营二百五十名,炮队两营,营二百名,马队一营,一百八十名,皆江苏、安徽土著居多,每名月饷英洋八元,各营副以华官,闻全军每月需费银三万两。是日观察预备哪门、吴淞两小轮船,载客赴淞。计西官与会者西班牙总领事官、德国总领事官、俄国总领事官、瑞典总领事官既随员赫白君、英领事署福士君、英国驻京武随员布朗副戎、俄国驻京武随员华格克副戎、英美法俄等国兵轮管带以及上海西商团练将弁等。客抵淞时,观察偕提调优礼接见,导入海防厅,盛陈酒饮,奏军乐以娱宾,音韵悠扬,举座惊赞。虽声调尚须加工习练,然以华兵而作洋乐,殊觉新奇。及见军乐教习以一手击拍,一手吹号,俨西国乐师焉。最奇者乐兵三个月前尚无一人,所知睹乐谱如读希腊文,兹则居然奏西曲矣。闻教西乐者为德将喀索维基、德弁米勒耳。

席罢客出操场,场前筑阅兵台,设列椅座。时西人之闻信自来者亦具毕集,其中妇女甚多,咸叹为大观焉。所演阵印成一单,惜系华文。有德将以德文单见遗,附德国将弁名姓。其初横列一字阵,举枪为礼。首演走阵。次演步队第一营放枪手势,督队者德将齐百凯。三演步队第七营战攻之法,督队者德将喀索维基。四演马队下马操矛法,督队者德弁特德勒福斯。五演右翼四营合操手势枪法,右翼长为德将柏登高森。六演炮队两营攻战法,督炮队第一营为德弁伏德利西,督第二营为德将马师凯。七演左翼四营攻战法,左翼长为德将南尔都福。八演马队上马进退冲突之法,督队者德将那汉斯。按全军排列一字阵时兵分三起站队,面朝阅兵台,统领德国游击子爵来春石泰,立马台前,以传口令皆洋官而操华语。其各兵手足之灵活,所演手势步伐皆极敏捷,一切皆按德法,望而知非中国昔日之兵。走阵时，各排成行，其人之精强，衣之整洁，皆为我水陆兵官所许可。惜操场中有马路一道，路高凸不平，故有数营行过马路，不甚整齐，每一举步，则伸腿直前，踏地稳重而无声。左手摇摆，或谓系德人步伐，不知华兵衣裤及洋底华面之靴未尽合宜之故也。所演攻战起伏之法，皆极整齐。间有不甚如意之处，要在需要时日，自能精到。

然此军仅操六个月而已，如此虽其精健敏捷未及英人所练印度之兵，然能追上日本之兵，自无多疑矣。上年中东之役，若以此等劲旅归洋将统之，而与日本对垒，恐战事之结局必大有以异于昔矣。此军人人体气强壮，枪械整洁，听其扳机作势之声，则千人一律。及装药放响则初次不济，二三次较佳。炮队极好，第一营克鹿卜炮六尊，第二营诺腾飞炮六尊，皆精利之器，光洁绝伦。若果命中，定奏肤功。炮手之技，洵称敏捷。第炮用人推而无马驮，殊不解何故耳。马队操亦甚精，进退徐疾皆如人意。闻上马持矛习演不过两月，而技已至是，尤足令人惊异。矛头系小黄旗一面，排长佩刀而不持矛。马皆华产，配西式鞍。旧岁由宁运淞，长途跋涉，疲瘦不堪，今之可以出操，皆月前加料喂养之功，及洋营官精习耐劳耳。观操兵官金谓此军学习日浅，获此不易。步队排枪未甚齐一，炮队操亦精快，然未驾马试演，究不知实效若何。马队操矛虽不甚有力，然以华产之马，能使进退自如，操法可谓极佳。所不能决者倘令华官带领，以与敌兵交锋，不知能得力否。此则西人议论之未能和同者也。虽然中国已误之又误矣，不崇其本而图其末，今既稍有进益，自宜加功向上，庶有以慰天下人之盼望。

奉督刘批：练兵一道贵专贵精，该军所练兵步伐枪法虽已娴习，而测量瞄靶诸艺尚未极其精微，自应进究全功，以收实效。该道拟借俄将旁观之论，作我军渐进之程，所见甚是，应准如禀办理，仰即遵照商令来统带接续教练，务使精益求精，俾成劲旅，切切，缴折存。四月二十三日［沈敦和：《自强军创制公言》(卷下)］

5月8日，沈敦和果断"弹压"自强军撤勇"哗噪"事变。对此《申报》连续报道，其中5月12日报道说：

淞防营撤勇哗噪及事定后将为首肇事之劣勇斩首示众，已纪前昨两日报章。兹悉淞防五营计共二千五百人，每营撤去四成，许给恩饷三月，而各撤勇则以给发五月饷银为请。统领班福斋军门以此由上宪之意，不便更章，须详请后方可定夺。各撤勇遂逼令班军门书一凭据，营哨各弁安抚不从，军门不得已乃飞函自强军，请即派兵弹压。统领沈仲礼观察遂带枪队八百名、马兵一百余名、炮兵两队，振旅而往。至则各撤勇大为不服，关闭营门。嗣经晓以利害，沈观察始得驰入营中，与班军门互相商议，电禀上宪，许加一月恩饷，各撤勇帖然安静。乃遂将未撤之勇每营中挑选五十人押解撤勇，至吴淞雇坐民船，护以两兵轮船，送归故里。当押送时，有哨弁数人，军门与以令箭，如各撤勇沿途滋扰，当即随地正法，故经行之处，安谧如常，并无惊扰居民之事。自强军弹压各兵见事稍平，只留一半，其余一半，即回营次，更番替调。及至将各撤勇押送去后，始尽撤回。至起事者共有五人，班军门本拟一并处以军法，嗣以各军士苦求宽恕，乃将情罪最重之人正法，余四人则与各撤勇一同遣散云。（《撤勇余闻》，1897年5月12日）

5月14日，《申报》的《推广自强军议》一文认为："自强军之立法为尽善尽美，超出寻常矣。"文章详细披露沈氏主持的自强军编练情况，特别是其军饷与财务制度，并力主在各地加以推广。文章说：

> 自强军者其议创自南皮张香涛制府，洎刘岘帅拜总制两江之命仍踵而行之。先于光绪二十二年正月开招，至二月即成军，六月十九日归四明沈仲礼观察接统，由金陵移驻吴淞。其统领及营哨各官弁皆聘自泰西，而以华弁为之副。计步队八营，每营三百人，分为三哨；马队二营，每营二百人，分为四哨；炮队一营，一百八十人，分为三哨。由德国子爵来春石泰君为总统，其下原设西营官十一员，经香帅调五员赴鄂中，实存六员，哨弁十八员，月需薪水银共七千两，连中华营哨各官弁及军士饷银，每月实需经费一万二千两。核其多寡与他营无甚悬殊，而营务皆督以洋员。凡事胥归实在，兵不虚一额，饷不少一文。军士自清晨七下钟时操至午后五下钟时始得收队回营，无一刻之偷闲，无一事之不举。是以操演未及一载，而已心精力果，事事不让于泰西。而又厚其饷糈，给以衣裤，病则有医生为之治疗，食则由西弁亲自监临。尤恐他时乞假归田，衣食仍无所出，乃于月饷中每人扣取洋蚨一翼，举华洋二弁为董事，存贮银行，俾除名军籍时得以将本利携之而去。法良意美，莫过于斯。

日前观察招往阅操,不特仆等深为叹美,即泰西团练兵之督队者亦无不交相引重,自叹弗如。

6月12日,就进一步操练自强军及应否添设工程队事,呈文两江总督刘坤一,力主添设,认为"军营有工程队而一军始全"。刘批:"查该道于四月间禀请接练测量瞄靶诸艺,当以课程细密,允宜精益求精,是以批准照办。现又请练工程队,尚须置备器具,为日甚长,前议于八月后接练别军,能否如期举办,所请是否可行,候札饬营务处桂道会同陆师学堂钱道及筹防局曾道核议,禀复察夺,仰即遵照缴。六月二十六日。"

同日,就自强军需用炮位应否换用新式六生的快炮还是少购仿制事,呈文两江总督刘坤一。刘批:"具禀已悉,仰候札饬江南筹防局妥议办理具复缴。六月初四日。"[沈敦和:《自强军创制公言》(卷下)]

自强军炮兵枪操场景

7月12日,就制备新靴及拨给靴款事,呈文两江总督刘坤一。刘批:"禀已悉,仰候札饬金陵支应局核明拨给具报缴。二十九日。"[沈敦和:《自强军创制公言》(卷下)]

9月中旬,向两江总督刘坤一转呈自强军德国统带来春石泰反对调防分练要求继续在吴淞训练的条陈,并附上"夹单"。认为来春石泰"不为无见……察其情词恳挚,实属有意效忠,并非从中作梗"。9月27日,刘坤一批示决定自强

军仍驻吴淞接续训练,实际上同意了两人的意见。[《译呈洋统带请留淞练将条议》,《自强军创制公言》(卷下)]

11月初,将自强军德国统带来春石泰要求补练工程队的条陈呈交两江总督刘坤一。11月13日,刘坤一批示决定工程队由江宁陆军学堂开办,自强军不必筹建。

11月13日,主持"给奖之礼",表彰在"弹压"5月份自强军裁勇"哗噪"事件中的德方人员。报道说:

> ……事后南洋大臣两江总督刘岘庄制军查明自强军洋将弁于此役派勇分扼桥梁要隘,围守火药库,梭巡吴淞镇,凡百调度,悉合机宜,乃亲书泥金楹联一副,并制金银奖牌十余面颁赠当时出力之洋将弁。本月十九日观察(即沈敦和)在海防公所厅事,结彩悬灯,遍张各国五色旗,仿泰西法,举行给奖之礼,并传齐全军列队大操场伺候,钟鸣九下,哪门轮船抵吴淞,洋将弁之友如奥国使臣领事德国领事上海各西报馆中人各国商人俱乘之而至。观察偕会办张华农军门、萨副戎鼎铭公服,西面立洋统带洋营官洋哨弁,均戎服佩刀,东面立观者则设座两廊。既而观察操英语宣颂词洋洋千余言,宣毕,军乐齐奏,炮队更鸣炮三声,各洋将弁依次领取奖牌,佩诸襟上,仍趋东面立。统带来春石泰子爵操英语答颂,奏乐鸣炮如前仪。各洋将弁齐声鸣谢,旁观之公使领事作嵩呼者三。萨副戎率同华营官戎服佩刀,齐立厅阶下,操英语道贺,举手至额为礼。洋将弁齐声称谢,举手加额答之,各华哨弁率全队鹄立擎枪,奏乐为贺。少焉,洋将弁偕中西宾至操场观全军走阵,计各营二千余人,步伐之声与军乐相应答,西国官商咸鼓掌称赏者久之。观察复操英语,邀各洋将弁并西国官商赴海防公所宴饮,全军乃收队回营。说者谓华官之仿行西礼者是为创见,使非观察调度有方,乌能得此。
>
> 其观察颂词译以华文曰:维光绪二十三年十月十九日,本道奉南洋大臣刘岘帅钧命,代行奖给德国爵游戎来君暨各守戎千戎诸君功牌,用表褒嘉之意。按勋阶而庆赏,增□国之光荣,礼至隆,恩至渥也。厚贶遥颂,洵堪称贺。先是本年四月,有邻近吴淞之某军闻奉遣裁,匪徒哗噪一时,煽诱哄集多人,并有伤统领戎哨官劫饷银抢药库之谣,群情汹汹,几成巨变。然非我自强军之事,诸君即守局外之例,不欲与闻,亦属本分。乃当闻信之顷,洋操统带来君立即传令,亲率马步炮队驰往弹压。彼处距淞约将二

十里时,值浓云泼墨,白雨跳珠,衣尽沾濡,路尤泥泞。而诸君率队前进,电掣星驰,往来指麾,继续不懈。若忘其在风雨中者,饥不遑食,寒不遑衣,我华弁兵亦俱用命。彼军乱党闻如惊霆,反侧以安,幸而无事,然犹恐匪徒复逞也,晨夜提防,三日乃已。彼军统领赖此往援,感激无地。诸君急公好义,肯于合同未立之条,不分畛域,具见恫忱。前经本道禀奉南洋大臣饬备功牌,分别奖赏,计德游击来春石泰一员,奖给金牌一面、泥金笺对一副,守备南尔都福、齐百凯、柏登高森、喀索维基、那汉斯、马斯凯六员各给金牌一面,外委季太德昆特麦太思克罗讷伏来思倍德勒福斯宜安、伏德利西、德百克爱斯基十员各奖给银牌一面,并咨请出使大臣吕照会德外部大臣奏闻德廷,准予佩带。我大帅之恤劳褒功至优极渥,今本道遵札转发,亦与有荣。诸君其各祗领佩带,自时厥后中外飞声福禄骈蕃,是则本道所欣颂焉。

　　来春石泰君答颂曰:敝统带等自奉召来华,渥蒙大帅恩遇,同深感激。前者某军之役,敝统带等率队弹压,本属循分应为之事,何足言劳,乃蒙大帅优待远人,俯加厚赏,又蒙贵道禀请给奖,拜领之余,益增愧赧。谨率同将弁等遥瞻帅座叩谢鸿施,惟祈大帅富贵寿考,震古烁今,贵道功名显赫,洋溢中西,是敝统带等颂祝之微忱也。(《大帅酬庸》,1897 年 11 月 17 日)

11 月 27 日,邀请出使德国大臣吕海寰至吴淞"观演"自强军各阵。报道说:

　　前日上海县主黄爱棠大令陪同出使德国大臣吕镜宇星使往吴淞,应自强军华统领沈仲礼观察、洋统领来春石泰君之招,观演各阵。嗣因为时过晚,不及回沪,即假宿宝山县署,至昨日回申。(《邑宰回申》,1897 年 11 月 29 日)

11 月 29 日,就自强军西法类编编纂进展情况,呈文两江总督刘坤一。呈文及批文录下:

禀呈书样书目并陈明书难遽竣乞鉴核批示由
(二十三年十一月初六日)

　　敬禀者,窃照本年二月禀奉批准将练将学堂之日记功课及自强军陈法操法编辑成书,为将来练习洋操法式,遵经委派江苏候补从九洪恩波、选用县丞薛振东分司编辑、摸绘在案。数月以来,该二员昕宵劳瘁,计已成付印者九卷,其余未定各种本期速竣,惟自强军各队操法循序渐进,月异日新,洋将弁等各罄所藏,亦尚不自秘密,精进变化,层出不穷。职道拟纂自强军西法类编,自应将是军所有操法悉载编中,庶为习练德操之善本,将来无须借才异域,裨益实多。今操练方求进境,则编辑难竟全功。前拟留淞精练办法开具手折,内有请将练将学堂月费仍准照支一条,由桂道嵩庆转呈宪鉴在案。现学堂既照常授课,该编书绘图等员薪水原附丽于学堂之中,应请一并支领。兹将已印样本二卷暨付印未定各种目录缮具清折呈乞鉴定,余俟续印成本再行呈送。职道督饬赶办,所有西法类编未能克期告竣缘由,理合肃泐禀陈,仰祈大人鉴核批示,实为公便。恭请钧安,伏惟垂鉴。

职道敦和谨禀

计呈书样二本折一扣

奉督刘批:据禀已悉,该道所纂自强军西法类编尚为详备,应即接续纂辑,一俟成书,即行呈送备核。至编绘图各员薪水应准照支,仰即遵照缴,清折收样均存。十一月二十二日。[沈敦和:《自强军创制公言》(卷下)]

12 月 6 日,筹备中的中国女学堂假座张园安垲第大会中西女客,到者 122 人。作为女学堂华提调的沈敦和姑母沈和卿(字瑛)与沈敦和夫人章兰出席并将两人拟订的学堂内办章程七条,"分呈中西诸女客太太公鉴,并将建造堂宇图样亦请公同观看,众皆韪之"。(《新闻报》,1897 年 12 月 7 日)

当年张园外景

夫人章兰

又是日沈敦和姑母沈和卿与夫人章兰均有发言,转录于下:

……

其章程云,沪上诸寓公创兴中国女学堂,他日学成,上可相夫,下可教子,真使妇道昌明,千室良善,想亦同会诸夫人、小姐所乐观厥成者也。瑛(即沈和卿)略识之无,谬膺内外诸董事命忝为本堂华提调一席。无如久居乡曲,中西时务新闻未得寓目,于西国教育之法,见闻甚寡,恐无以仰赞高深,莫名惶悚。舍侄仲理①,历充南洋各学堂教习、提调垂二十载。侄妇章恭人,稍通文义,于西国学堂教法,侍其夫子既久,略知一二。兹同酌议规条数则,呈求诲政,以佐集思广益之助。前者鱼轩会叙于沪南桂墅里未蒙赐教,允俟十三张园大会时各抒己见。今日中西名媛毕集,诸位夫人、小姐如有崇论闳义,手书赐示固所感盼,倘不欲对客挥毫亦不敢固请,但乞不吝珠玉切实见教,斟酌尽善,以垂久远。瑛当率侄妇磨墨搦管,愿为抄胥之役也。先将妄拟各条抛砖引玉,勿哂浅陋为幸。

章恭人复有赞美云,寓沪诸大善士,慨念吾华轻女重男,视二百兆裙钗如废人,国日以疲,未始不由于此,当今之世欲力挽颓风,必令女子识字

---

① 即仲礼。

始。爰仿泰西女学法,设女学堂于沪上,诚千古未有之创格,中国切要之远图。从此男女并重,转弱为强如操左券。兰欣闻是举,钦美莫名今日中西大会,因家姑母承乏学堂提调,兰得侍左右,躬逢旷典,畅聆中西诸夫人闺秀宏议雅论,茅塞顿开。以兰见识浅陋,何敢妄参末议。第因外子向办江南同文馆教习、水师学堂提调事宜,常侍巾栉,学堂办法偶有所闻,一得之愚,未敢终秘,谨陈管见,以佐家姑母条陈数则,伏乞诸夫人闺秀指正。归吴兴皖江章兰拜启。(虞和平编:《经元善集》,华中师范大学出版社1988年版,第200—201页)

《点石斋画报》"裙钗大会"插图

12月7日,《点石斋画报》以"裙钗大会"为题报道此次会议。

12月17日,致电两江总督刘坤一,报告与来华英国舰队将领会面情况。当时德国军队占领山东胶州湾,英、日一些官员向清朝官员及民间人士游说,希望清朝摆脱与俄国的盟约关系,而建立英、日、清三国同盟,以对付德、俄。为此包括康有为在内的维新派人士多持这一立场,沈敦和也不例外。次日刘坤一致电总理衙门,引用沈敦和之电,也明显表示了支持倾向。电录于下:

> 昨晚沈敦和电,晤英将,言俄、德、法恃兵为国,前岁联盟后,俄侵朝鲜及东北三省,德据山左,法图南方各省,奸谋毕露矣。英恃商为国,今见南北商权尽失,岂能隐恶。中、英、日本亦三国联盟,在中、日则保疆土,在英则保东方商利,惜华人太分泾渭,计不出此,殊可叹。(青岛市博物馆等编:《德国侵占胶州湾史料选编1897—1898》,山东人民出版社1986年版,第290—291页)

12月19日,清廷军机处发文刘坤一等人,对于联合英、日之说予以否决。

同日,英国舰队将领宴请沈敦和等人,继续进行游说,沈将相关情况报告刘坤一,据此1898年1月6日刘坤一上报总理衙门。电录于下:

> 华欲保固沿海地方,而自乏兵轮,不足当坚船利炮也。则必择他国水师之有大力者,倚为奥援,庶免瓜分豆剖。我英兵舰之多,甲于环球各国,近又新增一二百艘。即与最强之德、俄比较,合二大国之兵轮,犹不能盈我英之数。我英已得中国之商利,较他国为最多,亦为德、俄所最忌。英之商务被困,而华之封疆日蹙矣。中国苟有人长怀远顾,自必急与我英联盟,而日本与华为同洲之邦。辅车相依,同关休戚,亦必同与联盟,以共拒德、法、俄,为连横之局。在中、日则保疆土,在我英则保商利,而有关于利害一也。特虑中国不自危惧,转与俄权,以引虎自卫耳。华若肯将认赔之款,预知防患,倩我英舰保护,虽岁糜巨万,然与其失和而偿金何如?出费而弭患,即伤财与失地同祸,而其为祸大小殊矣。若中、日、英三国连横,被俄、德、法未必遽恣。某尝留心时局,旷观大势,实有必至如此之形,并非英廷嘱我传说,然以某私心揣测。如果中国联英远俄,我英政府自必乐从,但须中国先定主见,方可再议办法。

事关中外大局，华须专派使臣前赴伦敦密议，如何办法，非我所能悬拟也。① (《胶澳专档》，第359—361页)

12月中旬，拒绝英舰登陆吴淞练习的要求。报道说：

> 上月之杪，忽有英国兵船驶至吴淞口下碇，其统带某英员谒见自强军统领沈仲礼观察，言欲暂借操场，俾兵士登岸练习。统领告以敝军昕夕在场操演，几无片刻空闲。英员辞出，复请领事官照会江海关道蔡和甫观察，转向统领索借，统领仍以前言覆之，英员遂废然而返。(《拟借操场》，1897年12月28日)

是月前后，以其母亲张氏名义向中国女学堂捐助开办费三十元，又其妻明州乐氏、皖江章氏合助开办经费洋银五十元。(《中国女学堂乐助衔名捐数第二单》，1897年12月10日)

是年冬，鉴于各国觊觎吴淞，电南洋大臣刘坤一奏请自行开埠。次年4月，光绪准奏，刘坤一即委上海海关道蔡钧为吴淞开埠督办。

1898年(清光绪二十四年)42岁

是年初，编成《自强军西法类编》18卷、创制公言两卷，并由上海顺成书局石印。内容分兵法学、军器学、军乐学、工程学、测绘学和数学等六大类。《万国公报》编辑"披读一过"，大为赞赏，"钦作者用心之当，纂纪之详"，特在告白栏作文予以推荐。兹将沈敦和所作《凡例》与《万国公报》有关告白及《自强军西法类编》目录辑录于下：

凡 例

> 一、是书之类分为六：曰兵法学，曰军器学，曰军乐学，曰工程学，曰测绘学，曰数学。兵法之类为卷者八，军器之类为卷者五，军乐之类为卷者一，工程为卷者二，测绘、数学为卷者各一，都凡十八卷。外有创制公言上下两卷，则附此以行，而不并此以计者也。

---

① 据称，英将还谈及德国练兵方法之缺陷，称宜用英国方法，并提供训练印度兵章程。

一、古制司马掌兵寓兵以马为先之意也。本军步队有八营,马队裁并止一营,炮队止二营。是马炮两队所以辅步队者也。兹故略变其例纪,一切操法阵法以步队为首,马队次之,炮队又次之。

一、欧洲制造炮及火药子弹引信之类,日新月异。我既资以为用,即不得不明其制法及所以用法。兹编统列为军器学,或采营哨官之由武备学生出身者手抄学堂讲义,或新译西书,作为回答,作为图说,但期兵弁人人能解,俾西法毕传于华军,故文无取乎渊深,语不惮于烦琐。

一、近来战阵专用后膛枪炮,非开合灵便之师不足以避锋而制敌。故德国陆师以散队前上各法,称雄泰西。本军操法、阵法传自德将,与寻常辗转传授仅得洋操皮毛者不同。是编故一一纪录,既作图以明形,复作说明以释疑,盖欲阅者易于仿行,不致传之失其真耳。

一、是书纂辑各类,较论著用力尤多,何者?学堂刻稿,率由武备学生出身者录出,有心知其意而词不能达之处,有意近模糊及语涉枝蔓之处,其各营哨官呈送操法各稿,除全军操法口令外,大概如之。洵如戚南塘所云:介胄之士,未娴文墨,此固无足怪矣,惟操觚者因是不敢率尔,以故逐事咨询,悉心厘定,与扬子云怀铅提椠而采方言者几同一辙。不仅炮队操法两种据营哨官口述操时情形执笔审慎而落墨也,至新译各类务与西书吻合。按之著书体例,不能无乖,第意取彼法宣昭,而猥琐之讥遂不复顾矣,识者谅诸。

书自强军西法类编后

古鄞沈仲礼视察敦和总办自强军管务处,稔知西国军制之美,纂辑自强军西法类编十八卷、创制公言两卷,刻既成,读者击节叹赏,谓练行伍,练胆气,练耳目,练手足,练营阵,练将弁,各法具备,实与戚氏练兵纪要之义暗合,且全军训练既成,中西人士观者谓谨严敏捷,雄悍猛鸷,莫此军若,又惜中国可观之军仅止此也。今日兴团练,变武科,尚洋操,此书实为先路之道,披读一过,钦作者用心之当,纂纪之详,因赘数言,以饷有志自强之士。(《万国公报》卷118,各项告白)

自强军西法类编总目

军乐学

卷十四　全军洋号鼓调谱

工程学上

卷十五　壁垒新法

工程学下

卷十六　陆道设阻各法,陆道去阻各法,水道桥渡各法,陆道开平各法

测绘学

卷十七　测绘临要

数学

卷十八　算学权舆

[沈敦和:《自强军西法类编》(卷一)]

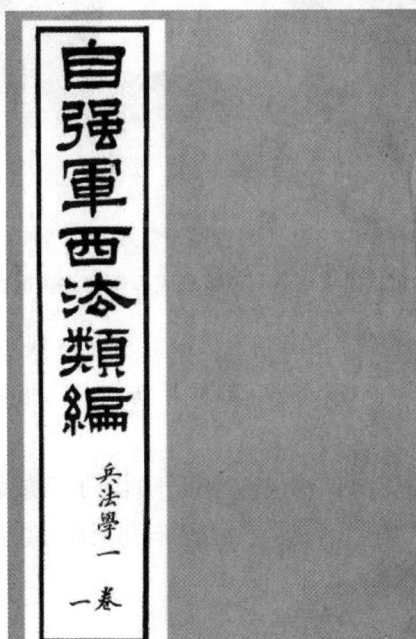

沈敦和《自强军西法类编》封面

2月,鉴于自强军洋教练即将回国,建议刘坤一尽早选任自强军统领,获得后者赞赏。报道说:

沈观察以自强军训练既成,洋统领来春石泰以下各洋弁,今春合同期满,均将回国,自应简派威望夙著之专间大员往淞接统,俾与江南向有之各防营声气联络,一旦有事,免致隔阂之虞。岘帅深题其言,大加赞赏,已允电商总署奏派李镇军为总统。大约阅操后,沈观察与来春石泰诸洋员均将交卸矣。(《搜军确信》,1898 年 3 月 2 日)

与萨镇冰送别来春石泰等自强军洋教练留影之一

　　3 月 7 日,就自强军历年缺额情况及现在募足缺额事,呈文两江总督刘坤一。刘批:禀折均悉,具见办事核实,仰候札饬支应局报销局查照缴。[《自强军创制公言》(卷下)]

　　4 月 26 日,出席在上海郑观应寓所召开的沪上维新志士与日本人士共同筹办的亚细亚协会①准备会,中方与会者还有郑观应、文廷式、郑孝胥、严信厚、

---

　　①　亚细亚协会于光绪初年创于日本士大夫,一时中华公使及使员、游士多入其会。日本组织亚细亚协会,因以"同洲兴亚"为名,曾引起当时一部分中国民族资产上层人物的幻想和响应。1897 年日本参谋本部曾派陆军中佐神尾光臣到中国各地游说,怂恿张之洞等洋务派督抚联日、英以拒俄、德,张之洞拟派郑孝胥赴日联络。由于清廷内部帝后之争无处不在,因慈禧太后亲俄而不成。日本乃换军人改文人,又以为政府不足鞭策而联络士大夫,领头者为维新派人物文廷式,这才导致了上述聚会。后由于中日对"协会创办大旨"出现分歧,加之"京中有变,人心震恐,故即解散"。

与萨镇冰送别来春石泰等自强军洋教练留影之二

张謇、汪康年、经元善等。(《兴亚大会集议》,《湘报》,1898 年 5 月 25 日)

5 月前后,针对自强军①移驻江阴后吴淞一地治安恶化,采取措施加以整治,受到当地居民好评。报道说:

> 吴淞自新辟通商口岸乡人之将田售去者,类皆面团团作富家翁,茅檐菲屋之中颇觉金银气旺。于是游匪散勇辄思乘间劫财,每当月黑宵深,屡出明火行强之案。自强军移驻江阴之后,淞地只留马队两营。统领沈仲礼观察责令哨弁每夜督率巡行,角声呜呜,时与街子击鼓声相应答。绿林豪客因之戢羽潜鳞,居民高枕无忧,咸颂观察之德不置。(《淞阳琐语》,1898 年 6 月 7 日)

6 月 1 日,上海电报局总办经元善会同康广仁、梁启超等创办的近代中国第一所国人自办的女子学校——中国女学堂开学,经元善任总理,沈敦和也参与其事,且夫人章兰与经元善夫人主管校务,"总董堂务"。该校提倡女子放足,最初入学的学生中就已有不缠足的。"所有塾内什物半系西制,大饭房、会客房亦外国格式。"课程设中文、西文、医学、女红四门。中文课有《女孝经》、《女四书》、《幼学须知句解》、《内外衍义》、唐诗、古文等;西文课有英语、算术、

---

① 关于自强军的结局,1902 年 4 月,遵旨"奉调赴北",前往山东并入袁世凯编练的北洋军中。

地理、图画等；兼习体操、针补、琴学。聘中外教习各一人，教师四人。学校由董事会领导和管理，董事从捐款人中公举产生，次年变法失败，经元善遭通缉，学校被迫停办。(《女学先声》，《湘报》第 124 期，1898 年 6 月 25 日)

7 月 1 日，因上海法租界当局一再要求旅沪宁波人同乡会所——四明公所①迁出，四明公所召开董事会议，作为董事，与叶澄衷、严信厚、方继善等公所董事出席。会议认为该地系四明公所义冢，不能迁出或出租，要求上海道蔡钧照会法方，阻止其强占义冢的企图。(汤志钧主编：《近代上海大事记》，上海辞书出版社 1989 年版，第 527 页)

部分四明公所董事题名

7 月 16—17 日，法国水兵袭击在法租界游行示威的宁波籍居民及其他民众，死伤数十人，造成重大惨案，是为第二次四明公所事件。沈敦和与同乡严

---

① 上海四明公所为旅沪宁波人的同乡会馆，创办于 1797 年，地址在上海北门外，有正殿五楹，旨在"联乡谊而安旅榇"。1853 年小刀会起义时被毁重建，规模较前为大，另建济元堂，作为同乡集会之所。1874 年、1898 年，法国殖民者以公所在租界内有碍卫生，强行在四明公所所在地迁墓筑路，激起旅沪宁波人的愤怒，发生冲突，酿成两次血案，迫使法方妥协。清末民初，四明公所在日晖港、虹口等处添建寄柩所、殇孩义冢，开办四明医院，增设浦东分所。

信厚、叶澄衷等四明公所董事代表民意向法租界当局交涉,据理力争。南洋大臣刘坤一委派沈氏协同江苏省藩司聂仲芳等进行交涉,"俾得相安无事"。(《续纪公所被夺后情形》,1898年7月19日)

《点石斋画报》描绘的四明公所事件

7月,因训练江南自强军卓有成效,保加二品顶戴。(秦国经主编:《中国第一历史档案馆藏清代官员履历档案全编》,光绪朝,沈敦和,华东师范大学出版社1997年版)

8月,参与经元善、汤寿潜、郑观应等著名绅商募款重修陈化成祠并成立"经正集"会的活动,企图以此表彰先烈,牢记国仇,提倡实干,纠正与弥补维新派之不足。此事后因募款困难而未成。(虞和平编:《经元善集》,华东师范大学出版社1988年版,第266、416页)

9月前后,所著《自强军西法类编》被人私行翻印遭追究。报道称:

《自强军西法类编》系沈仲礼观察所著,出书未几,书贾刘善夫即私行翻印,由天禄书局发售,并翻印教会书数种。昨经郑大令饬差提刘管押,以便彻底严究。(《英界公廨纪事》,1898年9月5日)

10月21日,《申报》报道,因江南自强军"在事出力","总办营务处江苏候补道沈敦和拟请赏加二品顶戴帮办营务处江苏差委"。(《江南自强军在事出

力各员保奖单》,1898 年 10 月 21 日)

是月,被刘坤一委为吴淞清丈升科局差。报道说:

> 总理南洋自强军沈仲礼观察前因督宪刘岘帅奏保,观察特由吴淞防
> 次晋省诣督辕叩谢。公毕方拟禀辞,忽又奉岘帅饬知就近在吴淞防次办
> 理吴淞清丈升科局差。观察奉檄后,益感上宪倚任之重,当即趋诣督辕叩
> 谢,并禀知回防。(《白下官场纪事》,1898 年 10 月 17 日)

另据曹聚仁在《上海春秋》一书记载,其时担任自强军营务处总办的沈敦
和"勘定开埠地段,北自吴淞炮台起,以南至牛桥角止,北以泗泾河为界,南以
距浦三里为界,自行筑路设捕,作为中外公共商场。开端口工程总局亦于那年
9 月间正式成立。可是,吴淞开埠,只造了那几条马路,限于财力,并无进展,而
外商投资也不踊跃。又因庚子战后,订立《辛丑条约》,黄浦江积极开浚,商船
进出利便,洋商营业,便集中在上海租界地区了"。(曹聚仁:《上海春秋》,
生活·读书·新知三联书店 2007 年版,第 18 页)

是月前后,经刘坤一保荐,[①]奉上谕赴京"预备召见"。(《预旨恭录》,《昌言
报》,1898 年 10 月 30 日)

11 月,被刘坤一委为总理吴淞会丈局。报道说:

> 江苏候补道沈仲礼观察敦和前经南洋大臣刘岘帅委在吴淞口设立清
> 丈局,以便洋商开辟租界。现已丈讫给单管业,现岘帅又后添设会丈局,
> 俾与西官会同丈勘,仿照上海会丈局章程,札饬沈观察总理其事,即于九
> 月初一日开办,并颁到关防一颗。观察当将接到关防印花移知本省各衙
> 门,日后如有公牍往来,以此为证。昨已行文至上海县,请王欣甫大令一
> 律遵照矣。(《设局会丈》,1898 年 11 月 19 日)

1899 年(光绪二十五年)43 岁

1 月间,根据两江总督刘坤一的要求,前往松江及江海关等处明察暗访,调

---

① 刘坤一称其"以出洋肄业学生,历办上海租界会审及各处翻译……能通达事务,不染习气"。
(《光绪二十四年八月二十六日京报全录》,1898 年 10 月 20 日)

查苏松太道蔡钧是否"通同奸商贩运",以致米价昂贵问题。(《照登刘岘帅奏折》,1899年2月6日)

3月15日,时为办理吴淞清丈局、江苏候补道的沈敦和前往上海拜会"各当道"。报道说:

> 前日办理吴淞清丈局江苏候补道沈仲礼观察敦和因公来沪,命驾入城,拜会各当道。至县署时,王大令延入花厅,晤谈片刻而别。(《上海官场纪事》,1899年3月17日)

4月2日,《金陵官报》显示:吴淞清丈局候补道沈敦和正任常州府。(《金陵官报》,1899年4月8日)

4月初,被南洋大臣刘坤一委为办理吴淞推广商埠事宜,报道说:

> 南洋大臣刘岘师因吴淞推广商埠事属开创,必须办理得人,爰特电饬前统领自强军现办吴淞租界事务江苏即补道沈仲礼观察来省。观察自奉电饬,即附某轮船启行,二月二十五日驾莅省垣,趋诣督辕禀到。翌日岘帅特传观察到辕垂询一切事宜,并示以措办要领,约历两点钟之久始兴辞而出。(《白下官场纪事》,1899年4月10日)

4月19日,因德国亲王亨利将来金陵游历,时为吴淞租界总办的沈敦和奉命"至省订定迎接礼仪"。(《迎迓藩旌》,1899年4月20日)

4月下旬,陪同德亲王亨利参观自强军操练,后者"惊其进步之速,深叹异之,犒赉甚厚,自强军名闻中外"。(南苕外史著:《沈敦和》,上海集成图书公司1911年版)

德国亨利亲王视察自强军炮队场景

7月,经刘坤一奏保人才并历年派办重大交涉事宜异常出力,奉旨交军机处存记。(秦国经主编:《中国第一历史档案馆藏清代官员履历档案全编》,光绪朝,沈敦和,华东师范大学出版社1997年版)

7月底,遭兵部尚书、大学士刚毅①弹劾,革职发往张家口军台②效力赎罪。其原因有两种说法:一、因承审英国银行控追华商牵连被议③,奉旨革职,发往军台效力赎罪。④ 二、先是敦和为吴淞开埠局总办,英律师担文建议,以通商口岸不宜有武备,吴淞炮台当毁。苏松太道蔡钧言于江督刘坤一。坤一为咨总理衙门,如担文之议行,敦和未赞一词也。光绪己亥夏,言者忽以擅拆吴淞炮台劾敦和,朝命大学士刚毅查办。刚嫉敦和谙英国文语,且时与外宾往还,疑有汉奸行径,借端陷之。其复奏云,拆毁吴淞炮台,据以上请者蔡钧,经刘坤一咨准总署核复有案,尚非沈敦和擅毁。惟沈敦和平日与洋人往来情密,前以一官维系,尚不至狡焉思逞。若革职后任其优游上海,则必将明目张胆,挑唆洋人,横行无忌,后患不可不防。应如何笼络安置,伏候圣裁。得旨发往张家口军台效力赎罪。(南苕外史著:《沈敦和》,上海集成图书公司1911年版)

对此,8月1日,《申报》也有报道:

> ……同日奉上谕,前因江苏候补道沈敦和声名恶劣,当经谕令刚毅查办。兹据覆奏,江苏候补道沈敦和贪婪巧诈,营私妄为,既据该大臣确查切实,沈敦和著即行革职发往军台效力赎罪。即着刘坤一、德寿迅速派员押解起程,毋任逗留,该部知道,钦此。(《本馆接奉电音》,1899年8月1日)

---

① 刚毅一直盲目排外,扶清灭洋的义和团兴起后,刚毅认为可以利用,力主借力义和团,反对洋人。慈禧太后同意,命刚毅统领义和团,公开向洋人宣战,成为八国联军侵华战争的导火索。但八国联军攻陷后,仓皇出逃的慈禧太后认为被刚毅蒙骗,追悔莫及,在逃往西安途中下令要清军与八国联军合力剿灭义和团。尾随而来的军机大臣刚毅情知不妙,忧惧惶惶,病死于山西侯马镇。年底,为求得列强"谅解",慈禧太后把刚毅作为"肇祸"者处置,不仅"追夺原职",而且"开棺戮尸",说他误国,"实在死有余辜"。

② 清代设置传递军报的机构。清制除全国腹地设有相当数量的驿所外,通向沿边地区专司军报的是站、塘、台。

③ 对于此事,当年《申报》有一则报道:英商惠通银行控索华商何瑞棠韦步记等股价银两,经前上海道蔡和甫观察讯判,案已结矣。去年惠通银行复至京师,赴英国所派驻京窦公使处上控。窦公使商之总理衙门,咨行南洋大臣刘岘帅,札委沈仲礼观察会同英总领事详细复讯。兹者英领事霍君订期本月二十五日在北河南路汇业公所会讯,惟会讯时例须专设公当翻译,乃由沈观察电请南洋大臣派前英美会审委员郑司马汝骥来沪,专任翻译之事。(《订期会讯》,1899年7月29日)

④ 秦国经主编:《中国第一历史档案馆藏清代官员履历档案全编》,光绪朝,沈敦和。

8月18日,《申报》报道沈敦和被押解情形:

前日署理苏松太兵备道曾经郭观察接奉两江督宪刘岘帅飞札,饬将已革江苏候补道奉旨发往军台效力赎罪之沈敦和一员速即派员解省,以便解赴戍所等因。立即传沈革道至辕,饬吏缮备申解文牍,验明年貌箕斗,填注册内,即于是晚派员解赴金陵。(《革员解省》,1899年8月18日)

8月24日,《申报》报道被押解的沈敦和过沪情形:

已革江苏候补道沈敦和,前经苏松太兵备道曾经郭观察遵奉两江督宪刘岘庄制军札文解赴金陵,旋由制军派文武员弁各一人押解北上。昨日过沪,由押解员弁拜会观察,请饬上海县王欣甫大令添派差役二名,即日乘某轮船护解至天津,然后解送京师,由兵部解赴戍所。(《革员起解》,1899年8月24日)

8月27日,《申报》继续报道沈敦和被革事件。报道说:

金陵采访友人云,江南自强军总营务处办理吴淞推广租界清丈局事宜、江苏候补道沈仲礼观察敦和,被钦差大臣刚子良中堂奏参,奉旨革职,发往军台效力赎罪等因。本月某日两江督宪刘岘帅钦奉电传谕旨,即委沈爱苍观察赴松接办清丈局事宜。既而中堂移文岘帅,请即派员押解沈革道入都。乃檄委陈少尉景新及刘弁元勋赴沪,克日押解北上,交兵部发往戍所。月之既望,陈、刘二君已禀辞就道矣。(《白下官场纪事》,1899年8月27日)

11月初,到达张家口军台效力"赎罪"。11月13日《申报》报道说:

江苏候补道沈敦和之获咎也,沪上各报章咸谓南洋大臣刘岘帅曾具折保奏,乃未几,仍荷戈出塞,终未见有奏保明文。兹始于官场中抄得岘帅奏片云,再已革江苏候补道沈敦和于奉旨发遣后,即来江宁报到。当以该革员办理吴淞清丈局务,经手官地官款甚多,应令交代清楚,再行押解起程,由电奏明在案。该革员在江南供差十余年,历办洋务及重大教案,屡著劳绩,心地尚属无他。现在交代已清,应即迅速起程,业经饬据江宁藩司城守协副将分派文武员弁管解,赴部听候转发。除咨兵部查照外,理合附片,具陈伏乞圣鉴,谨奏。奉朱批:知道了,钦此。

观此,是当日岘帅仅奏请暂留,并未请免遣戍,并闻日内已行抵东口,

照例由某将军发往军台劾力。正不知刀环之唱须在何时也。(《废员抵戍》,1899 年 11 月 13 日)

1900 年(光绪二十六年)44 岁

4 月 16 日,《申报》报道,沈敦和被贬期间,亲人相继离世,家庭迭遭变故。报道说:

> 前自强军总营务处沈仲礼观察因公被议,绝塞荷戈,雪窖冰天,异常况瘁。方谓圣恩高厚,不难赦下金鸡。讵知刀环之曲未歌,棣鄂之枝忽折。去腊金昆善伯司马忽病殇申江,今岁二月初九日太夫人张氏又寿终寓次。兹择于本月二十一日在寿圣庵设奠,遭家不造,颠沛如斯,属在故交,当有同声叹悼者矣。(《迭遭颠沛》,1900 年 4 月 16 日)

8 月 14 日,英、美、法、日等八国联军攻入北京。慈禧太后挟持德宗皇帝与文武百官、嫔妃侍女 1000 多人,仓皇离京向西安出逃。11 月 12 日,德将岳克率德、英、意、奥四国兵出居庸关,沿途杀掠,宣化大震。经察哈尔都统[①]奎顺等奏,时在张家口"效力"的沈敦和奔赴鸡鸣驿、宣化等处,成功劝止德、英、意、奥四国联军西进,奉旨"免其发遣,交奎顺等差遣委用"。随后经奏派总办察哈尔、张家口洋务局,统带警察、马步等。因两次阻退敌军西犯,奏请逾格奖励。(秦国经主编:《中国第一历史档案馆藏清代官员履历档案全编》,光绪朝,沈敦和)

对于沈敦和在宣化退敌之举,当年出版的《庚子国变记拳变余闻》有详尽的记述。兹录于下:

> 九月中旬(农历),联军先至沙河,将衙署焚毁;继至昌平州,又将霸昌道昌平州署焚毁。凡见华兵,立即枪毙。守居庸关某军统领马军门,闻信率队退出关外,至宣化府,而联队遂欲追踪而来,势不可遏。
>
> 宣化镇何海峰军门、新任口北道灵寿芝观察,凤知军台效力已革道员沈君敦和,前在江南驾驭德将,办理洋务,颇有声名,因即禀请察哈尔都统

---

① 清朝统一全国后,派汉军绿营驻守全国各省,又派满蒙各旗官兵驻守边疆水陆要冲,以及重要的中心城市。这些地方,设置将军、都统,并由八旗子弟担任。都统和将军的品级相同,都是所统辖地区的最高长官,其中都统仅在察哈尔、热河和乌鲁木齐三处设立。

沿途烧杀抢掠的八国联军

星夜檄调沈君驰抵宣化。其时联军已将临境，来势汹涌，阖郡官商泣恳沈君设法调停。沈君奋不顾身，单骑前迎，行至鸡鸣驿，适与联军先锋马队相遇。其时适有华兵马队疾驰而过，洋将放枪，将各兵击毙，遂疑沈君为带兵官，传令洋兵马队围之，拟开枪击之。沈君即操西语侃侃而辩，仍不之信。正危急间，适洋将中有前在自强军之德将某君驰抵其地，知是沈君，遂至统将前力保。统将始回嗔作喜，与沈君握手为礼，而大队已入鸡鸣驿城。沈君偕同绅士等往谒统将，备陈愿备供应，求将城池保全，勿继各国兵队扰害民居。当经允准，并请沈君偕德将盖副戎巡城。驻扎一夜，尚无淫掠。沈乘机与统将商议，保全宣化府、张家口两处。统将云："宣、张二处，六七月间均有拳匪仇教焚毁，惨无人理。此次奉瓦帅命来此复仇，非轰城不足蔽辜。且须西至归化城太原府泄忿，并拿拳匪，恤教民，救被围之英将周尼思。"语此，即派马队数百骑西行，又派马步炮一千余人先至宣化、张家口攻击。各兵闻命，争先拔队。沈君一再婉恳，并允代赴归化城拿拳匪、救英将等事，并许保险费一万五千两，将宣化府保全，洋兵不得入城焚掠，更许银一万两、羊皮兵衣千件，将张家口上下堡两城池保全。幸经自强军德将往返劝说，始允传令将西趋马队一并调至张家口再议。

二十七日，联军千余人已抵张家口。二十八日午后，西趋马队亦抵张垣。傍晚，大队全到。沈君向统将情恳商借德步队一百二十人，分布上下堡各城门口，并大皮货店、票号、当典、银号、衙署守护。沈君更偕警察营务德将沙君昼夜梭巡，并拿办随队华人抢夺财物者数起。是以相持六昼夜之久,未加扰害。惟驻扎联军之深沟一带地面,土匪诱令意兵烧毁当铺一家,淫掠亦所不能免。十月初一日,沈君随同都统与联军各将会议,允于初二日退兵,张家口遂得保全。沈君复从宣化、鸡鸣驿官民之请,遂与联军偕行,至鸡鸣驿而返。

凡沈君所经过各地,均赖保全,而未及同往之沙城、怀来等处,淫掠殊难言状。于是商民感沈君之德者万口同声。至初六日,沈君自宣化回时,商民夹道跪迎者约七里之遥。沈君下车答礼,一一慰问。后商民益感,群议绘像建祠以报。

察哈尔奎、魁两都统当即专折奏闻。

十月十八日,奉旨:沈敦和免其发遣,交奎顺等差遣委用。继派沈君总办察哈尔、张家口洋务局。沈君又于蒙古各地追获五六月之间俄商所失茶叶一万四千余箱,值银五十万两,交还俄商;并拿获拳匪头目数人正法,优恤被难教民;招练洋警察营,保护洋商货物行旅,道路平靖,商货流通。群称沈君为塞上福星,朔方生佛。

十二月初二日,忽奉上谕:沈敦和着开复官衔翎,仍交奎顺等差遣委用,钦此。"蒙古、宣化、张家口商民闻信之余,欢声雷动,代颂圣恩浩荡,公议各制万民牌伞者不计其数。(中国历史研究社编:《庚子国变记拳变余闻》,上海书店1982年版,第217—219页)

11月27日,察哈尔都统奎顺上奏清廷,认为"既止洋兵之西趋,又全万民之性命,是沈敦和保全之力,既非笔墨所能宣,而沈敦和专对之才,亦非寻常所可及"。要求"破格录用,交直督臣李鸿章差遣委用,随同议和,必不致有负委任"。朱批:沈敦和着免其发遣,交奎顺差遣委用。(《转录京师新闻汇报所登奎都统奉调沈仲礼观察折片》,1901年3月7日)

12月下旬,察哈尔都统奎顺等认为"沈敦和两次退敌,殊属异常出力",奏请将沈敦和开复原官衔翎。次年1月1日清廷下旨:沈敦和着开复原官衔翎,仍交奎顺等差遣委用。(中国第一历史档案馆编:《庚子事变清宫档案汇编》卷四,八国联军侵华,中国人民大学出版社2003年版,第136—137页)

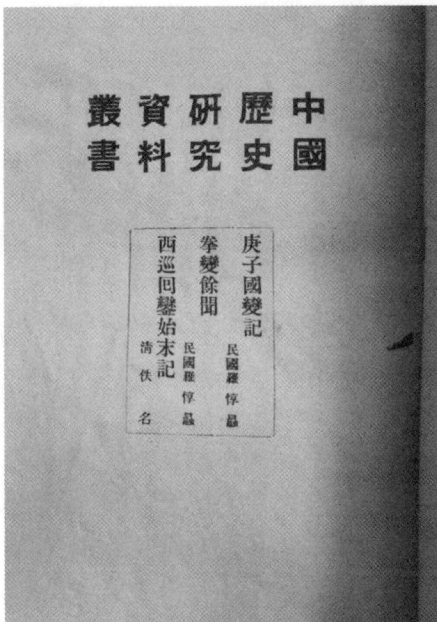

《中国历史研究资料丛书》封面

1901年(光绪二十七年)45岁

1月,所译编的《西学课程汇编》作为自强斋丛书之一,由新学书局出版。对此,当时著名的维新派人士梁启超予以高度评价:沈仲礼近译《西学课程汇编》,述西国各学堂所定功课……教学童理法,颇多精义,又兄欲成就其子弟,不可不读之。(黄涛:《论梁启超〈西学书目表〉的目录学成就》,《学术界》2007年第3期)

3月中旬,山西巡抚拟借调时在察哈尔办理对外交涉的沈敦和,而察哈尔都统奎顺等要求其仍留在察哈尔办理教案交涉,一时沈敦和成为各大吏竞相重用的能人。奏文称"该员办理一切交涉,均能持平,深得大体,素为洋商、洋教并满汉官员所悦服"。朱批:沈敦和着暂赴山西,办事后再回察哈尔。(《察哈尔都统奎顺等奏请留道员沈敦和仍在察哈尔办理教案交涉折》,中国第一历史档案馆、福建师范大学历史系编:《清末教案》第三册,中华书局1998年版)

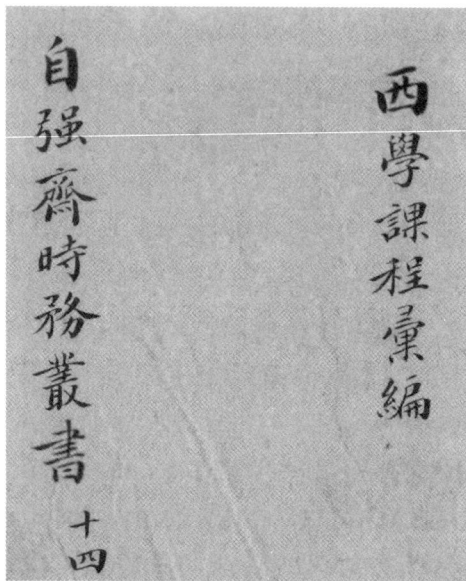

《西学课程汇编》封面

4月,经升任山西巡抚岑春煊①奏调赴山西办理交涉事务,因阻止德、法两国大队联军,奏保留晋补用并请免缴捐复银两。(秦国经主编:《中国第一历史档案馆藏清代官员履历档案全编》,光绪朝,沈敦和)

5月,作为山西洋务局总办,与"驻京法提督"巴尧订立设卡保护西人章程,报道说:

> 前自强军总统兼办吴淞开地局事宜江苏候补道沈仲礼观察冤挂弹章,荷戈塞外。去岁拳匪之变,各国联军欲入张家口。观察适遇诸戎所,竭力排解,得以保全数十万人民。旋经某军帅奏请施恩,留办边境交涉事务,此已见之客岁报章矣。昨有客自太原来,述及观察现当山西洋务局总办。本年三月驻京法提督巴尧氏误闻晋省匪氛未息,商民教士岌岌可危,爰于初四日携带兵士万余人入固关。观察急策骑往迎,晓以交谊之宜敦,夙仇之宜解,反复开导,利害分明。巴尧氏允之,随将兵士约退。观察乃与之议订设卡保商章程七则。凡全晋人民之不致惨遭涂炭者,无莫非观察曲为庇护之功也。其章曰:

---

① 在晚清大史中以思想开明、推行新政、善于应变而著称,为晚清重臣。

一议将不顾大局仇视洋人之军队离开山西,免外国人士再滋疑虑,总使此后寓居山西各国人士可以相安。

二议须派实缺司道大员认定责任,督同地方官,保护寓晋各国人士并奉教人民性命物产,该大员总须有才干有权力,可将山西从前固执之见默化潜移,必须民教中外永远相安为第一要政。

三议去年山西教堂教民受害之事,必须恪遵岑抚台所订教案善后章程十八条认真奉行,不得延宕。

四议由山西抚台新练马队巡勇二旗,专习洋操,并习知保护洋人之责任,参仿外国纪律,按段设卡,正定府为第一卡,获鹿为第二卡,井陉为第三卡,山西平定州所辖之柏井驿为第四卡,平定州城为第五卡,寿阳县为第六卡,什贴镇为第七卡,太原府为第八卡。凡遇各国洋人赴山西者至正定府第一卡翻译官处,告明某国某人前赴山西某县,该巡卡官弁立即派马巡二名或四名,带枪妥为护送到卡,换勇接连护送。该队均穿中国洋操兵队号衣裤,右臂上有洋文巡捕某号字样。该勇沿途饭食马料均由自备,不准收受赏钱。如某巡勇护送不力,或不恭敬,或迟误时刻,可由洋人记名衣上号码,函告太原府洋务局立即知照管带开革。如由山西启程至太原府洋务局或各州县明报,由中国官知照巡卡,立即派勇护送,以期自后洋人往来山西大道平安无阻,中国商人装运货物银两往来山西各府以及口外七厅,凡有教堂者亦派巡勇保护。

五议山西各府以及口外七厅凡有教堂处所遇有土匪蠢动,亦派该勇队前往弹压。

六议山西邮政亦归巡勇各卡接递,每三日由太原府至正定府各发一次,凡中外信件均仿中国邮政局办理,并设法通至定州或中国旧有邮政之处,外国军队加意保护,断不拦阻。

七议将固关、井陉、获鹿至正定府之电线一律由电报局赶紧修复,以便中外商民传寄电报,外国军队并不阻挠。(《详记沈仲礼观察与法提督巴尧氏订立设卡保商章程事》,1901年6月19日)

9月,时为山西洋务局督办的沈敦和就山西应办之事,上书山西巡抚岑春煊。报道说:

香港《循环日报》登三晋友人手翰云,七月某日,山西洋务局督办沈仲礼观察上书岑云卿大中丞,条陈晋中应办之事:一学堂;一官报;一邮政局;一仿印度法用机器凿井,以便灌溉农田;一仿制美国风磨,以利耕耘。中丞大加奖借,饬将邮政、官报二者首先兴办,余俟次第推行。(《观察上书》,1901年9月22日)

10月28日,《申报》就沈敦和在燕晋之地"舌战联军保全千百万民命"发表评论,予以高度评价并期望其有更大的作为。文录于下:

　　山西拳匪闹教之案夫人而知之矣,沈仲礼观察舌战联军保全千百万民命亦已形诸奏牍,薄海传闻矣。本馆更何必效骈枝之赘,顾事不免传闻互异,况当戎马倥偬之会,相隔数千里,乌能采访详明,则既得真情,诚安可默而不言,致贻诮于陶鸡瓦狗乎?

　　昨有客来自太原省会,为言去夏中外衅起,京畿一带联军四出驿骚。九月杪德英奥意诸军由居庸关驰赴张家口,势甚汹涌。斯时观察方荷戈塞外,都统奎公稔知其与洋将多旧识,且有干济才,命单骑驰往却之,洋将疑系谍人,欲加以刃。幸遇旧部自强军某教习婉言解说,始免危机,旋与之商订章程,假德兵一百二十名保护教堂教士,约定联军次于城外宣化、张家口、鸡鸣驿三处,遂得保全。事定,奎公德之,据情入告,旋奉批示沈敦和着免其发遣,交奎顺等差遣委用,钦此。观察乃请奎公设洋务局,综理交涉事宜,洋行、洋教堂之被毁被焚者次第查明,为日后议价地步。然兵燹之后诸事棼如乱丝,昕夕经营,急切未能就绪。至十一月中浣,归化城守者忽尔杀害英德将弁,洋人因又成师而出,大举复仇。观察闻之,星夜驰往劝阻,一面与洋将立约,一面函商总帅华尔得西得,将张家口左近地方作为战外公地,彼此仍以友谊相待,随募勇保护,俾往来商旅愿出其途。自强军者南皮张公总制两江时所创,归观察统帅师干者也。观察能以恩威服众心,平时法在必行,而又甘苦与士卒共享,能使士卒心悦诚服,如手足之捍腹心。兹闻观察方谪戍其间,遂不远数千里而来,矢愿驰驱效命。观察乃编为警察队及马队,因月饷由各商捐助,即名其营曰商兵。去岁联军游弋遍于京畿,华军皆匿迹消声,其能乘马持械往京津者独此数百名警察队而已。既而奎公列词奏保,奉旨沈敦和着开复原官衔翎,仍交奎顺等差遣委用,钦此。于是查获俄商被劫之茶叶,约值五十余万金,拳匪之尤著恶名者拘而悉置诸法,所失教民物产以次清厘。晋抚岑云帅闻而嘉之,于本年二月奏调至省,檄令督办全晋洋务。晋于去夏戕害外洋教士多至百余人,州县各官皆慑于毓贤之威焰,奉令承教,疾视洋人,以故办理益难措手。观察正在清查彻究,而张家口之难作矣。先是观察离张家口而至省垣,洋将尚未闻悉,至是某德弁亲统十余骑前往,欲与观察议事机,当轴者不善措词,以致复兴波浪,焚毁火药局,轰毙居民千余人。德法两军遂调集万余名攻入固关,图翻和局。观察闻报惊骇,急飞骑驰赴前敌,与法帅巴尧氏重联旧谊,面订保晋章程,并招练洋操马队,分设巡勇,自太原至直隶边境设卡十处,专意护送中外行旅,而晋之东道乃复通。厥后奎公飞檄调回,经云帅一再奏留,归候补班先前补用。随查明天主教中被毁屋产册,报全权王大臣议偿银二百五十万两。其耶稣教所毁另由观察议定,仅偿二十余万金。盖一则照册索偿,一则眷念故交,不为已甚,故其数若此悬殊也。嗟乎!观察之应肆才长,大吏久经洞鉴,其突被刚相摧折,亦可谓冤抑难明矣。乃刚相不特不知其才,且更忌其才。而洋人反知之深,而信之笃,用能手平大难,重奠山河,使三晋数十万生灵不致同罹锋镝,其功亦可谓伟哉。所尤难者,自强军系赳赳之武夫耳,而平日即畏威怀德,临事复不辞跋涉,趋赴边陲,大众一心,戮力自效,亦足见恩德之入人者深矣。今者刚相盖棺论定之余,犹被万人唾骂,而观察遭此千钟不炼,愈昭赫赫之名。可见天下事变无常,挫折之适以玉成之。他时出其宏谟,劻襄盛治,夫岂第晋中黎庶感观察生全之德,永矢弗谖,旋乾转坤,观察其有意乎!海隅下士不禁拭目俟之已。(《记沈仲礼观察调停山右教案劝阻联军入境事系之以论》,1901 年 10 月 28 日)

12月2日,《申报》报道沈仲礼训练张家口警察情形,报道说:

天津《直报》云,张家口警察华兵自经沈仲礼观察训以洋操,即步伐止齐,技艺娴熟。上月某日持枪护送某洋员入京,各国弁兵皆以礼相待。现方假寓德军营内,观察恐外人不无疑虑,或致龃龉孳生,因备文照会:曰为照会事,去冬张家口联军退后,朝命敝道总办张家口、察哈尔等处洋务局事。凡各国教堂教民洋行洋商,均归敝道一力保护。惟张家口外民情愚蠢,现虽中外和好,究未明若何。和好之道必须制以兵力,庶能帖伏从前。敝道在上海吴淞等处统领自强军,仿照德国操法,兵勇皆系中国人,而营哨官皆系德国将弁,故虽兵勇亦知敬礼洋人,地方盗贼皆所畏惮。自去年拳匪乱后，民心究有未靖，所有各国教堂洋商归敝道一人保护，责任甚重，深恐不能周到。故现已训练警察营步队二百五十人为一康班尼，警察营马队四十五骑为一司瓜德隆，四分之一曾经拿获盗贼，口内外匪徒无不畏惮，业已著有成效。所有步队专事保护教堂及本地洋行之用，口内口外均设卡驻扎，所有马队专事保护往来洋人及洋商货物。在察哈尔一百五十里一路地方分段布置，护送俄商货物，保护往来递信之人。凡有洋人及洋商货物，自张家口至北京、天津、保定府及山西一带，亦派此马队护送，随带洋枪以备不虞。此系敝道竭力保护洋人起见，如经过地方为联军遇见，务祈照外国兵勇一律看待。此等兵勇所练者洋操，所保者洋人，上衣则用红领，下衣则用红条，衣上左臂有英国字号一方。现在英国水师游击周恩思自归化城至京，即派警营马队四骑一路护送，可传该四人进见。以后遇有此等兵勇即系敝道所练，专为保护洋人之用者，务祈传知军队一体知照，准张家口警察营勇带枪乘马，至京津保定来往。为此照会贵提督查照，希即允准并请见覆施行，须至照会者。（《派兵保护》，1901 年 12 月 2 日）

1902 年(光绪二十八年)46 岁

2 月，经奎顺等以办理察哈尔等处教案并追还俄商被失茶箱"异常出力"，请以海关道记名，奉旨照准。(秦国经主编:《中国第一历史档案馆藏清代官员履历档案全编》，光绪朝，沈敦和)

是月，委署山西冀宁道。报道说:

太原友人来信云，山西洋务局总办沈仲礼观察刻已奉檄署理冀宁道篆务。按观察荷戈塞外，智却敌军，三晋人民赖以全活者数十万，宜乎上游青眼，不次超迁也。(《冀北宣猷》，1902 年 3 月 3 日)

6 月初，经督办矿路大臣王文韶等奏调，随办矿路事宜，交卸来京，充矿路总局提调。(秦国经主编:《中国第一历史档案馆藏清代官员履历档案全编》，光绪朝，沈敦和)

6 月 17 日，山西巡抚岑春煊奏请暂留已奉调北京路矿总局的沈敦和赴晋继续办理教案事宜。① 内称：查署冀宁道沈敦和，本系奏调办理教案之员，历办洋务教案，均著成效，且与各公使均称熟识。自应饬令迅速赴京，议办口外教案善后事宜速图清结，以竟全功。惟查沈敦和顷经矿路大臣奏调令随同办理矿路，现晋案未结，关系颇重，合无仰恳天恩准令暂派沈敦和先行赴京，与法使商办一切，刻日完结，再回晋省，将经手事件迅速料理清楚，由臣给咨令赴矿路总局当差，以重交涉。所有暂留奉调道员派令赴京商办天主教案善后事宜缘由，谨恭折具陈，伏乞皇太后、皇上圣鉴。谨奏。

朱批：外务部知道，片并发。（《山西巡抚岑春煊奏请暂留道员沈敦和商办教案事宜折》，中国第一历史档案馆、福建师范大学历史系编：《清末教案》第三册，中华书局1998年版，第1565页）

6月24日，《申报》第一版刊登山西巡抚岑春煊清理山西教案章程，凡十八条，其中第一条为"本部院已奏请前在张家口内外严惩拳匪、清理教案、中外悦服之江苏候补道沈道敦和来晋派委督办全省洋务"。内中还称沈前在张家口内外所办章程为内外所悦服，其道不外持平两字，要求处理相关教案按照"沈道前在张家口内外办法"。（《照录巡抚岑大中丞清理山西教案章程》，1902年6月24日）

是月前后，为天主教神父仆人胡作非为事致函天主教士刘博第，要求"严行约束，勿令再滋事端"。函录于下：

> 敬启者，前因乔司铎②自派家人、马兵擅行捉人，责打释罚等情。当即函查该州去后，兹据该署州刘大令禀覆，捉人责罚皆家人耿姓、马兵赵姓所为，并开具被捉受害者共有五户，罚钱者共有二三百千，其余拷索之户甚多，村名、人名尚须续访，家人耿姓即系贵司铎之仆，荐与乔司铎等语。当即禀请抚宪将该马兵迅速调回，以军法从事。至家人耿姓不奉地方官印票，竟致任意勒索赃钱至数百千，种种不法情形，不独犯中国刑章，且于贵教声名大有关碍。贵司铎为人素称平和，而所荐之家人竟如此胡行，亦足为贵司铎声名之累。现在马兵三名既禀抚宪惩办，该家人耿姓之案相同，应请贵教士转致孙司铎，将该家人交出，径由现查永宁州教案李委员

---

① 此后至10月，沈氏被借调山西处理教案，"奉调四月之久"。（台湾"中研院"近代史研究所：《中国近代史资料汇编》，矿务档，1960年，第1419—1420页）

② 司铎：天主教神父的正式品位职称，也称司祭。

兆麟讯明勒索各节,从严惩办,以儆效尤而服民心。并据该州禀称现在州属教案只有十余村未查,不过数日可竣事,应请贵教士转告孙司铎速迅往查,并将随从人等严行约束,勿令再滋事端,致多耽延,且生枝节。贵教士持平有素,当必能照此办理。除函致孙司铎外,专此奉布,顺颂日祉。(《山西洋务局沈仲礼观察致天主教士刘博第书》,《南洋七日报》1902年第23期)

是月,出任山西大学堂(今山西大学)督办(校长)。在任职期间,与李提摩太多次商议,筹建西学专斋,专门从事西方学术的翻译、研究、教学工作,李提摩太出任西学书斋总理。后来,原有的中学专斋和新设的西学专斋合并,成为沈敦和堂,是为今山西大学的前身。1903年春,沈敦和又主持购入地200余亩,开始兴建山西大学堂。1904年9月,山西大学堂主要校舍建成,中学专斋和西学专斋同时迁入。1906年夏离职。

山西大学堂官员与教员在开学典礼时合影

7月7日,《申报》披露,其当年主持张家口洋务局半载,"功效大著"。报道说:

张家口自庚子拳匪肇乱,延及塞外。迨联军入都,奎都统奏请设立洋务局,专办交涉并设警察营,以保卫商旅,以沈仲礼观察敦和总司其事,经营半载,功效大著。而沈观察为晋抚岑中丞奏调赴山西办理交涉。(《中外近事张家口》,1902年7月7日)

8月4日,在其与李提摩太主持下,近代中国最早的新式官报——《晋报》在太原出版。(宁树藩主编:《中国地区比较新闻史》上,复旦大学出版社 2018 年版,第 365 页)

身穿清装的李提摩太与妻子

8月中旬,前往张家口,"会商教会案并探查路矿"。报道说:

> 沈仲礼观察敦和奉外务部路矿总局委派来口,会商教案并探查矿路事宜,观察曾总办本城洋务局兼带警察营勇队,中外商民均蒙保护。今旧地重游,各官商感念前情,纷纷具席邀请,应接不暇,亦可见德泽感人之深矣。(《观察莅临》,1902 年 8 月 24 日)

8月30日,《申报》报道其勘测京张铁路情形:

> 沈仲礼观察敦和勘视京张铁路,将东西两道详为比较,因西道多山且无商贾辐辏之区,故决拟改由东道,由宣化、延庆、昌平而达北京,其间仅隔一山,余均坦道,施功较易,业已绘就详细图说,呈路矿总局核办。(《纪京张铁路》,1902 年 8 月 30 日)

9月,主持察勘京张铁路并"将沿途详细情形绘图贴说送呈外务部及总局会核,以便估定工费,奏请施行"。(《京张路程》,1902年10月8日)

1909年建成时的京张铁路

10月10日,进京"陛见太后及皇上,赐头品顶戴以示优宠"。(《沈敦和》,载宁波市政协文史委员会编《上海总商会的宁波人》,中国文史出版社2010年版,第275页;《宫门抄》,1902年10月23日)

11月下旬,在天津出席开平矿务局会议并被推举为开平矿务有限公司董事员。(《开平矿务有限公司议事情形》,《大公报》,1902年11月30日)

12月2日,在天津拜见北洋大臣袁世凯。(《督辕纪事》,《大公报》,1902年12月3日)

是月前后,为处理各事马不停蹄地往返南北,时人称之为"能者多劳"。《顺天时报》报道说:记名海关道沈敦和观察仲礼,前因帮办开平矿务局事来津,旋又电调至京筹办教案。现观察又有要公必须赴沪一行,特于昨日由津乘坐快车赴秦王岛,搭富平轮船南下,能者多劳,观察之谓。(《观察赴沪》,1903年1月1日)

其中对于归化教案的处理,与法方针锋相对,充分显示沈氏之外交才能。报道说:

归化城教案已经王中堂特派沈仲礼观察再三磋磨，让结此案，前经议妥赔款。法使忽尔向丁巽帅前翻词，声称合同可以作废。沈观察答以若然甚好，贵公使既先云合同可废弃，中国庚子大赔款亦可再交弭兵会重议。法公使自知理屈，力辨其无，请补足错算三十万，共需八十万。又经磋磨，减至六十五万两京平银，不必指定抵款，准由山西分年解偿。遂于上月二十日外务部督同沈观察与法公使互相签押，沈观察方于二十四日出京南回，闻请假一月云。（《归化教案述闻》，《顺天时报》，1903 年 1 月 15 日）

是年，求是斋校辑的《皇朝经世文编五集》卷二《富强》由上海宜今室石印，内收入沈敦和所著《富强求源说》一文，认为"欲图富强，首在得人"。文录于下：

富强求源说

夫欲立至远至大、利国利民、亘古未有之功，旷代绝无之业，虽世上有志虑远大、识见高超之士，存百折不回之心，怀没世不忘之念，亦非可以旦夕期也。何则？盖一人之力有未逮，一己之财有不足，其能成此功业者，庶几惟君相乎？盖君相富有四海，役及百僚，苟奋发以图富强，而其民有不风行而草偃者乎？当此之时，所谓志虑远大、识见高超之士，见在上者既日兴其利、日革其弊，谁不愿竭尽所长以上报国家、成不世之功者？如或不然，则贤者退而小人进，天下事布置无方，因循粉饰，有利不兴，有弊不革，或保身窃禄、尸位无能，或贪鄙妄为、盘踞要津，以致万民失所，强邻逼视。于此时而欲求治国中、扬威海外，其可得乎？故愚意以为，欲图富强，首在得人，如其不然，是不求富强之本，而务富强之末也。盖如开筑铁路等富强之策，必须有人焉出而为之经理，始克成其美举，臻至上理。如经理非人，徒使扰害民生，侵蚀国帑，虽任其欲壑饱填，而于国事终于无济。盖愚不肖在位，欲其循旧，尚属非易，安能复望其图新乎？故自今中国欲图富强，先有二难，一在君相之果欲图新与否，一在经理之能得人与否。以上二难，尤在乎后之一难为更难，盖中国用人往往务声名、限资格，以故肉食无谋者多滥竽在位，而世上一种奇材异能之士，愿出而为世用者，因不肯为帖括之学，以致进身无阶，往往寂处山林，不得其志，及见国事纷纭，亦惟有扼腕太息，自叹其无可报国而已。以故科目之设，国家所以取文人，非所以进奇异之士也。目今欲图富强，当先以人才为本，求人才之

69

法,当今天下怀奇抱异之士,各出奇艺,先发为说论,呈各处书院山长,山长试之实,则录其名,不实则去之。录名者,以备朝廷需用时之召。以此储才,何患无才。若使鸡鸣狗盗不遗沧海一珠,兄等而上之者乎?朝廷既知天下之奇士多而合用,料必能力图富,百利俱兴,此所谓人才得而成功易也。若有此一端,则在下者知朝廷之不绝英雄归路,亦必能争自濯磨,成其一艺,以于快捷方式中求功名天下。两美之事,孰有甚于此者乎?且人既与事合,必能力胜其任,则以上所谓二难者,也已并于一,而富强之基即立于其中矣!

1903 年(光绪二十九年)47 岁

1月,请假南下的沈敦和在沪拜会"各当道"。报道说:

山西候补道沈仲礼观察由京来沪,昨日乘舆赴道辕拜会苏松太兵备道宪袁海观观察,继至上海县署投刺,县主汪瑶庭大令延入花厅,茗谈良久而别。(《观察谒客》,1903 年 1 月 18 日)

身着晚清官服的沈敦和

3月18日,《申报》发表《书客述晋中事》一文,借晋中客之口,述及担任山西洋务总局总办①的沈敦和被巡抚岑春煊授予大权,在山西力行"新政"而开晋中风气:

> 有客自太原至沪江,踵尊闻阁之门一揖道胜常盖十余年旧两也。叩之曰:子自晋中来,当知晋中事,敢问晋中近日风气如何?客曰:晋之地甚富饶,晋之民素勤朴,盖犹有古蟋蟀山枢之遗风。然以言风气之开,则未也。夫风气之开,必自在上者始,今之官于晋者非少年科第,即以贊郎进身,平时足未屦海疆,目不睹洋务,一遇交涉事起,即束手跌足而唤奈何,亦无怪拳乱丛兴,时误听抚军毓氏之指挥,而日以戕杀洋人为事也。自岑云帅奉旨膺疆,寄举沈仲礼观察总理省垣洋务总局,而事机渐转。牧民者遂有明白晓畅之人,云帅伟人也,凤知观察宦于江南,曾训练自强军,遴洋员之娴于战事者教之,得以骁勇著于世。洎荷戈塞外,力阻洋兵入固关,出入于枪林炮雨中,全活人民以数十万计。因是悉心委任,畀以大权。观察酌势揆时,宏抒伟论,谓地方官非日阅报纸不克周知四国事情,樽俎折冲,胜任愉快,因之札令公余购阅,有不阅者纠之,犹恐□草者或阳奉阴违也。每于馆中课吏时,以报中所纪之事命题,使平时苟不留心,应课时必茫无头绪,行之一二载,所属果渐知交涉之要,不复若前之如堕十重云雾

① 　当时与山西洋务局任上的沈敦和有来往的美国探险家弗朗西斯·亨利·尼科尔斯后来在回忆录中对其有很好的评价。他说:沈敦和这个人是当今中国重建时期最重要的人物之一,曾在剑桥大学留学两年。他能讲一口流利的英语,并且同任何欧洲人或美国人一样,在当代流行话题方面消息灵通、见多识广。由于他对外国人的友好是出了名的,所以招来了朝廷保守派的敌视,为了将他扫地出门,他被派往蒙古边境的一个小城任职,在那里他韬光养晦超过10年时间。当山西需要一位官员能拯救该省免于毓贤的罪恶带来的侵略和惩罚时,沈迅速被派出担任洋务处道台,拥有妥善处置各类事件的充分权力。他的努力并不局限于仅仅考虑金钱赔偿,更进一步的是,他开始实施一项安抚政策,这一政策因而对外国人和中国人都起了很大作用。他在太原创设了山西警察体系,建立了一所邮局,不仅仅是为了外国人的安全和方便,也是为了使他们能更多地与当地人进行接触,因此,山西人会逐渐认识到"外来的野蛮人"终究也是人。
对到访太原的外国人而言,与沈敦和聊天可能是诸多事情中最令人愉快的。经过几天沉闷无趣的饮茶、官方往来之后,我很高兴能去拜访他。他以询问作为开场白:"你喜欢雪茄还是香烟?"他还以一种非常得体的方式告诉我他曾访问过美国。"我想在有生之年再去一次纽约",他说。"我想看看摩天大楼,当我上一次去剑桥的路上,经过纽约的时候,还没有高楼,我非常喜欢美国。"他继续道,"事实上,我几乎像喜欢英国一样喜欢美国"。说到山西警察,我对他大加赞赏,告诉他山西警察是我在中国各地遇到的仅有的拒绝赏钱的人。"哦,我很高兴你亲历了这样的事",他微笑着回答。"我正准备从警察中挑选士兵,不仅仅是战士,而是士兵,正如你们外国人所理解的士兵那样。我正努力向他们灌输,须拥有士兵的荣誉感,这不允许他们仅仅为了执行任务就收受钱财。"[(美)弗朗西斯·亨利·尼科尔斯著:《穿越神秘的陕西》,三秦出版社2009年版,第32—33页]

中。噫！如观察者，真能操转移风气之权，而开三晋数百年屯蒙否塞者哉！大学堂者各省奉旨设立者也，晋省独与洋总教士李君合办，用能使实事求是，款不虚糜，礼延教习一十五人，各专一门必详且尽。当招考之始，士人只知八股文字，试之无一能入格者，观察乃令遍购各日报及各局翻译官书储之馆中，以供翻阅。今则勤学之士渐知振奋，每一课试不少佳文，且有矻矻穷年研究泰西专门之学者。至于译书之局，初有议译东文者，观察以为事不可畏难，苟安译东文固易于译西文，然东人每醉心于平权、自由，今之游学瀛洲者学未有成而已不免沾染其习，以致侈谈革命，罔识尊亲。若再译读其书，则三晋儒生亦必误入歧途，渐改其朴学勤奋之志，因于译书时先正其宗旨，凡涉平权自由之说者一律芟除，迄今太原诸生中无一濡染海滨恶习。盖观察之以卓识定力持之也。观察之言曰今之入学堂肄业者，动以演说鼓动人心。演说者，惟教习所应为，学生固不得越分者也。我尝游览泰西各国，见学堂中无一不彬彬有礼，秩序昭然，从未有扰攘纷更，以弟子而挟制师长者。若夫自由二字，则惟中国为然，泰西之人事事须遵循规则，试观民间畜犬有税，养马有税，乘车有税，行船有税，开客邸有税，设咖啡馆有税。自余一切游戏征逐之地，亦无不有税。既纳税，即须守章程，有不遵者惩之罚之，固有赦，安在有得以自由者。细故如是，大者更可知。今既侈谈维新而先诩诩然曰自由！自由，是悖新理也，是阻新机也，奚其可我之治晋，亦惟禁人之自由而已。民既不得自由，由是示之以新法而不敢不从，导之以新学而不敢不习，教之以新艺而不敢不作，范之以新政而不敢不遵，而晋民新矣。而晋之言维新者，乃不似海滨之人扰攘纷更，日昌言革命流血排满民权诸缪说矣。安在蟋蟀山枢之遗风不转而成革故鼎新之盛治乎！客言如此，执笔人曰是观察治三晋之良法也，是云帅之信任不贰而后观察得大展其宏猷也。施之晋而晋治，施之天下而天下安见其不治哉！爰笔而述之，以为作新其民者告。（《书客述晋中事》，1903 年 3 月 18 日）

6 月 17 日晚，招待任职于邮传部的浙江同乡孙宝瑄，并详述庚子张家口退敌之举。对此，孙当天在日记中写道：

　　二十二日，趋署。出城至义善源小坐，俄访佑三，谈久之。赴万福居，沈仲礼约饮。仲礼自述庚子之役，在张家口羁縻外国兵事，言之可笑，盖非人力，实天助也。是年八月，京城陷，两宫西奔，于是各国选劲旅数千人追驾至张家口，会先驱之将士，半皆前受雇于中国教练自强军者。仲礼曾在江南统自强军，故与之相识。既见仲礼，相与道故。仲礼因问：追两宫何为？答曰：非敢加害也，将请尔国皇上亲政，惟太后则处治之，如前拿破仑之放于海岛，为之建宫室，厚供赡，但不许问国事耳。仲礼佯作感谢，因使介绍遍见诸国将。诸将争指仲礼曰：此中国之好人也。

时九月初间，塞上早寒，漫天冰雪，军中战马有冻死者。会西北风大起，仲礼知明日必作奇寒，乃谓列将曰：尔所携战马几何？曰：约数千头。又问：自何方市来？曰：自印度。又问曰：价直几何？曰：每头直银五六百两。仲礼愕然曰：炎方产，奈何入寒地？不数日毙尽矣。诸将未之信。翌日，马死加多，乃大忧，急召仲礼问计。仲礼曰：是马皆不堪用，惟有速牵归北京，闭之于室，藉之以蓐，庶几不死。诸将怒曰：无马何以进？仲礼曰：无忧也，塞外有不畏寒之马，我为尔购之，价廉数倍。诸将大喜，于是尽驱其马回京师，更责仲礼为其买马。仲礼使人至塞外取之。俄马至，亦数千匹，皆羸瘠不堪驰骋者。诸将大怒曰：尔诈我，行将斩汝，用此何为？仲礼笑曰：此方产大都如是，殊少佳者。诸将相对蹙额，良久又问曰：闻尔在江南练自强军，所用马皆塞上来，何以肥健如彼？仲礼曰：健马固有，非精择不可。欲得良好马，费时日矣，价亦稍昂。诸将曰：可也，尔以马来，我自选之。仲礼遂分命人往各地求马，阴教其濡延，及马来，又羸多健少，选已更选，如是月余，得马寥寥。诸将忿极，自遣人出塞求马，数日归，亦仅得五百头，乃相议西进，风雪又大作。仲礼进曰：诸军欲深入，绘行军图否？曰：已绘。仲礼又曰：雪甚矣，行军图何用？拿破仑前事犹记忆乎？深入俄都，为雪所败，不如且俟晴霁未晚也。诸将曰：沈公之言是也。乃止。未几天晴，又欲前进，水草乏绝。盖仲礼已潜令数百里内居民空室而行，无可掠夺，河道又皆南北流，去河略远，即不得饮。诸将计出无奈，乃使人往报瓦帅，以实告。瓦帅大怒曰：两宫已至西安矣，汝辈犹未入晋境，自问应得何罪？速引还，不须前也。于是诸军返旆，久之而和议成。此沈君自述者也，已有人笔其事，予为重记之于此。（孙宝瑄著：《忘山庐日记》，上海人民出版社 2015 年版，第 676—677 页）

7月，记述沈敦和1900、1901年间在河北、山西境内阻敌西进、处理善后的《沈仲礼观察燕晋弭兵记》出版。当年7月19日《申报》刊登是书出版之告示：

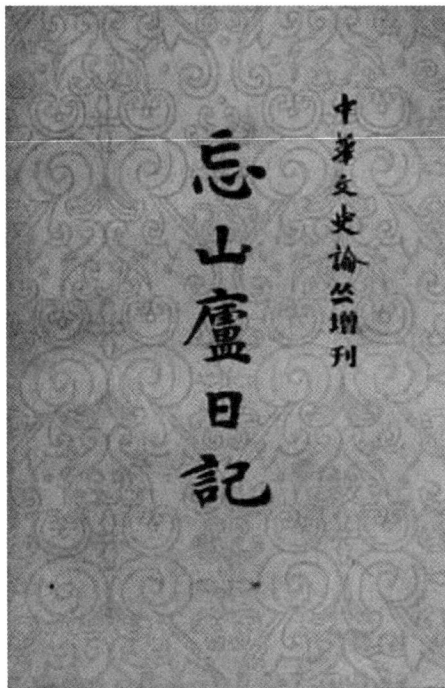

《忘山庐日记》封面

新出精印《沈仲礼观察燕晋弭兵记》

是书为海宁陈守谦先生述记,计分退敌、平教各上下二篇,凡拳匪招衅以来,燕晋一带遍地皆兵,民间惨苦万状,以及沈观察之对付外人、布置巡营,具为详载,读之不独知沈公全活一方,阙功甚伟,其于当时交涉教案,办理棘手,全在措置得宜,转危为安,亦官场所不可不览也。现本局觅得原稿付印,卷首冠以沈公小像,俾慕公之韬略者,兼睹公之仪容,以遂其景仰之思。纸墨精良,计订一大册,价洋五角,翻印必究。总售处上海铁马路钱业会馆后顺城书局、千顷堂、文明书局、广学会、纬文阁及各书坊、天津文美斋、广东纬文阁,均有寄售,此布。(《申报》,1903 年 7 月 19 日)

9 月,被委任为京张铁路总办,"督饬洋工勘地绘图,俟款集齐即行开办云"。(《时事要闻》,《大公报》,1903 年 10 月 1 日)

11 月 11 日,先后在上海"拜会苏松太兵备道袁海观、上海知县汪瑶庭"。(《上海官场纪事》,1903 年 11 月 12 日)

是年,担任江南制造局总办。

江南制造局大门

1904年(光绪三十年)48岁

2月8日,日军向旅顺俄国舰队突然发动袭击,日俄战争爆发,东北同胞饱受战乱之苦,清政府竟宣布中立,但接运难民的船只仍不准入内。激于义愤,时为上海记名海关道的沈敦和与前四川川东道任锡汾、直隶候补道施则敬等于3月3日发起成立东三省红十字普济善会。其立会宗旨:"本会援泰西红十字会例,名东三省红十字会普济会,专以救济该省被难人民为事。"由发起人"垫银十万两,以应急需"。"延请中西大善董,就近开办,在沪设立总局,专门筹款之所,而另设分局于京津,招留救援出难之人,以期一气贯注救之之法。""各省如有助款入会者,不拘多寡,请寄上海总局,刊发征信录,并随时登报,以照核实。"救济宗旨及办法:"本会救济宗旨,无论南北方人,务先举令速离危地,以避大难",而后"赈抚兼施,医药互治,用符西国红十字会之本旨"。其组织架构采用董事制。"公举才望夙著、熟悉中外以及北方情形大员为董事,总理局务","另举西董,与东三省教士联络举行,以免外人拦阻","中西董事

75

外,应另举筹款董事数人"。东三省红十字普济善会,"特中国红十字会之先声耳"! 次日《申报》报道说:

> 昨日午后三下钟时,由施子英观察在英界六马路,邀集东三省红十字普济善会同志诸君,商议开办之法。先由沈仲礼观察发明泰西红十字会缘始及会中一切章程,既而在座诸君以次各抒己见,然后题名册上,一揖散归。

> 是日题名者为:杨杏城京卿、沈仲礼观察以及曾君少卿、苏君宝森、施君子英、李君云书、王君少灏、王君松堂、冯君珩生、沈君缦云、汪君汉溪、焦君乐山、朱君子文、姚君燕庚、任君逢辛、周君金箴、汪君建斋、吴君少卿、王君益甫、陈君润夫、席君子佩、黄君式权。闻仲礼观察先曾电致营口红十字会魏君,旋得回电,极愿赞成,并曾已腾出医室中卧床五十张,以备遇难病民安卧云。(《记普济善会初次议事情形》,1904 年 3 月 4 日)

日俄战争中被日军强迫征用的中国百姓正在用担架搬运日军的重伤患者

同日,为了让外界对东三省红十字普济善会有所了解,创会同人在该会成立的同一天在《申报》刊登《东三省红十字普济善会章程并启》,对该会成立缘由、宗旨、运作办法与思路、组织架构等作了详细阐明。

3 月 10 日,因东三省普济会具有浓重的传统善堂色彩,无法取得日俄交战双方的认可,与传教士李提摩太奔走联络①,中、英、美、法、德五国董事于是日下午在上海英租界公共工部局集会议事,宣告万国红十字会上海支会成立。该会设董事45人,内西董35人,以李提摩太为首,华董10人,以沈敦和为首,并从45名董事中推出9名为办事董事(其中西董7人,华董2人为沈敦和、施则敬,后增加任锡汾)。它的成立标志着中国红十字会的诞生。辑录当日会议记录于下:

> 光绪三十年正月二十四日午后五点一刻时,中、英、法、德、美五国董事,会集上海英界公共工部局中议事。主席者为工部局值年总董培恩君,开议云:今日五国董事聚集于此,所为何事? 我请李提摩太宣明。

> 李提摩太起而告众曰:俄日未开战以前,日本派船前往旅顺、海参崴等处,救出本国子民及别国洋人,嗣后复迁移他处。迨开战后,直隶总督及山东巡抚亦拟前往旅顺等处,救出中国居民于危险之处。惟俄人称,各口已经封闭,不准别国船只驶进。是以直督东抚诚恐阻格中国政府坚守中立之局,未便轻率举动。上海中华官商绅士深念旅居北方之华民,备尝苦楚,彼此筹一拯救之法。特请沈观察敦和前来与予商量此事。按各国在东三省教士,刻方避难于牛庄。予遵沈观察之请,电询牛庄教士,可否助救难民? 旋得复电,允向前施救,且愿效力者甚众,因此遂有创设红十字会之议。考红十字会之用意,系拯救被难人民与夫受伤兵士。遂往商英德法美等四国领事,佥以为然。后又往商工部局董安特生,安特生嘱予转商总董培恩。今日之会拟先在中国设立红十字会分局,设局之意,首在筹款。惟所筹之款,并非交付俄人、日人支用,且将来拯救难民,不分中外。

> 言毕,主席者问在席诸君有无他谈? 众无词。旋请沈观察宣议。沈观察起而言曰:闻有旅居青泥洼之中国工商约二千人,固无轮船可附,不及言旋,并闻彼等粮食尽绝,颇受苦难。又闻牛庄先有告示,大旨谓:租界

---

① 对此,李提摩太后来回忆说:在1904年初,日俄战争爆发。虽然这场战争爆发于日俄两国之间,然而战场却是在中国的东北,中国人民深受其害。清政府对此束手无措,只能眼睁睁地看着两强在自己的土地上肆意蹂躏。见民众生活在水深火热之中,一个叫作沈敦和(在山西筹建大学时,他曾为我提供过巨大的帮助)的道台前来拜会我,希望我能够与他一起筹办救助工作,来帮助东北的难民。我欣然接受他的建议,于是,一个由中国、英国、美国、法国、德国和其他各国人一起组成的国际红十字会成立了。沈先生担任中方秘书,我则担任外方秘书。(李提摩太:《李提摩太在华回忆录》,天津人民出版社2018年版,第217页)

周围一百里,作为公地。由是观之,百里之外,无从保护,彼处居民,翘首望救。鸭绿江左近,谅有陆上战务,附近居民,望救尤切。又由辽阳左近海城传来消息,知俄人颇苛待华人,勒令民间所有牛羊、骡车、马匹,悉数供应,且有于道途沟壑间,目见妇女、幼童尸骸无数者,种种情形,闻系俄兵经过所致。上海拯救难民之诸华董,闻战地左近惨酷之状,预拟极力设法拯救,中国已有多人允资助华董。最妙者请诸洋董合力办理。

言毕,主席者问君等有无他说,众无词。主席者云:安特生颇关切此事,予请定议。安特生起而言曰:所议创设红十字会,系局外之会。现应先议开办各省,宜预举各董及派定办事之董事数人,且拟如何布告大众,共襄此举。予已与李提摩太商量,指举以下数人为董事,计洋董广学会李提摩太君、美国圣经会教主格雷甫君、英刑司威金生君、老公茂行德贞君、保家行培恩君、怡和行态思惠枢君、太古行而澜脱君、泰和行司顿君、老公茂行安特生君、字林西报馆主笔烈德而君、工部局文案濮兰德君、哈华托勒脱君、高易麦尼而君、麦医生麦尼而君、福医生巴伦君、瑞记行伦基君、禅臣行伯劳特生君、美最时行美洁兰君、礼和行雷纳君、丰裕行葛累君、同孚行傅密生君、中法报馆薄露纳脱君、亨白君、汇丰行总理别维思君、祥生船厂总理伯伦脱思君、前英总领事璧礼南君、福公司总理传密生君、副总税务司信滕君、江海关税务司好博生君、江汉关税务司汉璧司雷君、祥泰行司缟脱君、开平矿局托罗蛮君、金涛君、劳伯德君、法国轮船公司却伯绥而君,华董为沈君敦和、施君子英、严君小舫、朱君葆三、周君金箴、徐君雨之、苏君宝森、陈君润夫、曾君少卿、朱君礼琦。再举以下数人为办事董事,洋董为英刑司威金生君、公共租界工部局总董、法租界工部局总董、广学会李提摩太君、同孚行傅密生君、福医生巴伦君、高易麦尼而君。华董为沈君敦和、施君子英。将来各项办法归办事董事酌定,并劝令捐输一切情形,陆续报知总董。

主席者云:今日之会,原为开办之嚆矢,细节未及议论,所举董事,如诸君以为然,请举左手。在场举左手者众,主席者云:即照议办理。主席者又问,所举办事各董事如诸君以为然,请举左手,在场举左手者众。主席者云:此举即照办。德商禅臣行总理问:中国政府亦将合力办理否?李提摩太答云:中国政府未便与闻,盖恐违犯局外之义也。英商某问:此举是否专为华人而设?主席者答云:所议者系万国公会,不分中外。李提摩太复将会议大旨,用华语告知在场诸华董。诸华董佥称,办法甚善。施肇基问主席者曰:今日议事情形,已用洋文笔记,仆拟译成华文,分送在场各华董及来探问情形者,请问在场诸人准否?主席者转问在场诸人曰:施所问一节,有不以为然者否?众无词。主席者云:可以照办。既而主席者又云:若无他语,今日会议可竣事矣。众无词。主席者称:会议已毕。华洋各董遂均握手而散。

迨二十五日午后三点钟时,施君子英复邀各华董在丝业会馆会议,先行筹备五万金,以期及早开办。各洋董则订于礼拜二,再集议劝募洋商捐款事宜,一面电商两战国,允准分会派人前往战地,将会中应办各事妥为筹办,以期仰副各省善士普济群黎之至意。(《施君肇基笔译上海创设万国红十字支会会议大旨》,1904 年 3 月 14 日)

上海万国红十字支会华董简历一览

姓名(字号)	籍贯	官衔/任职	其他慈善活动
沈敦和(字仲礼)	浙江鄞县	张家口洋务局督办、山西省洋务局督办、山西大学堂督办、江南水师学堂提调、吴淞自强军营机处总办、上海记名海关道	参与创办华洋义赈会、上海时疫医院、中国公立医院等慈善机构
施则敬(字临元,号子英)	江苏吴江	因赴山东堵筑黄河漫口有功,保升知州,加四品衔,先后九次奉旨嘉奖,加至二品顶戴	历办山东、江苏、河南、安徽等地抗洪劝捐义赈,曾参与创办义赈会、救济善会、济急善局、上海贫儿院等慈善机构
严信厚(字筱舫,又字小舫)	浙江慈溪	河南盐务督销、长芦盐务督销、署理天津盐务帮办	曾参与 1880 年浙中赈济;1892 年顺直工赈;1896 年永定河决,劝募棉花;1897 年淮徐海水灾,奉旨筹垫巨款;1899 年安徽赈饥;1900 年庚子之难,参与创办救济善会、济急善局;1900—1903 年顺直秦晋先后大灾,筹办赈务;1902 年上海平粜;1903 年山东赈灾等诸端
朱葆三(名佩珍)	浙江定海		曾参与创办华洋义赈会、济良所、吴淞防疫医院、上海公立医院、上海孤儿院、普益习艺所、妇孺救济会、贫民平粜局、上海时疫医院等

续表

姓名(字号)	籍贯	官衔/任职	其他慈善活动
周金箴 (号晋镳)	浙江慈溪	曾任江西广昌县知县、南昌县知县	于1919年参与发起成立中华慈善团全国联合会
徐润 (又名以璋、字润立)	广东香山	担任轮船招商局会办	曾为辅元堂、清节堂、仁济堂、元济堂、格致书院董事
苏宝森	浙江鄞县	曾任《新闻报》华人董事	
陈润夫 (字作霖)	江西清江		曾发起济生会
曾铸 (字少卿)	福建同安		曾捐资创设上海贫儿院
朱仲宾	浙江	曾任上海总商会及沪宁铁路书记	

资料来源:池子华总主编、郭进萍著:《中国红十字运动通史1904—2014》第5卷《中国红十字文化》,合肥工业大学出版社2018年版,第15—16页。

3月15日,与施则敬、任锡汾致电盛宣怀并附万国红十字上海支会捐册,要求将所拟万国红十字支会捐启、公函两稿"迅赐核定,克日掷还"。电录于下:

> 敬禀者:现在同人拟创办万国红十字支会,拟有捐启、公函两稿,已经送请吕尚书鉴阅。兹特呈乞钧察,务求迅赐核定,克日掷还,以便赶缮付印。昨伦贝子过沪,已经当面说明,外洋各埠,均由其带往分发劝募。所有捐启等印成后,邮寄日本,途中约出月,初三左右必须寄出,不可稍迟。鹄望谕示,不胜盼切。捐启内五、六两条,系收捐办事、如何缮付收据等事,尚在中西会议,定妥即行叙列,并以附及。肃叩钧祺!
>
> 敦和、则敬、锡汾谨禀正月廿九夜(上图档号 SD58800)

3月17日下午,出席在英按察使署举行的上海万国红十字会办事各董初次会议并有多次发言,会议决定将"上海万国红十字支会"正式定名为"上海万国红十字会",推举李提摩太、沈敦和为司理文牍的中西方书记。3月21日《申报》报道说:

> 二月初一日午后四点半钟,上海万国红十字会中的办事各董,初次会议于英按察使署。到者英按察使威金生君、工部局总董安特生君、律师麦

尼而君、医生巴伦君、李提摩太君、沈君敦和、施君子英,傅密生君因病未到。

主席威金生曰:今日之会,应定本会之名。众互议,始定曰"万国红十字会"。威曰:会中应举一书记官,专办文牍。众公举工部局学堂教正李杰君。威曰:是会系中外合办,李只能司笔札,不谙华文。必熟悉中外情形,如李提摩太君,及沈君敦和主持其事方可。李、沈两君皆首肯。威曰:款项出入,应举一收支人,以专责成,拟请丰裕洋行葛雷君为之。众曰:葛君声望极佳,宜往延订。威曰:汇丰银行于牛庄等处,均设分行,本会银钱,宜托汇丰经理,中外董事以为然否?众曰善。威曰:洋文捐启请麦律师重加润色,启内载明,凡西商捐款,归汇丰代收。施君子英倩其弟号植之者操英语曰:华商前举办事华董,人数过少,拟增一人。公议举熟悉赈务,向办善举之任君逢辛,请问主席以为何如?威曰:华商欲添举任君逢辛为华董,诸君以为可者,请举左手。合座齐举左手。威曰:善。沈君敦和遂将连日华董所办各事八条,对众宣言:

一、阅西报,知美国檀香山、日本横滨等处,华人捐助俄日恤款甚巨,现创红十字会,其中所救原系华人居多,故拟刊印捐册,请奉命出使美国之伦贝子及副监督黄开甲携往劝募,以期筹集巨款。

二、驻扎各国钦差及领事,亦均寄捐册,请为劝捐。

三、各省督抚,由吕钦差领衔,电请分别捐助款项,仍由本会各寄捐册。

四、各省各府善堂,均由本会商请代收捐项。

五、中国电报局电报能到之处,奉电政大臣允准,凡系红十字会办事公电,概不收费,俟积有成数,即作为捐款。

六、上海招商局能到各口岸,奉商部参议杨允准,凡系红十字会办事人来往,均给免票,俟积有成数,亦作为捐款。

七、上海向收善捐之仁济善堂、《申报》馆、《新闻报》馆及《中外日报》馆,均请代收捐款,本会在丝业会馆设立总收发所,所有华董办事劝捐等事,即以丝业会馆为总汇之区。

八、现由华董先行劝到现银五万五千两,俟收齐后,即存通商银行候拨。

主席威曰:中国绅商如此踊跃,深可敬佩。即嘱书记备函伸谢轮电两局相助之情。惟云牛庄至沪及各埠分会往来之电,应请一律免费,以节捐款。施曰:昨寓沪吕尚书、盛侍郎、商部尚书振贝子、陈顾两侍郎来电云云。同日,寓沪绅商接商部丞参诸君来电,大旨与振贝子电相仿佛。并云俟上海议定办法电复后,当商请日俄两公使照办。威曰:红十字会本各国联盟善举,惟此次战务在中国地区,所救者多系中国子民,必照中俄外交办法为是。中国商部既有此德意,应由本会函谢吕盛吴三大臣,电复商部。并申明本会拟借招商局轮船,前赴青泥洼、牛庄附近一带,赈救难民。电请中国驻使商请俄皇允准,以便速办。不尽之言,再请李提摩太、沈君敦和、施君子英面达吕大臣,并道谢忱。一面请各国驻沪总领事,电请各国政府函认本会并将洋文捐启录送备案。盛顾沈曰:是会办成,函电往返需时,救人如救火,刻不容缓,似应先行举办一二次。沈曰:牛庄西友来电,牛庄附近一带,情形苦甚,轮船无法可往,应电请牛庄各英教士,先行办理。李提摩太即袖出牛庄教士来电两张,主席向众诵毕,知难民妇孺困苦流离,居无定,病无药,需赈款、卧具、被褥、药物等件甚急。威曰:阅此电可悯,可否请中西董事慨允汇寄五千两,并请巴伦医生备办应用药物,迅速运往。众允照办。西董请华董曰:可否先请拨存汇丰银行银二万两,以便择要动支。华董允:明日即照拨。施曰:嗣后捐款,是否由华董公同允准,方可动支?主席曰:此自然之理。施曰:目前东三省办理此举,自须仰仗西国教士偏劳。惟中国善士愿往者甚多,宜亦派往。西董曰:前往与西教士合力更好。施曰:如不派华人前往同办,恐华人捐款,不能源源踊跃。威曰:请于牛庄设一分会,亦举中西董事合办。西董即由魏伯诗德,公举华董田贵。华董诸君公举现居牛庄之人,所有在彼一切办法,由彼处分会集议安定,牛庄华董可将办理情形,随时函告上海华董,报知众商,以昭大信。众曰:可。威曰:天津拟出请怡和总理克森君、京师拟请汇丰总理嘉勒君为本会代理人,可就地照料本会各事,诸君以为何如?众称善。沈曰:目前教士知医者,须在医院治病。不知医者救人,将来救出难民极多,应护送至内地热河等处,雇车觅店等事似由华人经办较易。巴伦曰:以目前情势论之,华人赴东三省办事,必与洋人偕行,方保无虞。沈曰:然。巴曰:将来陆续必有愿往者,可添也。议毕遂散。(《二月初一日上海万国红十字会初次集议问答》,1904 年 3 月 21 日)

3 月 29 日,为筹集救济日俄战灾赈款,与吕海寰、盛宣怀、吴重憙、吴郁生

等联名通电各省将军、督抚、海关等,呼呼各方"拨助捐款"。(《大公报》,1904
年4月1日)

后为中国红十字会首任会长的盛宣怀

3月30日,因上日即29日《申报》所登《红十字会条约》与原文有出入,将
所译《万国公法内杰乃法^①盟约》全文刊载在《申报》上,文录于下:

沈仲礼观察译万国公法内杰乃法盟约

一、医车及医院应承认为中立,如有病伤军民在内,两战国均应保护、
敬爱。若医车及医院为军士掌管者,则前项承认中立之利益,即行停止。

二、医院及医车中有监督、有司医药、有照料、有搬运受伤之人及教士
诸名目,若有受伤及待救援者在内,上项诸人均应享中立利益。

三、上条内(注:即第二条)所指诸人,即使地方为敌军占据,仍可照常
在该医院或医车办事,其愿收回随从本军者,听(之)。若上项诸人应停罢
者,可由占据之军送往敌军最近之营。

四、医院必需之物,地方或已经占据,上项诸人如愿仍回本军者,应按

____

① 即日内瓦。

83

照战例不能由办事诸人视如私物,任意携回。至医车上所用各物,则可仍由本人随带,不得扣留。

五、倘本地居民愿帮救受伤之人者,亦应敬爱,勿得拘束。两战国统领均应留心晓谕本地善士及局外之人,一体照中立相待。如有受伤军民在内,养伤之屋均应保护,其居民之屋有留一养伤之人者,即免其驻兵及免缴军中捐费。

六、无论何国病伤军士,均应一例善待。倘两国交战,敌兵受伤,总领官可即将敌国受伤之兵送交敌国最近之营,但须两面允准。其未交回之受伤兵土医痊成废者,应送回其本国;若能作事者,苟于此次战事不再负械相从,亦可送回。如有无关战事欲离开战地及前往办理此事之人,均应保护及享受中立利益。

七、医院、医车以及无关战事之人欲离开战地者,凡此三项均应悬挂显明一定旗帜并本国国旗,凡无关战事之人,其衣袂上应各缀记号以作标识,其记号务先报知军官存案,旗式及衣袂记号则均用白地红十字。

八、现在既缔是约,应即责令各该将领照约实行,大要纲领以是约十条为准,其详细节目,临战变化不能预定,各该将领宜仍听命本国政府按约指示机宜,不得稍有轇轕。

九、杰乃法之盟约各国,均遣专使会议而成,其同时未与是约者,亦悉以约相示,劝令入会,并采撷名言高论补入其内,故议约之后留有空白较多,以俟异日增订新约。

十、是约既定,各该专使应仍听候本国政府之批饬,一俟奉准,即于绰恩府互相交换。其各国送约往返之期,统限以四个月为率。附增订杰乃法盟约二条:

一、凡遇两战国交绥之时,无论海面、陆地,其军队中舟车悬有红十字旗帜为援救受伤之人者,两战国应亟认明中立,互相保护,不得轰击。

二、凡系受伤军士,或至中立口岸医治痊疗(愈)者,均不得再行出战。按前约十条系西历一千八百六十四年八月即我同治三年各国公使于瑞士京城所订,故曰杰乃法盟约。附约二条系西历一千八百九十九年俄皇会同各国公使于荷兰亥革京城万国弭兵会中所增,载明俄史,特附于后。一千八百六十八年尚有增订杰乃法盟约十五条,惟各国均未批准,故不采入。其红十字会旗帜用白地红十字者,以当时瑞士会员议用红地白十字旗,各国会员因与瑞士国旗无所区别,公议改用白地红十字旗,与耶稣教会十字架并无关涉。

昨阅贵报登有红十字会条约,与本会所译微有不同,兹特抄乞登报,伏乞公鉴。

上海万国红十字会同人谨录(《申报》,1904 年 3 月 30 日)

3 月 31 日,上海各华商为英商上海保安保险行总理伊德赴任香港保安总行总理举行欢迎宴会,公推"沈仲礼观察操英语以颂"。报道说:

上海保安保险行总理伊德君,品端学粹,声望卓著,为西商中杰出之人,在华有年,与我华人士亦最契洽,凡事多所赞助,商务往来尤赖以维持振起焉。兹擢为香港保安总行总理,行将去沪,各华商以海外旧交不可多得,咸有恋恋意而亦无术以挽留之也。昨由本埠华商十余家公饯于虹口靶子路赵氏花园,席间公请沈仲礼观察操英语以颂。

观察与伊君有旧,且彼此素相倾慕者,因起而致颂曰:君莅华数十年,待我华人素能和好,亦极公允,我华人以是爱之慕之而不愿闻君之去。曩者我华商有不谙交涉之处,万难解剖决之于君,无不藉君之一言以得直,非君之有私于我华也,环球公理之所在,亦互市公平之道宜尔也。华洋通商以来,几见有如君之正直不阿,视我华商如一家者,而仆所尤不能已于言者,则为开平煤矿一事。上年主持矿务者因与英商合股,遽被欺侮,彼此争执涉讼。君为中外商人领袖,亲赴天津会议,发论宏正,无倚无偏,中外人心咸相折服。现讼事虽尚未定,而君落落数语藉以得力者,实非浅鲜。仆向承乏是局,与此事知之较深,故于君之将行,仆等既不能默尔无言,并不能不为开平煤矿道谢也。伊君闻之称谢至再,遂亦以颂词相答。其大旨谓,华商办事务必联络一气,同心同德,以一众情,虽各有各业,其势多涣,要不得不竭力连合,庶商情可通,商务可兴而势力顿盛,商权亦即可以重大也。华商行事人各一心,往往散而不聚,受亏之处,其在斯乎?噫!伊君之为此言,其期望我华商之意,诚非泛泛可比矣。宴毕出外,合座同映小影以志鸿泥。伊君现订十九夜十点二刻起程,各华商相约届时齐集浦滨英公司码头,以鞭爆数百万声相送,亦盛举也。

按:自海禁既开,彼此贸易,中外辄漠不相关,从未有若伊君之推诚相

待如此者,于其去也宜乎诸君有殷殷挽驾之意,而不尽去后之思乎!(《临别赠言》,1904 年 4 月 1 日)

4 月下旬,与"西董某君"前往营口赶设医院,以营救处于战火中的当地居民。《大公报》报道说:

> 上海友人函云,会中各董刻以营口居民十分危急,拯救之举势难暂缓,已于日前沈观察亲同西董某君前往该处赶设医院,并有俄国善士数人协同料理一切云。(《万国红十字会续志》,《大公报》,1904 年 5 月 1 日)

当年设立的营口普济医院外景

6 月 28 日,出席上海万国红十字会中西办事总董特别会议并多次发言。兹录是日会议记录于下:

> 华历五月十五日午后五下钟时,上海万国红十字会中西办事总董特开一会。中国总董沈敦和、任锡汾、施则敬,副总董兼总书记任凤苞,率同翻译朱礼琦,齐赴英领事公署内楼上英按察使公事房。西董到者为威金生、安德生、麦尼而、李提摩太、宝隆、葛累及副书记李治,由威金生主席。
>
> 先由副书记李治将上次会议问答宣读后,由威金生签字。
>
> 李提摩太开言曰:现在华人捐款踊跃,除恩帑十万两及各处官绅均慨捐巨款外,即如上海戏园四家亦各分班合演,以所得戏资之半移助本会经费,可见同心好善,深为可喜。新民屯、沟帮子、山海关、塘沽等处,亦经袁公保暨本会华总董遴派华董十六人前往办理分会,牛庄、旅顺等处难民业

已救出四千余人，可见会事颇有进境。

李提摩太言毕，随将德男爵司肯多福来信语意宣读一遍，大旨谓：山东周抚台之意，以上海万国红十字会开办多时，虽经派员出关设立分会，然未深入战地，大约须用通晓俄国语言风俗之人前往，方可有济。现有德男爵司肯多福熟悉俄国语言文字及东三省情形，是以延请来沪，与会董商议办法。司肯多福到沪，即函商日本领事小田切、俄副将搭西努，均婉辞相谢。又面商俄领，至再至三，始允备函交司肯多福带往北京，自向俄驻使商办。

威金生沉吟良久，宣言曰：本会自开办以来，曾由中国政府商请俄、日两国承认，俄以本国红十字会敷用为词，日以战场之内不便相谢。嗣由中国总董再三商请更正，谓本会宗旨重在救护难民出险，并非欲在战场设立医院、医车，日、俄迄今未复，是并未明认本会。然本会在东三省所办各事，两国亦未掣肘，得以措置裕如。兹司肯多福男爵，熟悉俄语，承周抚台雅意，派来本会，前赴东三省帮办各事，自无不可，但请问到东三省后，有何善法办理？

司肯多福不谙英语，问答均由宝隆代述，谓现在亦无善法，只能前往战地，相机行事。

威金生曰：若司君能深入俄兵所占之地，办理救济，补魏伯诗德所不及，甚妙。本会亦可函致魏伯诗德，使其接洽。惟究竟能否深入俄兵所占之界，司君到京见俄驻使自知。

李提摩太又将华总董并吕、盛、吴三大臣须竭力赞成司肯多福前往东三省并派中国会员同往之意宣示。

李提摩太手持魏伯诗德来电宣读一遍，大致谓：开原、辽阳、盛京三处均开设医院，嘱沪会迅购药物寄往备用。又将恩帑各半分领办法，并华董所交徐性模、任启人于十五日早赴奉天之电宣示。

沈敦和操英语问曰：医院固宜分设救济，不可偏废，牛庄医院既与救济并行，该数处能否照办？

李提摩太答曰：容电致魏伯诗德，相机办理。

安德生曰：现在华款如此踊跃，洋款亦宜及时劝募。若筹洋款仅在上海一隅，至多不过数万金，无济于事，宜在英京伦敦、法京巴黎、德京柏林等处劝募，方可筹集巨款。

葛累曰:华董前拨存汇丰之二万两,三月以来仅用五千余两,尚存一万五千余两,中有洋款八百余两。若照现在情形,劝募洋款恐难踊跃。

沈敦和曰:西董经手所用五千余两,专为购药之用。本会用款,以轮船、火车、电报为重,蒙袁宫保维持,一律免费,因之格外节省。至北洋所办各事一切开支及金州赈济难民之款,均未在内。

安德生曰:若临事筹款,深恐缓不济急,且由电劝捐,情形未能详述,自宜先行函商伦敦、巴黎、柏林各善会劝募,需款时再行电达。

朱礼琦曰:近据牛庄分会董事陈君来沪面述,东三省荒歉地方,长一千里,宽六百里。会款目前似尚宽裕,将来放赈需款浩繁,必不敷用,切宜及早筹备。

咸金生曰:此说当列入洋捐启内,此外尚有目前及将来情形,须函询魏伯诗德,俟复到,亦宜列入捐册,始足动人劝听。

李提摩太曰:若在外洋劝捐,须自上海倡始。

安德生曰:我当首先捐助,以为之倡。

沈敦和曰:东三省难民以金州、复州、海城、盖平四处为最多最苦。金州已由袁宫保饬拨日洋一万五千元,派张道台办理。其复州、海城、盖平三处亦应往办,请问有何善法?

咸金生曰:牛庄、辽阳、盛京、开原各处,既经魏伯诗德办有成效,华董所指三处,或尚在开办,自应电嘱一并筹及。会中存款究有若干,请于下次会议时详示,俾我等可有把握办事。议至此,遂握手而散。(《详记万国红十字会问答之词》,1904 年 7 月 1 日)

7月12日,与上海万国红十字会其他中西董事,在救援行动初见成效的基础上,经磋商,制定出台《上海万国红十字会暂行简明章程》8 条。[①] 该章程对万国红会的宗旨、性质、任务、经费、分会设立等做了原则规定,从而为进一步实施救护行动提供了依据。辑录于下:

---

① 另据当年 6 月 26 日吕海寰、盛宣怀、吴重熹致袁世凯电文透露,其间沈敦和等"遵拟中国红十字会章程",唯一一直没见出炉。[池子华著:《中国红十字运动通史》第一卷,《近代的红十字运动历史变迁》(上),合肥工业大学出版社 2018 年版,第 41 页]

上海万国红十字会暂行简明章程

一、此会系中英法德美五中立国联合倡办，由中国政府知照两战国政府转告战国军队将帅士卒皆知，此会其名曰上海万国红十字会。

二、此会经费以电报、轮船、火车为三大宗，均承北洋核准免费，芦汉火车亦免半费，蒙中国皇上钦奉皇太后慈恩颁帑，又承中西官商输助，专以医治战地因战被伤之战国及局外兵民，救护战地之无关战事因战被难人民。

三、此会由上海公举中西总董主办，总董就近禀承中国钦差吕盛吴三大臣，随时随事电牍咨商中国外务部、商部、南北洋大臣各省大府钦遵中国皇太后皇上旨意与中国出使日俄大臣日俄驻京大臣商酌维持，有劝捐办事之全权，所有附近战地之紧要地，言由总董会议遴延中西绅董，缮给凭信，前往添设分会，办事仍由总董呈请中国钦差吕盛吴三大臣给发该分会华董印札，以专责成而昭慎重。

四、此会应有医院、医车、医船恐侵战国权利，是以只设医院，暂就泰西教会已设拟设或因战停罢之医院房屋，或另觅房屋，由本会筹给经费药物，仿中国海关延用洋人办事之法，商由西董指请教会向办医院之人主持办事，作为本会特设之医院。该医院于租赁房屋应备药品器具之外，其余尚无开支经费，因极节省，而西医生侍疾人一切俱备，足以医治因战被伤兵民，其非因战被伤兵民由该分会随时斟酌办理。

五、本会最重救护，战地因战事被难无关战事之人民，先由营口分会倡办后，由烟台分会酌办。现各分会均已照办，其救护之法有数端：甲水路现已阻塞，由难民自行设法出险至烟台分会查察，近则给资听其自回原籍，远则给以轮船免票。陆路办法最难最多，详列于后。乙陆路分会均依傍火车站设立，蒙北洋核准火车免票，发交会董领存应用。与北洋救济公所事同一律，皆察酌难民之实系贫苦一无所有者，方给免票。即以此免票递转至芦汉铁路，照给半票；招商局轮船发给免票，其再转至沪者验明免票。于换给免票之外，量其归途远近加给川费，自洋二元起递至数元不等，以足敷到家尚略有余为度；其候船宿食之货，仍由本会核实给付。丙轮船火车免票或半票设已用竣，尚未及续领或领而未到，则营口初办时之法，先与站局约明，于每人衣襟手心钤一印记，编数十人为一起，会董亲自护送至停船车之处，帮同船车办事人验明，俾登船车启行。其中如有贫苦不堪者，每人另给洋一二元不等，按日按人详细登簿，以便播告征信。各分会皆仿照办理，不使难民有守候馁饿之苦。丁同是被难而其人向来体面，或随带家眷，尚有行李，但无现钱，或不愿侵占难民免票地步，欲自留体面，则有沟帮子初办时之法，计其车费若干，其人写立借据，由本会如数代给，一面将借据寄交其所指地方，收回归款，或寄交上海本会，听候酌办，总使其出险而免受窘。各分会亦仿照办理。戊体面人不用免票之外，尚有官商知战国禁令不敢出险者，则有新民屯分会酌办之法。由其人自将眷属行李分为数起，商明本会附入难民之列，仍不用免票，由本会一体保护出险。据报，每日经过百人中类此者过半，其人既与战事无关，同属避难，亦本会应尽救护之责，各分会应即酌办，不列难民册报，另行报查。已以上皆系救护出险，无论华人西人何国人，均一体相待。营口曾救护德人，随时知照天津接护，烟台会救护俄人、韩人各资遣回本国，已屡次函电切嘱各分会加意照办，毋得稍有歧视。

六、救护出险办法业已略备，尚有土著系恋世业，或已濒于危，又自知他出仍无可为生者，该分会目击心伤，岂能恝置。本会义应博爱，预筹办法数端：甲、地方被兵即多失业，衣食何资，饥寒可悯。中国最重赈荒，况联合英、法、德、美四大国，现已由总董会议广设筹款之法，款集办赈，应随地制宜，总期不出险之无关战事人民，不绝生机。乙、大兵之后必有凶年，即多疫疠，又非医院之医伤药品所能疗治。现先购运暑药，交各分会酌办，随后再讲求避疫方药，购运济用，俾难民既免流离，同登仁寿。丙、战地炮火纷飞，未易过问，战地外及附近处，或有不愿出险不能出险之人民，既与战事无关，凡有中国地方官之处，均已承中国大府拨款，饬交设法赈抚。本会谊应协助，已切嘱各分会中西会董因地制宜，带同翻译，与战国将领恳切情商办法，总期不出险之人民得以安居，再办给赈救疫诸事。丁、以上为无形之救护。庚子联军在京及京西北直至张家口办法尽人所知，现闻日军奉其政府训条，到处施仁布惠，俄军亦以仁爱收拾人心。本会已将庚子所以能如此办法之故，及现在两战国军将优待无关战事人民之确闻，详细函告各分会中西会董，俾可仿照酌办。又特延山东周抚帅函荐前来之德男爵司肯多福，偕同华董前往设法办理，以期有济。

七、此会办事华总董宁波沈仲礼观察敦和、宜兴任逢辛观察锡汾、钱塘施子英观察则敬、兼总书记宜兴任赈采观察凤苞，驻津办事总董江西毛实君观察庆蕃,西总董英国按察使威金生、副总税务司裴式楷、工部局总董安德生、高易麦尼而律师、法国工部局总董勃鲁那、德国宝隆医生、美国丰裕洋行葛累、兼总书记英国教士李提摩太。凡事中西会议,仍由华总董会商刘星阶学士宇泰、杨杏城参议士琦秉承中国钦差大臣吕镜宇尚书海寰、盛杏荪宫保宣怀、吴仲怡侍郎重熹核定施行。以上与每星期议事各董事及华帮总书记宜兴陈漱六大令、帮书记震泽程鸿征司马延第、归安周少莱大令延华,均不支薪水夫马。西总董所延之副书记英人李治、华总董所延之英文翻译宁泉朱仲宾礼琦并在公所办事之震泽徐苪臣惟岱、嘉兴盛萍旨沅、湖州罗家征驹及抄写人等,由中西总董筹支薪水或津贴不等。

八、各分会或西董主持,华董襄理,或华董主持,西董襄理,皆与上海总董联络一气。营口设立最先,西董美领事密勒、英教士魏伯诗德办理最为得法。嗣经华总董遴延上海张丹荣别驾庆桂、宝山周正卿司马传诚赴山海关外添设新民屯、沟帮子分会,周正卿旋即自请辞退回沪,总董续延高淳刘兰阶大令芬、宜兴任启人刺史锡琪、上元徐性谟都尉信谟、日照朱殿卿都戎庆章、扬州许文卿游戎正寿、前刺史徐都尉已至奉天禀商大府,会同西董设立分会医院,并电商密勒、魏伯诗德等,展设辽阳、开原、吉林分会医院。总董又以烟台为水陆要冲,联络津沪旅青之气,请招商局李载之直刺福全设立分会,公举中西董事,并请东海关道何秋辇观察彦升就近督率。各分会中西董事亦均不支薪水。总董禀商中国钦差吕盛吴三大臣,以山东周抚帅函荐之德男爵司肯多福自愿前赴战地,相机办事,已遴派许游击正寿与之偕行。各分会翻译、书记、司事人等人数众多,另单布告,均开支薪水,其不愿开支者仍听。总期广设分会,辗转筹设医伤救难之法,以副中国圣旨、英法德美国同心联合特行创办之义举。以上之办法为暂行章程,未尽事宜,仍随时中西会议,以期妥洽。至中国红十字会章程,应由华总董另拟,呈候咨部核奏请旨饬行,合并声明。光绪三十年五月二十九日上海万国红十字会谨订。(《上海万国红十字会暂行简明章程》,1904 年 7 月 29—30 日)

9 月 1 日下午,前往拜见在沪公干的襄办练兵事务兵部左侍郎钦差大臣铁宝臣。(《钦使行辕纪事》,1904 年 9 月 2 日)

10 月,发起创办黄浦救生善会并担任会董。(《允充会董》,1904 年 10 月27 日)

11 月 27 日,前往拜见两江总督周馥。

是月,与其他上海绅商协助外人创办于 1904 年的上海济良所,并任济良分所总董。(《申报馆协赈所谨告》,1904 年 12 月 14 日;《江督札饬仿办济良所》,1908 年 7 月 17 日)

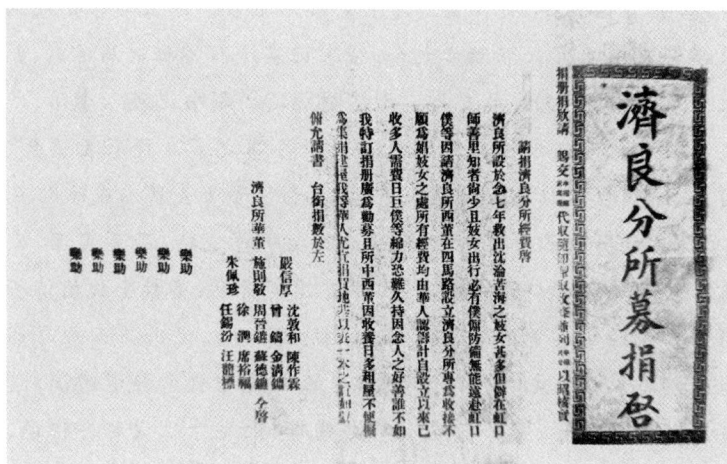

《济良分所募捐启》

12 月 3 日晚,与严信厚等中国绅商出席法国驻沪领事署正副翻译官举办的晚宴。

12 月 15 日下午,俄巡洋舰"阿斯科"号水兵亚其夫和地亚夫二人在南京路外滩码头因为追赶东洋车夫,无辜砍死路过此地的宁波人周生有,俄领事又拒不交出凶手,激起在沪宁波人的极大愤慨,集会要求将凶手交中方审判。与严信厚、朱葆三、周晋镳等联名致电南洋大臣周玉山"详查核办,一面由商务局函致苏松太兵备道袁海观观察,申明中立国权利,俾为死者雪沉冤"。(《力争惩犯》,1904 年 12 月 20 日)

12 月 24 日,出席上海天足会筹备会,会上"公举沈仲礼观察主议,并由创办是会之英女士立德氏以及中国诸名士当众讲论,吐发聋振聩之音,成易俗移风之举"。(《天足会来启照登》,1904 年 12 月 22 日)

12 月 27 日,与何良栋、严信厚、朱葆三、周晋镳等联名致电清外务部,要求迅赐照会俄驻华使馆,饬令俄总领事交出周生有案凶犯,会同华官审办,"俾安众心而免意外"。并指出:"若再延缓,必将激成从前罢市之局。"(汤志钧编:《近代上海大事记》,上海辞书出版社 1989 年版,第 587 页)

12月25—26日,在《申报》上刊登《天足会讲义》,文章猛烈地抨击缠足之陋习,深入剖析缠足流行之原因及其严重后果,强调"欲救其弱,请先从天足会推广奉行始"。文录于下:

古有刖刑,所以处贪墨惩奸邪峻法也,然被其刑者匍匐疼楚之状,道路皆怜之。圣君贤相恶其残酷焉,毅然废之。今之缠足与刖刑等举伤筋折骨破肤裂脂之刑,加之于髫龄弱质无辜无知之身,且执其刑而临之于上者即生身爱护勤劳罔极之慈母,一任其迫切号呼备诸惨酷之状,而其母一以不闻不见置之,为父兄者睹兹惨毒亦绝丝毫怜惜之心。吁!此何故哉,盖习俗使然耳。吾意天下之为父母者同此慈爱之心,遇有困难险阻之事,为父母所身历者痛定思痛,必举以诏其子若女,勿蹈故辙。此无他,天性然也。乃今日施刑之母,即当年受刑之女,今日受刑之女,即他年施刑之母,因果循环,生生不已,遂使合二十一行省巾帼中人,甫胜衣而遭此残酷者十居七八,廷旨劝诫不能从,外人讪谤不能改,无老无少同罹斯酷。吁!惨哉习俗移人一至于此。今请先言其因,夫所谓因者只不过事成习惯。一家之中姑嫂如此,妯娌如此,父母之心以为吾女不如此,则择配联姻必致贻门楣羞,推此一心,使天下之为母者一乡也,一邑也,一国也,遂莫不如此矣。此即其原因也。

请言其果而穷其害,一则害于保身也,天地生人,付以四肢百骸,各适其用。今缠足者自幼至老,磨折之,束缚之,血肉消耗,筋骨腐溃,终其身趑趄局蹐,跬步维艰,而全体即因之孱弱,以同秉天赋之体,造成此残缺伶仃之象。此缠足之果也。一则害于知识也,女子重姆教,自古云然。有教化而后有知识,一定之理。中国女子因缠足,故疲于精劳,神于猥贱,卑琐之举,矫揉造作,以修容饰媚为工,闭塞灵明,造成此不识不知之现象,此缠足之故也。一则害于执业也,环球列国为女子者悉是天足,乃能考入学堂,各执一业,有充报馆主笔者矣,有当学堂教习者矣,有为电报学生者矣。美国女子且有充国会议员者矣,至于绘图印书之类女子皆优为之,其执业也不让于男子。中国女子因缠足,故毕生械梏,除缝洗、纺织、料理中馈外,别无能事,不遑自给,乃人人仰给于丈夫,生计日蹙,造成此拱手坐食之象,此缠足之果也。并此三果,又生一大因,曰有害于种族也。古称胎教,指未生而言,未生以前为先天,母体强则先天充实,而生子亦强;母体弱则先天微薄,而生子亦弱。一经缠足之人,既戕其筋骨,又闭其气血,弱可知矣。深闺弱质多病且夭,不及村姑农妇之既寿而康,缠足与不缠足故也。生子亦然,由于秉母体耳。合二十一行省巾帼中人薄弱如此,遂使二十一行省须眉男成此颓靡不振之人,岂不危欤。满蒙无缠足之风,故男子气体之强甲于他省。欧美无缠足之说,故西人躯干之伟远胜吾华。此先天强弱之分显而可证者也。国非人不立,以弱孕弱弱无已时,而国且随之矣。欲救其弱,请先从天足会推广奉行始。至于钦奉上谕劝诫,与各大吏劝诫之文,均分类成书,振聩发聋,无害不揭,为人所已言者,兹皆从略〔沈敦和并记〕。

再本日之议系为集恩广益起见,群英毕至。倘有宏论卓识足以维持斯会提倡斯会而垂为成法者,即请于两礼拜内条举其事,邮寄张家浜东升里敦和寓中,以便博采众长,汇成一册,奉为规则,以副本会殷殷速驾之意,尤为盼祷。敦和注。

12月30日下午,与甬绅严信厚、周晋镳、朱佩珍和虞和德等4人同往租界领袖领事德国领署,沈氏作为甬绅代表,提出将周生有案交会审公堂审判。报道说:

　　……严筱舫、沈仲礼、周金箴、朱葆三、虞洽卿诸绅商约齐同往,握手为礼,互道钦慕之忱。克纳贝君云,诸君为租界治安起见,今日屈驾光临,本总领事甚为感激。沈君云,贵总领事于租界治安为最留心力办之事,非特仆等深为钦佩,即寓沪各处绅商咸所敬服。旋及周生有之事,克纳贝君云,前日贵绅公信太多曲折,意欲奉复,笔不能尽,是以柬请诸君惠临晤谈,以达彼此之意。俄水手杀毙甬人,贵同乡公愤不平,欲为伸理。各国皆谓甬人理长,俄人理屈,若因此闹事,则甬人反为理屈矣。考俄国律法,于兵舰水手上岸生事,伤及人命,其罪极重。俄总领事亦甚愿照例处治,并无袒护之意。幸贵同乡皆能听从诸君劝慰,不致生事,本总领事实深佩服。众云同乡人多,焉能悉听仆等之语。仆等实受同乡逼迫,连日通禀外务部、南洋大臣、上海道及函致领袖总领事,无非求速办此案,以谢众人。乃半月以来,未曾办有头绪,以致指摘交加,谤书盈箧。仆等已置身无地,深愿贵总领事力持公议,俾此案办理平允,免生事端,以保租界治安并将众人之意另备洋文说帖交阅。大致谓,众意欲将此案凶手解交岸上,俾得特开公堂,会同华官审理。俄官既能执法严办,何乐而不使众人咸得观听,即在岸上尽法惩治,以慰众情云云。注原稿先已译登昨报。克纳贝君阅毕又云,众人要求各节亦属极有情理之事,但中俄两国未尝失和,则条约不能废弃,仍须照约办理。查条约载何国人民犯事归何国官员办理,并无外人准归华官审办之说。沈君云,此次俄舰水手上岸杀人,非但不能与寻常俄人比拟,且不能与寻常兵舰水手比拟。盖阿司哥兵舰容留在沪,其中员弁、水手、中国官员胥担责任,今竟不受约束,妄杀平民,与寻常扰害租界治安之情节不同。克纳贝君云,此言诚然,但有情理可说而无律法可援,颇属为难之事。沈君云,贵总领事为租界治安起见,则此案须求法外之法变通办理,以厌众人之期望。克纳贝云,贵同乡于此案据理而争,并不滋事,工部局及各国领事皆所嘉许,皆肯为力。若一经闹事,与各国为敌,则其曲在我,反失公道矣。本总领事允向俄总领事力说,务求尽法惩治,以保租界治安而慰众望,但不能必定如河办法,容再具函奉复可也。言至此已逾四下钟,始兴辞而出。(《宁波侨沪绅商与租界领袖德国总领事问答记》,1905 年 1 月 2 日)

是年,任沪宁铁路总办,"上海至无锡五百里间,乃公在任所筑也"。(《本公司创办人董事会主席沈公敦和略历》,《华安》第 10 期)

1905 年(光绪三十一年)49 岁

1 月 13 日,被两江总督周馥委派协助上海道袁树勋办理"周生有案"。(汤志钧编:《近代上海大事记》,上海辞书出版社 1989 年版,第 590 页)

1 月 14 日下午,主持在大马路议事厅举行的天足会会议并在会上"宣明开会大意"。《警钟日报》报道说:

本月初九日午后,华绅特仿西士天足会遗意,开放足会于大马路议事厅,计中西男女到者,约四五百人。钟鸣三下,沈君敦和遂延主讲者,登台列坐,旋宣明开会大意,谓天足会自经西士创立,迄届十年,其忍苦耐劳之心,推己爱人之志,诚堪嘉尚。自辛丑之冬,钦奉上谕,戒民缠足,继各省督抚出示告诫,迄阅数稔,仍乏畅行,内顾乡惭,筹谋补救,思放足之举,既奉上谕,又申告诫,而民间士庶犹未实行,毋乃缙神先生有未尽之职欤?

承上接下，必期绅士，国人所慕，又视巨室，今拟勉棉力为倡，上宣谕旨告诫之义，下正国人残虐之习，望诸贤士大夫，同力赞成之。现议提提三事，望诸公抉择也。

一定履式：弓鞋绣履已成惯习，或逢丧庆之会，指为异样；或遇大庭之中，不合雅观，致为放足之阻。故备数履，呈于会众，听其选择；或有家藏时新式花样，能投众好者，祈为告明敝会，以端去趋；或另访觅各种款式，或为人所悦者，再行搜求采取，以求便利。

一筹美观：脚一放大，与乡妪无别，与婢仆同形，存自爱之心，严贵卑之别，自不愿为，又生阻力矣！故拟仿宝星之式，另制佩章，凡系清白妇女，绅官家属已入放足会者，各佩一具以示区别。凡身家不清者，概不得妄带以乱体制，是贵贱判而名誉显矣！

一兴女学：上所谋者乃外观之具，究其内形必以智识、学问、品德为本原，若徒争外貌，与实益无关，欲培智识、端品行，当重教育，故女学尤为急务，始不负乎放足。谨筹三事，敢告大众，仍有中西名士伟论，当蝉联演之。

继有某君云，仆知放足之事，终当实行，故令其女不事缠足，现已九岁矣！又某君言，其父母欲缠女足者，多为配婚之故，今同会相婚，庶可释然。又李德夫人迹天足会之经历，并募捐款签捐者，约数十人。西士高君述汉口火患之喻，以警缠足。窦君述六安洲之事，以悯缠足。杨君述甘肃放足之事。李君述目下之事，并加勉辞，谓深惧乎在座诸君同志放足一至散后，放足之会亦即散矣！仍由沈君宣散会之辞，众人亦举手致谢沈君提倡之意，乃散。

记者曰：以上各论均按题意，其中以李君佳白之勉辞，痛刺耳鼓，深印脑膜，敢为吾同胞告之。吾国创办一事，附和必众，历久冰释，过问无人，比比皆然。今李君之言，若谓之勉辞，赴会诸君，当生如何感情，以成斯会？若谓之讥诮，赴会诸君，当生如何奋力，以盖其尤，赴放足会华人思之！放足会志士思之！记者又曰：沈君敦和创沪上天足会，豪举也。第二次聚会，中西人士共会一堂，亦美事也，乃有李德夫人募捐之事，华人签捐之举，不无遗憾。夫天足会者乃放足之事，放足者，吾国之善政，他国无焉！今华人创会不筹款，而西士反募捐，果何为哉？如谓游历劝勉需资，印书广告需资，西人如此，华人何独不然？如以爱华之心，今华人自知为之，力当赞助，以补华人之不足，或助力，成完慈善之举，始为美备。今籍会议之机，或募筹捐款，或不会议，该款即可不募，该用即可不需，吾不能知其命意也。总之，华人各事，或有益利，或有名誉，他族即思干预之，此事且然，其它岂可问哉？吾华人软？放足会软？当慎审以谋自立之策耳！毋使外人借口，则幸甚矣！（赵志清来稿：《天足会开会始末记》，1905 年 1 月 18 日）

同日晚上，为周生有一案，与旅沪甬绅邀集在沪各帮绅商至沪北商业公所商议，并登场演说，力争会审俄犯。报道说：

俄国阿斯柯尔逃舰水手兵斧毙甬人周生有一案，自前日在俄领事署定谳判凶手以监禁四年之期，各甬人闻之以此事由俄官独断独行，并不与华官会审，以是大抱不平，于昨日发出传单，定于今午在四明公所集议。甬上各大绅商深恐酿成巨祸，特于昨日五点钟时邀集在沪各帮绅商至沪北商业公所，妥议万全之策。先由沈仲礼观察登场演说，谓此案上海地方官及四明各绅董与俄领事争议再三，已属计穷力尽，现惟有请在沪各业绅商妥筹善法，以冀挽回。于是各帮首事互相议论，拟成办法三条：一、各省商董公议电禀外务部、南洋大臣据理力争。二、各省商董公函上海道并知会租界领袖领事及公共租界工部局、法工部局声明人心不平，商董等难以解释之情形。三、暂时停用俄国道胜银行钞票，候事定再议。以上三款均由各帮董事议允照行，连夜发印传单，劝四明各工商暂缓开议。

其电外务部、商部、南洋大臣文云：外务部、商部、南洋商宪钧鉴：俄水手戕甬人周生有一案，事经匝月迄未交凶审办，虽经沪道屡次照会而俄领事复文始终未允会审，遽于昨日在俄署自行开审，将该犯定谳监禁四年兼做苦工等语函致沪道，人心大为激动，欲向俄署自行索犯。今日全沪各省商董工众齐集商会公议，众论滔滔，词气激愤，而宁波工众已发传单，定于明日开四明公所会议，势将暴动，非特在沪俄人难免危险，即中外官商亦不相安详察众情，实为顾念国体保全生命起见，各省商董虽竭尽心力，万难解释，而况持义甚正，强抑亦复无词，惟有仰恳大部立即照会俄使，迅饬俄领大帅，迅饬沪道立即照会俄领赶紧交犯，于俄署外设立特别公堂，由华官会同审办，严定罪名并限令逃舰及鱼雷艇等速离上海口岸，或可镇定人心。再项闻旅顺俄提督及降兵数千将次来沪，万不能再令进口登岸，请飞速电饬沪道预先坚拒,万勿畏葸,以慰众心而弭巨衅,不胜迫切待命之至。上海各省商董公叩。(《记沪上各业绅商会议力争会审俄犯事》,1905年1月15日)

1月28日下午,出席天足会第二次集会并就天足会妇女"应如何装饰之法"发表演讲,认为"惟有戴佩章、穿旗履之一法,较为尽善"。《万国公报》报道说:

> 天足会第一集之后阅十有四日,是为季冬月初九下午两时,天足会同人再集于上海英租界南京路工部局议事厅,为商定办法,筹捐经费也。时中西官绅之莅止者,不下八百余人,其眷属女士之入座者,亦及百余。讲堂之上,悬以列国徽章,辉光夺目,四隅复饰以中西花草,美哉!吾知此一举也,诚足以发声振耳,铲千百年不易之陋俗也。
>
> 首由沈仲礼观察起而演说,其词曰:"今日之会,承蒙诸君子不弃,惠然肯来,以表同志,鄙人曷胜钦感。惟本会妇女应如何装饰之法,纷纷议论,莫衷一是。计自前会至今,海内文士,惠我鱼书,有以返古装为言者;有以效西装为请者。敝同人再四思维,惟有戴佩章、穿旗履之一法,较为尽善。夫佩章之为物,价廉而美,西国称为宝星,佩于胸前,颇属雅观。旗履虽为旗下妇女所穿之履,汉人亦多有仿效者。此法一行,榜示海内,则本会妇女,偶因事故出外游行,人皆知为天足会之贵女,而与寻常有别矣!抑吾独有一至近至浅之喻,足为诸君道一解者,诸君亦曾一观剧乎?夫剧有正旦、花旦之区别,正旦者,所以表贞节之妇女也,其足天;花旦者,所以表淫荡之妇女也,其足小。然则小足之妇女,人望之而生淫欲之念;天足之妇女,人望之而起敬畏之心,诸君子曾一念及此乎?苟一念及此,则必能坚定心志,除却陋俗,一化十,十化百,百化千,千化万,将来本会之兴盛,可操左券矣!"众咸鼓掌称善……(《记天足会第二集》,光绪三十一年二月号)

2月中旬,接在伦敦的开平矿案代理人张燕谋函,告以"原告理直可望公断"。报道说:

> 开平矿案在英京伦敦控告,日前张燕谋侍郎由伦敦电致上海沈仲礼观察云,开平矿案质审数次,原告理直可望公断,供词印出即寄沪,望告有股诸公为恳。(《纪开平矿案控理得直事特别访函》,1905年2月18日)

2月22日晚,在上海一品香宴请清末小说家刘鹗等。(刘德隆、刘瑀编著:《刘鹗年谱长编》,上海交通大学出版社2018年版,第570页)

3月25日,主持上海天足会在上海英租界南京路议事厅召集的年会。《万国公报》称:"此次刊登告白,发请柬,悉赖沈敦和观察主持,特请吴淞萨军门选派军乐队一班,来堂演奏。沈观察亦售出天足会佩章六十余面,皆由放足之妇女购去。"(《天足会第九次之报告》,光绪三十一年十一月号)

3月29日,美商倍次(粤汉铁路合兴公司代理人)为承筑浙赣铁路,邀约旅沪浙绅王存善、严信厚、沈敦和及杭州商务总会汤寿潜等聚集上海一品香,协商建筑浙赣铁路事宜,结果遭到与会浙绅的拒绝。(李净通:《浙江铁路风潮中美帝的侵略野心》,《浙江文史资料选辑》第2辑,浙江人民出版社1979年版,第48页)

是月,发起创办天足会学堂,"授以画算、工艺等科,使妇女皆能自立,将来校中经费由会员自筹,因教习愿当义务,不取修金,学生且有学费,能满百人,已足敷用,现报名者已有五十二人矣"。(《天足会创办学堂》,1905年3月19日)

4月7日,《中外日报》刊登美领事关于浙赣路的照会,"谓在上海会集浙绅,金云建造铁路于本地大有利益云云"。一时引起轩然大波,"外间谣言从之而起,留学生亦纷来电函争论",反对借款筑浙赣路。由是汤寿潜等四绅士有"倡集资自办之议"。因倍次所言中,有浙赣路章程"拟仿沪宁"等语,故浙江商人以此事致函时任沪宁铁路总办的沈敦和征求意见。沈于沪宁章程"指陈利弊",认为"欲取法沪宁",可先以"议用华工程司及分占底股两端"要挟倍次,如其不允,则"不如拒绝柏士,坚持不办之为愈"。[①] 汤寿潜等人"恐外人闹事,百折不回",于5月25日致函沈敦和,称"铁路一事,利益既大,即使此次勉强支吾,倘吾国久延不办,终有空穴来风之虑"。四川、江西铁路已由民间集资自办,浙江何不径援其例? 沈复函仍坚持前见,以客观务实并相对主义的立场表达对筑路问题的见解。他认为"筹款自办,洵为独一无上之策,然体大物博,非热心提倡之官与坚忍任事之绅,主持于上,恐亦未易观成"。即认为浙江在资金和人事两方面均尚不具备自办铁路的条件,因此虽然"借款造路,利与害

---

① 《沈仲礼观察复浙绅公函》,《辛亥革命浙江史料选辑》,浙江人民出版社1981年版,第269—270页。

俱",但不宜一味拒绝。沈敦和据芦汉、沪宁等已成对外借款合同分析利害得失,拟出浙赣路借款交涉我方应坚持的基本立场。(浙江辛亥革命史研究会:《辛亥革命浙江史料选辑》,浙江人民出版社1981年版,第269—270页)

7月4日,旅日浙江留学生在《中外日报》刊登《驳沈仲礼论浙赣铁路事》一文,对其向外借款办路的主张予以尖锐批评,认为沈之论浙赣铁路,主张借款建造。"因为人攻击,改主筹款自办,然言筹款则一曰难,再曰难,仍不外借款办路之宗旨也。"(《东方杂志》第2卷第11月号,第105页)

7月24日午后,与王存善一起,邀集在沪浙绅、全浙十一府代表、京官同乡代表及留日学生代表共160余人,在上海斜桥洋务局集会,商讨浙江铁路自办问题。会上,沈敦和不再坚持自己的主张。结果一致决议,废除原杭甬铁路草合同,集资自办全浙铁路,举汤寿潜为即将成立的全浙铁路公司总理,并拟定致外务部、盛宣怀、浙籍京官王文昭、葛正卿等人三电稿。(《纪浙绅集议自办全浙铁路事》,1905年7月25日;《各省铁路汇志》,《东方杂志》,1905年第8期)

7月25日,与浙籍绅商联名致电外务部、盛宣怀等,"全浙铁路议定自办,不附洋股,苏杭甬草合同恳请主持饬废"。(《寓沪浙省绅商议定自办全浙铁路致京师各电》,1905年7月26日)

8月10日下午,出席公忠演说会拒约①特别大会并发表演说。报道说:

> 初拾日二时,公忠演说会假徐园拾二楼再开拒约特别大会,到者千数百人。由会长戈君朋云与沈君仲礼、俞君国桢、姚君义门、尹君鹤林、徐君敬吾、张君志千、周君廉生、吴君让之先后演说,大抵谓善后事宜固宜设法,为今日计,各宜竭力抵制,以期速见效果,勿为某等所惑,破坏我同胞之大团体云云。(《公忠演说会再开拒约特别大会》,1905年8月11日)

9月5日,日俄战争结束。战争期间,上海万国红十字会设在东北及其他地区的各分会,前后总计留养妇孺1万余人、难民3万余人,治疗伤者数千人,资遣回籍者13万余人。救助日俄战灾,历时三载,救护出险、收治伤病、留养资遣安置总人数达46.7万人,因伤重不治而亡者仅331人。(池子华主编:《中国红十字会大事编年》,合肥工业大学出版社2018年版,第4页)

---

① 指反对美国禁用与歧视华工而引发的抵制美约运动。

是月,向南宝川崇沿海水灾助赈洋六十元。

10 月,抵制美约运动在上海等地风起云涌,为防止中外冲突,应上海道袁树勋要求,时为淞吴铁路总办的沈敦和将铁路章程加以修改,将头二等车厢分隔为二,华、洋人分别由二端出入。(汤志钧主编:《近代上海大事记》,第 605页)

另据 10 月 7 日《申报》报道:

> 美兵在淞沪火车与复旦学校教员冲突一节已纪本报。兹悉此事已由淞沪铁路总办沈仲礼观察拟以后火车除三等仍旧无事更张外,其头二等火车每车均隔而为二,华人由甲端出入,洋人由乙端出入,以免再滋事端,拟定暂行章程,禀请盛杏荪宫保核示。(《淞沪火车拟分别华洋搭客办法》,1905 年 10 月 7 日)

10 月 15 日,在尚贤堂①第三次讲期上代表李伯行②发表演讲,强调维持和平国际环境之重要。报道说:

> 前日尚贤堂举第三次讲期,本请李伯行京卿主议,旋因有事嘱沈仲礼观察为其代表,乃代述京卿之言。曰欲求国家之富强,必先求国家之治安,欲求国家之治安,必先去国家之内忧,欲去国家之内忧,必先去国家之外患,未有其国日虞寇至而能无内讧之乱者也。今日中国处此竞争时代,列强环视,交涉之烦,国际之难,有非可掉以轻心稍涉疏忽者。近且以贫弱之故,朝野上下力图富强,尤宜与各国讲信修睦,竭力维持。以期及此闲暇,勤修内政,培养元气。兴工艺以化游惰,立巡警以安闾阎,开路矿以辟利源,设学校以养人才。凡若此者不胜枚举,假使外忧未弭,内乱丛生,方且有救死不遑之势,尚何致富致强之足云耶。窃见我国士大夫自日俄和议告成以来,有谓日后将更多事者,有谓今又得享太平者,皆知其与中国有极大之关系,然鲜有深知其何以有关系于中国者。余友美士李佳白君来华已久,于远东情形阅历素深。今日为第三次讲期,特函约余忝列首座,李君以局外人而持公论,其见解必有过人之处,愿与诸君子细聆李君之伟论。(《尚贤堂第三次讲期主席之言》,1905 年 10 月 17 日)

---

① 原名中国国际学会,1897 年由李佳白、丁韪良等美国传教士发起成立,以扩充封建旧识、启迪基督新知为宗旨,是一个基督教文化团体。初设北京,后迁上海。

② 李鸿章长子,名经方,时任邮传部左侍郎。

11月15日,海参崴发生骚乱,华民住处被焚,派员前往救济,为此与任锡琪、施子英致电海参崴商务局委员李兰舟,要求妥为照料。(《红十字会来函》,1905年12月10日)

11月前后,应盛宣怀要求,与陈善言复核沪宁铁路账目,并于11下旬将沪宁铁路卷宗带京移交。报道称沈敦和为"盛宣怀心腹总管理"。报道说:

> 简办沪宁铁路唐绍仪现尚未能来沪,日昨闻盛宣怀由鄂密电其心腹总管理沈敦和观察带卷赴京移交,希冀弥缝一切,大约沈于日内即须启行。(《沪宁铁路卷宗由沈敦和带京移交》,1905年11月23日)

11月25日,任中国通商银行总董。(谢俊美:《中国通商银行简史》附录,上海书店2018年版,第135页)

12月14日,与朱葆三、严信厚、周晋镳等发起创办的华兴水火保险股份有限公司开成立会,总公司设上海静海寺路。[1](《上海总商会月报》,第1卷,传记,第1页)

是年前后,加入清末中国留学生的全国性组织——寰球中国学生会[2]。

1906年(光绪三十二年)50岁

年初,在《寰球中国学生报》第1期上发表《统一方言说略》,认为中国语言不一,社会受其影响,进化甚难。文录于下:

统一方言说略

沈敦和

中国文字繁难,语言不一,社会受其影响进化甚难。试以语言论,不仅闽广悬殊,即苏浙间亦同中有异,隔阂仍多。不才稍解官话,向游他省,

---

[1] 但据《新闻报》载公司地址为福州路5号,并在杭州、宁波、南京、营口、镇江、温州设代理处。经营火险和汽车险。该公司在香港注册,其资本多出自招商局,因此为其附属性质的公司。(《新闻报》,1905年12月16日)

[2] 该会于1905年6月由李登辉等在上海发起成立,以"联络全世界中国学生情谊,互相扶助,交流知识"为宗旨,"借以唤醒青年人之爱国思想"。沈敦和后担任该会名誉会长。

寰球中国学生会早期会员合影

与人接谈，颇觉情意无间。缘官话各省皆解故也。尝赴会场，见凡能操官音者，无论识与不识，咸聚首畅谈，不能自已。其不解官话者，惟仅与乡人语，否则向隅面壁而已。此岂中国人无爱情耶？方言不通，感情乃淡，无感情遂无爱情耳。吾又尝与他省人操官话酬对，久而各忘其为何省人，情益以亲，交益以切。又尝与闽广楚赣人言，虽勉强对答，而刻不忘其为闽广楚赣人也。情乃不克甚亲，交亦不易融洽。盖言不尽意，意不尽情，落落难合，与对他国人无异。个人交际且如此，又奚怪社会之团体不坚耶？今虽学问之程度日深，爱国保种之观念日切，然分省界判同乡之成见未能悉泯，仍方言有以为之阂也。不才有惕于此，欲学堂中添官话课，曾邀戴子觉民在华童公学兼教官话，稍具成效。第通语言必先于识文字，二者不可偏废。深识此中道理非浅尝耳食所能为功，曾致函南京简字学堂劳君玉初请教办法。昨接复书，议论明畅，兹将来函附列篇末（所云官话合声字母一书，文明书局现无售者，拟向北京觅购）。劳君所编宁音、苏音两谱，俟其刻好送到后当即宣布，俾各学校有所步趋。其谓学语非口授不可，宜于学科增简字一班，亦系切要办法。似宜凡学堂内皆增此一课，以便教育普及，愿学界诸君加之意也。

1月8日，《申报》报道由其发起成立的天足会女学堂情况：

刊登在 1906 年第 2 期《寰球中国学生报》上的沈敦和留辫便服照片

天足会女学生于正月开办至年终放假第二学期,学生共一百十人,艺科学生手工毕业者九人。该校经费每月需洋七百数十元,除收学费外均经同志绅商捐助。(《天足会女学生年假纪事》,1906 年 1 月 8 日)

2 月 20 日,出席尚贤堂年会兼特别会并发表演讲,认为"西人于尚贤堂固与华人同有利益之可沾也"。(来函:《续尚贤堂年会议事情形》,1906 年 3 月 7 日)

2 月 28 日,与其他中国通商银行董事致函盛宣怀,呈报该行当日会议情况。函录于下:

宫保阁下:兹将丙午二月初六日三点钟会议,恭呈钧览:

一、湖北股东函询庚、辛两年停息作何支用。

公议:应将庚子拳乱损失亏耗、赔偿各款详细函答,是以停息。当时并无提存,现在尚有各款未收回者四十余万,是亏耗者尚不止此数也。

一、商会学堂请捐款。

公议:银行近年折本,官息尚且减付,似难再出捐款。照上年洋大班欲捐医院捐款,董事不允捐助,似应一律。

一、北京大班钱荫堂伙伴亏空一万八千两逃走,函请总、分行各半分赔。

公议:人系钱荫堂所用,并有保人,总行并未预闻,自应由钱荫堂先问保人,次问钱应堂,未便分赔。

一、总行大班谢楞徽[纶辉]请以本年六月为度,辞退大班。

公议:佥同,应即订合同留办。惟放账一节,须分公私,如有徇私,以致倒账,方能惟大班是问,如汉口分行施紫钦[卿]合同之例。

董事:施、朱葆三、陈、周、严、李;办事董事:王、沈、李、顾;大班:谢。

二月初六(谢俊美编:《中国通商银行》,上海人民出版社2016年版,第433页)

位于上海外滩的中国通商银行大楼

3月7日,与其他中国通商银行董事致函盛宣怀,呈报该行当日会议情况。函录于下:

宫保阁下:兹将二月十三日三点钟会议,恭呈钧览:

一、香港梁景和讼案派福开森直接商办。

公议:福开森直接梁景和,除去两造讼师障碍,自无不可。

一、镇江关道分年摊完关款,以十一年为期,共赔十一万。

公议:此事经南洋大臣公断核准,亦只可如此办理。

一、烟台分行盈余甚少,责任甚重,应否收行?

公议：以十余万之风险博千余金之盈余，似以收行为是。

董事：朱友鸿、周、李、严；办事董事：王、沈、李、顾；大班：谢

二月十三日（谢俊美编：《中国通商银行》，上海人民出版社2016年版，第433—434页）

3月25日，出席上海天足会特别大会并发表演说。报道说：

> 昨为天足会在英租界南京路小茶场洋房楼上开特别大会之期。午后二点余钟，各会长及中西士女纷纷到会，多至数百人，男女分别就座。先经会长沈仲礼观察登台演说会中宗旨以及会内度支各事，继由由严几道观察登台演说是会发达之速以及有利妇女卫生。各会长遂亦先后演说一切，中西男女宾咸拍掌颂善，并有中国海军军乐队悠扬奏乐，至四下钟时散会。所有会中勋章现定每座缴洋二元二角，均需报名亲领，以便备查而昭郑重云。（《天足会特别大会志盛》，1906年3月26日）

4月30日，为救助美国旧金山地震中的华侨，与吕海寰、盛宣怀、杨士琦、李经方等联名向各方呼吁。（《上海官绅致各省官场电》，1906年5月1日）

4月，向沪宁铁路督办大臣呈文要求辞去总办一职。文中总结了自己参与兴筑沪宁铁路的教训，认为借款筑路中方人员必须"有学且必使有权"，才能避免受制于人。4个月后，筑路运动在各地风起云涌，《申报》认为该文"于路事颇有关系"而刊于该报。文录于下：

> （前略）自奉委到差以来，将及二年，深知总管理处查照合同为沪宁路政集权最重之地，举凡考工、选料、核款、用人诸大端莫不悉心经营，为维持权利之计，第华员二英员三，事无大小，均取决于会议。遇有磋商辩难之事，三占从二已觉彼众我寡。所幸开办之初，洋员之居心行事，不尽欺诈，故因应尚可范围。开工以后，所办皆工程之事，学重专门，除格林森一人外，不但华员未尝学问，即平权办事，怡和所派之蓝台尔、汇丰所派之司马德亦皆用非所学。凡有关系营造之事，一经格氏提议，两洋员附和之，已占多数，华员即有争驳，便以专任专学，责有攸归，对技巧艺于班门，终无以折其心也。即如土方石子，初创投票之议，格林森反对甚力，迭次磋磨。又以职道前在淞口管理工程，于土石两项曾经考究，举实验之事相与辩论，彼知我有所据也，更得盛前宪主持于上，乃能贴然允从。嗣后开办桥工，格氏即力避开标，极言点工之益。职道及陈故道善言互相讨论，亦

以桥梁工巨，前此未经实验，即不敢以臆度之辞与专家抗论，乃允其请。不意点工之法行，而站房机厂货料栈种种兴作莫不一律点工。夫起建房屋，华匠皆优为之。上海之大，高厦崇楼，鳞次栉比，未闻有点工营造者。争之不能听之，不可究其所以舍简就繁之故。开标则事同包办，只能按图课工，不能强包工人，专购一家之料。点工则权操于己，所有砖瓦物料及工用器具等物可以取诸宫中，不烦二主，而怡和遂独收垄断居奇之利。盖开标之益为索价，兹所比较耳。兹乃购诸一家，为损为益可想而知。洋工师为银公司引荐，故不惮与职道等到处坚持，恃其专学，济其专利，防不胜防。

沪锡工程早已呈有估单。去年夏，苏人士以占工浮费，群起力争。盛前宪曾饬格林森自行声覆，则云宽估窄用。初到情形未熟，约略从宽，律以现时用款，较单□之数颇事撙节。此格林森签字说帖也。现在锡宁一段将次兴工，窃谓格林森在华阅历愈久愈深，此次所估价值必不仍蹈前车，咸臻核实，岂意呈到估单开价之巨，竟出寻常意料之外。叩其故，则以磅价日落钢铁价增为言。信如斯言，增此两项足矣。然亦有先贵今贱，如塞门士道木之类，隐相抵制，何以综核占单几已随处加增，较前五段所开之单，浮费相等。现虽逐条议驳，彼仍置之不复。据云即日北上，一切与宪台直接商办。职道求因证果，再四思维，始恍然于格氏之种种作用，系为受人指使，加重路本起见，利之所在致不惜自食其言，多方尝试。查借款小票尚余一百万磅未经发售，倘非加重路本，即不能再请售票，售票之益非仅多得扣用，且使本路多负借款，不易清偿，展长还款之期，即展长赎路之期，而银公司实展长管路之期。用心之巧，蓄意之深，虽无秦镜而肺肝如见矣。

职道既得其情，乃将前此争执各事细心调查，始发明点工之失，疾首痛心，疑惧并集。究其所以致此之由，不过因华员外，道格林森夸张专学，乃至于此。当痛定思痛之时，为以毒攻毒之计，补救之法，亦惟以专家之学，互相钤制而已。亡羊补牢，所关甚大。就工程程度而论，沪锡一段未竣者十之三，锡宁则尚未开工，急派一熟悉路务屡经实验如詹道天佑其人者，将道格林森已估之工一一覆按，指斥其浮费而纠正之，使成本不再加重，即为减轻借款独一无上之策。然有学必使有权，若仅华工师参赞之类，仍不能与之对抗，虽有若无。窃思总工程司本应受管理处节制，只以格氏同任议员,故得与五人之列。然事涉工程,会议时仍归本职,故欲制其弊,必畀以管理处总办之任,乃能詟服。此外虽随办之尊,亦不能与彼直接掩饰弥缝,仍多隔阂。职道自维不学于路工尤甚,前以各洋员襟怀坦白,尚不难相与周旋。其有与地方交接之事,自两院以及绅民亦幸以一知半解维系相安,黾勉从事,差堪藏拙。今乃阴谋诡计相逼而来,行车伊迩,赎路之根源全孕于此,较筑路尤为重要,更非学有根底之员不能熟谙,车务体大物博,全赖得人。职道早鉴及此,曾于宪节过沪时当面禀及。盖以本路负此巨债,客反为主,行车为沪宁进款之源,倘滋流弊,挽救益难。经理之员何等郑重,职道无学无识,谬厕要津,仅能指其弊而不能绝其弊,又安用此尸素者为哉。况弊之发见者止此,而丛生者无穷,恋栈苟安不但无以副委任之重,并无以慰苏人士勤求核实之心。

按此系今年四月间总管理处沈仲礼观察辞差之禀,而沪宁铁路之内容已露一鳞一爪,可知去年苏省人士以估工浮冒群起力争者并非好为有事也。此禀虽阅多时而于路事颇有关系,故特补录之。(《前沪宁铁路总管理处沈道敦和上督办大臣唐禀》,1906年8月24日)

5月10日,盛宣怀就通商银行押款事致函沈敦和、王存善、顾润章等,函录于下:

仲礼、子展、咏铨总董、纶辉大班公览:原任芜湖关道杨彝卿观察押款,顷接其兄杨俊卿中丞来电,"彝弟通商银行押款又到期,请仍换票付息"等语。特此转达,即希查照办理为荷。除电复杨中丞外,此请钧安。

督办盛手启。四月十七。(谢俊美编:《中国通商银行》,上海人民出版社2016年版,第434页)

5月15日晚,主持师范研究会发起的中西名人教育之理演讲会第一次演讲,讲题为"寰球教育历史",主讲为圣约翰书院监院卜舫济。(《师范研究会开讲日期》,1906年5月2日)

5月20日下午,与沪上各界出席由旅沪商人虞洽卿等发起创办的华商体操会会议并发表演讲,"大致皆勉以练习武备,藉以保国卫家,尤须持之以恒,不可始勤终怠"。(《纪华商体操会开会礼节》,1906年5月21日)

5月23日,为赈济湖南水灾,致电长沙士绅。函录于下:

王益翁、王芍帅诸公钧鉴:赐函遵即送报馆刊登,先已筹有三万金,电请劼帅于解沪赔款项下划收，以应急需，仍即设法筹措，余容函复。沈敦和、施则敬、任锡汾等叩。沁。(《来函：寄长沙电》，1906年5月24日)

5月下旬，鉴于沪宁铁路即将竣工，江苏巡抚要求时在沪宁铁路总管理处担任总办的沈敦和"妥议章程，设立警察"。报道说：

> 京师巡警部咨会各督抚各省铁路设立警察保卫等情已记前报，兹悉苏抚陈筱帅以沪宁铁路将次工竣，行将开车，自应赶紧议章设立警察，以资保卫，已咨请督办沪宁铁路唐大臣转行总管理处沈敦和观察，会同宁苏警察总局妥议章程，设立警察，并列表绘图造册，详候核咨。(《饬议铁路警察章程》，1906年5月25日)

是月，为保护沪宁铁路沿线安全，与江苏地方当局电文往来。文录于下：

> 苏抚陈筱帅札枭司文云：四月廿八日据沪宁铁路管理处沈道敦和电禀苏州洋工程司，电称近因遣散营勇，城厢一带有骚动之虞云，拟恳转饬地方官保护铁路人员财产，是所祷叩等情。据此，查近来城厢一带地方诚不安静，而铁路经过处所小工云集，良莠不齐，匪徒固易溷迹，路工亦鲜安分，以致抢劫频仍，骚扰殊甚，迭经本部院严饬查拿并出示晓谕在案。据禀前情，除电复外札饬枭司通饬铁路经过地方文武员弁一体遵照，认真弹压保护，毋稍疏虞。
>
> 苏抚致沪宁铁路总办电云：上海沪宁铁路总办沈敦和观察、王观察鉴：俭电悉，城厢不靖早有所闻，迭饬营县防范严拿，现复据情通饬一体保护弹压矣。惟小工亦甚不安分，且有流氓混充，每逢天雨停工，不发工食，小工四散，无事游荡，敲诈骚扰，屡滋事端，望转饬在工员司严加约束，并令工头如遇天雨酌支小工钱文，俾免滋事，庶可共保公安，是所至祷，龙勘印。(《汇录预防匪徒滋扰宁沪铁路事》，1906年5月26日)

7月11日下午，出席天足会女学暑假散学仪式并做报告，报道说：

> 昨日下午为天足会女学堂举行暑假散学之期，仪式列后：一、沈仲礼观察报告；二、学生中国唱歌；三、学生沈兰芳宣读英文；四、学生彭淑清弹琴；五、张让三先生演说；六、学生外国唱歌；七、学生张耀华国文颂词；八、学生沈兰芳弹琴；九、学生裴珪珍、何淑仪英语问答；十、学生唱歌；十一、学生薛锦波弹琴。事毕由唐介臣观察颁发艺科学生卒业文凭，并由王阁

臣观察给奖,宾客皆退至客厅略用茶点,殿以全堂学生体操而散。中西人士前往参观者颇极一时之盛。(《天足会女学暑假散学志盛》,1906年7月12日)

7月16日,出席沪宁铁路上海至无锡段开车典礼并作演说。词录于下:

不才承乏沪宁铁路两年于兹矣,自知于铁路工程之学素未问津,每于综核之余,辄深兢惕。盖工程之进步虽速,或仍有速而未善之虞,一切用款虽省,或仍有省而未当之处。故于沪锡一段将近开车之先,知难求退,以冀匡予不逮,继起有人。今果得施省之观察,工程熟悉,学识兼优,从此沪宁铁路后半工程定期格外节省,益加妥速,此真沪宁全路之幸,亦江苏人士之福也。今日为沪锡已成二百四十里铁路开车之期,诸公赐临,盖为本路贺焉。不才与在事诸君均深感谢,第不才更有深望于苏省者。窃以为此时苏锡铁路虽成,尚不足深贺也,请为诸公略陈之。按江苏省为东南财赋之区,滨海带江,纵横约四万四千五百英方里,户口约三十八兆,与英伦一岛五万八百六十七英方里、户口二十七兆四十万三千相较,则江苏面积虽逊,而户口实多。昔年英国调查全岛铁路,有居民一万须有铁路五英里又四分之一。唯此,则江苏居民三十八兆,应有铁路一万九千九百五十英里矣。盖同为财赋之区,应可相提而并论也。乃竟不然,且今年英伦一岛铁路已增至一万五千七百五十英里,而今日江苏已成之路才有九十英里,与英国相衡,真有天渊之隔。此其故可得而知也。查欧洲实业以英国为得风气之先,七十年前即千八百三十年间英国初创铁路之时,民间谣言四起,有谓煤烟捐害田禾者,有谓侵夺舟车之利者,群起为难,一如近日之中国。不才闻诸人言,昔年华人不仅以铁路为无益,且转以为有害,甚至谓铁路乃搜括地方财产者。即如李文忠公创办京汉铁路之时,民间妇女横卧路线之内,霸阻开工。京汉铁路河南段内初创之时,百姓异口同声谓为损害地方之举。各项车夫尤积不能平,以为夺其生计。未几京津铁路进款日益加多,百姓亦因之获利甚厚。河南近日各站向出骡车十辆者,近且增至百辆,粮食运出之数较前有多至四五十倍者,于是人渐知铁路者所以发达地方财产者也。英国亦系于初创十五年以后,人人始渐知铁路之利益,而路线遂多。近年铁路进款每年已增至二百四十兆两,而地方财产之发达更可不言而知,则从前之阻塞与后来之开通,中西国土虽隔而情事无殊。故不才以为沪宁铁路要为开通全省利益之先河,将来亦必有几千万里之铁路相继设立,亦如近日之英国。至斯时也,江苏全省之财产当亦百倍于今日而民富矣,民富而国亦强矣,其乐何极。不才所深望于江苏者在此,所为江苏贺者实亦在此。倘有以为此未来之事,为不可知,则不才更指一事为诸公告。试观今日江苏士绅业已招股于沪宁之外,续开苏嘉铁路,且将于南北要道接续创兴,已有成议。此非江苏铁路日益发达之现象乎?诸公其无以不才之言为河汉。(《沪宁铁路举行沪锡段开车典礼》,1906年7月17日)

清官员视察沪宁铁路

10月,作为济良所华董,拟定禁止幼妓章程并经公共公廨照会英、美、德三国副领事遵行。报道说:

公共公廨关司马照会英、美、德三国副领事,略谓案照租界内禁止幼妓业经举办有案。兹接济良所华董沈仲礼观察来函,并附禁止幼妓章程,现又略加删改照录,祈送贵副领事查阅迅速见复,以凭出示谕禁为荷,顺颂日祉。

附抄禁止幼妓办理章程:(一)十五岁以下女孩如在娼寮学习弹唱以及妆饰、侍客等事,无论亲生、养女一概拘拿。(一)佣妇之女亦不准寄居娼寮,以免影射,如并不学习弹唱、妆饰、侍客者,应与妓女有别,一经查

111

出,初犯酌量罚洋,再犯加倍科罚,三犯一并发所。(一)此等幼女到案发济良所教养,如有不愿入济良所者准其亲生父母领回管教,出具永不为娼甘结,并觅妥保其确系亲生父母,倘查有复出为娼情事,除将该父母及保人严办外,仍发济良所教养,如无亲生父母来领者一概发所。(一)此等幼女发济良所后公堂有随时到所查看之权。(一)此等幼女到案设有绅商之妾妇认为己女投保具领者一概不准。(《删改禁止幼妓章程》,1906年10月27日)

10月31日,出席上海尚贤堂会议,会上报告该堂半年办理情况,并公推朱葆三、周晋镳、沈敦和等"筹议如何为该堂办事董事严筱舫观察建造厅事,以纪念其有功该堂之策"。(《尚贤堂开会报告》,1906年11月1日)

11月3日,出席上海尚贤堂为该堂美国董事纽约富商罗威廉捐银七千两建造校舍而举行的立碑仪式。(《尚贤堂立碑志盛》,1906年11月6日)

11月15日,由英人立德乐创办的天足会在合众堂举行移交仪式,沈敦和出席并被推举为会长,开始接办天足会。《万国公报》报道说:

> 西历十一月十五日下午三时,天足会在上海合众会堂聚集年会,中西士女到者,为会长英国立德乐女士、李佳白、李提摩太、卜舫济三教士,沈仲礼观察、萨镇冰军门、颜骏人博士、唐介臣观察诸君。此次聚会之最大宗旨,为由立女士将创办十余年之天足会,移交华人接办。因立女士不久将回英国,故有是举;且将于起程之前,在无锡、上海二处更开特别移交大会也。
>
> 开会之后,先由卜君舫济、李君提摩太暨古文希三女士,相继演说天足会历年办事情形及其功效,众皆鼓掌。
>
> 继由接收本会之沈仲礼观察敦和演说云:"今日得与盛会,大幸!所惜者,天足会最要之工夫一旦委托于鄙人之手,未免才不胜任耳!十年以来,立女士与遍中国分会之各女士,其所作之工,美无可比。中国女人之赖立女士而得释放者,奚啻数千百万?余谓立女士之造福中华与摩西之救以色列人无异,虽称立女士为东国之摩西,亦不为过矣!将来中国人民永不能忘立女士及辅助各女士之盛名矣!今而后,天足会事宜由公举之诸华董经理,虽觉力小任重,惟有矢勤矢慎,遵守成规,勇往不懈,期于中国女人不复见有缠足之恶状而后已。现遵天足会之命,举定各董,皆为才

高德重，中西并懋之人，即萨镇冰军门、英会审员关絅之太守、电报沪局总办周万鹏观察、沪宁铁路随办钟文耀观察、沪宁铁路管理处部办王阁臣观察、金巩伯大令、颜骏人博士、唐介臣观察、沪宁铁路总文案管君及鄙人等共十人，为本会董事。并于十人中，举钟文耀、周万鹏、王阁臣、唐介臣四观察及鄙人共五人，为本会办事董事；又举唐君介臣为西文书记员，管君西园为华文书记员。鄙人不才，谬承不弃，推为会长，不胜惭愧。但据诸华董之意，极少必须有西女士二人，相助为理，方可胜任。其一帮助西文书记员，为通信书记，使本会所办之事，能与各省支会女士互相接洽；其一襄理财政，管理存款，惟求立女士俯鉴愚忱，赞成斯举，实为感甚。"（《天足会年会纪略》，光绪三十二年十二月号）

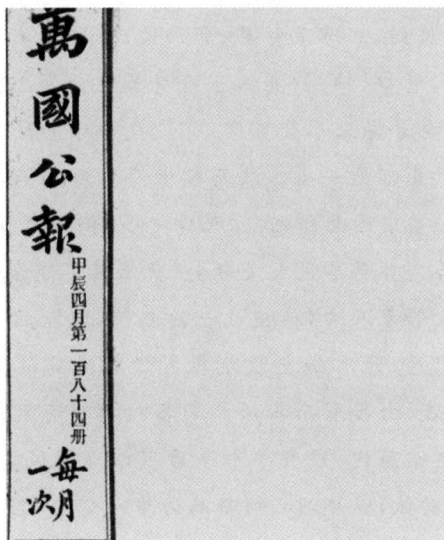

《万国公报》甲辰四月第一百八十四册封面

随后，沈敦和以《天足会移交特别大会报告》为题，在《北京五日报》1906年第 60 期上发表自己在此次大会上的报告，文录于下：

天足会移交特别大会报告

中国天足会发起于西女士立德夫人，于兹十余年载矣，立德夫人痛我国女界之孱弱及无学识，多半由于缠足，其不殚苦口，到处劝人，一片婆心，殊堪钦慕，即其立言之痛切，用意之殷拳，尤为出于至诚。西国女士之在我国如立德夫人者诚不可多得也,其办法除亲至各省演说劝导外,余皆委之各省教士,故能风行甚速。上海天足会之设与夫各省之分会日益发达,虽为我同胞热诚美意之所致,而未始非立德夫人有以开其先也。今者立德夫人与各西会董谓华人所办天足会自上海发起后,各省纷设支会,入会之人渐多,发达甚速。以为此本华人之事,既能日办有效,我辈即应退处于无权,遂将所办之会既交鄙人接受。鄙人力不任重,本不敢担任,幸同志新会员薛君鼎铭、钟君紫垣、颜君骏人、周君翼云、唐君介臣、王君阁臣、关君炯之、金君巩伯诸公共襄此举。今日之会即交接之会也。以上为西友创设天足会及归并华会接办之大略情形。至于本会自办之效果,请亦得为诸公略道之。查本会自今年三月初一日开特别大会以来,极力鼓荡,遂设有山东青州府,浙江衢州府、仙居县,山东威海卫,浙江慈溪县,安徽庐江县,福建厦门,江苏奉贤县,新加坡,苏皖两省内地分会,上海城内清真分会,奉天,营口,锦州,浙江宁波府各处分会,内尤以厦门分会为尤盛,计此一处入会者得三千数百家,并设支会十一处,他可知矣。中国女界发达之现象于此可见一斑。然而数十年积习相沿,究非少数人之能力所能尽其分量。盖中国面积之广,人口之多,识字者鲜,而妇女更为闭塞。故不才以为虽各省各县尽设天足分会,犹虞其不能家喻而户晓也,间尝深思既苦无财力又苦无人力,徒抱此一片热忱,耿耿此心,踌躇莫展。虽然各员商定办法以后,凡有知友散处各省者皆通函请其设会,时时演说开导,以冀因友及友,由各省而各州县而各村镇皆有天足之会,于是天足二字渐印入人人之脑筋内,或数年十年后可以弊绝风清。盖不缠足为轻而易举之事,非此劝诫,鸦片烟必须断瘾为难也。此次五大臣考察政治回国博采各国,谓中国积弱之由实系鸦片缠足二事。于是归而上达天听,遂有九月间禁烟之诏,然则严禁缠足当亦不远。窃谓与其强迫放足受不文明之恶称,何若先自抉择,及早痛除预防,以为强种之机。如此,则鸦片烟戒绝之时而女子亦尽成天足,俾我四万万同胞同时皆为强壮之国民,则庶乎不负立德夫人之盛心,而本会将能达其目的欤。本会诸同志及在座诸公倘不以不才之言为河汉,实深至幸,仍希有以教之。[《北京五日报》,1906(60)]

但据当年11月27日《申报》报道,该会于11月25日召开,报道说:"是日提议事件甚多,其中最要者为由西国女士将创办十余年之天足会移交华人办

理。当由沈仲礼观察接收。"(《华人接收西女士所创之天足会》,1906年11月27日)

清末上海天足会集会

11月16日下午,应邀在尚贤堂演讲,题为"论道德心与科学之关系"。报道说:新法界石牌楼后尚贤堂,定于初一日礼拜六下午五句钟,敦请沈敦和观察演讲,题为论道德心与科学之关系,宜亟谋德育以防人民日即于非行。(《尚贤堂定期演讲》,1906年11月17日)

该演讲内容后在《环球中国学生报》1906年第3期发表。沈敦和认为在科学发达的时代,道德并没有与时俱进,而是"杀机"俱进,挽救这一局面"舍发挥古道德外无他法"。该演讲11月19日又以《论道德心与科学之关系宜亟谋德育以防人民日即于非行》为题,署名尚贤堂来稿代论,发表在《申报》第二版上。文录于下:

论道德心与科学之关系

中国道德极高尚之国也。君臣、父子、夫妇、昆弟、朋友之伦,惟中国首明之。孝弟、忠信、礼仪、廉耻之德,惟中国实倡之。日用、饮食、文物、制度之原,亦惟中国实倡之。此世界所公认而无庸复述者也。虽自秦以来,进化停顿,然人民服膺儒行,则古称先,峨冠博带之伦,固渐仁摩义,贩夫走竖之辈,亦目染耳濡,二千年间非无罔道败德者流,而自知为世所不容，遂亦不得不心非口是，阴违而阳奉焉，从未有明目张胆蔑视道德嚣嚣然号于人者。

近五十年受外界刺激，慨内治腐败，时怀更新之思，迨经甲午庚子两大潮流，国中学术思想，概不惜舍己从人。至以儒为诟病，爱国人士滋具焉，于是乎倡保存国粹之议，或高谈性命，或潜究经史，以及训诂词章，凡先民所宝贵，为近今所放弃者，悉郑重而称述之，粹诚粹矣，吾惜其于今时病痛未能审定而投以针锋相对之剂也。

今日之大病何在乎，曰在人人欲发达其思想，奉欧美权利之说为泰斗，而视吾固有之道德若弁髦，以世界为科学之世界，驯至有机事者，必有机心，不恤利己而损人，非惟不恤也，且视为强者所应然，公私理欲之界，皆不暇辨别，有规正者，辄曰此我之自由也，呜呼，自由果如此解乎。

欧美宗教家，惧夫民智益进，世风益薄，势必机械百出，而人民日即于非行也，大倡天堂地狱灵魂等说以警之。唇焦舌敝，涕泣而道，此即吾上古神道设教之意，泰西宗教哲学，两相鏖战，虽宗教势力不敌哲学，而世界杀机因之稍戢，人类和平幸福缘之稍存。

吾国民于神权一说，智者既信为理所必无，愚者则惟欲媚之以获福，外人之宗教，既格不相入，而己国之古道德又吐弃之，民人无范围，不过之则无造次，不离之经，而惟是逞自由口说，以肆意妄行，宁我负人，无人负我。吾恐科学日进，机械日深，生人之具假以杀人。物质虽明，用违其当，非特尽失强国保种之初心，亦将复返于洪水猛兽之世界矣。

夫此非吾臆度之词也，明者见远于未萌，知者避危于无形，今则萌蘖已见，危机日呈，试举欧洲科学杀人之举，及吾国近岁人民野蛮之行，有令人气夺神骇，毛发股栗，不可终日者。如医所以救人也，而医士即用以为毁坏器物之具，催眠术，心理学也，理官以之诘奸，医士以之治疾，而无赖者得之为淫邪之用，此皆欧西科学杀人之已事。吾国人科学程度现尚幼稚，而炸弹之用已至再至三。未诞日之大和魂，已步俄之虚无党，无论其所为之不当矣，而以图一人故，波及多人而不恤，循是以往，则中国科学之进数，即杀戮之进数，有断然者。

吾为此惧思有以药之，务使科学增进，杀机不与俱进，思之至再，舍发挥古道德外无他法。发挥古道德，舍编辑古人之嘉言懿行为修身课本教授学子外无他法。中国近日锐意教育时代，人人有不学面墙之惧，非僻壤遐陬，学堂林立，不足以救中国。如教员能身体力行，心维口诵则学子少成若天性，即不虑他日物欲牵引矣。至若弱冠以外血气未定之人，则视其所处社会，责成其首领以诱掖奖劝，综其行谊，而以时登降之。人之欲善，谁不如我，还醇返朴，岂异人任乎。

或曰信如子言，今日书肆之修身教科，已一印再印三四印矣，学堂已一星期教授一二次矣，美种已布，佳果指日可俟，何喋喋为？则应之曰，否否，吾所为编辑者，非为彼放利不惜败公德者，进消化品也。彼自利者既心乎利不顾矣，若与泛言仁义，势必凿枘不入，闻而思卧也。吾之主义在因其所明者，以为推而进，以利人主义，使知非利人则自利必不能完全，而国民团结心、道德心当油油然生矣，刍荛之言，惟君子裁择�正之。（《环球中国学生报》1906 年第 3 期）

12 月 4 日，出席在英大马路工部局议事厅举行的西商李德立发起创办的华洋义赈善会成立会，并与李佳白一起被推举为书记员。会上，"沈敦和观察举议①，称款项之名为中国中部饥荒救济款"，获与会的日本总领事附议。（《华洋义振善会开第一次成立会》，1906 年 12 月 5 日）

12 月，以华洋赈善会书记员名义与李佳白在上海最大的外文报纸《字林西报》刊登启事，呼吁中外各界向中国灾民捐款。12 月 14 日《申报》将该启事在来函栏刊登。文录于下：

敬启者，屡接江北欧美人士来函及官场公牍，皆称灾民计有数百万，流离颠沛，困苦万状。同人悬想情形，当更有于所述者。同人等去灾区仅数百英里，如尚漠然无所动于中，则外洋人士当更漠不相关矣。灾民之苦况言之令人战栗，江北一带今夏淫雨成灾，须至明年春收民困庶能稍苏，徐州府淮安府海州三处皆颗粒无收，河南、安徽两省境内各县亦遭波及。今试约计灾民如有一千万人，则灾象已为可怖，况现有数百万人不但绝粮，抑且饥饿垂毙，不但无米为炊，抑且无衣，卒岁待至明春尚有数月之久，其将何以堪此耶？

顷闻沪上绅士已垫拨银二十万两发往江苏省内各灾区，中国政府亦已筹备银数十万两，责成江北提督荫午帅在清江浦散放，旅居其地之教士

---

① 即提议之意。

目击灾情，皆与地方绅士会同设法办理放赈事宜。倘款项充裕，则不独目前之饥民应当救济，并应随时抚恤以至明年春收为止。殷实华人已允运送米麦、面粉、高粱及各种粮食前往灾区，且筹划散放粮食、银钱之法，于办事董事首先应办之事深资辅助，凡办事董事力所能为者，无不为之，办事董事第一应办之事即遇事令人信托设法，预防散赈有不实不尽情弊。凡热心公益之华人既皆相助为理，则本会办理赈务自必易于着手而不致有阻难矣。且慷慨好善中外所同，故中外人士当同心协力，成此义举。中国国家救济中国之子民则更责无旁贷矣。慨自东三省日俄战后，人民惨遭锋镝，河南、浙江两省亦复水灾叠告，今江北又饥灾广且重，自来未有昊天不吊，降此鞠凶。上海各处及外洋各国中西人士不乏乐善好施者，尚颇发恻隐之心，解囊慷助。本会同人敬为灾黎请命，如承捐款，请交汇丰银行写明捐入华洋义赈善会，或交本会会计员仁记路四号意德先生、四马路慎余号朱葆三观察，当即掣付收条为凭，此启，华洋赈善会书记员李佳白、沈敦和同启。（《华洋义赈善会办事董事为灾黎请命文（译字林报）》，1906年12月14日）

12月，作为学校华董之一，为工部局所设华童公学《征信录》作序与《华童公学学舍记》。两文后刊于 1935 年卷 6《华童公学校刊》上。序与文录于下：

上海工部局创设华童公学征信录序

窃为国家之兴，系乎人才，人才之兴，在乎学校，此五洲之公例也。沪上自互市以来，盖一周甲于兹矣。商贾辐辏，帆樯荟萃，租界繁华，实足为中国冠冕，而地方公益之举，亦有美必臻，皆惟工部局是赖。顾于设立学堂一事，犹未议及，不能使华人子弟同受教育之益，似尚缺点。于是广学会西儒李提摩太君、卜舫济君、福开森君，偕同郑陶斋、唐杰臣、陈辉庭诸观察，请于工部局而有拨款购地创设华童公学之议。各洋行商董，亦众议赞成。此光绪己亥庚子岁事也。会以北方拳乱事遂中止，其明年，郑君等复申前议，工部局因出资购地若干亩，为学堂基址，且措给开学后常年经费。而兴筑学舍之资，则由华人捐集之。爰乃鸠工庀材，经之营之，阅若干月而以底于成，规模宏敞，气象光昌，诚盛举也。其间始终预其事，经理捐款，殚心竭虑，不辞艰劳，则尤以陈君作琴，厥功为最伟。兹者陈君因工程告竣，将经收各捐款及各项收支账，藉移交与余，余复核无误，益以见陈君之办事诚实，为不可多得也。除镌勒铜碑悬诸堂壁外，用刊征信录以昭大信，并书其梗概如此，以示后之学子，知所观感云。

光绪三十二年岁次两午十一月四明沈敦和谨序

华童公学学舍记

华童公学坐落于虹口之爱而近路，地广十四亩，起建西式二层楼面，南向轩敞窗明，足擅胜慨。中分课堂十一所，可容学生四百人。大门之内，建有穿堂，而大讲堂居其中。设椅四百座，遇演讲则集诸学生于此，一堂环听，次序秩然，又有监院房、教员房罗列其左右。复于旁隙增建一大饭厅，以为午膳之所，洵利便也。舍之南，则大操场在焉。芳草一碧，空气充足，凡诸生于尚武精神，卫生要旨皆惟斯地是赖。至其陈设器具，大都购自英美各国，备极精美，而舍内装设电灯，光照四澈，尤令人心神俱爽。沪上学堂林立，而求其规模闳敞，陈列完美，足推为冠冕者。微是舍其谁与归？不亦盛哉！既落成，爰乐得而为之记。

沈敦和又记

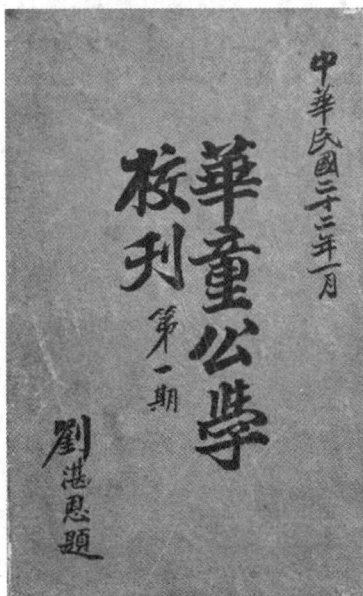

《华童公学校刊》第一期封面

是年，"（江苏）沭阳徐姓妇胡仿兰，天足好学，翁姑憎，令自尽。公言其冤，请大吏旌表，并勒徐氏出资，设女学于沭阳"。（《本公司创办人董事会主席沈公敦和略历》，《华安》第10期）

是年，将上海天足会女学堂章程暨佩章成绩品呈报两江总督周馥，要求予以立案。随即获批同意并"通饬各县一体遵照仿办"。呈文与批复登载在1906年第1040期《北洋官报》上，转录于下：

> 江苏候补道沈敦和拟定上海天足会女学堂章程暨佩章成绩品呈请江督立案，禀并批：敬禀者，窃维女子缠足一事为中国数千年来相沿之陋习，不仅有乖造物之和，实属阻碍进化之机，虽蒙列朝愚为厉禁，而锢习难除，益复变本加厉。至光绪二十七年恭奉懿旨，婉切开导，经各直省誊黄晓示读书明理之士，始稍稍知所改革。上海为通商大埠，先有英国女士立德白氏深以缠足为女界酷刑，创天足会，搜求各种劝勉善法，开会演说，经各国领事官及士商赞成，中国学商两界亦多景从，由是上海女界渐知改悔。迨白氏将归国，邀集各绅商议，以会事嘱职道，事关公益，义不容辞，于是忝任提倡，华人之创斯会，实基于此。又念习尚之积重而不能返者，不在乡井耕佣之俦，而关键实系于缙绅，习惯自然，互相矜效，遂成为家庭之仪型，婚姻之关系而风斯尚矣。职道蒿目时局，冀以身先士庶，渐为转移，接办以来首先捐资设立天足会女学堂，俾入会女子就堂肄业，拟订章程，刊印各省大府劝导之文。又在厦门设立分会，年余以来，成效渐著。综核上海一隅，凡不缠足及放足女子约得十之五六，尚有愿入学堂已报名而额满见遗者。盖亦经费难筹扩充非易耳，然风气变迁之速，即此可证矣。又念人心之憬悟奋发，要在时加鼓励之有恒，因在日本定制一式佩章，为入会女子佩带之品，庸耳俗目震而惊之，藉以动观瞻判良贱焉。旋又厘定章程，于本年三月初一日再开大会，请商约大臣吕尚书及严道复与英女士立德白氏先后演说，来会者五千余人，发出章程、文告、题名册各数千件，领去佩章数百枚，自此以后凡通讯愿立分会者如福建、山东、安徽及江苏各内地络绎不绝，随时裁答，示以会章，告以办法，扩充之机方兴未艾。前蒙宪台颁给立德白氏文告一通，亦已敬刊布送，名言至理，亘古铄今，易俗移风，不仅嘉惠坤轴，洵足与放奴仁政光被环球。兹谨将天足会并女学堂章程恭录二份上呈钧座，附呈佩章二枚并保单执照各二纸，伏乞一并鉴收。窃以江苏一省为中国人文荟萃之区，开风气之先声，树各省之圭臬，由近

及远,肇端于此。所有天足会及附设女学堂一事,如蒙赐将此次章程札发学务处鉴定立案,并通饬各州县官绅重申前令,设立分会,则流风所播,由江宁而内地而各省,登高一呼,自必众山响应。值此民智渐开,女学萌芽之际闻风兴起,不卜可知。傥荷府允施行,俾华族两万万为废为傻之妇女一去其苨琐疲敝之故态,咸处于自立有用之地,则所以宣扬皇仁鼓励坤教者诚不啻驱猛兽抑洪水之功矣。是否可行,伏乞鉴核指示祗遵。

江督周批:披阅来禀,具见该道热心公益,力挽颓风,加惠女界,实非浅尠,所拟章程亦甚妥洽,候札两江学务处移江苏、安徽学务处,通饬各县一体遵照仿办,以除积习。仰即知照,章程佩章成绩品均存。[《文牍录要》,《北洋官报》1906(1040)]

1907 年(光绪三十三年)51 岁

年初,在《天足会报》第 1 期上发表《天足会必需附设女学堂说》一文,认为:"凡近于残忍及野蛮之风俗、性情皆缘于无文明之教育故。"强调大办女学为缠足绝灭之先导。

天足会必需附设女学堂说

曾记前天足会英人李德立氏有言曰:罪莫大于违背宪律,祸莫痛于折断筋骨。康熙三年,曾下令禁止缠足,违者罪其父兄,至光绪二十七年,亦有此令。而士夫狃于习见,不能改除,谓非违背宪律乎。夫以甫胜衣之弱女,即加之缠足之痛苦,血脉不能流动,行走不能自如。谓非折断筋骨乎,则其罪祸为何如乎,其言可谓痛切矣。闻者岂能默然无所动于其中耶?虽然,其明效仍不易睹也,因思缠足之害,人人能言,人人知之,而深恶而不能痛绝之。斯何故耶,夫父母未有不爱其子女者,使受摧残之苦,不得谓之爱矣,而父母之心,乃以为害之,正所以爱之。即被害之女虽痛哭流涕而未尝怨其父母也,盖彼以为此父母爱之之所为也,彼盖深知非缠足不得为完全好女子也。及稍长则不必父母加意,彼更将以自害者为自爱,而尤甚于父母矣。此则我国缠足之原因,亦即缠足之成为风气而牢不可破,不易改革之结果也。然则缠足一事则不必责备一般女子，亦不必责备一般男子，且亦非为父母者之过，乃作俑者由游戏而酿成风俗之过也。如此则知无论如何演说与劝导，其功虽甚宏，其效不易著，则亦非演说劝导者之过，数千年浇风恶俗难于移易之故耳。故不佞于创设天足会之始，即设立女学堂以附之，以为女子如果受教化、知学问，则缠足之习可以不期然而渐除，再加以会中志士随时随地著书立说、演讲劝诫，必能日起有功，浇风净绝。试即现象观之，上海城乡女学共十七所，女生约七百人，其间尚有缠足或不肯放足者乎？人之所以有上流社会与下流社会之区别者，亦以其有有教育与无教育之分耳。凡近于残忍及野蛮之风俗、性情皆缘于无文明之教育故，此盖为世界之定理也。

再试以一事验之。女界之黑暗与不开通莫若黑、棕两种人矣，而印度、波斯各国之女人竟与中国之女子处处相若，迷信鬼神也，无学识也，闭置也，服役也，讲求衣饰也，无一不同。西儒有谓：印度之富，富在女子之装饰品者。于是连类而讥及华人，其意殆以为此女子不学之故耳。由此可见，有学识之女子，其言说、举动、装饰恒与不学者异。缠足与否，亦即同此各事，而为反正之比例。故欲去缠足之害，必须于劝诫外广设女学，而后功德圆满，况不缠足为女学内之一事，则有天足会而不设女学堂可乎？不佞故深盼吾分会诸君子无论如何困难，终以每分会一处至少附设女学一区为要义，多则更妙。此则不佞区区之忱，所欲见白于吾国同志者也。兹特将总会女学章程附刊本报之后，以作为女学大兴、缠足绝灭之先导，海内同志鉴而教之，幸甚。（《天足会报》1907年第1期）

1月19日，出席上海孤儿院集捐音乐大会。报道说：

初六晚八句钟，音乐大会为孤儿院集捐一事，假新天安堂开会，中西男女宾到者六百余人。苏省铁路总理王丹揆廉访、商部顾问官周舜卿观察并沈仲礼观察辈到场观剧。先由沈缦云先生登台演说开会宗旨，复由各学生女士次第演唱，继由沈君带领孤儿数人并女士等演说孤儿种种苦况，缠绵恻怛，座客竟有泪下者。沈女士愿将自制奇花捐助，由四女士托花下台兜售，座客无不争先乐购，霎时售罄。后以孤儿求乞劝省迷途，时已钟鸣十一下半，而以独奏琵琶作殿，当时座中各宾无不啧啧称是举之善云。（《音乐大会纪事》，1907年1月21日）

1月24日,作为华洋义赈会董事,为赈灾事复函安徽灵璧县士绅,告知有关赈济事宜。函录于下:

> 诸位大义士台鉴:昨奉公牍,敬悉贵邑水灾,实与淮徐海情形相等,承嘱本会拨款一节理应照准。惟本会自开办以来,中外捐数仅得念万元之谱,而今秋被水灾区地面太广,所收捐款不能不匀摊接济。现在本会已由英义士克敦华都戎及美义士爱利士君同赴各灾区察看情形,业由淮河上游绕道贵邑及泗州、宿州、五河等处查看一切灾情,并拟拍一灾民图,以便报告外洋各国。到时务祈诸义士格外保护,是所至感。一俟二君查看回沪,当即陆续购办粮食驰运灾区,会同地方官绅开办平粜。至淮河上游运道维艰之处,现已请李伯行京卿电商安徽抚宪派员来沪接洽办理矣。本会所议平粜之法,一则使拨款无多,得以持久,一则使市面粮食难以涨价,日后开办无论某乡某邑,凡是被灾各区当照淮徐海一例办理。此系本会实在情形,方命之咎尚祈原之。(《华洋义赈会员沈敦和复安徽灵璧县绅士函》,1907年1月25日)

1月27日晚,与吕海寰等出席安徽旅沪同乡为救济淮河水灾而举办的宴会。

2月25日,出席华洋义赈会办事董事会议。

2月28日午后,出席招商局股东会并“宣告宗旨”,强调招商局商办性质。报道说:

> 昨日午后招商局股东为注册一事集议于愚园,计到者一百九十八人,占股二万二千八百十六股,公推沈仲礼观察宣告宗旨,大旨谓招商局全系商股,众所共知,惟向来用官督之办法,去年九月有旨将输船事宜归邮传部管理。查泰西各国受国家补助金者方归国家管理,临时即为运兵之用。今招商局与此事理不符,爰议援照商律,呈请注册,以享保护利益。惟此事须由公决,以符商办章程,如以注册为然者,请举手。当时举手者居多数,随议公举代表,注册人数众议以五人为率。又议到场者不论股份多少,一人有一选举权,众亦议决,随即发给选举票,各举五人,由施子英、周金箴两观察展阅。惟盛宫保最占多数,计一百零三票,次沈仲礼八十四票,周金箴七十九票,王子展七十六票,虞洽卿五十五票,众亦赞成,遂散会。(《招商局股东注册会》,1907年3月1日)

清末位于上海外滩的招商局大楼

3月15日下午,出席工部局华童公学立碑开幕礼并宣读祝词。报道说:

> 华童公学择于二月初二日三点钟为捐助该校建筑费之中国绅商建立铜碑,举行开幕典礼。两点半钟监院教员率同军乐部学生在校前奏乐欢迎来宾,嗣中西宾客同入大讲堂,由议董卜舫济先生述发起词毕,次由华董沈仲礼宣读祝词,又西董宣诵洋文祝词毕,宾主同赴穿堂。堂之东壁先悬工部局旗帜为幕,由吕镜宇都护行开幕礼,都护莅碑前宣祝词毕,以手启幕。壁上悬有铜碑二,一序文,一绅商姓氏,学生奏乐,行庆贺礼。礼毕,宾客入膳堂茶点散会。(《纪华童公学立碑开幕礼》,1907年3月16日)

3月24日,《申报》披露,农工商部将委任盛宣怀为招商局督办、沈敦和为协理。(《专电四》,1907年3月24日)

4月9日,为华洋义赈会募捐情况致电吕海寰、盛宣怀、曾少卿,其中披露海外捐款占据绝大多数。函录于下:

> 敬禀者,前日华洋义赈会集议,综计捐数自开办以来,连镇江分会并将所助粮食作价,至三月底止,共银七十九万八千二百四十三两。当经各国自行报告,以美国所集红十字会及教会、报馆代募四十七万五千六百二

十四两,为数最巨,英国等次之。惟我中国仅得二万余两,实居少数,相形见绌,各国会员颇有诧异之状。经职道起而宣布,以为本会之设系在去年华历十一月间,先时中国已自行筹赈,由我宪台及曾少卿观察相继发起,遍劝国中。凡乐输者,早经纷纷捐助,集有巨款。其捐送本会者,实因见本会劝募捐册,承各友邦救灾恤邻,不分畛域,是以闻风兴起,重解善囊,凡所以协和各国会友之雅谊耳。此本会比较各国收数中国独少之原因也。各会员始各无词,惟众意颇愿得闻宪台及曾道经收之数,俾得宣告各国,使知中国同胞义之所在亦极形踊跃也。职道业已允诺,用敢缕陈,仰恳迅赐开示经收淮徐海各属水灾赈款数目,以便转告。除分函曾道外,合肃禀陈,祗请钧安,伏乞垂鉴。职道沈敦和谨禀。(《华洋义赈会集议后上吕都统盛宫保曾观察书》,1907 年 4 月 9 日)

4 月 14 日晚,出席上海尚贤堂为川督岑春煊举行的宴会。(《尚贤堂会员公饯川督志盛》,1907 年 4 月 16 日)

4 月 24 日,出席尚贤堂半年报告会。

5 月 17 日晚,出席李提摩太为山西大学堂赴英留学学生举行的宴会,并对学生"勉奋勉好学,学成回国,以各任使命等语"。(《山西大学毕业生由沪赴英游学》,1907 年 5 月 19 日)

5 月 18 日,上海官府为美国驻沪总领事调任古巴设宴,与盛宣怀等出席。

5 月 23—25 日,华洋义赈会创办人伊德夫人发起在张园创办的万国赛珍陈列会(赈灾义卖会),沈敦和与盛宣怀、虞洽卿作为主要组织者,全力参与此次活动,并设立中国珍品陈列所。事前并与周金箴、陈彦清、印锡璋、朱葆三等沪上名绅在《申报》等沪上各报刊登启事,进行鼓动。[1] 文录于下:

> 窃思通商已历数十余载,华人之侨居外洋者,盈千累万,而洋人之旅华者,奚啻万千。若按通商口岸而言,华人之视洋人则习以为常,而内地居民偶见洋人辄目之为教士。其故皆因中外风俗不同,言语各别,以致上自官吏下及黎庶彼此互相猜忌,因猜忌而成仇恨,一有仇恨即各存成见,一存成见则诸事棘手,永无和睦之日矣。夫内地居民见闻较少,不能辨别西人之贤愚,良可慨也。鄙人等与西士共事最久,相处日深,每谈论间亦

---

[1] 义卖会期间,恰逢担任华洋义赈会中方书记员沈敦和五十大寿。沈告知亲友,若馈送寿礼,只收银圆。最后,他把收到的礼金银千圆和代宴金百圆悉数充作善款。

屡次述及中外之猜忌甚深,倘能将猜忌二字泯灭,自不难中外一家矣。敝友伊德先生籍隶英国,品学兼优,公正廉明,人极和蔼可亲,乃英国绅商中之最有声望者也。在华已历四十余载,凡我国之风土人情,靡不尽悉,即士工商界中无不歌功颂德,遇有关系交涉事件,往往从中竭力剖辩,保全我国主权。此等绅商实系不可多得,凡我华人,均受益匪浅。倘能在华之西人尽能如伊德先生者,则天下太平,即偶有细故亦可消患于无形矣。鄙人等尤所钦佩者,自去岁徐海、金陵各属水灾甚众,哀鸿遍野,虽经我国官商募捐赈济,无如杯水车薪,无济于事,而伊德先生慨发仁慈,誓救饥民,独任善举,亲赴灾区,察看情形,朝夕电致各国,广为劝募,一俟各国赈款到沪,不分星夜,不辞劳瘁,即有疾病亦冒疾从事,并托各乡户收买杂粮,每礼拜分批交轮局输运,未尝间断,且又预备杂粮种子分散灾区,自去岁起直放至本年英六月底为止,斯时秋收可望,足见伊君一片婆心,极救我国灾民数十万家。刻下各国源源续寄,仍恐不敷分拨,兹由伊德夫人发起创一万国赛珍陈列会,我国数千年以来系第一次盛会,其中详细情形已登入各报纸内,所有会中一切陈设均系伊德先生偕其夫人亲自指点布置,并且自备手制各种奇异针黹在会中出售,所售之资,悉数充作善举,足见伊德先生暨其夫人为我华人费尽心机,不厌烦琐,实系不可多得之大善士。凡我华人更当起而敬之,并鼓励闺阁淑女奋发善念,其同振兴善举,不禁拭目俟之。鄙人等深冀届期乐善诸君惠然降临,同赴盛会,以开眼界,集腋成裘,功德无量,敬代灾黎叩首。沈敦和、周金箴、陈彦清、印锡璋、朱葆三、李云书、苏筱笙、邵琴涛等谨启。(《序万国赛珍会发起原由》,1907 年 5 月 20 日)

据后来《申报》记载,此次活动取得很大成效,共募款 6 万元。为此,作为活动主要组织者,沈敦和特在《申报》刊登谢函——《万国赛珍会志谢中西扶助者》,表示感谢。(《申报》,1907 年 6 月 9—10 日)

6 月 9 日,出席竞存公学黄雅平追悼会并演说。(《追悼黄君雅平纪事》,1907 年 6 月 11 日)

6 月 17 日,据《申报》披露,为赈济云南灾荒,筹办"搬演戏术"①三日,"所得看资悉数充赈"。报道说:

---

① 即马戏。

万国赛珍会盛况

《新闻报》关于万国赛珍会的报道,绘有主要组织者(盛宜怀、沈仲礼、虞洽卿)头像

　　沈仲礼君以云南荒象殆不亚于淮海一带,因与陈润夫君议筹赈济之策,拟招京津著名搬演幻术之田永奎、王玉山等,择日在英大马路小菜场西国议事厅搬演戏术三日。先期出售入场券,分上、中、下三等,所得看资悉数充赈。按田、王两人即前在万国赛珍会场演戏为中西人士所称美者,

想届时海上绅商当必以先睹为快也。（《所得看资悉数充赈》，1907年6月17日）

6月21日，为华洋义赈会发起人伊德将赴香港借座礼查西餐馆举行公饯，"宣读饯词"。报道说：

本埠绅商沈仲礼君等以华洋义赈会发起人伊德君将之香港，爰于十一晚会集各绅商假座礼查西餐馆公饯行旌，计中国官商到者三十余人，西国官商到者十九人，官场如吕尚书，盛宫保，瑞观察，关太守，李大令，宝大令，商会总理李云书君，商董朱葆三君、虞洽卿君等，西官如英总领事霍必兰君，工部局董卜内门君、李德立君、麦克鲁君等。一时酬酢极欢，酒酣，沈仲礼君起立，宣读饯词，略谓，伊德君久驻上海，常以辑睦中外交谊、消弭猜嫌为己任。其为工部局总董时，适淮徐告灾，伊君即与李德立先生发起华洋义赈善会，仆与朱君葆三赞襄期间，百万巨款，踊跃而集。其后仆发起万国赛珍义赈会，又赖伊君偕其夫人黾勉从事，其苦心毅力诚有令人不能忘者。今伊君行将偕其夫人莅职香港，敢奉一觞以为去思纪念。其次相继演说者吕尚书、瑞观察、李佳白、李德立、颜俊臣诸君，后由伊君答致谦词，并述办赈时筹款之况瘁，语毕已届十一时，遂合摄小影而散。本馆经理人亦忝主席，爰记盛如此。（《公饯西商志盛》，1907年6月23日）

6月23日下午，出席西商李德立、爱师在张园举行的庆祝禁烟大会并作颂词。报道说：

昨日午后五句钟，西商李德立、爱师两君假座张园开庆祝禁烟大会，到者一千数百人。先由浙江王君痛陈海上戒烟丸药掺杂吗啡之害，拟组织一红十字戒烟会。继由外部尚书吕大臣、沈仲礼观察迭申颂词，后由丹桂茶园戏班演剧，并放烟火，散会时已钟鸣七下矣。（《上海禁烟事宜十七志》，1907年6月24日）

6月下旬，为江苏沭阳徐氏放足毙命事，致函两江总督端方，要求"从严惩罚"肇事者。函录于下：

敬禀者，窃职道去年十月接办中国天足会事，曾经禀请立案，当蒙电谕赞成在案。兹查有办理沭阳河工赈事宋道致江苏教育总会函，称沭阳西乡上马台地方有徐胡氏者，系放足被逼毙命云云。据此莫名骇悯，窃维风化初开,发起不易,往往文明教育一触顽固之脑筋,辄相龃龉。然亦阻挠云尔,破坏云尔,殊不虑其竟出于逼命也。徐胡氏以热心女界,躬先放足,以为合邑之导。乃遽因此忤其翁姑,咸逼非命,殊堪矜悯。而徐嘉懋夫妇狠心蔑伦,忍施毒手,尤足令人发指。斯事倘传布外洋,必遗西人笑柄,且恐举天下闻之,无男无女无复敢昌言天足事矣。殊于天足会进步大有阻碍,伤匹妇之心其事小,阻进化之风其害大。用敢据情吁禀,仰祈宪台迅饬淮扬道确查,立提徐嘉懋夫妇到案彻究,从严惩罚,以儆凶顽,而昭炯戒,并祈恩施颁发匾额,旌表徐胡氏,以慰冤魂而资开化,实为德便。职道沈敦和谨禀。(《沈仲礼观察上端午帅禀》,1907 年 6 月 27 日)

是月,与马相伯等发起创办我国近代第一所戏剧教育机构——通鉴学校①,附设春阳社并担任社长。该社鼓吹文明新戏,取中外遗闻轶事编为脚本,如《黑奴吁天录》《社会阶级》等,大抵鼓吹革命者居多。为扩大新剧影响,该社奔走苏、杭,到处演出。复创办文艺新剧,假座张园,串演新戏,编排《伤情记》《秋瑾》《宦海波》《张文祥刺马》等剧,每次开场座无虚席。

1907 年春阳社在上海演出《黑奴呼天录》时留影

7 月 6 日,为华洋义赈会结束志谢并接办云南旱灾急赈募捐与朱葆三在《申报》刊登启事。(《华洋义赈会结束志谢并接办云南旱灾急赈募捐启》,1907 年 7 月 6 日)

夏,发起创办《天足会报》,并与管鹤(西园)担任主编。该报由商务印书馆代印,以"劝导不缠足,提倡放足为宗旨"。

---

① 据业中人徐半梅回忆,该校经费是上海的一位绅士沈仲礼拿出来的。(徐半梅:《话剧创始期回忆》,中国戏剧出版社 1957 年版,第 17 页)

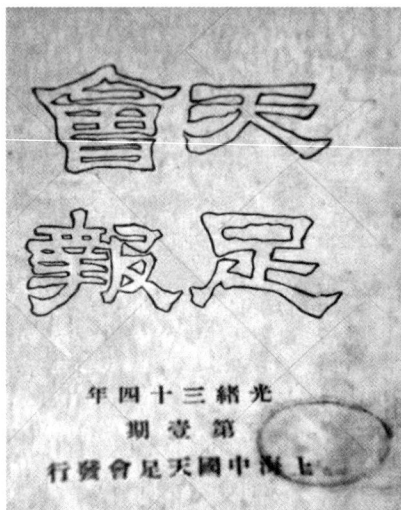

《天足会报》第一期封面

7月31日，为沭阳徐氏放足毙命善后事，在《申报》刊登致当地士绅宋敦甫书，表达了对此事的强烈关注。文录于下：

> 前者驺从莅申，屡劳枉顾，均失送迎，一面缘悭，良用怅惘，承惠示不缠足会章程，词明义畅，纲举目张，披读再三，拜倒拜倒。天足会定章多有采刊之者，独是虽借他山之助，未修倾盆之欢，迄今耿耿在抱也。沭阳徐女士惨罹翁姑虐死，幸值使车莅止，发伏阐幽，俾天下人咸晓。然于女士生平同声哀悼，且复上达宪听，得以惩翁姑之恶而旌女士之贤，是女士虽死之日犹生之年矣。阁下所拟惩办翁姑之法，罚锾建造女学堂，深合鄙见，诚以如是则公益久远可成，女士未竟之志而百世而下，闻风观感，亦可以想见女士之为人矣。佩服之至，尊旨欲敝会在沪开追悼会，固应有之义。顾敝会之所以迟迟而行，其原因有二：一、女士事实调查未确，大都得之传闻，倘率尔开会，登坛演说，无所凭倚，何能慨乎言之以动众听。二、仅得女士死事之惨状，未得女士身后之荣旌，则令听之者徒增悲愤之心，莫识劝惩之实，恐于天足前途大有影响。职是之故，敝会拟俟此会结果，再开特别大会并将女士事实刊入敝会季报，更演成戏剧，付诸梨园，以为永远之纪念，且使下流社会群知女界文明有女士其人者，足资观感，是则敝会区区之微意也。质诸高明，以为然否。遍读阁下刊报诸书，椽笔淋漓，益征文家巨擘，且于女士事实摭拾最详，拟求法撰女士列传一篇，赐寄

敝处敝会,俾开会时持以宣布,并刊入敝会季报。如蒙慨允,不独为女士之光,敝会亦受赐多矣。再女士生时曾否留有小像,亦祈就近询其母族,如无遗像亦可想象其仪容,追摹一帧,一并寄下,藉便开会时大众可以瞻仰也。阁下近在咫尺,见闻较速,此事办结,即请飞速函知,以便刻日开会,曷胜溇恩,统祈察亮是幸。专此布达,顺请台安,愚弟沈敦和顿首。(《天足会沈仲礼观察致宋敦甫观察书》,1907 年 7 月 31 日)

8 月 3 日,出席戒烟善后问题会议,并被推举与曾少卿、马相伯、王熙普共同调查各种戒烟丸药经费,"择日集会,当场化验"。(《来函》,1907 年 8 月 5 日)

9 月 15 日,为拟订咨议局草创章程,上海道邀集沪上各团体代表在工程局开会,代表上海商务总会与会。(《时报》,1907 年 9 月 16 日)

9 月下旬,为欢迎美国兵部大臣事函复上海道,说明拟盛情欢迎之原因。函录于下:

> (前略)此次美兵部达夫提尚书来华,预备欢迎一节,业经发起人唐露园观察函禀督宪端午帅。当蒙函谕极力赞成,并担任经费,届时仍派员来沪躬致颂词。承绅商各界举弟为是会领袖,公议欢迎经费,半由绅商各界分任,半则报销官款。达提夫君系美国兵部大臣,乃合众党所举定后任之总统,现仍摄兵部事。查美国于庚子赔款首先倡议拟退银三十余兆两,去岁淮海巨灾,复经该国人民助赈一百万元,睦邻救灾,盛谊备至。故我华人感情为尤厚,此欢迎会之所由设也。为特奉闻,聊供颂词之资料,幸鉴察焉。(《沈仲礼观察复上海道函》,1907 年 9 月 27 日)

10 月 6 日,上海商务总会选举戊申年议董,首次被推举为商务总会议董。(《商务总会更举议董纪略》,1907 年 10 月 7 日)

10 月 8 日,美国陆军部长达夫提(William Howard Taft)抵沪访问。据报道,当天下午中国官绅在愚园举行欢迎仪式,首先由沈敦和用英文致欢迎词,其次由南洋大臣代表唐露园用英文致词,再次由上海道瑞澄用中文致词,由翻译译为英文,随后由两名女学生上台,向达夫提敬献礼品,为精致的银觥一具。达夫提接受礼品以后,发表演说,略谓此行得到如此优待,不胜欣幸,可见中美之间的友谊。翻译将其译为中文。演说毕,达夫提登楼用茶,乐队奏乐。(《欢迎美国兵部大臣》,《时报》,1907 年 10 月 9 日)

照录沈仲礼英文颂词:

今日得闻诸公宏论，具征中美睦谊由此益敦，私衷实不胜欣快。珠玉在前，更何待鄙人仰赞。顾以鄙见所及，不揣固陋，愿略述一二以厌诸公之清听。考美利坚国居太平洋西岸，与吾华遥遥相对，同在一温带之中，方域之广袤，人口之繁庶，又大致与吾华相若，分占东西两半球之一大陆，惟美国与吾华实各据天然之形胜，此即美国与吾华两国所最可宝爱之幸福也。廿世纪中以东西两大国相提相携，为平和之进步，以共乐此最可宝爱之幸福，此又美国与吾华天然和好之基础也。而且吾国之曾游美邦者，见夫美国立国之未久，而其进步迅速之可惊，未尝不以美国之乐为乐，则吾华近来锐意宪政，日进文明，亦将如美国之突飞奋进焉。此次达夫提君游历吾华，知亦必以吾华之乐为乐也。至于中美两国彼此交亲，历年以来从无隔阂。美人在华所作之事有益于我华人者指不胜屈，中国大员之受美国教育者颇不乏人，其余各行省，如学堂、医院与夫各种公会多数为美人之所捐建。今年淮海水灾，慨捐巨金，救灾恤邻，不分畛域，而且庚子偿款，美国首先倡议退还，为数甚巨，于我中国实非浅鲜。此美国与吾华交谊甚深之实证也。

至达夫提君之品学政绩尤为人所难能，更略述大概为诸君言之。君少时即入耶觉大学①，究心法律，是以生平所作为皆本其素学，以为行事之标准。盛名显赫，职此之由。当赫雷生任总统时，曾聘君为法律官，兼任美利坚国高等裁判官，至一千九百年始行解任，旋授斐律宾②巡抚之职。当时小吕宋号称难治。君秉性聪明，宅心仁厚。二十世纪中斐律宾之民能输入欧西之学术德智者，皆君有以成之。且君治事宗旨在所属地皆别开生面，无约束人民之事，卒能使民勉为良善，各有自治之能。迄今斐律宾文明进步受美国同化之益者，非君之牗启有方曷克臻此。今者君之遇此，系前往斐律宾设立法律公会，以为自治基础。同人获瞻公之丰采，欢叙于此，乐君之至也，且知君之必以吾华之所乐者为乐也。谨赠后此纪念之银觥一具，以志吾华与美益敦睦谊之乐忱。兹将刊词宣读如下：光绪三十三年九月初二，大美国兵部达夫提尚书莅华，寓沪绅商雅集愚园，以礼欢迎，谨制银觥，用志纪念。（《欢迎美国大臣开会详纪》，1907 年 10 月 9 日）

---

① 即今耶鲁大学。
② 即今菲律宾。

10月前后,发起创办上海聋瞽哑学堂,10月16日《申报》刊登沈氏为聋瞽哑学堂拟订的章程,辑录于下:

沈仲礼观察拟定聋瞽哑学堂章程

一、命名,倡办伊始,先准瞽目、聋哑二者并收,以省经费,即名曰聋瞽学堂,待后扩充再行分别。

一、规额,暂定四十名,聋哑少者七八岁起,瞽目大者二十岁止,年齿俏不合格,均不收教。

一、教习,以品行端方、学术兼优而更有慈善心者为合格,聘聋哑教习一员,瞽目教习一员,各专责成。

一、功课,瞽与聋其疾各异,教习亦是不同,瞽者识字、读书、唱歌、弹琴,聋哑者写字、学算、图画、演讲,均宜自浅入深,日就高明,朝夕于斯,循循善诱。

一、时刻,晨六点鸣钟起床梳洗,七点半早膳,九点上课,十二点午膳,一点半上课,四点半停课,六点夜膳,九点安睡,聋哑者亦宜一律熄灯。

一、考试,每月朔一小考,暑假年终按期大考,优者奖之。

一、放学,每星期停课一日,礼拜六停课半日,以备沐浴、剃头等事,万寿停课一日,逢大节停课一日,暑假一月,年假一月。

一、文具,学生一切所用书籍仪器均由学堂预备,其衣服、被褥、帐等各人自备,赤贫者酌量给发。

一、学费,分甲、乙二等,富者愿住院内每月膳宿费四元,半年一缴,学金免付;不愿住院者听,每月付学费一元,亦半年一缴。贫者须有的保,学金及膳宿费一概不收。

一、卒业,学生品行端方,如果按所定课程学成有效,本学堂给以证书,以凭他处聘为师范,其行止乖戾、性情恶劣者听凭本学堂斥退,无故中止者须偿历年所费。

刊于《申报》的《沈仲礼观察拟定聋瞽哑学堂章程》

10月中旬，鉴于租界各铺出售的戒烟药丸经常掺和吗啡，致函沪道要求予以禁售，即获后者与租界当局核准施行。报道说：

> 租界各铺出售戒烟药丸掺和吗啡，前经沈仲礼观察函致沪道，凡以后改制，非呈官验明批准，概不许卖等因。瑞廉访当即出示晓谕，并照会领袖转致各领查照去后。兹领事公会以沪道所出告示已属正当，凡华人售卖吗啡可向该管衙门控诉，不必另议办法，昨已转请领袖照复沪道查照矣。（《领事公认化验戒烟药丸办法》，1907 年 10 月 18 日）

11 月 20 日，出席上海商务总会、商学公会、预备立宪会举办的"商法特会"，并"演说编订商法为华洋商人平等之基"。（《商法特会第二日记事》，1907 年 11 月 21 日）

11 月 21 日中午，出席商务总会公宴各埠来沪讨论商法诸代表并在会上发言。报道说：

> ……第到者三百余人，先由周金箴君起言：诸君远道莅会，不胜荣幸，请各尽一觞，来宾均起立呼万岁。继由会长李云书君请各埠代表演说。
> 新加坡代表林文庆君起谓：寰球各国皆以学术战胜，吾中国将来能设一农

工商大学堂,造就全国人材,以与列强战胜,于商界实为最要之点。沈仲礼君谓:中国素称士农工商,四者商虽居末,而实有绝大之关系,并谓近来洋商多以麻代丝织成缎,正销行国外,故麻之价值日益昂贵,各处代表能劝内地多植麻枲,实为吾国利源之一大宗。马湘伯君起谓:为今之计莫如各埠创设储蓄银行,令我国人民皆知有储蓄之意,应请诸君联合团体,速谋组织,并期望华人将来设立商场于海外,为推广贸易之政策云云。演说毕,由各埠代表公举某君答致颂词,尽欢而散,无不以此次之会实为吾中国商界未有之盛举,而商业发达亦由此起点云。(《商务总会公宴各埠代表纪盛》,1907 年 11 月 22 日)

11 月 24 日下午,主持发起创办的春阳社"初次特别会",并在会上先后"布告开会宗旨"与演说。报道说:

> 十九日下午三点钟为春阳社初次特别会之期,先由主席沈仲礼观察布告开会宗旨。次即谱奏新编国乐,慷慨激昂,令人愤发。三由社员全体高唱社歌《金石之音》,足令少年兴起。四由西乐教习谱奏各西乐,社员以中乐和之,粗如雷鸣,细如蚊语,闻之者人人赞赏,洵称为荟萃中西之大成(闻下次演剧专以西乐奏新调,一切鼓皆弃而不用)。五由沈仲礼观察演说创设斯会原为辅教育说演之不及,座客动容,入会者甚形踊跃。六由马湘伯先生演说,社员当集合团体,互爱其群,反复推论,鼓掌之声哄如雷鸣。七由社员全体举定陈润夫、廉慧卿、廉励卿、谈小莲诸先生为评议员。八讨论社中改良事件,至作乐散会,已七点钟。诸君办事如此,其进步诚不可限量也。(《春阳社开会纪事》,1907 年 11 月 26 日)

11 月 30 日,以寰球中国学生会名义在《申报》刊登启事,该会邀请日本明治维新报界巨子来会演讲。文录于下:

> 敬启者,日本竹越与三郎君为维新报界巨子,助成维新伟业有数之人物,政治家亦文学家也,今为议院议员及首相西国寺公望幕宾。此次漫游我国,在都勾留月余,谒见政界诸巨公,多所条陈。回国后并拟特著一书,警告我国朝野上下,以尽同种之谊,至可感也。今特挽请在沪演说一次,并挽请日本文科大学教授文学士宇野哲人君演说,以介绍于我报界及热心国是者。兹将演说宗旨预告如下:
>
> (一)述日本报纸之沿革势力与效果,政党与报纸之关系及关于中国

之现势。

（二）述中国立宪之阶级与利害，政府人民相互之关系。

凡报界同人及绅商学界之殷怀国是者，务请于二十六日即礼拜日下午三时惠临白克路寰球中国学生会为荷（是日不用入场券）。沈敦和谨启（《寰球学生会来函》，1907 年 11 月 30 日）

12 月 15 日，出席浙路甬属集股处在四明公所召开的旅沪宁波同乡大会，"公议甬属认股事宜，到者约五千余人"。沈在会上"讲借款与拒款之利害"。报道说：

浙路甬属集股处于昨日四明公所开旅沪宁波同乡大会，公议甬属认股事宜，到者约五千余人。其开会秩序如左：（一）开会。（二）宣布开会宗旨。（三）报告甬属集股处办法。（四）提议各事。（五）选举。（六）闭会。

下午两点钟开会，由干事长周金箴宣布宗旨，继由干事兼会计严君子均报告甬属集股处办法（报告列后），次由张君让三代汤蛰仙总理演说（演说稿列后），次由沈仲礼君讲解借款与拒款之利害。次由严子均君报告发起人认股之数，计朱葆三一万五千股，周金箴一万股，李云书、李咏裳四万股，严子均、陈子琴四万股，叶树德堂四万股，方余庆堂一万股，樊时勋一千股，虞洽卿一万五千股。次周金箴君请同乡认股，计共集六十一万三千六百余股，以后复有九业洋货公会甬属同人认一万五千股，汤蛰仙认五百股，沪北商团公会认三千五百九十，股甬属集股处干事会认十七万一千股。继由李云书君提议选举董事，略谓今日到会者如此之多，足见热心路事，惟甬属各县之人恐未能齐到，甚以为憾，且董事亦须添举，藉资商议各事。现请诸君公举董事，至少每县生人凡系甬人皆有选举他人为董事之权，务请诸君将所愿举之人书明姓氏，函致三马路宝安里浙路甬属集股处，即各帮工党亦当各举董事，以便同心协力，共议公益之事云云。维时已交一点钟，即将致北京办事处暨代表电文拟就，遂摇铃散会。（《旅沪宁波同乡大会纪事》，1907 年 12 月 16 日）

12 月 22 日，春阳社借座博物院路外国戏园举行演唱会。报道说：

春阳社现择外国著名戏剧译成中国词曲说白，定于今晚假座博物院路外国戏园演唱，用西国鲜明服饰并装山海园林风雪景致，兼奏西国音乐，以助雅兴云。（《春阳社演剧》，1907 年 12 月 22 日）

是年,与朱葆三、施紫卿发起创办华安人寿保险公司,是为国人经营的第一家人寿保险公司。(费维恺:《中国早期工业化——盛宣怀和官督商办企业》,中国社会科学出版社 2002 年版,第 323 页)

1908 年(光绪三十四年)52 岁

1 月 13 日,出席上海天足会女学堂颁授毕业文凭仪式并做报告。《天足会报》报道说:

十二月初十日为上海天足会女学堂颁授毕业文凭日期,中外男女宾到者数百人。所有学生之造花编物悉行陈列,璀璨可观。二时,开会仪式如左:1. 报告,会长沈仲礼君;2. 英文唱歌,幼稚生;3. 洋琴独奏,张清芬;4. 背书英文,彭清淑;5. 英文唱歌,众学生;6. 洋琴合奏,陈兆元、彭清淑;7. 英文问答,江志成、张兰若;8. 演说,西儒李提摩太。

本年十二月初十日天足会女学堂年假之期沈仲礼观察报告

天足会女学堂创办三年,经费捐款皆有报告清单均邀公鉴,除同志捐助外,前后由和自行筹垫经费,共四千八百八十余元,连开办及陆续添置校具在内。此三年中艺科先后毕业者,计三十九人。兹将诸女士领凭后事迹,开列于左:

计开吴汝颐女士,现任芜湖女公学艺科教习;

班亦超女士现创办南京振淑女子实业学校,兼义务别校工艺;

赵爱云女士现任苏州同里丽则女校艺科教习;

李秀英女士现任无锡进群女校艺科教习;

叶悔生女士现任常熟竞化女校艺科教习;

张节女士现任湖北女校工艺教习;

朱舜英、曹钟琛两女士现任福州女校教习;

李坤化女士现任海门女校教习;

赵玉山女士现任淮城女校教习;

张清源女士现举为泰兴女子师范管理兼教习。

其赴日本留学者,均入美术高等专科,名列于后:

金振声女士、田思平女士、吴汝震女士、郭兴兰女士、顾志田女士。

其余归里提倡放足、赞助女学者颇不乏人。

校长章兰女士明春赴东洋调查女子实业专科，以资研究而饷来学，所有校中一切事宜，已举定徐兰韵女士接办。明春增广学额，添幼稚班，以宏造就，另添医学专科，因医学于卫生极有关系也，其余照旧，明年正月二十日开学。（《会事纪要》，《天足会报》1908年第1期）

1月16日上午，出席竞存公学毕业礼并演说，报道说：

昨日为竞存公学师范、理化两科毕业之期，会场规模颇极整肃，来宾亦盛。先由书记员报告竞存历史，次由沈仲礼、雷继兴、陈瑶笙诸君相继演说，淋漓慷慨，每及黄君雅平殉学惨状，无不怆然太息。按竞存自雅平死后，崇海同乡激于义愤，共相维持，终以经费支绌欲蹶者屡。书记员王君辰灏痛念四月廿一之变，出与教员学生含泪相戒，死守弗去，热力充塞，卒底于成，洵可嘉也。但不知明年如何处置，想必有好义之士出而续办，使竞存永得存立云。（《竞存公学毕业纪事》，1908年1月17日）

同日下午，沪上商界要人集会讨论创设股票交通公司事宜，与会并发表演说，介绍日本、欧美各国交易股票办法。（《纪上海商界拟设股票交通公司事》，《时报》，1908年1月18日）

2月24日，以春阳社社长身份出席浙江旅沪学会特别大会并在会上"述戏剧改良之作用"。春阳社成员则在会上表演节目助兴，到者八千余人，"诚盛事也"。报道说：

昨日浙江旅沪学会在西门外永锡堂开特别大会，开会秩序如下：开会，奏乐，会长报告，会员演说，奏乐，演剧，奏乐，闭会。来宾约男席二千人、女席五百人，同乡到者六千余人。会场规则甚为整齐，有商团会戎服到场弹压，振华军乐队送军乐全部。午后一时开会，先由会长周金箴君演说，谓去年诸君子因路事踊跃集股，今特开大会，以志盛意。鄙人老矣，诸君年力甚盛，惟祝前途努力，集股保路，勿稍疏懈。如愚衰坏亦当执鞭以从诸君子后，诸君须认定始终如一之旨。次由王清夫、吴敖演说，均以踊跃集股任。又次由庄景仲演说，大意谓凡争持一事，当体拿破仑所谓军事争最后十五分钟之言，以此次路事，政府殆不啻与国民宣战也。说毕由振华军乐队奏乐。次刘澄如君报告浙路成绩。又有俞宗周演说，勉励集股勿懈之意。旋由春阳社长沈仲礼君述戏剧改良之作用。当有滑稽家林步青唱浙路拒款浅言，闻者颇为感动。又有某君独奏中西乐。至二时三十五分，春阳社演剧，第一幕为《吊鄢汤》，其描写鄢汤悲歌，慷慨之态令人感愤，第二幕演《黑奴吁天录》，至四时二十分闭会。(《浙江旅沪学会大会纪事》，1908 年 2 月 25 日)

3月，为即将创刊的《万国商业月报》作祝辞并序，强调国由商立，商以报张。该刊以编译西方各国工商情况，促进中国工商发展为主旨，设社论、译论、纪闻、新机器、新艺术等栏目。祝辞并序录下：

万国商业月报出版祝辞并序

世界之商业，以英国为最盛。仆游历英京时，得闻其贤士大夫绪论，因稍知其立国之大经大概，所以称霸宇内之由，亦无他道，第竞竞焉经营商业已耳。兴国以还，商业专门之书固已汗牛充栋，即以报纸而论，亦无虑数十百种。非惟吾国未能望其肩背，便泰西诸国，恐亦不可与之并驱争先。于以知其所以国蒸蒸日隆，殆非无故已。顾其国土，只三岛耳，吾国与之比长挈短，则地方数倍之，人民数倍之，山河宝藏亦无不数倍之。苟能于商业加意研究，一如英人之所以为，安在其不若彼耶？乃计不出此，徒以商业为贱行，上流之人不屑提倡之。凡操奇计赢者，悉为无知小民，故益形其卑陋。在曩昔何尝不讲求斯业，《尚书·洪范》之篇、《史记·货殖》之传，典籍具在，固可稽也，久久陵夷，其道自泯。迄近数十年，泰西人士与我通商，利用我之地大物博，至欲以中原一片土，为逐鹿之场，而国人方省悟商业之万不可废。然度德量力，岂足与人一决雌雄乎？虽各处设立商业学校，但俟此一般后生卒业，尚未知需几许光阴，而商情变化日新月异，岁有不同，又宁可久待。然则急就章，惟有广设商报以课其一切消长盈虚之理，而谋所以补救抵制之方，夫然后吾国商务庶有勃兴之一日。迄闻《万国商业月报》创立，可谓先得我心，急索其第一期稿本阅之，叹为得未曾有，大率搜集各国农工、路矿、财政、航业诸要闻，灿然成册，而于实业尤津津讨论之，诚哉知所本矣。仆浙宁人也，尝考与外国通商口岸，吾郡与闽广实居最先，故仆于商业较为亲切。比游英之后，益觉商业为富国之原，于是去官归商，日从事于商业，冀达目的。今是报既得出版，固乐为

之序,并申词以祝之。其词曰:

　　国由商立,商以报张。月一出版,万言洋洋。体例谨严,记载精详。事分数类,风采万方。人手一编,得所闻行。持筹握算,本为吾长。先哲不作,古学云亡。今理此业,日月重光。黄白角逐,足相颉颃。我有旨酒,为进千觞。

光绪戊申二月谷旦

沈敦和(《万国商业月报》1908 年第 1 期)

《万国商业月报》封面

4 月 12 日,出席商团公会"瞻圣礼"并发表演说。报道说:

　　十二日上午十句钟,华商义勇队仿各西团操毕瞻圣例,排队至蓬路钱庄会馆瞻谒武圣,商务总会各董因特设茶点邀各友到会,藉表欢迎之意。十一句钟,该队由钱业会馆赴商会,振华西乐队在前引导入门,向总协理及各董行军礼。当由总理周君金箴宣言,谓诸君不辞劳苦,为商界生色,为华人吐气,感激莫可言状。除敝会允认贵队中枪靶毕业之徐通浩等十二位为敝会特别会友外,并制微物敬奉诸君,并奉诸赛跑毕事之徐通浩、邵筠秋等二十二位,以示敬爱。因为时局促,各物尚未制齐,改日再行奉敬,惟愿诸君始终如一,精益求精,为吾华商留永久荣光之纪念。鄙人虽为执鞭所忻慕焉,诸君勉旃!继由会董沈君仲礼演说,谓中国人办事为外人所称许者,就鄙人所知,厥由两事:一系自强军;一为华商团练。自华团联合西团以来,中西人士俱隐有不克持久之虑。西人又不免有异视之衷,乃年余以来野战大操赛跑打靶,不但靡役不从,且能屡占优胜,以致西人交口赞美。今者贵队人数已届一百,而瞻顾后来殊少继起,鄙人等自当力为鼓励以劝来者,诸君更不可自馁其气,当百折不回坚持到底,为吾商人争些体面。若自满自馁,窃恐一腔热血,数年辛苦,俱归消灭,不但可惜,亦可羞孰甚矣。鄙人期望之殷不得不于欢感之余而勉致拳拳也。旋即散队,茶点毕,仍排队向各董伸谢而退。(《商团公会行瞻圣礼纪事》,1908 年4 月 13 日)

4 月 18 日下午,出席租界禁闭烟馆拈阄仪式。报道说:

昨日下午二时,英美工部局邀集中西各董在英租界南京路小菜场用拈阄法禁闭租界烟馆四分之一。先由工部局管理捐务西人与华董祝兰舫、虞洽卿、沈仲礼三君宣布禁闭烟馆妥善章程,旋将各烟馆门牌抄出,复挨次编号,纳于铜球,由西人摇彩,计共开出三百五十九号。闻寄园、老延龄、天成昌、第一楼、汇芳园、北协成、怡园、大观楼、信昌祥、天乐窝各大烟馆亦在禁闭之列。(《租界禁闭烟馆总数揭晓》,1908 年 4 月 19 日)

是月,东三省总督徐世昌遵旨查明上海万国红十字会"在事出力中西员绅职名,奏给奖叙"。28 日《申报》刊登《东督等奏保红十字会名单》,其中创始及办事人:中国总董记名海关道沈敦和,前四川川东道任锡汾,直隶候补道施则敬,江西补用道任凤苞,江苏提学使毛庆蕃,江海关道梁如浩,前直隶通永道沈能虎,浙江候补道徐润,江苏候补道周晋镳,候选道唐德熙、陈作霖,候选主事黄绰;西总董领袖威金生,西总董裴式楷、安特生、勃鲁那、麦尼而、宝隆、葛累、李提摩太、潘慎文,书记李治,分会西董领袖魏伯诗德,西董屠达纳、霍医士、虞医生、密勒、法勒、额必廉、大理医生、魏华司德、克澜斯惕、麦克诺顿、费有顿、英格烈司、伯勒、葛澜格、克禄福、杨克罗、魏雅格、远来、傅密生。以上华员十二名、洋员三十名,均赏给佩带中国红十字会一等金质勋章。(《东督等奏保红十字会名单》,1908 年 4 月 28 日)

4 月底,复函租界被停贫寒各烟馆,告以烟馆先行停闭四分之一之原因,表示愿意协助处理善后事宜。函录于下：

专复者，顷据公函照悉。查租界禁烟先饬停闭四分之一，此系工部局西董议决举行，鄙人等初未稍参末议，惟临时承工部局举为华商代表，监视抽签，以防流弊而已。要知租界各烟馆一千数百余家，先停四分之一，原无谁应先停之理则，惟有如此抽签一法最为公允。凡被抽各烟馆亦会逢其适，只得付诸命运而无可如何者也。但据来函声称，停业后种种困苦自是实在情形。鄙人等同深悯恻，第未知来函同人姓名、信址，无从会商，用特登报布复，仰即公举代表三五人，约期择地会议应行善后之策，以便核办。至所请展限至年底停闭，俾便收账一节，此系工部局公众议决之事，万难挽回。况禁烟一事，煌煌明谕，三令五申。沪上内地各烟馆早经一律停闭，今工部局申禁租界以内，虽先停四分之一，而此九百余家亦必相继禁绝，断无永远开设之理，所望来函同人热诚爱国，仰体朝廷谆谆于富国强民之至意，赶紧另谋生计，勿争此迟早之开闭，贻笑外人，是尤鄙人等所深望者也。再日来投函者尚有数起，类都恃蛮恫吓，殊属无理，概不作复并附知之。沈仲礼。(《复租界被停贫寒各烟馆公函》，1908 年 5 月 1 日)

6 月 6 日下午，作为名誉董事，出席由上海商务总会发起设立的商品陈列所开幕礼。(《商品陈列所开幕记事》，1908 年 6 月 7 日)

6 月 20 日下午，出席上海商务总会职员公饯德国驻沪副领事师谋及新任马君、翻译斐君等宴会。(《商会同人公饯洋员》，1908 年 6 月 22 日)

8 月初，因皖、鄂、粤、苏等五省水灾要求筹募，与朱葆三等致函沪道蔡乃煌，要求将上年华洋义赈善会结束之余款"移赈五省"。同月 22 日，"蔡观察已分别照会英、美两领事，以期迅速筹拨抚恤灾民"。不久英、美驻沪总领事"将该款洋八万二千九百六十三元四角七分合银六万二千八百四十四两八钱三分，汇付广东英总领事，转交官绅妥为散放"。(《请拨义赈会余款移赈五省》，1908 年 8 月 7 日；《移拨华洋义赈会存款》，1908 年 8 月 24 日；《华洋义赈会余款解粤》，1908 年 8 月 29 日)

8 月中旬，在法租界发起设立施救急痧医院，是为上海华人自立医院之始。由于疗效显著，不久即在其他地区得到推广。"嗣后岁以为常，全活无算，成绩最著。"报道说：

上年工部局在靶子路设立医院施救急痧，系请英国柯师医生以盐水灌入血管,颇见奇效,惟该医院地较偏僻,城南一带求治之人实所未便。现沈仲礼观察商之柯君,在法界宁波路四十三号设立施救急痧医院,以补工部局之所不及。(《发起施救急痧医院》,8 月 20 日)

同月 29 日《申报》又报道说:沈仲礼观察捐立施救急痧医院开办以来,成效卓著,柯师医生本其热心宏愿,不辞劳瘁,且以该医院为师范所,于助理诸华医尤殷殷传授。现在徐生棠、周光松二君已得其心法,可以自行奏技。朱葆三观察爰亦慨捐巨款,并以该医院地处法界,求治者城厢一带之人居多,实于英界一方面,尚难普及,复劝何丹书观察助洋五百元在英界新闸左近续办第二医院,现正择地兴办,以资推广。(《推广施救急痧医院》,1908 年 8 月 29 日)

一年后,沈氏施救急痧之法仍为人们纷纷采用。1909 年 7 月 10 日《申报》报道说:

> 南市各商家近因天时不正,易患痧疫,集议救急方法,佥以去年沈仲礼观察创设急救痧疫医院,救活颇众。考其所用,一种三星金叶牌洋酒和以樟脑少许,病者服之,顷刻见效。近来该医院已刊发传单,布告大众,此项洋酒系向沪北嘉德洋行购买,诚为救痧要品,爰即各自购备随时施救,俾居民染疫者可就近索取云。(《急救痧疫之良方》,1909 年 7 月 10 日)

8 月 20 日,在报上刊登《发起施救急痧医院启》,指出夏秋之际上海痧症多发,得病人随发随毙,乃是一场浩劫。又从公济医院 1881 年至 1907 年用西医治法施救的 408 人中只有 185 人活命的数据,说明彼时西医治疗方法也亟须革新的情况。呼吁社会各界予以大力支持。

8 月间,与德国医生宝隆商订,由其同济德文医学堂"委培"中国红十字会医护人才。为此,红会连续在《申报》刊登广告,面向社会,招考医学生。结果,第一期招收 12 人。对此,红会寄予厚望,"如是,则本会医才或免缺乏之虞钦"。(池子华主编:《中国红十字运动大事编年》,第 82—83 页)

10 月 3 日,出席租界禁闭烟馆第二次拈阄仪式。(《第二次实行禁闭烟馆总数》,1908 年 10 月 4 日)

10 月 27 日,为美国博士唐嘉利在上海设立戒烟局而作文举荐。文录于下:

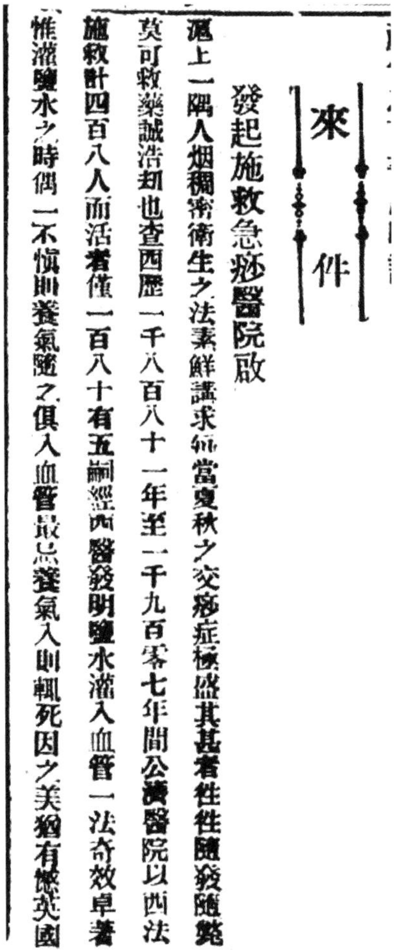

沪上一隅人烟稠密衛生之法素鮮講求而當夏秋之交痧症極盛其甚者性性随發随斃莫可救藥誠浩刦也查西歷一千八百八十一年至二千九百零七年間公濟醫院以西法施救計四百八十人而活者僅一百八十有五嗣經西醫發明鹽水灌入血管一法竒効卓著
惟灌鹽水之時偶一不愼卽養氣随之俱入血管最忌養氣入卽輒死因之美國有憾英國

發起施救急痧醫院啟

來件

《发起施救急痧医院启》

美国博士唐嘉利君戒烟局成立引词

沈敦和

朝廷锐意维新,迭颁明政,而于禁烟问题尤三致意焉。乃者上下一心,奋然戒勉,凡久困烟累者人人咸以得戒为幸,实为新政中之第一明效。惟是旧有戒烟诸方如林文忠十八昧等,类皆代烟而非戒烟,故幸而得戒,终其身仍须服食药丸。近年所出鹅郎草,虽可戒烟,然既戒之后,往往未及匝年,依然重吸,殊难索解。然此犹吸烟之害也,自吗啡盛行,而市上各药肆类多巧立名目,潜用吗啡和入药丸,抵瘾极其灵验,惟留毒脏腑,久而久之,不可收拾,必致促其生命而后已。是实前门驱狼,后门进虎,其流毒更不可胜言矣。比者美国唐嘉利博士新发明一种戒烟良药,凡戒烟之人携枪入局,一面吸烟,一面服药,甫及四天,即抛枪不吸。此后无论何时何地永不再思吸烟,其奇效不可思议。京津各埠仕宦中人因而戒绝者指不胜屈,志谢之书多如束笋,成效已经卓著。近日唐君拟在上海设局,商同克利医生,以华人吸烟者体气每多柔弱,不宜泄漏,于是研究新法,力祛斯弊,并酌量各人体质,令戒时绝无丝毫危险,诚为戒烟第一良法也。现在香港路五号洋房设局,于本月三十日行开幕礼。鄙人谬承中西各友举为局董领袖,该局定章,凡未戒之人,富有者取资,贫乏者施送。是能于金钱主义中仍含慈善性质,故乐为赞成。所愿吾海内同胞沉沦黑籍者踊跃乐从,俾得脱离苦海,同登寿域,慎勿交臂失之也,是为引。(《美国博士唐嘉利君戒烟局成立引词》,1908 年 10 月 27 日)

10 月间,作为工部局华董,持续参与英美租界禁烟事项。对此《申报》多次予以报道:

预备第二次禁闭烟馆

西历十月三号(即华历重阳日)为第二次禁闭英美租界烟馆之期,中西各商董及各教士本拟劝令全行关闭,以除租界污点。嗣因反对者多,恐有意外,议定仍照前此所定办法,除第一次已闭四分之一外,其余三分仍于是日在英租界南京路小茶场楼上用拈阄法禁闭一分。闻工部局各西董业已预备,仍举华董沈仲礼、虞洽卿、祝兰舫三君届时莅会监视拈阄。(1908 年 10 月 1 日)

第二次实行禁闭烟馆总数

昨为英美租界第二次禁闭烟馆之期,由工部局总董雷福森君与总巡卜罗斯君会同华董虞洽卿、祝兰舫、沈仲礼三观察仍在南京路小茶场楼上监视拈阄。所有各路应闭烟间总数列后,英美两界应闭 363 家。(1908 年 10 月 4 日)

11 月前后,受上海商务总会委托,对如何保护中国出洋水手权益一事提出建议。该会认为"深有见地"，于同月 16 日据此呈报农工商部。禀录于下：

　　窃职会前奉宪部札开，以准外务部咨据驻美金山总领事孙士颐禀，中国出洋水手动受外人凌虐，亟应力筹保卫，饬即查明各国水手公会办法，妥拟章程，等因。奉此，职会以各国水手公会究竟如何办法，素鲜研究，节经采访亦未得实，因念职会议董沈道敦和于西国政治情形颇有心得，录文函转调查去后，昨据复称，保卫水手章程向无专书，惟历查出洋水手只立承揽一纸，受雇签字后，即归船主收执。承揽中所载条律，各水手既不谙西文，又无底案可查，无从遵守。此项承揽，即原禀称为合同，但合同有一式两纸，彼此签字各执，招雇水手仅写一纸承揽，即不得谓之合同。前因受史脱布勒轮船各火夫索取工资滋闹一案，曾代调停息事，商准驻沪英副领事罗斯君，将此项华工承揽无论水手火夫，订立时正承揽签字后仍交船主收执外，另再抄一份并译华文给予受雇之工头收藏备阅，先令舌人对之朗诵一过，则各工皆知承揽所载条律，自能始终遵守。承罗副领事认可，已饬上海领事署照办。又英律有航海规则，严定所雇水手须回至受雇之地，始得领取工资，以防国人无资赴美，伪充水手受雇前往，及抵美埠，取资而逸命。意非不周密，但西人工役给资较优，又无室家之累，而华工则尽人皆有父母妻子，全赖辛工以资事蓄，万难穷年累月，一领工资，此出洋华工所以往往因索取工资而被凌虐。拟请转禀大部照会通商口岸各领事，凡有华工受雇，一律挈给华洋文副承揽，并准其按月支取工食，以资养赡，而饬遵守，既无违犯条律，又不因工资生事，或可免凌虐之虑等语。职道等以沈董所议，深有见地，事关保护民生，应候钧部采择定议，奉饬前因，理合缮禀复陈，伏祈俯赐察核，批示饬遵。［《商会总协理上农工商部禀》(为出洋水手事)，1908 年 11 月 16 日］

　　是年，英国伦敦皇家出版公司出版《香港、上海及中国其它地方商埠二十世纪印象记》一书，在"上海著名中国人士"部分，沈敦和名列前茅，并称其"仕宦有显著成绩，中外人士同深钦仰"。转录于下：

　　沈敦和先生(仲礼)仕宦有显著成绩，中外人士同深钦仰。历数平生，既多甚大之成就，亦有痛苦之失望，盖其一生经历，并非一帆风顺。作为一单纯为国宣劳之爱国者，君曾得万千人之感戴；作为一经验丰富，曾受开明教育，深知中国在与外国自由接触中可以得益之人士，君曾以触怒君上遭贬戍之谴。父沈筱余宁波茶商,君为次子。君生于1857年,在学龄期内,获得所有有钱人家能给予之教育。在上海自费求学后,负笈赴英,入剑桥之圣约翰学院肄业,专攻政治经济学,但12个月后,因父丧回国,不能竣所学。未期年,受任为上海会审公堂谳员陈君之译员。至1881年,君乃崭露头角,时南京两江总督刘坤一方谋兴办南京清江浦电报,上海刘道以君荐,电报线敷设竣,君被委在江宁机器局组设教习英文之学堂。未一年,刘制军调职,继任者左公宗棠,决留君参加鱼雷学堂筹设事宜。英皇家海军哈维少佐(Captain Frederick Havey)即哈维式鱼雷之发明人,启英国来华任教习,君被擢在鱼雷学堂任哈维之副。两人共同开办一大规模之学堂,君辛勤于此者4年。中法战争起,台湾巡抚刘铭传处境危急,北京朝命下,饬君突破封锁以人员金钱接济之。抵沪后,设办公处,征得轮船二。两轮虽不如理想,而卒能往返台湾、上海间20次,未尝受损。经此一役,君生平乃有第二次之升擢,奉派会同特鲁洛普少佐(Captain E. C. Trollope)修筑吴淞口新炮台,事毕,受任炮台管理人员。1886年9月11日,第二次鸦片战争后之和议开议于香港,君受任充中国使者赫德爵士及邵观察文案,参与和议,旋奉委为南京新设水师学堂委员。1894年中日战争起,君事益烦剧。奉派至沪北水道布敷水雷,旋奉派至故汉口江汉关监督摩尔海特君(Mr. Moorhead)部下,管理长江下游炮台事宜。君又奉委任江宁受德武训练之著名之自强营(Tsechang Brigade)总参谋,授道衔。截至此时,君步步高升,今则时运忽转矣。因君建议吴淞成为开放港口,京中某言官在奏折中斥君开放吴淞之议,盖因受外国人贿,外人欲攫取吴淞炮台主权云云。虽查办此事之大臣,查得所斥并无佐证,但贬斥之朝命下,君遣戍直隶之张家口,依例往蒙古充当小军官。1900年初,君抵戍所。当地长官与君凤相识。时义和团初兴,当地已受初步影响,筹议此事。沈君建议,外国人为本身安全计,宜撤离当地。迨朝命下达,令屠杀一切外人,君乃建议扃朝命,秘不发布。至外人尽撤后三日,因众500人开抵张家口,见外人尽撤,大愤,访知泄密者谁,乃围沈君住所,以死胁君,迫令具言外人何往。当此危急之际,君冒险率贩马者若干人,击拳众,众始散。百姓以保全身家免外国军队进犯请于君,君乃自任为团防队长,设维持会,辖张家口、宣化府、济民驿(Chiming Yeh)三地。任事期内,君应付入侵之外国军队,地方未受损失焉。有些张家口之中国意外成绩,其结果之一,为朝廷开复君之原官及一切赏典。结果之二,则君奉调办理范围较大事宜。1901年初,固关临口失守,当时金认为山西省局势岌岌可危。君奉命赴固关,受满员官衔,统率满洲军队,盖汉人充满员之官职者,君为第一人焉。君将离张家口时,众情惶急,长跽将军辕门而请者500人,请留君勿去。其后山西被侵,君办理交涉撤军事,办事灵敏,众口皆碑。君之办外交也,因通晓各务,故事事顺利。历任要职,咸以成绩优良,获适当升擢及恩赏,授太原道。1902年,应召赴北京,任路矿局会办,陛见太后及皇上,赐头品顶戴以示优宠。1903年沈君以因病辞官来上海。顾自是以后,君并未息影家居。生平爱国情殷,辞官以来,转尽其心力于慈善事业。日俄战争爆发,君与上海各界内外国友人,共同创办上海中国红十字会,雇船赴旅顺,冲破封锁,运送当地中、俄、德各国工人,全活甚众。君与其友人又创立一个与满洲苏格兰会有联系之医院。平民先住院中,后经铁路送往天津,转往故乡,中国轮船招商局及中国铁路局则免费运送。在战事进行时,华人得以由此而避地他往者,约有96000人。君鉴于红十字会之重要及有用,乃竭其全力使之成为永久组织。向中国人募集款项,得银62万两,另由政府拨款资助,在沪兴办学堂一,医院一,咸能继续其有价值之工作。1904年,奉委充任沪宁铁路委员,沪锡段工程,君实监督其事。迨工竣,辞原职,任中国通商银行常务董事以迄于今。创办华安人寿保险公司,在中国实为第一家寿险公司。1904年冬,李德立夫人(Mrs. Archibald Little)发起不缠足会,邀君襄办会务,君在市政厅大会中演说,使运动热情为之增加。在短时期内,上海妇女解除足缠者,十之六,截至今日,则上海妇女去除此一旧习惯者,已达92%。1906年,君被选为该会会长,分会之设遍及各省。1906年,华中岁大饥,君以其特有之热情,投身于捐募赈款,救济灾民,所集之款,总计达160万两。中国游艺会(National Fancy Fair)之在沪筹备及展出,君以干事名义参加,多所匡益,展出结果,得款74000元,转拨救济项下。以上种种及其它事项,君皆孜孜不倦,以裨益其国人,凡以有益之举求助于君者,无弗应,而其甚大之组织能力,又往往使事克有成。君任官任事久,得各国赐赉荣誉甚夥。如朝廷所赐黄龙宝绶章、法国荣誉团团员衔、红十字会特等奖章,以及西伯利亚俄商为纪念君在义和团时期劳绩而公送之金质纪念徽章等等。夫人张氏,安徽武官某之女,夫人于君所参加之社会及慈善事业深感兴趣,创办女学堂一,与不缠足会有关联,学生现有 120 人。子二,长子年二十一,在英国特尔威治学院攻读工程,幼子年十三,在青年会读英文。(宁波市政协文史委员会编:《上海总商会的宁波人》,中国文史出版社 2010 年版)

1909 年(宣统元年)53 岁

年初,在《天足会报》发表《会长沈仲礼观察报告》一文,叙述天足会上年之进展,指出上海一地进展最速,"揆厥由来,实以运动学界为入手方法",希望各地奋起仿效。文录于下:

> 天足会自立德夫人交替后,鄙人谬承其乏,极力运动,上海一隅,放足者遍地皆是,风气为之大开,内地各埠,热心绅士均创设天足分会,日事劝导,成效亦卓有可观。鄙意沪上开通最早,近年自天足之说行,而世家闺秀,巨室名媛,均已放足为先路之导,所狃于积习者,仅下流社会,以及各厂女工而已,久而久之,自收风行草偃之效,似无事开会演说。惟内地各埠,积习已久,遽难改革。鄙人前出天足月报,分寄各会,以便分会诸君藉作他山之助,甫出两期,而适病脑筋,西医力戒节劳,以致不事笔砚,月报遂因之中辍。今幸旧恙全捐,而岁聿云暮,叠接各分会来函,均有蒸蒸日上之概。并以年报为请,于是有年报之刻。然余尤有进者,沪上缠足之习,改移最速,而成效亦最著,揆厥由来,实以运动学界为入手方法。凡学界入会者,均不娶缠足女子,于是有女之家不得不从事天足,改移之速,实由于此。各分会诸君,如不河汉斯言,倘亦仿而行之,俾二万万女同胞尽由沉沦而登彼岸,使中国数千年之恶习一旦得以湔除,诚古今一大快事,是则余之厚望也。夫会计员王阁臣观察,迩因奉檄赴汉阳铁厂;副会长周翼云观察以邮部事繁,不遑兼理会务,均已自行告退;洋文书记员唐介臣君,因公入都,现已改由黄佐庭君担任接办矣,合并声明。(《天足会报》1909 年第 1 期)

1 月 29 日,就中国通商银行押款如何办理事,与王存善、顾润章等通商银行董事致函盛宣怀,函录于下:

> 敬禀者:银行有杨孝友堂四亩押款七千两,连半年之息,计银七千三

149

百四十二两四钱三分。查银行章程，田亩产业不在上海，向不应作押款。当时因奉宫保谕饬照押，核其田价似尚相值，银行方肯遵办。现已到期，应否将田契缴存宪辕，由宫保发还本息，以清款目，抑应如何办理之处，伏候示遵。专肃具禀，敬请钧祺。董事沈敦和、王存善、顾润章，大班谢纶辉谨禀。

正月初八日（谢俊美编：《中国通商银行》，上海人民出版社 2016 年版，第 452 页）

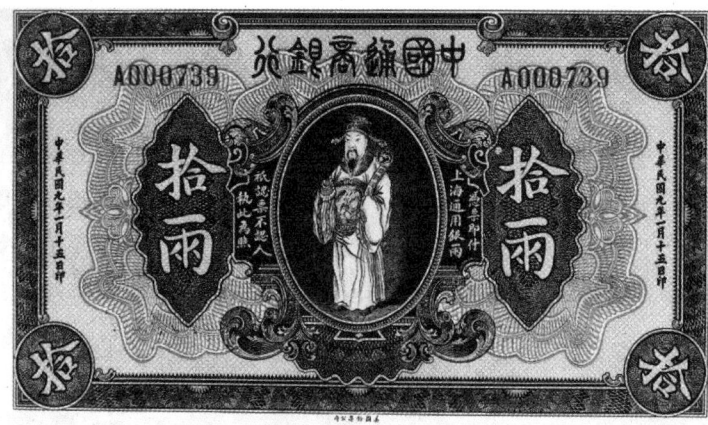

中国通商银行钞票

3 月 7 日，作为华商保险业代表，与同业陈辉庭在《申报》上刊登《敬答论华人自立之保险公司》一文，回答华商保险业诸问题并就保单兼用洋文一事做出说明。文录于下：

　　顷见二月初四日申报来函一门内，有振亚子来稿，论及吾华人自立之保险公司一则，苦口婆心，良深钦佩。但身居局外，往往不知局中办事之难，故缕述之，以当面复。夫华商之设立保险公司近来生意发达，其塞漏卮也诚如尊论矣。夫洋公司来华保险，卅年前店面房屋保费每千不过十余两，嗣见火患越多，即保费越涨，甚至每数年必增一次，近年竟增至三十余两矣，增高继长殊无已时。于斯时也，吾华人保险公司犹未创立，以致甘受外人之垄断，而无如何也。于是商界之热心公益者慨然特设华商保险公司，减轻保费，不独挽回利权，并为吾同胞免受外人挟制起见。是以自立以来，华商均称便益，而洋公司亦以此不敢续加保费，其明效已可概见。近来外埠通商口岸，亦渐有分设，日见进步。惟内地各府县必待警务举办，各户编有门牌，火会改良，始可分设保险公司耳。来书谓保单宜用华文，必不得已须用中西合璧。夫各华商保险公司除一家专用洋文外，其余均中西文并列，其所以兼用洋文者，其故有四：（一）上海租界纵横三十余里，保险一层往往有与洋公司同保者，譬如有房屋街房系洋公司所保而弄屋则系华公司承保者，他如某甲数家同居一屋楼上，或系洋公司所保，楼下或系华公司所保，一旦失慎华洋分任赔款，颇有交涉，不得不用洋文查考。（二）商人有房产货物往往持保单赴洋行银行抵作押款者，不用洋文何能信用。（三）租界内每遇失慎，捕房首先索保险单阅看，如非洋文亦览不便。（四）招商、怡和、太古三大公司洋栈以及浦东洋栈、上海丝栈寄存货物各听货主自择华洋公司承保，往往华洋各保而货物同存一处，倘遇失慎，须查照洋文保单为凭，以便厘定各家应赔之货，此皆不得不兼用洋文之实在情形也。至华公司任用西人经理者却不多见，然专用华人者多，即间有洋人，亦华公司伙计，并无主权，若城内房屋因街道太窄，救火之法亦未完备，是以偶有不愿承保者，然承保者已属不少。鄙人等忝居华商保险同业，现承垂询，用敢谨述所知以闻，即祈明察为荷。陈辉庭沈仲礼同复。（《敬答论华人自立之保险公司》，1909 年 3 月 7 日）

4 月 6 日，盛宣怀就通商银行欠款草单亏欠事，致函总董王存善、沈敦和、顾润章等。函录于下：

> ……顷阅银行欠款草单，约亏二十万两左右，是否戊申年底为止？冯商盘欠拨条四万余两是否在内？如做得好，一年原可复原。若不顺手，抵欠中或有变卦，尚无把握，尤深着急。此行仅有公积五十三万两，去年有一股东颇不相信，盖指减扣股息钞票余利而言也。弟虽以虚本实利之中有亏折答之，乃索清账，未便以督办向不看账答之，只可云一时找不到，当向总行董事索观，其实总行董事亦未必了然，故于年底切实面嘱尊处速办月总。此非鄙人不能推诚，亦非喜于苛察。试问中外官局、商铺无论大小分合，有无账册可观者乎！虽独做之营业亦有月总、年总，况公司乎！一经股东诘责，恐无词以对。此非公等之错，直是陈笙郊一人之错。镇行未遭事之前弟以为银行系董事之责，弟可不问，故向不理事；京、津倒账亦听行董追讨而已。及至镇行遭事，南洋责弟清厘，始请展翁等驻行办事稍稍

查问。今则商智大开，银行林立，若再长为无账之公司，断断不能。公等莅任以来，追讨京、津宿账，收束粤、港分行，加增钞票，保持押款，功不胜纪，徒以无账受此影响，揆之爱人以德之义，责备贤者之心具不相合。咏铨曾面禀洋账最清楚，此岂能告慰股东耶！通商非洋行也！弟昨夜忽想起通商不做汇票，无多存款，即欲照造详细月总，亦不及又新公司之半，轮、电局之计一，何难之有，天下于极易之事，而转辗薪之，无怪股商之多言也！昨李征五面谈张弼士谓我银行不合章法，弟诚难塞其责。除另办照饬外，务乞于派息之前，迅速造送三十四年底年总之本，或照招商局分作存该收支四项（盛宣怀批注：一存董事处，一存大班处，一存督办处）。简而易明，尤重在公积若干，须注明某年若干，某年若干，以免人言。十余年来只有此区区者，皆是扣减官利而来，股东注意在此，不可不知。以上鄙见所及，不便形诸照牍，亦不便假手书记，专此手布，顺颂筹祺。咏铨、子展、仲礼总董，纶辉大班公览，此函宜存总行，以明三十四年之前并无年、月总呈阅也。（谢俊美主编：《中国通商银行》，第 457 页）

5月16日，出席在上海举行的汉冶萍公司第一次股东大会并先后两次发表演讲。时持有该公司股票 500 股，为大股东之一。演讲词辑录于下：

第一次演说

前为沪宁铁路总办，略知铁轨情形。去年在商会接待美商，互相研究煤铁之条理。从前中国铁路所用，西人每挑剔汉厂之钢。其后用弥封法，将外国各厂之钢及汉厂之钢暗立记号，寄往外洋，请专家考验。既而汉厂之钢褒然称首，众乃大快。于时督办盛宫保再措资数百万，添购钢炉专制再精之钢。现商会拟束招美商来华游历，考察商务，现美商拟俟秋间再来。惟其代表大来洋人，曾经对余说过美商来东游历之故："因美政府因方开通巴拉马港后，将来与中华相去日近，彼此商务必日形发达，日本人妒之，故先行邀请美商至彼游历，以相联络。今幸中国贵商急起直追，亦往邀请，可谓识时务矣。"大来向有船八只来往美亚，其回空之船往昔无货可装，于是李一琴君托装钢铁往美，极为畅销。渠言："如果汉钢日渐发达，则余将更添船只矣。"又言："余惜非华人，否则将勇买汉厂股份。"又言："美国地方可包销数千万吨，尝言余可包销，并可立合同，订明价值。"

其意欲汉厂以后不可涨价。又言："德国博士迭吐芬尝言，中国煤铁之富为五洲之冠，山西泽州之外，即推汉冶萍为首。惟其如此，故余可立合同包销三十年，订明价值，余且成为世上独一之富人也。"总理所言拟再添大炉数座，大来亦曾言及，大意谓必须竭力推广也。钢铁用处之大，言之可惊。即洋针一项极小之物，计每年进中国者，值洋七十余万元。铁之可贵如此。今幸有此汉冶萍之煤铁，可以抵制外货，挽回漏卮，实可幸也。今闻总理、协理及诸公之报告，不禁为中国喜，为股东喜。务望诸公热心扶助，踊跃认股，俾办事之人可以扩充，乃谓今日最要之事也。

第二次演说

今日为汉冶萍煤铁厂矿有限公司第一次开股东大会，凡与公司有密切之关系者，咸惠然莅止。敦和忝居股东，亦得躬预斯盛，备聆总、协理之报告，乃知铁厂奏归商办已十有三载。缔造之初，异常艰困，辄致旁观疑惧，以为后累无穷，将何底止。岂知总理惨淡经营，不遗余力，商诸协理亲赴欧美各国，考求化铁之新法，选购炼钢之机炉；更复筹垫巨资，重加整顿，始获用煤日省，成本日轻，出品骤增，销路渐广，以收今日之效果。非其魄力之果毅，识见之超卓，曷克臻此，敦和无任欣佩之至。

按公司之发达虽由人力，亦本天助。何以言之？盖大冶产铁之富，铁质之纯，与夫萍乡产煤之多，煤质之净，并足为五大洲煤铁矿之冠冕，谓非天赐之哉！敦和于钢铁之质地及外洋之销路研究有日，稍有见闻，敢略述其梗概以祝公司发达之先声，并慰股东之盼望。

敦和数年前，承乏沪宁铁路。该路系借款兴筑，经济之权操之西人，一以购办洋料为宗旨，每值敦和拟购汉阳钢轨，往往相持不下。至谓汉阳钢轨难任压力，敦和于是以汉阳所出之钢轨、鱼尾片与外洋所产者各编暗号，掺杂一处装运英伦，特就化验明（名）师逐件考验。取具验单复核，乃知汉阳旧法炼炉所出之钢轨，因含杂质，故难任重，而其钢质则实出欧美各国之上。于是盛宫保知公司出货之未精，实由于炼炉之不善，爰乃决计废弃旧炉，力谋新法。故近今所出之钢铁，不但为中国所合销，而并为各国所乐用。查日本大阪、横滨各工厂以及石（若）松制铁所，现已每年购用数万吨，而美国亦以沿海各省不能产铁，每年购用数万吨。且日本向系产煤之国，只以萍乡焦炭绝无磺质，故亦纷纷来购，则公司出货之美，亦概可知矣。回溯上年冬间，日本商会遍请美国沿海商界领袖，赴日本调查日、美两国货物之流通，吾上海商会闻风继起，亦束请美国商界来华调查输出输入之货品。美商以为中国斯举，间足开通商智，两国商务有发达之机，于是忻然赞成，相约于今秋来华，得商界之鼎鼎者约数十人，特派美商大来君先来会晤，深致款曲。商会爰举敦和为接待员，经与大来君往还酬酢，得亲聆其演说，以为日本发起是举，实因太平洋中巴那马峡海道将近凿通，既通之后，则由美来华程期不过二旬，将见交通利便，商业必蒸蒸日上，因预为之计耳。夫以中国居太平洋东岸，美国居太平洋西岸，遥遥相对，一旦开通海道，相隔仅一大洋，遂为贴近之邻。是将来中美感情必更形密切，而商业上之发达，实一天然之机会。从前中国土货输出外洋，因海行太远，水脚较昂，故货本亦因之而贵。今若交通利便，则运费、保险费节节减省，犹谓货物不能畅销者吾不信也。查大来洋行特美国一船商耳，有轮船八艘专装客货，嗣乃自运美国洋松来华，因见销数日广，爰自往开山，自置森林公司运销中国。不数年间已享有巨富，特以返国时往往虚载而归，乃向公司试购生铁以压归艎。何期二经尝试，而吾公司所出之生铁价廉物美，实较购诸比国等为宜，于是乃日益畅销。惟渠亲赴汉冶调查，终以公司资本未足，出数太少为可惜。并云倘能每年出至二十万吨，方足敷美国沿海各厂之用，则该行添造轮艎，专为公司转运而设亦意中事也。

抑又闻之，日本各厂用铁极多，其自产之焦炭，不宜于炼铁，故每年亦可用公司所出之货二三十万吨。昔者德国矿学名家狄杜芬君著有图籍，以为欧美各国矿产渐穷，煤铁等项仅敷二三十年之用，至二三十年后，其势均不得不仰给于吾中国。诚以吾中国藏富于地，矿学一道犹未畅行，其开采者尚不及万之一也。今幸于公司开其端，成效卓著，是向以吾中国黄金易欧美各国之钢铁，而今转以吾中国之钢铁易欧美各国之黄金矣。试申论之，向来购办外洋大宗机器、钢铁等料，动靡数百万者无论已，即以最细微之洋针一项言之，每年运销中国不下数十万金。顾以为物甚微无足爱惜，因而随用随弃，卒乃并其铁质亦消归乌有之乡。外此，若铁钉、铁器之类，亦何莫不然，以致外洋之黄金日富，中国之黄金日少，商战上之失败，实为吾中国积弱之源。今幸吾公司中流砥柱，得反其道而行之，则将来塞漏厄,浚利源,关系吾中国实业前途者庸有既极哉。

顷闻总理宣布,谓将于大冶铁矿临江,添设化铁炉四座,专炼生铁,行销外国,果能达其目的,则每年可出生铁四十万吨。从少估计,以每吨二十五两计算,是大冶一矿已可岁获进款一千万两。顾现在招股,甫经过半,力量未充,尚难经营及此,坐视千万之进款,如海上三山,可望而不可即,岂非可惜。所望各股东洞烛利害,踊跃购股,俾公司厚集其资本,撒手扩充,以底于成。使将来出数日富,销路日广,获利亦日厚,以达其目的而后已,岂不甚善。倘如此机会尚不努力竞争,又何商战之足云,各股东当不河汉斯言。(汪熙编:《汉冶萍公司》,第77—78、83—86页)

汉冶萍公司所属汉阳铁厂被称为是亚洲第一个现代化大型钢铁企业

6月,主持的华安人寿保险公司在南市设立分行。(《保险公司设立分行》,1909年6月4日)

7月中旬,由于所办济良所经费不敷,具禀两江总督端方,"请在公共公廨等罚款项下,提拨协济"。不久端方即批复同意。报道说:

沈观察敦和等创设之济良所,现因经费不敷具禀江督,请在公共公廨等罚款项下,提拨协济。兹奉端午帅批云,据禀该道等邀集中外绅商于上海华兴坊四马路及宝山县治江湾镇地方创设济良所两处、幼稚教养所一处,收养年幼不愿为娼之妓女,分别留养择配,并教以女子普通学科,洵属意美法良,为女界救焚拯溺。教会女士包慈贞热心发起,殚力经营,英工

155

部局复慨助常年经费,俾义举得以成立,均堪嘉尚。惟岁需经费万余金,
除工部局一款外,悉由捐集,筹措为难,自系实情,准如所请,于上海会审
公堂及巡警局罚款项下每年共拨银一千二百两以资补助。仰上海道分饬
遵照,自本年起,按季解由道署转发,其如何分别定额之处,应即由道核定
饬遵该所教养择配章程,并即传知该道抄呈备案。(《批准协助济良所经
费》,1909 年 7 月 17 日)

7 月 24 日,为使民众了解急痧治疗方法,与朱葆三在《申报》来函栏刊登
《急救医院宣布奇方》一文。文录于下:

> 敬启者,沪上居民庞杂,鲜善卫生,每届夏令,时疫极盛。上年鄙人等
> 创办急痧医院,开办不及三月,而救活病人竟有五百七十余口之多,成效
> 昭著。今岁入夏后,雨旸失度,凉燠不时,最易感冒,故日来患痧症者,已
> 不一而足。鄙人等爰经捐集经费,在英界二马路跑马场嘴角安康里设立
> 时疫医院,仍请英国柯师医生及亨司德医生、周光松、吴筱谷、徐生棠诸西
> 学医士担任义务,专门施救一切极危险时疫急痧。业于本月朔开办,凡来
> 治者靡不起死回生,即新发现之大头瘟病时自觉头肿异常及腹痛、脚软二
> 症均阅数钟时即死者,亦能应手奏效,并经研究各症。其感触之由,大都
> 因受寒湿后服香瓜等果品所致者居多,治法系用法国金叶五星白兰地酒
> 一瓶,加入樟脑四钱(中国所产者均可)。用时以手摇匀,倾出一酒杯,掺
> 自来水或清水一大杯服之,立见奇效。查长江一带及各内地时疫向盛,今
> 夏雨水过多,潮湿更甚,痧症之发恐尤剧烈。尚望同善诸君照方购备,随
> 时施送,功德无量,且取携甚便,于行旅尤宜。该酒向归上海二马路口江
> 西路嘉泰洋行及洋泾浜鸣盛里同茂盛号经售。昨承慨助敝医院二十箱,
> 经本院西医化验,以之配药最为合宜。盖该五星牌之酒已陈有二十余年,
> 其力量醇厚,洵为不多得之品也。热心救济,佩谢莫名,书之以为好善者
> 劝。务望贵报将此函赐刊来函栏,俾阅报诸君浏览,到处传布,多所全活,
> 曷胜盼幸之至。沈仲礼朱葆三同启。

是月,呈文当局要求褒奖烈妇朱王氏,获得"允准"。报道说:

> 沈观察敦和等以朱椿年之妻朱王氏闺名玉英,夫故殉身,节义可嘉,
> 因特禀陈督宪奏奖等情,曾志前报。兹经樊护督批示云,据呈,朱王氏夫
> 故仰药并将身后所遗饰物变价集洋一万三百五十元分助各学堂书院经

费,其父王长庚又自变产集银万两在上海创立玉英幼稚园,为朱王氏永留纪念。此等烈妇义绅求之今日洵属罕觏,自应专案奏奖,以风当世而励薄俗。惟查向来办理旌表建坊等案应由地方官查取事实详办,此案朱王氏事实俱在上海,仰上海道就近查明详候奏咨,并行该绅等知照。(《护督允准请奖烈妇》,1909 年 8 月 18 日)

8 月 9 日,为使民众进一步了解痧症的治疗方法,在《申报》来函栏刊登《急救痧症简便良方答问》一文。文录于下:

启者,日前鄙人以急救痧症简便良方,系用嘉泰洋行五星金叶牌白兰地酒一大瓶,加入中国樟脑四钱一法,分刊各报。乃承远埠诸君纷纷函询各节。兹再缕晰奉答如左:

查各内地五星金叶牌酒未能概有,则汉内西三星斧头老牌白兰地亦可应用。惟近来该牌假冒者极多,非辨明确系真品,恐非徒无益,而又害之。不如三星五星金叶牌酒现今尚无伪品也,且每大瓶价洋两元,亦较汉内西为廉。上海三洋泾桥北块鸣盛里同茂盛号经售各外埠亦多有该号之办馆分号,均可就近向购。至顶好原高粱酒虽与白兰地质性相近,惟白兰地皆陈至十余年,恐高粱无此陈久,果有十年以外之陈高粱亦不妨姑试之耳。至樟脑一节,外国品惟各药房配药用者方为合用,力量亦较优。若市上所售之外国樟脑丸,系从煤气提出,并非樟脑,服之足以杀人,万不可用。故鄙人以为不如中国樟脑之尚无流弊也。但现经研究,中国樟脑力量较薄,每酒一大瓶加入五钱,其功效必尤神速,用时务必将瓶摇匀,每服以绍兴酒杯一杯,再掺净凉水二杯为度。即稍为增减,亦无妨碍。大人每服一杯,十余龄童子服减半,小儿服四分之一,孕妇忌服。再本年患痧症者,往往夹杂他恙,施治极难。敝医院对症发药,种类綦多,不敢悬拟方药。惟此方较为普通,凡腹痛、肢冷、霍乱、吐泻……等痧,初起时无不立效,寒痧尤宜。如服时即吐,俟吐过时再服一杯,亦可见效。倘果系纯热急痧以及伤寒等症,均不宜服。幸海内诸君详察为荷,此函请贵报赐刊来函栏,以供众览,是所感幸。〔沈仲礼谨启〕

9 月前后,向时疫医院捐款洋 500 元。(《时疫医院捐款志谢》,1909 年 9 月 17 日)

《图画日报》1909 年第 84 期所刊载的图片"上海之建筑:时疫医院"

9月下旬,接盛宣怀 16 日函,要求将红会收支款项据实咨销,"藉清公项"。照录于下:

仲礼、子英、逢辛仁兄大人阁下:

敬启者:红十字会收支款项应造报销,前经照会台端,赶速查造在案。到京后,谒见涛、朗两贝勒,询及会事,均拟将总会设京师,而经费难筹,颇疑上海尚存巨款。及晤吕镜宇尚书,亦以经手奏报事件数年之久,迄未报销,未免人言为虑。弟思慈善事业经募款项,实用实销,本可邀免造报,惟近来捐案无不据实咨销,并刊录征信录,分送宣布。此案内有钦奉颁发之款,且有各省及外国捐资,倘迟迟不办,似未足征信于人。军咨处现欲另开局面,既露提款之意,一经咨提,再行复报,无款更属不合。镜老所虑,似亦不可漠视。

又,查上海所建红十字会医学堂,足为基础,惟规模如何,弟在沪时尚未验收,诸公苦心缔创,渐臻美备,尤未可湮没不彰,拟请速将以前收支各款,详细造报,并将医学堂建造经费,绘图贴说,一并附销,均倒填七月初六日以前日期,迅赐寄京,以便赶紧转咨,藉清公项,而免日后调查提款。种种枝节,是为至要。专泐奉布,敬请钧安,鹄候惠复不具。

愚弟盛宣怀顿首

月初三日[原件存上海图书馆(上图档号 SD45123—1)]

158

10月8日，夫人章兰（畹香）在上海寓所逝世。

11月5日，盛宣怀致函通商银行总董王存善、沈敦和，函录于下：

　　顷阅费烈意见书，以第一合同以一年为期难于辨正，记得有第二合同存于总行，则必有一分呈堂，祈将存行之第二合同以及梁绍刚保单，明日送下一阅。又，前日面托复查银行与梁绍刚往来电报，如已查到，亦即检示。又，费烈续意见书云，"此次保单似两造意见均照华律着想"，请查银行律师辩驳中有无此等着想为要。九月二十三日。名心两浑。（谢俊美编：《中国通商银行》，第470页）

11月6日，与王存善复函盛宣怀，函录于下：

　　梁景和合同第一次写本、第二次刻本，遵检呈核；此系存行要件，务求发还。电报自光绪三十年九月以前均无存本。华律着想一节，自来律师未曾言过，此等乃费烈之理想，公堂之上律师亦自不能形之于语言，不能怪也。即此次伦敦上控，亦只可由伯使[①]以情动之，执简而争，必致决裂，此乃环球公法，强国尚难办到，况弱国乎！且恐枢密院谓，如引华律令英官照办是失国权，本可通融者亦必不肯，伏祈详察酌核。职道等以为大清律亦不必寄，寄去即译出，枢密院亦必不看，不如伯使专以情言，而语言之间可云华人但知中国律例，且须旋即撇开，言贵国断无用华律之理，然华人之情不可不顺，华商之心不可不平，似较妥稳，虽不得力亦无害事也。敬叩钧祺。

职道存善、敦和谨禀

九月二十四日（谢俊美编：《中国通商银行》，第470页）

12月11日，就通商银行账目事，与王存善、顾润章等致函盛宣怀，函录于下：

　　敬禀者，前奉宫保钧谕，饬开存欠盈亏总账。因从前欠款皆系洋账居多，必须查明翻译，又因日来赶办截止义赈捐项，以致稍迟，非敢因循延缓。兹已查明截至九月底止存欠总结折一扣，又八、九两月盈亏数目折两扣，一并呈请察核。至十月分数目，必须十一月半以后方能查清，再当按

---

① 　指李经方，字伯行，时任清朝驻英公使。

月禀呈,不敢仰烦宫保督催也。专肃,敬请

　钧安

董事敦和、存善、润章,大班纶辉谨禀
十月二十九日(谢俊美编:《中国通商银行》,第 471 页)

12 月 19 日,出席上海商务总会举办的商法讨论会。(《商法讨论会议事录》,1909 年 12 月 21 日)

是年,用救助东北日俄战灾余款,在上海徐家汇购地 10 余亩,动工兴建中国红十字会总会总医院(今华山医院),次年春医院落成,"其间冷热水管、解剖房(病理室——引者,下同)、割症房(手术室)、蒸洗器械房(消毒室)、爱克司电光房、配药房(制剂室)、储药房、发药房、化学房(化验室)、汽锅房(锅炉房)、浴室、病房、议事厅(会议室)、殡殓所(太平间),无一不备",设备之"精美,为沪之冠"。医院延聘著名西医柯师为内科医生,解剖专家峨利生为外科医生,血液学专家亨司德为血液检验医生,克立天生女士为看护妇(护士),王培元为驻院医生,主持医院事务。(池子华、郝如一主编:《中国红十字(1904—2004)历史编年》,安徽人民出版社 2005 年版,第 11 页)

清末中国红十字会总医院外景

1910 年(宣统二年)54 岁

年初,主持拟定《中国红十字会试办章程》。共 6 条,其中:第一条,上海为通商总埠,中外交通便利。前经中西总董创办万国红十字会,现仍于上海徐家汇路设立中国红十字会总会、医院、学堂,附设事务所。应由中国总董仿照日本赤十字社酌拟规则呈候会长核议施行,并妥定集资人会章程,以垂永久。第二条,从前万国红十字会,由中西总董会议,刊刻中西合璧图记,钤用信守。现创设中国红十字会,拟请旨饬部铸造中国红十字会关防一颗,颁由会长执掌印用,以昭凭信。第三条,本会按照原约制用白地红十字旗,在会人员衣袖各缀白地红十字以为标识外,又参酌日本等国会章,制备双龙嵌十字勋章,第一等金质,第二等银质,第三等铜质,均配用相称色带,拟定字样,并给发勋章凭照章程,呈请会长核明,请旨敕部核定,饬会制备通行。以上会旗、会衣、勋章,非在会人员,不得滥用,违者究治。随后吕海寰、盛宣怀、吴重熹以此联衔会奏《酌拟中国红十字会试办章程请旨立案折》。2 月 27 日,朝廷"依议",发交军咨处核议。(池子华、郝如一主编:《中国红十字(1904—2004)历史编年》,第 12 页)

3 月 1 日,就红十字会颁发勋章请帖式样及颁发日期事致函盛宣怀。函录于下:

宫保钧座:

　　昨由任道出示钧谕,红十字会颁发勋章,请帖式样送呈宪鉴。兹拟就式样一纸,用中西文合璧,纸用素色,因此次西宾居多,故从西色。是否有当,及颁发日期,即祈批示发还,以便付印。专肃,敬叩

　　钧安

职道沈敦和谨肃

正月二十日［原件存上海图书馆(上图档号 SD09580)］

年初,作为公司总理,与总董朱葆三为《上海华安人寿保险公司改良章程》作序,文录于下:

上海华安人寿保险公司改良章程牟言

上海一隅,为通商第一口岸,得泰西风气为最先。保险公司,林立鼎

峙,水火两项之外,更及于人寿。其宗旨与储蓄银行相同,而利益远过之,即至邱(恤)寡会、慈善事业,亦附丽①焉,故营业最占高等。泰西各国,律法上之保护,比例于银行,而保险人之资格,亦列诸上等,益所以示郑重也。华人不察,视为西人牟利之图,其保否若无足轻重,富绅巨贾,殆亦因保险家嬲②之不已,聊以一保为酬应计,下此者类皆裹足,何其计之左耶。要知人寿保险,非为公司牟利计,实为众人公益计,其无穷之利益,于今日之华人,关系尤为重大。夫吾人执业,苟非资本家,往往岁入有限,而世俗浮华,出款之繁,倍增于昔,欲恃区区蝇头所入,以冀积铢累寸,集腋成裘,为他日娱老之资,及一切仰事俯畜之所需,不诚戛戛③乎难之哉。于此而思保全之,则舍人寿保险,其谁与归。保险定章,听人自度其年,或十年,或十五年,或二十年,按年纳费一次。年满则公司计其所纳,加息与之,如其寿命难知,或不及期,遽尔作古,则所纳虽少,亦必如其所保之数以偿之。在富者乐出羡余④,坐收倍称之息,计固良得;而在贫者,亦得以日积月累,浸至富饶。理财保富之道,孰善于是。惟调查各公司,率皆创自西商,操纵由人,利权旁落,不亦大可惜哉。本公司有鉴于此,计有以挽回之,爰招全体华股,集成资本银五十万两,援有限公司成例,禀准农工部颁给第二百四十四号注册执照,专保华人寿险,别树一帜,力图自强。幸开办以来,海内同胞踊跃乐从,生意日臻发达。于是本公司益用改良,将一切章程,重行厘订,具详篇左,以期利益均沾,藉副诸同胞爱国之热忱,惠顾之雅谊。明眼诸君,试一浏览之,则本公司章程之优异,法则之完善,当知所鉴别焉。

宣统元年岁次己酉孟春之初改良重订

华安人寿保险公司

总董朱葆三

总理沈敦和

[周华孚、颜鹏飞:《中国保险法规暨章程大全》(1865—1953),上海人民出版社1992年版,第32—33页]

---

① 随着之意。
② 纠缠之意。
③ 困难之意。
④ 无名的税收。

3月7日,就通商银行诉讼及红会报销事致函盛宣怀,披露其在红会兼任交涉等事务。照录于下:

宫保尚宪钧座:

敬禀者,窃职道接奉钧谕,祗聆种切。猥以一介庸材,渥蒙温宠,夹袋贮名,许备药笼之选,具征谊笃末僚,不遗在远,钦感奚如。

通商银行英京讼案卷宗,例须印刷,而印刷时,尤必待被告律师之签字以为铁证。风闻该律师上下其手,以致延宕多时,殊堪痛恨。经职道一再严催,业于上年十一月十三日将全卷寄由西伯利亚火车递英敦,嘱英京律师仇客等从速注册。一俟传讯有期,即当电达宪聪,何敢高阁置之,致劳钧廑。至红十字会案,当时议定任道任文案,施道任收支,而职道则任交涉等事务,以期各专其责。报销一事,职道节经催询,迄未赶办,权不我操,实在无如之何! 兹奉钧饬,业已知照该道赶紧遵办矣。颙肃禀复,祗叩福绥,伏乞慈鉴。职道沈敦和谨禀。正月二十六日。(谢俊美编:《中国通商银行》,第490页)

3月10日,就万国红十字会造报征信录格式事,与任锡汾、施则敬致函盛宣怀。函录于下:

宫保钧座:

昨奉手谕,承示吕尚书原函,敬悉。万国红十字会造报征信录,上年已拟有格式,录折函请吕尚书鉴核,请其掷还,再能照式查核案据,详细钩稽,录稿呈请鉴定,付印布送。此函即与附还奏稿同封发去。现奏稿已经揭晓,而报册格式尚无复示。拟请钧处函请吕尚书检查前函,复寄钧处,将格式核定,俾可遵照办理。兹先缴还吕尚书原信三纸、日本会章一本,敬请赐察。肃叩

台祺

敦和、锡汾、则敬谨禀

廿九日[原件存上海图书馆(上图档号SD09587)]

3月下旬,再次当选为上海商务总会议董。

4月30日,工部局华童公学考试华文教习,作为华董的沈敦和"到校监视"。报道说:

昨为工部局所设之华童公学考试华文教习之期,与试者约七十余人,

由华董沈仲礼观察到校监视,试题录下:(一)中国向无文法,学子读文全在心领神会,故非专力数年,难见进境,宜用何法教授,始能计日收功策。(二)国文鲜适宜课本,但不能援泰西例编纂文法,此何以故,试言其理。(三)学子偏重西文,已成积习,当以何法挽救,使学子心理自然趋向国文。(四)试详论偏重西文之弊。(《华童公学考试教习》,1910年5月1日)

5月间,与周金箴、朱葆三、严子均等人发起筹备华纶机织绸缎公司并派人赴厦门招股,为此请商务总会予以联络。报道说:

> 商务总会函致厦门商会林叔臧京堂,略谓近来泰西天福缎畅销各埠,利权外溢,现由沈仲礼、周金箴、朱葆三、严子均诸公发起挽回利权之策,创办华纶机织绸缎公司,股本六十万,沈、周、朱、严诸君已认一半,已在上海建厂筑屋,尚需股若干万,特派邓济川君到厦招股,成此美举云云。闻林京堂热心实业,现已提倡认股矣。(《华纶公司赴厦招股》,1910年5月5日)

6月12日,出席招商局第一次股东常会并以股东身份发言,要求维持招商局商办性质。称:"完全商股之于完全商办,未可强为区分。今奉部批云:'完全商股与完全商办不同。'诚不知是何国律文?何人学说?又批云:'未便以完全商股混入完全商办。'加一'混'字,尤不啻文近于刀笔,是以众股东成皇皇然就质于某,谓当初未经注册领照,尚称商办公局,今既经拟章奏奉批,反证实是官办商局,更添铁板注脚。某初不解所谓,继思之诚然亦无以应之,相与皇皇然而已。今差可喜者,有公举总、协理之说,是可回复商办之一般希望,并即保存公局之一线生机。诸君幸无恐部权重在管辖,特旨固当钦遵,而商律仍不能抹倒,商牌亦未便取消,请为拭目以俟后之总协理。"(汪熙主编:《轮船招商局》,上海人民出版社2016年版,第949—950页)

6月底,作为招商局大股东,与朱葆三、严子均反对邮传部更易招商局商办性质,坚请"对于各招商局按照公司律办理"。报道说:

> 招商局各股东以邮传部拟欲更易商办名目曾开股东大会,决议恳请邮部对于各招商局按照公司律办理。一面缮具恭呈并公举代表进京请愿,兹举定王绳伯观察、郑业臣太守(粤帮公举)为代表。王观察以兹事体大,恐难胜任,致函力辞。诸股东以既已举定不能辞却,复由朱葆三、严子均、沈仲礼诸大股东坚请,王不得已始允以和平主义赴部陈请,不日由海道北上,连日各股东已为之设筵祖饯矣。(《招商局股东代表赴部请愿》,

1910 年 7 月 1 日)

7 月,因粤皖鄂江浙五省水灾严重,其中皖北、苏北水灾,"继以大疫,死亡枕藉",与朱葆三等沪上著名绅商发起成立五省筹赈会,中国红十字会派医生和同济德文医学堂学生组织甲、乙、丙、丁 4 个医疗队,由江趋丹率领,驰往皖北之临淮、寿州、凤阳、正阳、凤台、怀远、宿州、蚌埠及苏省之清江、海州、桃源等处,竭力拯救,合计治愈 67580 人。由红会参与发起的华洋义赈会则募捐 170 万元,进行灾后散赈,成绩昭然。(池子华、郝如一主编:《中国红十字(1904—2004)历史编年》,第 13 页)

夏初,在总医院旁建医学堂,招收有英文基础的学生 20 人,专攻医学,5 年毕业。学堂特聘著名西医柯师、峨利生、亨司德及王培元为教员,"用最新学术教授专门医科";同时选拔熟习英文者 20 人,"分派于(沈)敦和所办之各医院,学习看护"。(池子华、郝如一主编:《中国红十字(1904—2004)历史编年》,第 13 页)

8 月前后,"纠集股分银三十万两,就上海二十八保四图新渡口地方购地建厂,开设华纶机织绸缎有限公司,仿照东西洋各国花样,制造各色绸缎,行销中外各埠,冀塞漏卮"。(《移询华纶公司组织之内容》,1910 年 10 月 1 日)

8 月 4 日,《申报》刊登《顾实致时疫医院沈仲礼函》,对该院细心医治病人表示感激之情。(《顾实致时疫医院沈仲礼函》,1910 年 8 月 4 日)

8 月 19 日,与晚清著名小说家吴趼人及沈缦云等人,在张园为上海自治公所名誉董事姚伯欣举行追悼会并发表演说。(汤志钧主编:《近代上海大事记》,第 686 页)

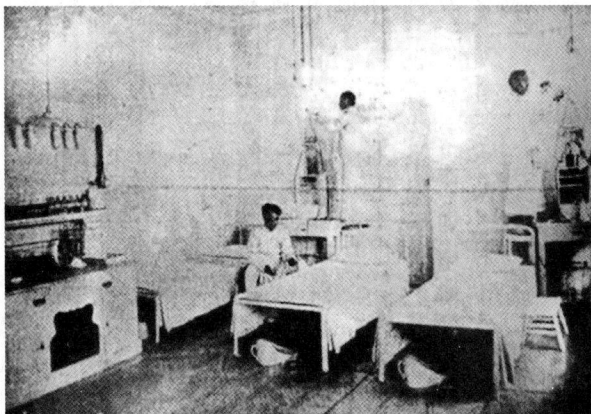

时疫医院治疗室

8月31日，以英文致信《字林西报》，向在华西人介绍时疫医院的具体情况，并在信末邀请在沪西人前来参观。另据《时报》报道，当年该院共治愈三千余人，被称作是"上海慈善界之巨大成绩"。（《时报》，1911年7月22日）

9月15日，美国实业团达到上海访问，被上海商务总会"举为领袖，预备供张一切"，参与接待。（《欢迎美国实业团预闻》，1910年9月11日）

10月1日，访华的美国实业团团长布甫致函沈敦和，对其盛情接待表示感谢。报道说：

> 美国实业团团长布甫君西十月一号由汉口致函本埠通商银行沈仲礼君云，顷抵汉，接阁下与周全翁复电，知镇江所发道谢芜电已达钧座。敝国商团此次到华，渥承上海商学报界逐日优待，有加无已，且于起居旅行饮膳舟车无一处不供张周密，体贴入微，使同人等感有宾至如归之乐，只以濒行匆促不及与优待诸公握手言别，至今歉然。一路而来，回溯前尘，益欢欣鼓舞于不自已，区区之意殊非前电所能毕，宜为再专函伸谢，务乞台端一一代达，是所盼祷，同人等回国时必道出上海，再图良晤也，先此鸣谢并颂日祉。按：美实业团约于九月秒过沪，仅勾留两小时即须首途，附记于此。（《美团伸谢沪绅优待之函牍》，1910年10月8日）

文章影印件

11月2—3日,针对此次沪市风潮引发的全国金融危机,在《申报》等发表《论中国母财将竭非推广土货不足以救亡》一文,认为:"吾国母财,已日趋于竭……居今之时,处今之势,欲有以挽救之,非生发母财不可,生发母财,非亟亟推广土货不可。"文录于下:

自沪市风潮迭起,而全国之金融机关,悉受影响,内而京师,外而直省,钱庄银号纷纷倒闭,官绅两界函电飞驰,风云变幻,方日出而未已,其恐慌之现象,可谓至矣。一时部臣疆吏与商界诸巨子,咸出全力以维持之,朝咨夕议,或请邮度两部筹拨巨款,或由上海商会抵借外款,市面赖以转机,人心渐归镇定,急则治标,宜有是矣。

顾维持之策,但济目前,补救之方尤贵善后,或有谓宜发先后储金者,或有谓递迟明年赔款者。此二说,未尝不是,然内府藏金,未易得请,即使所请得行,而救急一时,终恐无裨久远。至递迟赔款,尤属剜肉补疮之计,窃恐疮犹未愈,而剜肉之痛,或更甚于疮,为害且不可思议,不揣其本,而齐其末,终必自困而已矣。

且沪市风潮,先后究不过数千万金,何以牵动全国,致成绝大恐慌,是可见吾国母财,已日趋于竭,有沪市风潮,一开其端,而内幕乃立揭耳。居今之时,处今之势,欲有以挽救之,非生发母财不可,生发母财,非亟亟推广土货不可。

间尝考核海关贸易册,宣统元年份,土货出口,东三省计银七千七百九十二万六千六百十三两,天津秦皇岛三千一百八万九千八十二两,山东省三千二百九十七万九千七百两,两粤九千二百三十二万八千三百十两,长江一带一万五千二百二十九万一千三百六十二两。内除转运各口,其出口总数,实共计银三万三千八百九十九万二千八百十四两,而洋货进口,则共计银四万一千八百十五万八千八百六十七两,出入相抵,不敷在八千万左右。且查海关征税,定例按值抽纳,商人图利,其进口之货,又往往缩短其价,以图寡纳,故虽曰四万万,而实则不啻五六万万矣,加以岁需赔款五千三百七十万两,金融之输出,如此其多,年复一年,中国母财,安得不竭哉。

不宁唯是,各国审吾出口之货,日见畅旺,惟恐增长不已,与其进口洋货,势力渐趋于均平,于是百计改良工业,务占优胜,奇技淫巧,眩瞩骇神,而于纺织等品,尤花样日新,层出不穷,以与吾中国竞争,以冀肆其垄断之计，漏卮之大，莫之能挽，倘犹懵懵焉漠漠焉，勿思所以抵制，则吾中国前途，其危象有不堪设想者矣。

然犹幸此三数年来，土货之出口者，豆子、花生等类，比较原额，已骤增三千万以上，而苎麻、蛋白、蛋黄、芝麻、牛羊皮等亦有加无减，是真吾中国生死存亡之一大枢纽也。欧亚各国取精用宏，其需吾土货多多益善，诚使吾国朝野一心，提倡实业，于种植畜牧各大问题，一一殚精竭虑，研究改良，力谋进步，则不但漏卮可塞，而富强无难立致。东三省荒地累累，弥望肥沃，本为天然利薮，近年各直省，水旱为灾，饥民载道，奚止亿兆。苟能设法量移，畀之开垦，定必事半功倍，而禁烟之后，各处向种罂粟之地，凡于各土货性质相宜者，尤当赶令改种，庶几土货之出产日益蕃，外货之销路日益滞，于是因势利导，一力进行，必使出口之数，超过于进口之数，以暗为抵注，则中国母财，自然渐渐增益，渐渐充足，本固者枝荣，源远者流长，而谓金融机关犹虑有恐慌之现象如今日者，吾不信也。

是故中国当务之急，练兵、开矿等等，皆不足以救亡，惟兴实业足以救亡。假令中国土货其出产之数，果然渐推渐广，而销场亦日见扩充，此诚如天之福，吾尤愿一般种植家、畜牧家随时研究，精益求精，务为大者远者计，慎勿囿于目前，贪得小利，致有优劣掺杂底面不齐等弊，以自失其商标之信用。试观丝、茶二项，向为中国出产大宗，何以迩来江河日下，获利维艰，虽曰印、日等国，百计攘夺，物腐而后虫生，要亦吾中国之业此者，故步自封，不思改良，有以致之，此其故可深长思也。

尝考印度产茶极旺，烘焙尤为如法，惟原料不佳，不如中国产之香味俱美，故外人往往舍彼就此。日本精究蚕桑之学，产丝最富，且又烘缫得法，是以销数大畅，岁有增进，夺我中国利权不知凡几。然外人品评中国丝质，当居环球第一，非日本所及，我国丝茶两业至今尚存一线生机者，赖有此也。然即此可见吾国地土肥沃，温度合宜，天产品未尝不占优胜，所未尽者特人力耳。既藉天功，更尽人力，则吾中国土货，有不蒸蒸日上，跨越五洲者哉。

拙稿甫脱，读日报，见江苏农业大会已庆成立，首先组织农业银行，并移大江南北灾民，至东三省垦荒，实行殖民政策，洵为救国根本之图，与鄙论移民开垦，宗旨若一。查欧美各国，岁需豆类各货品綦广，即使吾国出产两倍于前，亦不患滞销。果能注意及此，一力推广，行见不及三稔，中国

豆类之出口货，一跃而至万万以外，其关系金融机关，不綦大欤。濡笔记此，企予望之已。仲礼附识

11月初，致书上海商务总会总协理，就发展中美商务联络提出建议，要求该会抓紧研究，以便美国实业代表团再次来访时得以"临时应对"。报道说：

> 商务总会议董沈仲礼致本会总协理书云，前以美国实业团订定重来沪上，特开中美商业联合研究大会，当经函请台端分电各省商会举定代表来沪讨论在案。按美团开会宗旨计分四项，日前弟曾当面接洽，参以鄙见，兹特再为吾总协理缕晰陈之：（甲）设立中美货品陈列所，拟将中国所产物品无论已通行未通行各小样一律送交美国各商会代为陈列，将来新出品物亦随时续寄，其陈列费即由美商会担任。美国出产品亦交由中国各商会代为陈列，其费亦由中国商会担任之。（乙）互派中美商务调查员，查中国土货之销售美国者极少，除丝茶广席外，几于无可指名，其它豆类各货虽产自中国，均由欧洲各国间接，利归在中饱，故此节最宜注意。汉阳铁厂亦赖有大来君为之分送小样与其国人考验，生铁始获畅销，尤为可证。兹拟由中国全体商会公举调查员二人，一驻美之纽约，一驻西美之山樊市，专任调查美国近销何项货品，随时电知本国，并将中国货品小样分送美商考验，以期推广商业，其费用由中国全体商会分任之，其美国驻华调查员则由该商会便宜分派。（丙）设立中美联合银行，查中国母财日竭，欲兴商业，资本难筹，该银行仿兴业银行办法，有维持商业之责任。美团已屡言之，又考美国财政报，华侨每年寄回祖国款项至七千万以上，悉由外国银行汇寄，嗣后均可改归该银行经手转汇矣，而中国应销美货亦可由该银行做带根汇票矣。将来该银行之发达操券可待，拟东西美各设一行，而中国则一设上海，一设天津，拟由各省官款及各商会酌附股份以示联络，觉力尚可为也。（丁）设立中美交通轮船公司，现在美商大来洋行每月已有两轮直放中国汉口，专载土货，将来北洋开港，亦必推广，拟由各省商会在该行酌附股份，以为中美联合轮船公司之基础，并添备数轮悬挂中国旗号，直放美国，以利交通。中国向无出洋商轮，有此创举为吾航业将来之导，岂不美哉！以上四项鄙见所及未知当否，闻美团一路考察兼及调查已有头绪，近接香港来电，知于十月初五六日必能到沪，惟大来君一人可以久留，其余均仅勾留八小时即须首途，未能延长讨论，为亟专函奉达台

端,拟请于各商会代表齐集后,在美团未到以前,先期由贵会开会研究,以定宗旨而议大纲,俾可临时应对,是否之处,均祈察核施行,毋任盼企。（《沈议董条陈中美联络之计划》,1910年11月3日）

11月11日上午,出席中美商团会议,到华侨巨子张弼士及广州、汉口、天津、镇江、上海等商会与美方布甫、大来等人士。双方就合办银行、轮船公司、互派商务调查员等达成协议。当会议讨论到优待普通华商进口之办法时,美方表示,设立中美货物陈列所及互派商务调查员,则将来中美商务必能发达。对此沈敦和也表示:如此办法,所有华人土货均可直接运美,免得英、日、德各商人间接经手,省去佣金不少,即为此事之大利。（《中美商团会议笔记》,原件存苏州商会博物馆）

11月12日,月初上海租界发生鼠疫,租界工部局派医生逐户强行检查,再加上疫情流言四起,引起租界居民强烈抗议,酿成"检疫风潮"。为此沈敦和与工部局交涉后,于是日邀集各公所各业各团体公议,要求通告各方,"各西商西董采取华商公函舆论,只查鼠疫一门,其余各病,一概不提,以安我华人之心"。还通过宁波旅沪同乡会速发传单,"俾众周知"。报道说:

> 英工部局议行检疫章程本与我居民大为不便,本月十二日经沈仲礼君邀集各公所各业各团体公议,由沈君备一洋文公函,由各团体亲笔签名,即刻送呈工部局总董怡和大班蓝台尔君,一面送达"字林""泰晤士"两西报去后,十三日小菜场西商特开大会时,各西商西董采取华商公函舆论,只查鼠疫一门,其余各病,一概不提,以安我华人之心,西董西商顾全大局之盛意可感。至查鼠疫一门,工部局十四日在怡和源栈房先行与华人妥商俯顺民情之办法。再种牛痘,华商亦拟自设医院施种,此后小孩可无惊扰之虞。务望我华商居民各安生业,勿再迁移为要,所有各处投函沈仲礼者,此中已详,恕不另复。以上系沈仲礼君知照本会速发传单,俾众周知。（《旅沪宁波同乡会传单》,1910年11月16日）

11月14日下午,参加公共租界工部局防疫会议并在会上多方努力,慷慨陈词,竭力调和各方意见,结果达成华人自设医院、检疫只查鼠疫一门。报道说:

> 公共租界工部局定期昨日午后二点半钟在北苏州路怡和源栈房开会宣布防范鼠疫办法。午后租界各居民络绎而至,未至二点钟,该栈房内已

拥挤不堪,栈房外亦势如潮涌。工部局副总办麻经醸君、工部局西医及著名西董亦先时莅止,华商中之卓卓者与中西报馆记者亦皆陆续到场,二点一刻余钟沈仲礼观察亦到场。内设有演说台,台旁设旁听席,台下设座位极多。沈观察与麻副总办见人数众多,会场已满,场外接踵而至者尚不知凡几,共商改期至大马路小菜场议事厅再行开会。商议既定,沈观察即对众宣言,并谓一经定期即行登报宣布,彼时会场尚觉平静,嗣观察又表明拟仿时疫医院办法,自请西医设鼠疫医院医治华人,小孩种痘亦听居民自由,并由观察担承,工部局不再干涉。众皆拍手欢呼。沈观察又谓现据确实调查,被工部局医生令入医院医治者不治三人,医愈三人。言至此,会场秩序已渐形紊乱,麻副总办适于是时将印就之华文中国鼠疫演说词(演说稿见昨报)择体面华人逐一分送,俾资研究。随由华人将此项演说词分给华民,各华民遂闹成一片,声势汹涌,台上沈观察等竭力劝告亦置之不闻,将演说词撕破向台上掷去,秩序至为扰乱。是时沈观察及华人中之明白事理者群喝令无哗,众始略静。旋由老巡捕房书记员邹秩林君于黑版上书明小孩从此不捉,改日再至大马路议事厅从长计议,众始渐渐解散。当开会之初,汇司捕房预派中西捕及印度巡捕,老巡捕房亦派探目李星福到场照料一切。事后捕房以人心浮动,急调各国马步团练炮车及火政龙车至会场附近及美界各马路游行震慑。新老垃圾两桥亦派西印各捕荷枪防守,不准行人往北。公共公廨㕔谳员亦即派令通班乡役严密保卫,因此附近居民又不免稍受恐慌。并悉会议散场后北苏州路一带人犹未散,汇四捕房第四十七号西捕出为干涉,遽被无赖殴伤,送医院医治。又据友人报告,当开会之先,商董沈仲礼至栈房,开首即由工部局总董及副总巡邀请、沈君登演说台。其时栈内人已塞满,工部局董及沈君均无法挤入。沈君大声宣言曰:诸公来听演说必须让路,俾演说人得以登台。众欣然让路,乃沈登台曰:今日此会初不料旁听者有如此之盛,现在此栈地方太小,拟择日在大马路议事厅再开大会。我即沈仲礼,宁波人,亦是上海居民,你们心里要说的话大致同我一样的,我必约同各帮各业合开一中国医院,华人有病者均自己医治。说至此,短衣者均脱帽狂欢呼曰好好,惟要求用华医治病,沈君允之,请大众散归再议。众均不允,当有某君演说曰:诸公所以不肯散去之故,大约为捉小孩一事。众大呼曰不错。某君言:天时不正,天花流行,种牛痘亦是要事,现在工部局允不捉小孩。众又起立脱帽大呼。沈君又言,各帮善堂及虹庙等处均施种牛痘,诸君宜将小孩无论已种过牛痘,未种过牛痘,均送往加种牛痘,免传天花,卫生处即不干预。旋有某某等数辈要求沈君云工部局有检疫新章七条,闻昨议事厅西商已经议准照行。此七条新章如果照行,我华人无人能在租界托足,请与工部局声明,如工部局必欲行此新章,大众誓死不退。语甚激烈,并将工部局发布之演说词撕破,纷纷抛掷,颇觉扰乱。沈君大声曰:工部局西董昨日商议后,以此新章与华人颇为不便,且颇采取华商公函,只查鼠疫一门,其余各普通传染病一概不查,业已由各报明白宣布,我亦有传单交四明同乡会分送。西商既如此明白,俯顺舆论,我华人岂可扰乱作不文明之事。众要求沈君多刻传单,以安人心,沈君允告商会多刻传单,众始散去。时有北山西路泰安里居民沈焕章、毛裕泰九户递禀环求沈君与工部局商议抚恤,又某某要求二事,沈均首肯始散。(《会议防疫问题之中止》,1910 年 11 月 16 日)

11 月 17 日下午,作为甬帮董事,参加工部局全体董事邀请举行的华商领袖会议,商议检疫问题,结果议决"华人有无疫症由华人自行调查"等办法五条。报道说:

十七日下午五时,工部局全体董事邀请华商领袖上海商务总会总协理周金箴、邵琴涛,甬帮董事虞洽卿、沈仲礼,粤帮董事唐露垣、钟紫垣,洋货帮董事苏宝森、王西星等诸君会议检疫问题。议决各事大致如下:(一)中国人自设医院;(二)华人有无疫症由华人自行调查;(三)调查之区以北河南路、苏州河路、西藏路、海宁路以及新衙门前为限,其余各处毋庸调查;(四)工部局不再开华洋大会议;(五)即有患疫身死之人仍听家属自由殓葬,工部局不予检视,亦不指示方法。议决散会时已十一句钟矣。按此次工部局通融商议,乃俯顺舆情之意,吾租界华人目的已达,可无惊扰。惟此后对于卫生问题,各宜注意,则工部局自无所借口,而我国之民气诚足对懦弱之官场而自豪矣。(《中西绅董议决检疫事宜之捷报》,1910 年 11 月 19 日)

11 月 18 日下午,参加工部局举行的沪上各帮董事与工部局公举之四董会议,会商检查鼠疫之事。作为中方主要代表,在会上多次发言,极力争取华人自办医院检疫,慨然表示:我等所坚执者,不过欲顺众人之舆情,人所不愿者,我等是以不能应允。最后会议就检疫事宜达成协议。报道说：

十六日工部局函致商会，邀请各帮公举董事至局与工部局公举之四董会商检查鼠疫之事。上海商务总会公举总理周金箴君，协理邵琴涛君，甬帮沈仲礼君、虞洽卿君，粤帮温钦甫、钟紫垣君，洋布业苏葆生君，山东帮王瑞定君，洋货各业公所王西星君，棉纱业田资民君，钱业陈紫照君，锡金公所祝兰舫君，茧业丝厂杨信之君，丝业许公若君，于五时至工部局，与西董怡和蓝台尔君，丰裕葛雷君，律师哈华托、托裴来德君及卫生处医官马尔君，总办雷复森君，副总办麻经酿君等。开议后，华董沈仲礼君问工部局所拟检疫章程七条，闻小菜场议事厅各纳捐西董已采纳华商公函舆论，将查验一切普通传染病是否一概取消。西董蓝君答云，此已早经取消，毋庸提议。沈君又问，近闻检查鼠疫又拟有新章，不知确否？麻君即将所拟草章交沈君阅看，并声明此系拟章，并不实行，将来设欲实行，亦必先请中西董事联合允准方可施行。周金箴君、邵琴涛君先后言，我们今日来此并非为租界华民代表，实系欲调停其事，斟酌和平办法，使华人得免惊恐，以期俯顺舆情，现有我等公议办法四条在此，由温钦甫君译成西文交与各西董阅看。第一条，一切普通传染病概不查检，西董赞成。第三条，凡租界华人如有染疫死者，其棺殓等事悉照中国风俗，由该家属自行殓葬，西董赞成。第四条，防疫捕鼠均由华民自办，亦赞成。惟第二条"查疫一事最易骚扰，如华人有患症形似鼠疫之病，立即报告中国自设医院，由院中医生前往调查"一节，西董言恐欠周妥，尚须商酌，因上海鼠疫业已发现，此病传染极烈，香港、广东往往一发现，传染至数十万人，诸公若轻视检查，则旅沪中西人士无不人人自危。温钦甫君起操西语详述港粤从前发现鼠疫，由华人自设医院自行调治，病即消灭情形。反复辩论，历一时之久。西医官马尔君云，查鼠疫如救火，若不认真尽力速办，传染甚速，死人必多，将有不能待救之虑，奈何？蓝君云，华人办医院所需款项西医及造屋等事，工部局均可帮助。沈君起立言曰，此等医院华人集款甚易，毋待帮助，感谢盛情，至造屋亦能自行办理，如恐华人自办医院不能严密，请听我历述向办医院情形。我逢每年夏秋在租界内开办时疫医院，每年六七八三月所医愈之人总有三千以外，前两年屡蒙前任卫生总医官称许。今年夏秋所办医院情形为贵医官所目睹，不知尊意何如？马医官云，我亦大为称许。沈君云，既蒙称许，可见华人已有阅历，足以自办医院，且华人来就医者较多于西医院,此无他因,办医院之人与有病者风俗相同,故得大众之信服。诸西董于是大为赞成,归我华人自设医院,并问设在租界内抑租界外?沈云我愿设在租界外。西医官云,听沈君言论,华人自设医院已有能力,我亦赞成,惟华人自检鼠疫,恐无效力,万一鼠疫大发现时,我实难当此责任。西董葛雷君云,上海租界居民,只分两类,一为外国人,一为中国人,照华商所议,自行检查办法仍不能抵制鼠疫之散播,但顾华人一面之恐慌,而未顾西人一面之性命,何得谓之和平?裴来德云,诸公要求四事,我等均已认可,惟第二条须由卫生处西医同往检验,且西医不过随往,并无看脉等事,诸公何尚坚执不允?沈君云,我等所坚执者,不过欲顺众人之舆情,人所不愿者,我等是以不能应允。西董咸云,日前会议厅接阅公函内言,除鼠疫外其余传染之病请勿检查,是检查鼠疫一节已明明承认,是以我等允将章程七条取销,乃今日公等之意又并鼠疫亦请免查,是言而无信,以后再有公函,恐将全无效力,且事近欺骗,旅沪西人势将全体反对,今日会议之一番和平初意,全归水泡,设果闹事,谁执其咎?是时中西各董语气激昂,于是陈紫照君与田资民君先后述,市面因此事已大受影响,若再行检查,人心一乱,商业必致损害。王瑞芝君言,北帮号客因闻有检疫七条章程,各欲束装归去,以致叫货无人顾问,目前总请先定人心为要。沈君又言,并非不查,系请改由华人自查。又磋磨一时许,始议定检查鼠疫归中国自设医院派出华人之习西医者和平调查,然恐人家妇女尚未免惊慌,再偕同一女医生同往以顺民情。至检查鼠疫地段,华商董群请缩小,辩论逾时始议定,南至苏州河,北至海宁路,东至北河南路,西至北西藏路,其余各处均不调查,限期尽一个月内查清即行停止。西董均云,照如此办法,我等可谓极顾民情至矣尽矣,务望诸公担任实力调查,并劝导愚民疑惑,以保治安。周金箴君云,如蒙贵董等俯顺民情,居民自能解去疑惑,但须请工部局出示晓谕,以坚居民之信。西董均言,今日为时已迟,准即从速办理。周金箴要请告示底稿拟就可否先交沈君仲礼一阅,西董亦均应允。语至此,已钟鸣十一下,中西各董均柽腹从公,华董遂先行散出,各西董俟华董散后,重行集议告示底稿,闻至夜半一时始行散会。现沈君、苏君、邵君等已分投筹款觅地,拟订章程,延聘医生,以期自设医院早日观成,敬告沪上居民,从此可安然高枕矣。(《中西董会议检查鼠疫详情》,1910 年 11 月 20 日)

174

同日,沪道移文商务总会,告知度支部准拨江海关税银一万两用于上海自设医院,并要求由久为中外所信服的沈敦和"总理一切"。文称:应将自设医院办法妥速筹定,克日开办,以安众心,而免外人借口。素稔沈仲礼观察于防疫事宜最有心得,历办医院成效昭彰,久为中外所信服,应请沈仲礼观察总理一切。(《部拨医院经费》,1910 年 11 月 19 日)

11 月 20 日下午,邀同商董邵琴涛、苏葆笙,至现场查看被工部局检查鼠疫的居民。面对哭诉的居民,极力加以劝慰,承诺"其最苦者仍筹款抚恤",并与工部局交涉,不再前往调查。报道说:

> 前月廿九日,浜北甘肃路即源昌里口所有被工部局检查鼠疫熏染房屋各铺户七家,因纷纷迁移出外,现在房屋修整,虽已迁回,而损失衣物等件,不胜怨苦。又有阿拉巴斯德路二家,北山西路五家,泰安里内九家,均以贫苦遭查,无衣无褐,苦不胜言。趁日前沈仲礼观察在怡和源栈房演说时,纷纷递禀,环求抚恤,日来又复至沈寓禀催。昨日二时,沈观察邀同商董邵琴涛、苏葆笙二君,亲往各该处,挨户履勘,查悉情形,中以染疫死于医院之徐恒生、陆左亭、顾阿尺等三家为最惨,纷纷对沈、邵、苏三君哭诉,三君恻然悯之,允将各户门牌一一抄录,一面代恳各房东免付租金一月,并商准工部局免付本季巡捕捐外,其最苦者仍筹款抚恤,各店户欢声雷动。苏、邵二君竭力劝导,后此工部局不再来查,惟我们绅董自开医院,派出中国医生前来调查,尔等不必惊慌,鼠疫害人甚烈,尔等各家已受其害,总要望你们大家帮助,将鼠疫根源除尽,租界居民可以大家平安,众皆欣诺。(《十志租界检查鼠疫问题》,1910 年 11 月 21 日)

11 月 23 日,发起创办的中国公立医院正式成立,并派精于西医之华人王培元、侯光迪等挨户调查,检疫风潮趋于平息。报道说:

> 粤绅张子标君将宝山县境北河南路补萝居花园一座洋房十余间、地十一亩七分让作中国公立医院之用,已于二十二日成立,先期由商务总会各帮各业董事刊发传单,在鼠疫发现地段分送,届时医院董事沈仲礼君派出精于西医华人王培元、侯光迪、史惠敦、缪颂橆四医士,又美国回华之女医士黄琼仙等,偕同西女医至开封路一带挨户调查。先由董事祝兰舫君派出书记曹君等向居民和平开导。居户咸称,只要保定洋人不再来查,现在来者只要真是华医,即便欢迎,于是王培元等和颜悦色而进,向居民一

一把脉，绝无反对之意，居户开通者亦复不少，惟再三叮嘱千万不可失信，用洋人来查等语。诸医士分路调查情形，大致相同。此次工部局俯顺华商之请，用此变通之法，华人甚为满意，从此风潮平静，市面可藉以恢复矣。(《中医检查鼠疫之详情》，1910年11月24日)

中国公立医院之内景

11月29日，《申报》以《中国医院检查鼠疫志详》为题报道沈敦和主持的中国公立医院检查鼠疫情形：

> 中国医院自本月二十二日开办以来，除二十六星期休息一日外，检查业已五日，初办时居户亦颇疑虑，每往查时，非一番开导不得入门，今则不然，虽未经开导，华医生亦能通名而入检查，极为迅速，五日来已查门牌八百余号，计居户千余家，虽稍有反对者，无非下流社会，其余中上人家一经红柬投入即许登堂入室，足见华人渐能开通，从此得免外人口实，洵可喜也。惟最可惜者，间有患病之人预先迁去，以致疫病传至大东门外郎家桥一带，昨闻阿拉白司脱路美华里三十号门牌有妇人某氏患病，形似疫症，当经侯光迪医生劝令迁入医院调养，该妇经一番开导，欣然允从，由公立医院所备橡皮卧车送至天通庵医院，当经黄琼仙女医士诊视，幸染疫甚轻，调治数日痊愈即可出院。闻侯君曾充北洋防疫医生，沈观察现派为住

院医士,另派赵新畲医生出外调查。(《中国医院检查鼠疫志详》,1910 年
11 月 29 日)

12 月 1 日,《申报》刊登沈敦和专文,题为《南市并无鼠疫之确据》,"以释悬
疑"。

12 月 3 日,在《申报》刊登《中国公立医院查疫报告》,称中国公立医院总理
沈观察报告"八日之内已查过大小铺户一千余家,并无染疫之人",疫情大减。
转录于下:

> 中国公立医院总理沈观察报告云,连日派出华医赴苏州河北岸各路
> 检查鼠疫,八日之内已查过大小铺户一千余家,并无染疫之人。工部局卫
> 生处在租界搜寻染疫之鼠,所得不过三头,独于黄浦外海轮船码头等获染
> 疫之鼠已有五十余头之多,足见上海本无鼠疫,偶尔有之,亦由外埠传来。
> 现在虽时交冬令,而东三省鼠疫流行仍不少衰。顷接牛庄医院来电,近来
> 东三省各处时见鼠疫发现,华历十月三十日一日之内,哈尔滨埠华人染疫
> 死者竟有十四人之多。

12 月 3 日下午,出席在张园召开的金琴孙追悼会并发表演说,报道说:

> 金琴孙君自被仇人暗杀,迄今正凶未获。关絅之等诸君昨日在张园
> 安垲第开会追悼,午后二时,官绅商学各界陆续而至计近千人。先奏西
> 乐,黄君中孚报告开会宗旨毕,来宾于金君遗像前行一鞠躬礼。旋孙玉声
> 君演说,大旨谓金君血性肝胆,为社会上不可多得之人,且金君生前为人
> 排难解纷,从未受人一毫馈赠,故身后萧条一无余蓄,尤为可悲云云。次
> 沈仲礼君演说,谓年来租界中国人民往往起冲突之事,金君能调和其间,
> 故租界人民受其惠者甚深。即如此次检查鼠疫风潮,金君若在事必较易
> 办理,因金君交游甚广而名望又素为人推服也。愚不克荷负,犹幸租界人
> 民程度日高,并无人起而为难,故二千余家之调查不十日而毕事,虽外人
> 亦不能不服吾民举动文明心志齐一焉。惟鄙人每逢难处之事,一念及少
> 一热心社会、共同办事之人,殊为悲唁耳。次苏履洁、李怀湘、叶惠钧、周
> 金箴、沈缦云诸君次第演说,均沉着肫挚,听者鼓掌。末张叔和君登台,谓
> 金君固侠士,然暗杀金君之人亦未尝不以豪侠自居,所惜见理不明,不知
> 金君为有益社会之人物,以致演成此惨剧。倘害金君者果自知其误,毅然
> 自行投首,领取五千元之赏洋为家属赡养资,一面请官长照律惩办,以申

177

法纪,则亦未始不足称侠云云。末由孙玉声君读诔词,家属答词,然后奏哀乐闭会。(《张园开会追悼金琴孙君记事》,1910 年 12 月 5 日)

12 月初,主持抚恤因检疫受害之贫户。报道说:

> 九月底,浜北甘肃路、北山西路被工部局检查鼠疫熏洗房屋,各铺户因纷纷迁移出外,损失衣物,苦不胜言,诉于商董沈、周、邵、苏、杨诸君,代恳各房东免付租金一月,并恳工部局免付本季巡捕捐,各情已载前报。兹悉泰安里房东宁波叶氏已愿免房租一个半月,至巡捕捐一项因工部局收捐处系独立部分,未便通融,于是沈仲礼君又商之卫生局医官,允各给抚恤洋二元,业于初二日按户给发,又有赘人徐安银因其子恒生惨遭疫死,终日号哭,公立医院特给抚恤洋五十元,杨信之君又给洋二十元,尚有好善之士募捐款项存于四明银行生息,以赡其家。(《分给因疫受害之抚恤》,1910 年 12 月 9 日)

12 月 8 日,为公立医院捐款事在《申报》刊登启事。(《公立医院沈仲礼启事》,1910 年 12 月 8 日)

12 月 11 日下午,出席江皖华洋义赈会成立大会并在会上做报告,后被推举为中方董事兼议长。报道说:

> 昨日下午五时,江皖华洋义赈会,假张园开成立大会。江督张制军,皖抚苏抚朱、程两中丞特委李问岷观察、汪颉荀观察、尹夔笙司马三君莅会代表,中西官绅商学界到者甚多。公推英按察使班德瑞君为临时议长,报告开会大旨。次由皖绅张弢楼观察请汪寿臣君代报皖省灾情,并代皖民乞赈。次由苏绅任逢辛观察报告江北灾情,并代苏民乞赈。继由福开森君用英文报告发起义赈会之大旨。报告毕,复由沈仲礼君用华文报告,略谓鄙人于丙午年曾偕中西人士创办此会,慨蒙诸善长异常踊跃,捐银至一百六十余万两之多,其放赈之法亦甚妥洽,成绩颇优。今据丙午年曾经办赈之裴德森教士由宿迁来信,谓江北饥民仍渴望或能再得如丙午之义赈云。查今岁江皖各处均患水灾,最重者为皖北之宿州、灵璧等九州县,而苏省之淮徐一带亦皆殃及,始由苏绅段少沧君,继由皖省官绅,先后见商,嘱再筹办华洋义赈,义不容辞,爰与福开森君联合筹谋,略有头绪,初意本国之灾不应屡次扰及西人,无如灾情甚重,饥黎皆朝不保夕。据各教士报告,甚至有以席裹身卧于丛冢以待死者,有多数妇人弃其怀中之孩,

任其号呼于途而不顾者，且灾地极广，灾民甚众，只藉本国之力深恐不能全济，不得已仍作将伯之呼，伏望诸大善长慨解仁囊，共襄义举，谨为两省灾民九顿以谢。至放赈办法，拟援照丙午年浣西教士会同各处本地正绅妥放，其壮者以工代赈，兴办开河等事，召令工作，其老弱妇女，则按口散赈，兼烦教中西妇收养婴孩，盖丙午年曾收养至六千余口之多也。其灾情之真相，拟即日请李少穆君偕王伯南君前往调查，分摄小影携归，绘图当面送与诸君观览也。沈君说毕，由教士罗炳生君演说在皖北目击之灾况。又有法人某教士将接到各处教士来信及西报所登之各处灾情饥民苦象，用英文演说，语皆沉痛。末由班德瑞君报告推举办事议长及董事等各职员，计举议长两位，西议长系福开森君，中议长系沈仲礼君云。(《华洋义赈会会场记事》,1910 年 12 月 13 日)

相关报道影印件

12 月 12 日,参加公立医院董事会并在会上提议"在租界择地另设一医院，专为租界居民就近投医普通之病，以辅公立医院所不能兼尽之义务"。获得与会人士的赞同。报道说：

宝山县境天通庵西之中国公立医院各董事于初十日假商务总会会议，到者五六十人。先由沈仲礼观察报告租界鼠疫虽已于本月初三日止查验告竣,毫无蔓延传染,而医院原为专查鼠疫历久防患未然起见,故设于租界之外,预算添造养病院等费须一万余两,常年经费约一万二千两,事创款绌,尚难完善,已刊启分劝,冀收成效。乃日来多有以电话信函通问,甚至亲自扶病来院请医,普通之病者不少,虽非鼠疫,究亦未便却之。在病者固不知公立医院之命意,无怪其然,但源源而来,路既遥远,诸多未便,鄙人拟再在租界择地另设一医院,专为租界居民就近投医普通之病,以辅公立医院所不能兼尽之义务,虽分两处,收效则同,需款尤巨,急须筹助,不知诸公以为如何? 众皆举手赞成,各允分投劝募。后又以公立医院办事各董急须举定,俾分任其劳,经众公举总办沈仲礼君,帮办王西星君,分任董事文牍周金箴君,会计邵琴涛君,建筑兼庶务苏葆笙君、陈炳谦君、劳敬修君、虞洽卿君、贝润生君、丁价侯君、杨信之君,共十一人,书记则延盛梦琴、谷镜蓉二人。(《公立医院董事会记事》,1910 年 12 月 15 日)

12 月 13 日,派医士赴北福建路、新唐家弄、北山西路等处检查鼠疫。报道说:

连日北福建路、新唐家弄、北山西路等处又有死鼠发现,经卫生局拾取查验均含有疫气,居民之病故者人数日渐加增,虽其病多属时症,而工部卫生局深恐鼠疫未净,商请公立医院沈观察加意防范,以免传染,而卫租界生命。沈观察立派王培元、史惠敦、赵新畬三医士会同宁波同乡会会友于十四日早赴各该处抽查,务期将鼠疫扑灭净尽。(《公立医院之防微杜渐》,1910 年 12 月 14 日)

12 月 15 日下午,参加华洋义赈会职员第一次会议并被推举为中议长,布置赈济事宜。报道说:

昨日下午五时,华洋义赈会职员第一次开会,当场推举福开森君、沈仲礼君为中西议长,季理斐君、李少穆君为中西书记员,铃木君、朱葆三君为中西会计员。首由福开森君宣示灾区地图以为放赈之标准,次由沈仲礼君报告现在甫经成立,募捐无多,先向皖绅商请拨垫洋五万元,并向徐州绅士段少沧君商请筹垫银五万两,以便即日延派教士会同绅士查放急赈。现接来电均荷允借,应即电致各灾区教士询其能否照丙午年办法代为放赈。又皖北各处只有怀远有耶稣教士,其余则只有天主教堂,须托鲍司铎分电各处询其能否亦照耶稣教士办法,一俟得有复电即可举行放赈。

报告毕,公议外洋捐册由福君主稿,华文捐册由沈君主稿。至应发各国募捐之电,英国归季理斐君,德国归美益君,日本归铃木君,美国归卜舫济君,法国归鲍司铎,本埠西人捐款亦归以上诸君分头劝募。(《华洋义赈会职员纪事》,1910 年 12 月 17 日)

12 月 21 日,《申报》以《中国公立医院抽查鼠疫近情》为题报道沈敦和派员抽查鼠疫情况。报道说:

> 工部卫生局近因北山西路、北福建路、新唐家弄等处发现死鼠甚多,验有疫气,爰商请中国公立医院总理沈仲礼观察,再派华医王培元、史惠敦、赵新畬偕西女医会同宁波同乡会友,分赴各该处继续抽查。自十五日起,除星期外,已历四天,调查户口至二千余,幸无患疫之人。惟天花时症流行极盛,又闻克能海路陈姓家前日在柴间内发现死鼠六头,因致电话公立医院,请往查验。该医院以查患鼠疫之人系其专责,至化验死鼠、修补地板鼠穴等事仍归工部卫生局办理,医院未便过问,当嘱径送卫生局如法化验;一面由该医院派令华医王培元、西女医惠而更生会同宁波会应季审至庆祥里仔细调查,惟一百五十一号、一百七十二号确有死鼠发现,惟无患鼠疫之人。又前月派往海宁路调查之华医赵新畬及宁波同乡会谢莲卿君等,查至南林里相近,见有中国门牌,因即询问该处巡士此处是否华界,巡士答以南面系租界,北面系华界。谢君乃往南面调查,行未数步,该巡士忽然赶上,谓必须至巡局报告。谢君等遂偕至四路二区,由巡官龚君接见,再三道歉,谢君等退后,以该巡士殊属非礼,且当时道旁之人金谓拘往警局颇失体面,故即报告该医院总理沈观察致函总局诘问。(1910 年 12月 21 日)

12 月 22 日,《申报》在"来函"栏刊登陈杏云来函,认为上海房租昂贵,希望中国官绅之产如盛杏荪宫保及"沈仲礼观察成都路之房屋似亦宜早为让价,毋步沪南某商董之后尘,是则非一人一家之益矣"。(《陈杏云来函》,1910 年 12月 22 日)

是月,上海工部局新立调查租界教育部,与钟紫垣被举为华董。(《调查教育部成立纪事》,1910 年 12 月 7 日)

是年底,为应对疫情,组织编纂《鼠疫良方汇编》一书,次年印行。时人称:"是书之成,四明沈敦和实主其事,郁闻尧、丁仲祜、杨心梅参编,徐尚志订正,

资料来源主要是南海梁达樵《辨证求真》及闽峤郑肖岩《鼠疫约编》二书。"兹录其序与跋于下,以见其来由:

沈敦和序曰:鼠疫一症为沪上从来所未有,近者租界地面忽有死鼠发现,工部卫生局依法化验,以为含有疫气,于是"鼠疫鼠疫"遂喧腾于众口。推厥原因,实由外海轮舶附带疫鼠而来,乃以鼠染鼠,驯至传染及人耳。工部局因此症极为危险,特订租界检疫新章,取缔綦严,殊于华人风俗习惯诸多不便。一时人心惶惶,震骇异常,咸思迁地为良之计。敦和恫焉忧之,爰联合各商界,与工部局竭力磋商,当承体察舆情,允归华人自设公立医院,妥慎查验,所以重生命、安人心也。考斯症发端于闽粤等埠,春令最盛,不发则已,发则伤人以千万计,传染迅易,至险极危,当其先,死鼠必多,死鼠愈多,疫气愈盛,乃及人身。兹者防患之法,敦和业集中西诸医,几经考核,刊单分送,登报广告矣。然求所以治之之方,自古及今,盖无成法可师。敦和广搜博采,得获南海梁达樵君《辨症求真》一书,见其辩论精审,经验确凿,洵为专治鼠疫之无上宝筏。而闽峤友人亦以该埠所刊《鼠疫约编》邮示,方药宏富,历著成效,尤足补梁君所未备,因请郁闻尧、丁仲祜、杨心梅三医士悉心编次,删繁就简,都为一卷,名曰《鼠疫良方汇编》。凡所传要方,一一具载。顾此症传染既速,变幻尤多,更不得不详细研究,期无遗憾。爰重就李君平书有道鉴定之。编辑既竣,亟付手民,以供吾华医界研求之一助云尔。宣统二年岁次庚戌长至日,四明沈敦和仲礼甫谨序。

苏德镰序曰:鼠疫之害,发于无形,传染至速,其酷烈较水火刀兵为尤甚。上年秋季,沪上虹口一带忽现斯疾,西人实行查检,人心震骇,几酿风潮。幸绅商各界协力维持,创设中国公立医院,自行调查,所以挽回主权,慎重生命,洵善举也。沈仲礼观察主任其事,研究鼠疫之所由来,实始于闽粤,渐致蔓延四达。爰函询福建、香港诸名医经验所得,广集方书,汇成一编,名之曰《鼠疫良方》,以为医治是症者之标准,嘉惠来兹,诚非浅鲜。鄙人不敏,未窥医学门径,惟寓沪四十年,遇有医药济人之事,未尝不竭诚赞助,以求我心之安。年来地气变迁,药性随之而异,仅仅依据古方,按图索骥,必不能如响斯应。查治鼠疫各方,不外以解毒活血为主治法门,其惟一要药,则西藏红花尚已。求诸坊肆,真品斯难,鄙人设存德堂有年矣,不敢以济世之具为牟利之方,爰遣友人赴藏广行采办,以备不时之需。考藏红花品行纯良，主治极广，取效尤神，世有病者需此，鄙人当从廉出售，以为涓埃之助。兹沈观察以《汇编》之成，时间匆促，所载方药，间有重复，特请徐相宸医士悉心订正，重付手民，以期推行尽利。为识数语，以弁诸简端。宣统三年岁次辛亥仲春之月，鄞县苏德镳葆笙甫拜序。

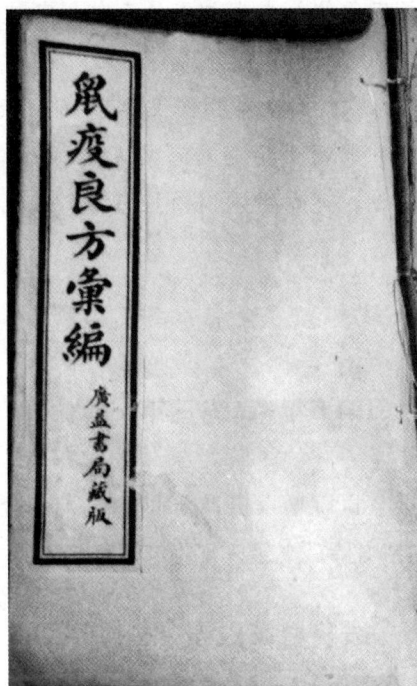

《鼠疫良方汇编》封面

　　徐尚志跋曰：《鼠疫良方初编》乃创办上海中国公立医院四明沈仲礼先生，取南海梁达樵君《辨证求真》及闽峤郑肖岩君《鼠疫约编》二书，请郁闻尧、丁仲祐、杨心梅三君编订者也。考鼠疫为疫症之一，治法古无专书，郑氏、梁氏继罗氏而起，本其阅历研究所得，故其议论皆凿凿可据，有裨补缺漏之功，诚津逮后学必传之作也。迩者仲礼先生复广征我医界同志研究所得，有赓续斯编之举。尚志谬以论疫见许于先生，先生乃付以搜集续编之任。窃维吾国主张保守，不求进步，微特不合世界进化之公例，且与先贤日知所亡之义相背驰，于是政治学术日形退化，将劣败而归于天演之淘汰，医学其一端也。尚志受业外舅孟河费绳甫先生之门，于今十载余矣，每见前贤著作治法有未尽善者，辄喜自出新意，为之纠正勘订，尤喜参以心得。从事疫证,颇有奇效,尝稍抒意见,刊登报章,以质于世。自鼠疫发现后,亦尝昕夕研究,以冀有所发明。既得是编,重以仲礼先生之委任,辄以管窥浅为订正,非敢轻议前人之作,盖将商量邃密,精益求精,一矫吾国保守之积习,而为积极之进行。从广义言,将以引起吾华医界进取之思想,以狭义言,则祈不负仲礼先生之委任云尔。宣统三年春三月,长洲徐尚志相宸氏谨识。

　　时觉按:是书之成,四明沈敦和实主其事,郁闻尧、丁仲祜、杨心梅参编,徐尚志订正,资料来源主要是南海梁达樵《辨证求真》及闽峤郑肖岩《鼠疫约编》二书。(刘时觉编著:《浙江医籍考》,人民卫生出版社 2008 年版,第 376—377 页)

1911 年(宣统三年)55 岁

1月前后,为中国公立医院增设租界分医院事,与周金箴、邵琴涛等在沪上各报刊登广告,呼吁各界支持。文录于下:

中国公立医院增设租界分医院第四次广告

　　本医院开设在宝山县界天通庵蜀商公所西首补萝居旧址,聘定美国毕业黄琼仙女医士及前办北洋防疫事宜、侯光迪医生常川驻院,并请著名化学西医在院化验病人身上血液,分别是否染疫,以期查验鼠疫分外周密。工部局前所指定地段,业经两次检查,一律告竣,幸皆无患鼠疫之人。惟各处时有受疫之鼠发现,考其原因系从海外轮船附带而来,根株实难杜绝,且查香港、厦门等埠鼠疫一症辄盛行于春令,不发则已,发则害人以千万计,危险异常,不可不加以防范。嗣后遇有疫鼠发现地段,本医院仍当派出华医随时检查,以重生命而安人心。但本医院系专治鼠疫而设,通例不能兼及他症。乃租界居民凡患普通病症者纷纷来院求诊,欲为留治,不合定章。惟既承信重,揆诸一视同仁之义,却之又窃所未安,爰与大清红十字会医院议定分任经费,即就其英大马路巡捕房后门天津路八十号分医院增设中国公立分医院,以资便利,择定于本月二十五日开院。倘租界居民患有普通病症者均可就近往诊。内设高等男女病房,专备体面绅商各界及女界养疴之用。另设普通男女病房,以备各居民住院养病,分别订有详细章程。惟一经增设分院,举凡房租、医药及一切经常费等需款愈巨,非赖众擎曷资成立,所冀旅沪各界鼎力赞助,或认年捐,或认月捐,或随时不拘多寡,慨解囊金,俾得永垂久远,以仰副殷殷期许之心,无任盼祷之至,惟祈公鉴。本埠代收捐款处:上海商务总会、广肇公所、后马路同吉里大丰洋布号邵琴涛、大马路恒乐里成记号苏葆笙、四马路慎裕号朱葆三、宁波同乡会、黄浦滩华安保险公司沈仲礼、中旺弄茶业会馆、东新桥洋货商业公会、申报馆、新闻报馆、时报馆、中外报馆、神州报馆、天铎报馆、时事报馆、民立报馆、商务日报馆,其余各处容俟续登。

中国公立医院沈仲礼周金箴邵琴涛等同启(《申报》,1911 年 1 月 1—9 日)

1 月 7 日,因减租无效,房东反而施加压力,沪北发生罢市风潮。作为上海商务总会议董的沈敦和与南北商会诸议董由商务总会乘车至跑球场下车,向西步行,依次"力劝各商铺照常开市"。(《沪北罢市风潮》,1911 年 1 月 8 日)

1 月 20 日,作为局董兼校董,出席工部局附设华童公学年假礼。报道说:

工部局附设华童公学于二十日举行年假礼,局董暨校董沈仲礼、祝兰舫两观察,福开森、李提摩太、花立嘉诸博士以次莅校。三时集中西来宾男女数百人茗叙于膳室,四时半学生四百余人排班入礼堂,来宾及诸生家属亦就座。主席花立嘉君及沈观察、福博士相继演说,大致谓本校宗旨汉英文并重,今竟达到目的,非监院康普君、汉文教务长李怀湘君实心任事,不克致此。次由学生韩增沅、娄福康、周礼谦、谢益亭等汉文演说,经干堃、诸昌龄、张鑫海等英文演说,庄谐杂出,听者鼓掌。次由沈观察、福博士颁给汉英各班奖品,得奖者钱文耀、翁国勋、经干堃、诸昌龄等不下三四十人。六时后礼成散会。又日前考试汉文教员,校董沈仲礼观察取录十卷,送校监院康君属(嘱)教务长李怀湘君覆试教授法,取定陈述欧、王铁楼二君,董事诸公业已认可延聘。(《华童公学年假礼纪事》,1911 年 1 月 22 日)

2 月初,致函沪道刘燕翼,要求当局高度重视此次北方鼠疫。报道说:

公立医院总理沈仲礼观察致函上海道刘观察云,敬启者,顷阅《字林西报》载北方鼠疫四散蔓延,现已南行上海,防疫一举尤关紧要。查传染疫气旅馆客栈最为迅易而亦易于传播滋蔓,刻敝医院业经刊发传单,通告公共租界各旅馆客栈,饬令遇有北方来人投止,格外注意,如察有病象,立即通知敝分医院派医调查。倘系患疫,立令迁入敝总医院医治,以杜传染,惟念敝院与工部局磋商自办,仅就公共租界一方面而言,当时并未与法工董局接洽,但查北方来客投寓法租界者较多,是法界调查尤为切紧。为亟具函,仰祈执事照会法工董局通饬该界各旅馆客栈遵照,遇有北方来客,一律注意,察有病象,立即通知天津路敝分医院,以便派令华医调查,查照公共租界一律办理。弟为慎重防范起见,务请察核,迅赐施行,毋任盼切之至。(《公立医院预防鼠疫南行》,1911年2月3日)

2月2日,在《申报》刊登《沈仲礼竭诚广告》,表示忙于防疫等事务,不再兼任社会团体职务:

鄙人谬任公立医院,事关公共租界华人生命,不敢不勉为其难。现北方鼠疫蔓延剧烈,上海疫鼠亦多发见,正在吃紧,业经添建病房,严防一切。所有鄙人前被公举之商会保险业代表及华商保险公会总董,经已辞谢,俾得专心一致,经营善举,为此登报广告。嗣后如有学堂公益等项选举会董,万祈诸公原谅,勿再以鄙人滥竽,曷胜祷切,惟希公鉴。(《沈仲礼竭诚广告》,1911年2月2日)

2月3日,在《申报》刊登通告,要求公共租界各旅馆客栈格外注意此次北方鼠疫。(《中国公立医院总理沈仲礼通告》,1911年2月3日)

2月6日上午,出席中西官商为应对北方疫情而举行的防疫会议并在会上多次发言。报道说:

正月初八日早十点钟,驻沪德总领事在本署邀请领事团代表英、德、日本三国总领事、关道、税务司、英工部局、法公董局、各国商会代表,会议上海防疫办法。到者英法日本各总领事,英工部局史医官,英商代表怡和、太古大班,美商会代表同孚大班,税务司墨君、河泊司克君,中国商会邵琴涛,中国公立医院沈仲礼,关道委员关炯之诸君。临时举德总领事为议长,宣言曰北方鼠疫蔓延,上海为南北交通荟萃之区,最易传染,不得不妥筹严防之法。众均赞成,当由税务司墨君提议曰:西二月初一日领事公会曾经提议,凡有疫口岸如大连、烟台、秦皇岛开来之各船,均须防疫幽禁六日。今奉外务部来文，改为七日，始准放行上驶长江各埠。众认可，又云该来船抵埠时，亦不得停泊码头，只准在江心由驳船卸除等语。当由太古大班宣言，如此办法殊于商务大为不便，卸货如用驳船，每船须多出驳船费千元以外，当时反对此条者甚多，于是改为各该来船抵埠时，准其停泊码头，白日卸货，入夜将船离开码头数尺，抽去跳板，将船上缆练加白铁制成之拦鼠片，以免疫鼠登岸。再由英法工部局各派巡捕至各该码头查察，各轮船是否遵章停泊办理，如不遵章停泊，即由海关知照该船移泊江心示罚。各轮船于货出空后，须用硫熏法将鼠类熏死，然后海关始给以执照，则是船下次进江可以直泊码头。货出空后，再用前法熏之。各国领事问对于轮船如此，对于中国帆船沙船如何。税务司答云，已在吴淞口外一律查验。德总领事言，取缔轮船严防鼠疫之法，颇为完全，上海人烟稠密，岸上防范尤须严密，提议查疫章程。英工部局史医官答云，公共界内防疫之法办理颇为周密，无须另议章程。德总领事问中西居户是否一律照办。史医官云，中西人均照章办理。关委员宣言，华人防疫史医官与沈仲礼君定有专章办理，可以无虑。德总领事认可。法总领事宣言，法租界内以及南市城内可否亦由中国公立医院仿照公共租界办法。沈仲礼君答云，中国公立医院已经担任公共界内防疫之事，责任已重，而且本医院远在宝山县界城厢，法界相距过远，且将来病车必从英租界经过，殊为危险，此事应请关委员禀商道台，于法界外另设暂时防疫医院一所，专防法界城厢南市之疫，方为正当办法。大众赞成。德总领事当请领袖领事备文沪道照办。各领事又问闸北与英租界毗连，该处污秽不堪，卫生诸事多未举办，殊为可虑，应如何办理。当由关委员允禀明道台会商巡警道举办。德总领事亦请领袖领事备文提议，以期上海一埠防疫之举筹办完密。众散出已钟鸣十二下矣。(《中外官商会议防疫问题》,1911 年 2 月 7 日)

2 月 9 日，与福开森联名致电江苏查赈大臣、江苏督军冯国璋，解释放赈进度迟缓之原委，函录于下：

南京冯梦帅钧鉴：阅报见查赈随笔载敝会与吴守焕章另有意见。查吴守系张道士珩为安徽义赈公所赈务事电请皖抚调沪候用，森等承认江皖乞赈之请，即将急赈垫款借定，随于十一月十一日开成立大会，请皖绅举人前往灾区会同教士散放。张道将吴守转荐，候至十九始到沪，嗣后吴守或宁或皖,踪迹不定。森等复因裕皖十万元收款凭信未到,屡电恽道毓龄尹丞,允谐催取,腊月初四得复电知凭信早交吴守亲身带沪。森等问明后,吴守即嘱购定江宽船票与善绅苏守秉彝偕行,次日忽又中止,森等未便再强,始电皖抚请从速就地举绅,其收款凭信因吴又离沪,故电裕皖另出,一面请苏守赶趁火车前赴灾区会同当地教士绅士,开放急赈。森等与吴守并无意见,易钞万分艰难,致迟开放,非因办事无人,放赈迟缓,深恐阅者误咎,谨将原委电陈,伏乞垂鉴。开森职道沈敦和叩真。(《电陈放赈迟缓之原委》,1911 年 2 月 10 日)

2 月 12 日,在《申报》刊登启事,要求社会各界高度重视此次北方鼠疫。(《敬告在沪同胞保卫上海之生命商业》,1911 年 2 月 12 日)

2 月中旬,工部局卫生医官史丹来拟就上年 12 月份防疫报告一则,认为此次扑灭租界内鼠疫,"中国公立医院为最出力"。(《工部局报纪》,1911 年 2 月 15 日)

3 月 1 日,派王培元偕同工部局医官赴奉天参加万国防疫大会并调查北方瘟疫情况。"临行沈观察嘱令抵东省后,务将东三省疫症情形、疫毙人数详细调查,陆续电报来沪,以凭研究。"(《公立医院调查北省瘟疫报告》,1911 年 4 月 6 日)

3 月 3 日上午,出席中西官商第二次防疫会议,议决上海应对北方疫病办法。报道说:

> 寓沪各国官商于正月初八日举定董事研究上海防疫事宜,已志前报,兹于二月初三日十时仍在德领事署开议,到者英、法、德、日本四国总领事,工部局卫生官史君,上海道代表关炯之君,税务司墨君,理船厅克君,中国公立医院沈仲礼君,上海商会邵琴涛君,美商会同孚大班,英商会太古大班,仍举德总领事为议长,提议目前大连湾一埠疫气减轻,应否准其豁免严防?

> 公议大连目前无疫暂准作为无疫口岸,然恐邻近有疫传染,是以今日另定办法。凡大连开至中国各口岸之船只,只许装载头二等搭客,该客等先须在大连隔离医院验视五日,如无传疫,由医院给发执照,船主验照始准上船。该船抵吴淞复由防疫医生登轮验视,果无疫症,即许该船驶入上海,豁免口外停留五日之禁,并准傍靠码头,缆链仍用口鼠铁片,白日起货,上灯停止,船舱仍用硫熏之法熏之,将此新章由海关出示晓谕。旋即

提议天津一埠公议，天津疫气渐减，而邻境仍有传染，尚须严防。议定天津租界内须先立隔离医院，凡欲来沪搭客，均须至医院验视五日，领有执照，始准登轮。该轮到淞到沪办法，与大连湾来船办法相同，秦皇岛来船亦然。

　　德领事问卫生官云，各国寓沪官商均注意与上海居民防疫之举，应否购买余地，增建隔离防疫病房，增延医生及办事人。当经史医官报告工部局，有防疫隔离医院可容二百人，且中国人有自设公立医院，专防疫症，鄙意上海岸上防疫颇为完备。当由沈君报告云，中国公立医院有地十一亩，近又添购十亩，新建隔离病舍，可容五千人，如疫症大来临时可以赶造隔离板屋，所延医士有西医二员、西学华医三员，足敷展布。德领事又问法界城厢防疫办法何如，关炯之君答云，上海道台已详细督抚电奏拨助经费，始可兴办。法总领事对沈君答云，如尊处欲派华医来法租界检查疫症，请随时知照，以便发出凭信，并传知巡捕照料。沈关二君同声称谢，议毕已交午正，随即散会。(《中西官商第二次会议防疫纪事》,1911 年 3 月 4 日)

　　3 月 4 日下午,代表王培元出席因愤于家乡赈灾不力而自尽的医士杨君谋追悼会并演说。"谓杨君虽死而其事不死,足为社会贺,因有杨君为之榜样,足以鼓舞少年人之志气也。"(《杨君谋追悼会纪事》,1911 年 3 月 5 日)

　　3 月 8 日,出席中国基督教青年会举办的第一次卫生演说会,会议"请工部卫生局史医官主讲疫疠问题,主座者为沈仲礼观察"。(《史医官演说瘟疫传染原因》,1911 年 3 月 11 日)

　　3 月 9 日,致函沪道刘燕翼,对宝山县令此次办理中国公立医院购地增建病舍事"甚称得力"表示感谢。报道说:

　　中国公立医院沈仲礼君致沪道刘观察函,云前以北方鼠疫蔓延,为祸剧烈,各国领事、中外官商防疫会均深恐传染至沪。于是公议公立医院,需添购地亩,增建病舍,推广防疫事宜。荷蒙饬知宝山县胡令调元饬派差保帮同劝谕。凡与医院毗连之地每亩给价洋五百元,迁坟一座给费洋十五元。当有该处顾云山、曹云停两户知系公益之事,欣然乐从,亲至医院交地领价。惟内有郭桂卿一户,意在居奇,不肯交出,继见左近均已领价,于初七日亦至医院领价交地。现在应行添购之地十亩,均已立契过户。

189

此次胡令办理甚称得力,且甚迅速,俾医院得以早日添建病舍,感纫公谊,实无既极。(《中国公立医院可以添建病舍矣》,1911 年 3 月 10 日)

3 月 17 日上午,参加寓沪各国官商第三次防疫会议,继续商议严防北方来船疫情办法。(《寓沪各国官商第三次防疫会议志详》,1911 年 3 月 18 日)

3 月 18 日前后,出席中国公立医院分医院开幕礼并报告"经办公立医院始末"。报告录下:

> 今日为本分医院开幕之期,辱承诸公惠临,请将鄙人经办公立医院始末为诸公告,想亦诸公所乐闻乎。去岁沪上西人以检查鼠疫大起风潮,寓沪绅商咸焉忧之,群议欲转祸为福,非华人自立医院不可。于是公推鄙人总揽其事,会商于工部局。幸各西董体察舆情,欣然首肯。当在华界天通庵侧购定张子标君补萝居花园,创设中国公立总医院,专治疫症。张君首先认捐七千金,即在原价内扣除。绅商界亦分认劝募。当派华人西医照工部局指定地段,按户检查,计二千四百家,十日查竣,人心大定。工部局亦刊报称善。惟绅商各界多以本医院距离较远,租界居民之贫病就诊不便,议在租界适中之地设一分医院,以资便利。爰于英界天津路八十号时疫医院旧址添设公立分医院。该院本鄙人捐设,专于夏季施治时疫,停办之后徐家汇路大清红十字会医院正□就此原址设立分医院之议,于是本医院与之同力合办,所有在事司役薪工以及房租等费,由红会每月分任银二百两,其余购备西国药品以及电灯火食杂费等项,每月本医院约任银三百两。延订无锡侯光迪、粤东李沛生两医士常川到院诊病。所以延粤医者为就诊粤人通方言计也。红会则派王培元医士于每日午后来院诊病。王君于西医科学深窥堂奥,办事热心,去冬检疫时不辞劳瘁,而办理和平,尤为各居民所欢迎。现由本分医院月给薪金,委托其兼办本分医院之事。本分医院处租界之中心点,就诊贫民咸称便利。除天花、烂喉疹、红疹三种格于租界定例不能留院外,其余普通之传染病及内外各症均可留院诊治,并蒙吾华各医张骧云先生等廿余人担任义务。凡宜于华医请症可以随时延请诊治,其所用中国药品由苏存德堂慨助。计自上年十一月念五日开办至今,计施医药一千五百六十六号,内住院者三十三人,立有诊病号簿,以备院董随时考察。惟以筹捐非易,院中一切布置仅校西人医院具体而微,未敢过求精美,以壮观瞻,而于开支尤力事撙节。本总医院虽占

地十一亩,以花园原址树木亭池居其大半,经防疫会中外官商公议,必规模完备,合于防疫医院之程度。乃添购毗连空地十亩,增建病房,并造自来水池水塔。现已敷五十人住院,万一疫气南来,尤当随时扩充。鄙人承诸公委任,竭尽心力,经之营之,倏已数月。本年正月十二日,工部局示验有华人患疫,其查验隔避诊治既由该医院华医人员办理,由华人管理。又云至关于人身一切办法,则由华人自己办理云云。是鄙人苦心孤诣,反复磋磨,得以达租界华人自立之目的。幸不辱命,惟来日方长,筹款不易。鄙人虽于创办总分两医院,系毫不敢虚縻,期垂永久。然为管见所不及者正多,尚祈诸公宏才卓识时锡良箴,以匡不达,鄙人幸甚,本医院幸甚。(《大清红十字会中国公立医院分医院开幕经理沈敦和报告》,《新闻报》1911 年 3 月 19 日)

3 月 19 日下午,出席宁波旅沪同乡会①在四明公所召开的成立大会并被公推为首任会长。《申报》报道说:

> 昨日下午一时,宁波旅沪同乡大会在四明公所开同乡会成立大会,会员会友到者二千余人,嘉宾四百余人。先由发起人施媚青君报告组织本会缘由,略谓各处旅沪者以宁波同乡为大多数,而交通上事亦最繁,惟向无总机关殊为可惜。本人等发起此会,众诸公赞成,今日得以成立,聚同乡于一处,鄙人不胜感激欣幸云云。次公推临时会长,众皆推沈仲礼君。当由沈仲礼君答称不敢承认长字,惟承诸公推许,且今日故乡父老相聚一堂,殊为盛事,不能不有演说,但今日演说大家喜作祝颂语,鄙人窃愿下一个针砭语。盖成立一会则易,坚合团体则难。我宁波人虽夙有憨直性质,如前年之四明公所,去年之鼠疫事,皆藉我宁波人之团力得以收完全之效。但今日团体往往散如黄沙,幸勿为习尚所染。我中国人之所以受外人欺侮者,皆因团体不坚之故。近日满洲、伊犁、云南等处边警迭出,我宁波人有此大团体正宜发生些爱国思想,如云南现有保界会,本会亦可出为赞助,以保护四明公所之心去保护国家,国家亦能不为所夺。总之,众志

① 宁波旅沪同乡会:1909 年,慈溪人洪宝斋等发起创建四明旅沪同乡会,不久洪氏离沪,会务中断。随后鄞县人施媚青等发起重建,并于次年 4 月改名为宁波旅沪同乡会,设事务所(即会址)于福州路 22 号,1911 年 3 月正式成立。后发展成为近代上海规模最大、影响最著的现代同乡团体,盛时拥有会员 3 万余人。

可以成城,否则今日开会虽有数千人,明日闭会即如散沙,则此会亦复何补?所望以后诸同乡持此坚凝力,再加扩充。已入会者坚守不移,未入会者热忱向往,令国中及外国人皆震而惊之,曰宁波人也,幸甚幸甚云云。嗣因会场人数过多,不免喧杂,添派整理员八人。派毕,复由来宾叶惠均君,会员周金箴君、王清夫君、王东园君等演说。旋将暂定章程逐条通过,并报告发起以后账略毕。依所定秩序,本应将连记之选举票,开报得票多数,乃票数过多,一时检查不及,因复请来宾李怀湘演说,略谓宁波人在上海,惜无教育机关,如能兴学,以鼓舞其忠爱之心,则有益于社会国家,良匪浅鲜,俾外省旅沪各同乡有所袴式而兴起焉,此鄙人之所祷祝者也。末复由沈仲礼君演说,此会成立以后,需力谋公益事宜,我宁波人足迹遍环球,将来可于各处设立分会,以上海为总会,凡有贫苦流落他乡者,皆宜设法拯济。其它如旅沪大学堂及工艺场种种有益之举,皆可兴办。至于筹捐一节,际此营业艰难,原属不易,但集腋可以成裘,原不以数少为嫌也。时已五点钟,选举票尚未选齐,只得宣告于明日登报[①],以公众览,遂散。

(《旅沪宁波同乡大会纪事》,1911 年 3 月 20 日)

历届上海宁波旅沪同乡会主要负责人一览表

年份	制度	正职姓名	副职姓名	
1911	会长制	沈仲礼	虞洽卿	朱葆三
1913	会长制	沈仲礼	虞洽卿	李征五
1915	会长制	虞洽卿	李征五	王正廷
1917	会长制	虞洽卿	张让三	钱达三
1919	会长制	张让三	方椒苓	陈良玉
1921	会长制	朱葆三	虞洽卿	王正廷
1923	会长制	朱葆三	虞洽卿	傅筱庵
1926	会长制	朱葆三(朱去世后由虞洽卿升补)		
1927	会长制	虞洽卿	傅筱庵	方椒伯
1929	委员长制	虞洽卿		

---

① 23 日《申报》刊登《旅沪宁波同乡公职员表》,内载:会长沈敦和仲礼,副会长虞和德洽卿、朱佩珍葆三……

年份	制度	正职姓名	副职姓名	
1931	委员长制	虞洽卿		
1933	委员长制	虞洽卿		
1935	委员长制	虞洽卿		
1937	委员长制	虞洽卿		
1941	委员长制	虞洽卿(虞离沪后由王伯元担任)		
1946	理事长制	刘鸿生	黄延芳	魏伯桢
1950	理事长制	黄延芳		

资料来源：上海档案馆宁波旅沪同乡会档案《历届会长、副会长与改为委员长、理事长及任期》

3月20日，《上海泰晤士报》刊文盛赞中国公立医院。《申报》报道说：

> 西三月二十日《上海泰晤士报》载，中国红十字会与中国公立医院两分医院合设于天津路八十号与老闸捕房，相去甚近，于上礼拜六行正式开幕礼，中外来宾甚盛。查该分医院开办已久，至前日始行正式开幕，两医院董事甚多，概由总理沈仲礼观察敦和为代表，接待来宾导入客厅，陈设极为美备，继复导客参观各室，布置周妥，器具精良。同声赞美后，复集客厅略款茶点。沈观察演说两医院组织情形，其中有足以称道之事甚多。该两分院之经费为每月五百两，中国红十字会担任二百两，其余应归公立医院，由华绅担任。中国红十字会董事为沈仲礼、任逢辛、施子英三观察，中国公立医院董事为沈仲礼、周金箴、王西星、杨信之、苏宝森、贝润生、朱葆三、邵琴涛、陈炳谦、劳敬修、丁价侯诸君。（《西报盛称华医院》，1911年3月22日）

3月30日，美国运送中国赈粮之蒲福号抵沪，与华洋义赈会西会长福开森等至吴淞口欢迎，并"赠送中国合省名胜图一本，以志纪念"。（《欢迎美国运送赈粮》，1911年3月31日）

4月3日上午，再次出席中西官商防疫会议。

4月5日晚，出席华洋义赈会西会长福开森及其夫人为欢送美国运粮舰举行的宴会，次日下午到杨树浦参与欢送美国运粮舰回国。（《沪上官绅欢送赈粮美舰之酬酢》，1911年4月7日）

中国公立医院全景

4月10日,参加江皖华洋义赈会星期常会,研究赈务,并有长篇发言。报道说:

本埠华洋义赈会,每逢星期二为常会之期,前日午后五时请中外董事书记各绅于三马路事务所开会,研究赈务。会长福开森博士报告,接皖北洋教士告急电,谓淮河水涨齐堤,阴雨兼旬,灾民以草蓬为居,饥寒疾病,死者愈众,百里之内遍地无粪,偶见紫血一堆,则数十步相近有一死尸,足见饥民久不得食溺血后即饿死之实据,并谓救灾如救火,现本会所购之汽油小轮二艘只备放赈员乘坐,力小不能拖运粮船,津浦局有小轮可雇,凡赈粮由临淮关径走洪泽河,庶一二日内可到灾区。会长沈仲礼观察深然其议,且谓祥茂洋行代本会向大连购运赈粮,前办之三万数千担旬日已闻如数运往灾区散放,每担价银二百三钱,价殊平正,洵急公好义,现又办到二千二百吨,计二万五千二百担,以一万九千余担托刘葆良观察在镇江雇小轮运清江分赈宿迁、睢宁、邳州四邑,余一万六十担仍运皖北。太古行四川轮船现由大沽直放大连装粮,定十七过沪,十八到镇江卸赈,二十到浦口卸皖粮,取极廉之水脚。沈会长言此次赈务承中外热心慈善家赞助,得以进行迅捷,如沪宁津浦各路招商之江轮,中外电报局悉免费,而太古怡和亦允酌让,洵见义勇为,而所装之日本大贞丸、襄阳丸拟面恳该公司援例减让。坐办江趋丹君起言,谓近日华人捐款较前起色,十日之内已得贰万元,虽不敌美国百分之六七及各国百分之二十,然吾同胞大率慷慨好施者。沈会长谓本会宗旨抱定拯皖北蒙涡亳怀四十五万、江北十五万生

194

命待至麦熟得食为止。洋人乐善输将，吾同胞岂独让外人专美者耶？福会长谓，当此阴雨匝月，田淫麦烂，饥民复以麦茎为食，麦秋可绝其无望。吾辈既担此重任，宁可预算至稻熟为止，设存麦熟之心，届时麦秋失败，则五月至八月来日方长，既未备拯款，无款购粮，此六十万人依然就毙，则冬春四五月之全功尽弃，宁舌敝唇焦沿门托钵，以慎始慎终为事。沈会长鼓掌称善，并谓去冬向裕皖官钱局借用皖北冬赈洋十七万二千七百元，除春间及月初共筹还十二万二千七百元外，结算尚欠五万元，应如数还清。前段少沧观察代垫江北急赈银四万五千两，业已如数归楚，则自今日起，本会悉无外债。福会长谓除还清债项外尚有余款，再购高粱二三千吨，总以捐款悉数囤积粮食为宜。续谓此次美舰蒲福起程后日前托美商某君电致美国丕吉商会等，大意谓此次来粮一千三百吨只敷灾民十日之食，且万里馈粮，政府慨助美金五万元，合墨银十一万数千元。惟驶行费重洋，运载耗时伤财，不如多捐银款实惠殊多，况灾区惨酷数十年仅见等语。旋由坐办江君报告各处函索灾民图多至数百封，今竣工者急需寄往美国、坎拿大等埠，则本外埠所急需者尚需俟诸君后，且谓现已裱悬挂之灾民图十余幅，捐募桶十只拟分设于张园、愚园、龙华寺、文明大舞台等处。以上四处已得复函，极力赞成，如外国饭店花园及游人萃集之区已拟陈列以资捐募，如有大行号愿设者通知后即送去。沈、福两会长均然其议。会董张虎臣君谓本会注重江皖，我虽皖人，皖灾虽重于苏数倍，然应一视同仁，不分疆域。凡会中报告广告等事当勿遗漏江赈。一方面皖绅牛楚材、郭礼征二君，由涡阳合邑士绅公举来会乞赈，并举王兰陆、华亭、马香谷诸绅可以帮同本会放赈。议至此时已八下钟，始行散会。(《聚精会神之赈务谈》，1911 年 4 月 13 日)

4 月 14 日，应日本各商团邀请，上海、北京、汉口、湖南等商会代表拟组实业团赴日本游历。为此是日在上海商务总会集议，"先由沈仲礼君宣布意见书，因为期太促，必须先行筹备一切，布置妥当，以昭慎重，全体赞成。决请改期，限定八月中旬各埠实业家会集上海，九月初旬就道"。"次日又经集议，已将(赴东实业考察团)事务所成立矣。"(《赴东实业团纪事》，1911 年 4 月 17 日)

4 月 22 日，应上海道刘燕翼要求，对上海防疫章程"妥为议复"。(《领袖公使对于防疫章程之隔膜》，1911 年 4 月 23 日)

4 月 23 日下午，出席宁波同乡会职员会并做报告，报道说：

水灾后的江皖灾民

　　宁波旅沪同乡会于二十五日开职员会,到者五十余人,先由沈会长报告,虞洽卿君由京旋沪,前由大会公选为本会副会长,今日莅会任事,由鄙人介绍与各职员欢会云云。当由职员全体拍掌以表欢迎,旋由虞洽卿君起言,鄙人材力浅薄,本不敢当,惟事关乡谊,不得不勉尽义务。节经书记员将历届议案并印刷文件送阅后,遂由虞会长提议三月初四日职员会议案中创办因利局事件,本会极应举办,先须妥议章程,再定办法。遂由全体公决并定名曰旅沪宁波同乡因利局。次由会长报告香港保良局所留甬孩马玉连,即黄森宝,嘱会调查一事,业经本会查取明白,致函认领,今拟由本会派人亲赴香港领带回沪。当经全体捐助川资,派人往领。候先电询保良局,得复后即派定管家王炳文赴港往领。散会时已五句钟矣。(《宁波同乡会开职员会》,1911 年 4 月 24 日)

是月前后,参与筹备法租界中国防疫医院。报道说:

　　今正在沪各国官商会议推广上海防疫事宜,公决城厢南市及闸北等处由中国地方官自行办理,惟法总领事商请法租界内亦须有中国公立医院,以期防范周密,当经沈仲礼观察一力担任,声请上海道通禀督抚宪奏请颁发上海防疫经费,业已奉旨照准。旋因法界西南隅外人住宅密布,绝少相当之地址,以致久未成立。兹经沈观察赁定福开森路之汪氏余村园

196

组织开办,定名曰中国防疫医院。该园直达马路,交通便利,且洋房轩敞,遍栽花木,空气充足,极合卫生,现已大加修葺,布置一切。闻与法领商妥,悉照公共租界公立医院办法,会同法公董局办理查疫事宜,并延订西医柯师、亨司德、峨利生、香港著名华医王吉民四君任其主任,其程度极为完备,不日即可开幕。(《法租界中国防疫医院成立》,1911年4月27日)

5月7日下午,上海日报公会、全国商团联合会、全国学界联合会等十团体在张园召开大会,欢迎东京国民会代表傅梦豪等,到会者二千余人,沈敦和出席并被推举为大会临时主席,又发表演说,提倡尚武精神。会议决定联络各团体在上海成立中国国民总会,在各地设立分会。报道说:

上海各团体于初九日假座张园开欢迎国民会代表大会,详情已纪前报。兹将是日临时主席沈仲礼观察演说辞补录如下:国事阽危,风云日紧,我华留日诸君子愤国事之不振,创立国民会,特举代表回国,号召各省同胞,拟创设国民团,弃旧更新,力图自强,期救危亡于万一,热心毅力可感可钦。惟鄙人管见所及,敢为诸君子陈之。我国贫弱至于此极,其所由来者盖非一朝一夕之故矣。东西各国历届赔款即如此其巨,至今岁耗金钱数千万,有去无来,焉得不贫。然推本穷源所以赔款之故,皆由愚民无知,焚毁教堂,杀戮洋人,酿成交涉,贻君父以莫大之忧,国势安得不贫哉。至弱之之由国朝重文轻武,久成习惯,军兴而后民不知兵,蹈周末文胜之弊。东西各国人尽知兵,适成一反比例。今欲转贫弱为富强,势非举国皆兵不可,欲举国皆兵势必设国民团不可。然创设民团宜仿照沪北商团办法。盖沪北商团以保卫地方治安国民身家为宗旨,平日毫无仇视外人之举动,是以政府从未干涉,而外人且引为同调,资助军械。倘吾各省同胞果能精心毅力,振起其尚武精神,使人人咸具有保卫地方治安国民身家之观念,急起直追,实行组织。境内凡有外人教堂在在切实保护,以杜弊端。既可免国家赔款割地之祸,亦可免外人干预之谋。虽非保国而保国之精意已寓其中矣。又有不逞之徒妄肆邪说,扰乱治安,尤为吾国蟊贼。吾国民会本爱国血诚,担保国责任,遇有此等害民之马尤宜辅助国家,奋力剿除。是吾国民堂堂之师,正正之旗,既不为外人所忌,并可邀政府赞成,阻力全消,团体坚固。然后合群策群力,研究各国历史地理以及进化之所以然,乘时进行,则吾中国国民既具有尚武之精神,又力谋文明之进步,合体

育智育而一贯之,诚如是始可以保国,始可以救亡。(《组织民团之阅历谈》,1911年5月12日)

5月10日前后,致函沪道,要求查禁豆油掺杂棉花子油,以重卫生。报道说:

中国公立医院总理沈仲礼观察致沪道刘观察书,云据租界居民王砚荪等函称,近来各坊肆所售豆油气味恶劣,食之每易致疾。贵院郑重民命,讲求卫生,应请迅饬调查,将各坊肆豆油细加化验。如果掺有杂质,亟请地方官设法示禁等情前来。当经饬人分向大东门西门北至沈家湾等处各坊肆购到豆油各一瓶,分交敝院医生并化验师窦宝来,如法化验。该豆油内果掺有棉花子油,质地不干净。查棉花子油畅销东西各国,用路极广,然未有充作食品者。盖以该油含有毒质,倘常时吃食,辄致喉症,有碍卫生故也。今各坊肆只知图利,不顾人民,辄于豆油内掺杂棉花子油,设为工部局所闻,严行干涉,必多未便。敝院为慎重卫生起见,应请台端行知上海县出示劝谕,各坊肆出售豆油不得以棉花子油掺杂在内,致碍卫生。嗣后并拟由敝院按月调查一次,如再故违,即随时呈请贵署饬县从严科罚,以昭儆诫。为此具函,尚祈察核施行,无任盼切。(《棉花子油亦可充食品耶》,1911年5月11日)

5月中旬,在《申报》等沪上报刊连续刊登法租界中国防疫医院开幕广告,以便各界周知,如5月19日:

中国防疫医院开幕广告

沪上公共租界业经各绅商创设公立医院,惟法界尚付缺如,嗣经上海道台通禀督抚宪奏拨官款赁定徐家汇福开森路二百零二号余村园设立防疫医院,已于昨日成立,所有治疫征程,悉照诸公立医院办理,惟一应经费均在官款项下开支,不动中国公立医院捐款,以清界限。延定西医柯师、亨司德、峨利生,并香港素有疫症经验之华医王吉民四君主任,兹已择定廿二日下午四时开幕,诚恐束邀不周,为此登报广告,务希各界诸君届时惠临,藉观典礼,吾人欢迎之至。

总理沈仲礼谨启(《中国防疫医院开幕广告》,1911年5月19日)

5月12日,国民总会召开谈话会,被推举为该会会长。(《国民总会假定职

中国防疫医院正门

员》,1911 年 5 月 14 日)

5 月 14 日,《申报》报道,沈敦和参与国民会活动受到官场注意,报道说:

> 江督张制军闻悉留日归国学生在沪组织国民会已有头绪,电饬上海道刘观察查明该会宗旨是否纯正,即具报观察,以此事曾在张园开会,众人推举沈仲礼为临时主席,沈君办事素来纯正,既经与闻,其宗旨未必悖谬,业已函致沈君,请将大概情形覆道详报。昨日观察又接江督札,准外部咨据驻日钦使吴电,称刻下留日学生纷纷归国,无法阻止,闻各生在日倡立国民军,有派代表回国之语,希即设法防范,即着密查迅速具报等语。闻观察不日将据情禀复云。(《官场注意国民会之举动》,1911 年 5 月 14 日)

5 月 16 日下午,参加华洋义赈会星期常会并发表演说,报道说:

> 华洋义赈会于十八日下午五时开常会。福开森报告,略谓河南永城灾情属实,现拨高粱六千担、苞米二千担,经临淮入涡阳由民船运汴定日内开放。又江皖灾区五年四灾,籽种过乏,为善后计,急须散放秧种。现已购定黄豆、绿豆、青豆、苞米等数万担,迅运灾区,想不至有误农务云云。次由会长沈仲礼演说,谓捐户捐来多少即赶买秧种多少,运往散放,乃标本兼施至善之策云云。次由坐办江趋丹报告,谓近接本会驻临放赈兼转

199

运专员苏小齐太守电函,为灾区时疫盛行,速办药品济急,大水之后,益以大疫,民何以堪?放赈教士罹热病者有七八人,垂危而后生者二人,已死者南纵周一人。是时沈会长答曰,所需药品已托苏葆生君配制,并由医家定方制合正气丸三合丸、韩氏五瘟丹数万服,克期运送。福会长又谓美商丕吉及红十字会教务报续捐面粉五百包、白米十六袋、布一箱、麻袋八包及豆麦种子等,业于十五日装江轮运皖。继又由坐办江君报告购买黄豆、青豆、绿豆、苡米等总数并将装轮细数续述,计上月二十七日大通装高粱二千十六包,又隆和装高粱一千九十二包,初六江裕装衣料、牛肉、沙门鱼共六十一箱至镇江,初七隆和装山芋秧二百万株,初八大通装高粱五千七百二十九包,十一德和装黄豆一千包,十二金陵装高粱五千六百六十一包,十三江宽装黄豆三百九十七包又苡米九百五十九包,江裕装高粱九百七十四包十八,隆和装高粱一千七百包,十九江孚装青豆三千五百包,大福九装苡米三百十八包。现尚拟再购青豆、黄豆四五千包运往散放。末又由福沈两会长同谓江皖灾区二麦已损,接皖抚电,须延长至秋熟。吾同人疲精劳神,在所不惜,惟来日方长,沿门求乞恐难为继。现中外捐款已达百万,原非始料所及,如能再有数十万,救人救彻,俾江皖三百万饥黎得庆更生,咸沐仁人之赐云。议毕时已七钟,遂散会。(《标本兼施之赈务谈》,1911 年 5 月 18 日)

5 月 22 日,《新闻报》刊登其在法界中国防疫院开幕式上的报告,从中可知其创办该院之经过。文录于下:

今日为本医院开幕,辱承诸公惠临,足为本医院光,请将鄙人经办缘起为诸公告,想亦诸公所乐闻乎。去岁,沪上公共租界查检鼠疫大起风潮,当经各绅商会议,佥谓欲转祸为福,非吾华人自立医院不可。公推鄙人总理其事,与工部局往复磋商,幸各西董体察舆情,欣然认可。于是绅商各界纷纷集捐,在华界通庵侧创设中国公立医院并就英界天津路大清红十字会分医院内添设分院,业经分别成立,开办有时。惟当中外官商防疫大会之际,法总领事宣言,以为法界防疫尚付阙如,亦宜设有中国医院,庶期周密。诚以该界沿浦轮船交通,旅馆林立,一旦疫气大来,传染尤易,自非预患先防不可。幸蒙上海道刘观察念切痌瘝,毅然担任,通禀督抚宪奏拨官款,照会鄙人办理,俾吾法界同胞共享幸福。鄙人以事关公益,义

沈敦和参与组织的华洋义赈会皖北放赈活动现场

务所在,不敢不勉为其难。现已赁定徐家汇福开森路二百二号余村园,设立法界中国防疫医院,已于前月成立,法总领事暨公董局各西董均极表欢迎。所有治疫章程悉照公共租界中国公立医院办理,其一应经费均在官款项下开支,不动中国公立医院捐款,以清界限,延定西医柯师、享司德、峨利生及香港素有疫症经验之华医生王吉民四君主任。查鼠疫症传染后须九天或十一天始发,患者不察,每易轻忽妨命,尚祈惠临诸公互相告诫。倘吾法界同胞有患身热头痛两腿内腋发生核子疑似鼠疫者,请即通知本医院,或以五百零八号之电话相告,自当立派华医前往诊治。此系法总领事俯顺舆论,华人患病归华人自行医治,与公共租界工部局同一美意耳,足为吾华人自立之基础,关系非轻,而刘观察为民请命,拨款组织,俾我法界同胞有利赖而无义务,尤为仁至义尽,美意法良,曷胜钦佩。鄙人惟有竭诚经理,力事撙节,以副盛德。迩闻香港、广东、福建等埠又有鼠疫发现,鄙人敢不勉力预防。苟遇外疫所侵,期必立即设法消灭,俾上海一埠永为无疫口岸,想更为诸公所乐闻也。然事关公共,管见所不及者正多,尚祈诸公宏才卓识,惠锡良箴,共匡不逮,鄙人幸甚,本医院幸甚。(《法界中国防疫院开幕总理沈敦和报告》,1911 年 5 月 22 日)

中国防疫医院之养病房

5月27日下午,主持中国公立医院立碑开幕仪式并作演说,报道说:

> 昨日下午二时半为中国公立医院行立碑开幕礼,先由总理沈仲礼观察率同医士员司遍扎松柏彩花,高悬龙旗,雇用乐队,布置井然。来宾共约千数百人,首由沈观察请沪道刘襄孙观察行开幕礼,后刘观察即对众演说,并由何乐舫转译洋文。继沈观察亦登台演说,谐正相生,合座鼓掌。旋谓来宾工部局史丹来医官演说,大旨谓沈观察所创之公立医院为中国最完全之医院,足为新中国之模范,所聘医士均有学问有阅历,实为难能可贵,不特本医生所钦佩,即各国寓沪官商亦交口称颂,沈观察之热心公益,中外官民并受其福云云。当由王君培元遂句译以华文,并将沈观察演说转译西文,座客皆欣赏不置。末由闸北警局卫生科科长代总局局长姚捷勋致读颂词,并款来宾酒点,殿以摄影以留纪念。复导中外来宾参观病房,规模大备,无不叹服,迨众宾陆续告辞,时已五时半矣。(《中国公立医院立碑开幕》,1911 年 5 月 28 日)

5月30日,《新闻报》刊登沈敦和送达的《宁波同乡会同人致中国公立医院开幕颂词》及其所做的启事,从中可知当时旅沪宁波人与中国公立医院的关系。颂词与启录下:

宁波同乡会同人致中国公立医院开幕颂词

今日为公立医院立碑开幕之期,凡我旅沪同人,睹国旗之飞扬,丰碑之揭橥,莫不欣欣然相告曰:此为上海特立之医院,亦为上海前此未有之盛举。吾人当念医院未立以前与医院将立之际,经几许困难,费几许困难,始有此公共机关,以为沪民造福,此固工部局董之善体舆情,而亦沪上同胞之全体幸福也。溯自去年鼠疫事起,西官鉴于外洋往日疫祸之滔天,不能不思患预防而有检疫之举。其良法美意固宜为吾人所共谅,特我华民暗于世界知识,局于历史观念,从不知为世界最烈之疫祸,一旦检查鼠疫之令下,其恐慌之状固亦事理之常。中西两方面不免稍有芥蒂,于是我国绅商出与工部局董事磋商良策,而始独自立医院,自行检疫之效果。吾乡沈仲礼先生不辞劳瘁,起而担任院事,本会同人亦随先生后分任检查,逐户慰问,剀切开导,民心遂翕然而信服焉。今者鼠疫早消灭矣,医院亦成立矣。抚今思昔,是非沈仲礼先生暨诸君子热心公益,安有如是之盛事哉。抑同人更有进焉,夫医院者所以预备不虞也。我沪上同胞要知防疫卫生之要政,而卫生尤以设立医院为起点,幸勿以有此医院而置卫生之学于不讲,庶不负诸君子缔造之苦心,则尤本会同人所厚望也夫。

宣统三年岁次辛亥清和月下浣

上年敝院调查鼠疫,承宁波同乡会诸君子襄同分检,逐户剀切开导,民心遂翕然信服。如此热心公益,劳瘁不辞,良深钦佩。前日敝院开幕,复承贵会惠赐颂词,拳拳期勉,尤为可感。惟以演说时间太促,未及宣布,一申谢忱,莫名歉仄,特此附启,聊代答词。伏惟公鉴。

沈敦和启

5月底,因宁波发生抢米风潮,致电宁绍台道,要求设法维持,报道说:

宁波旅沪同乡会前因宁波米行惕于抢米风潮,电至沪上,米业暂停运米,深恐民食益匮,风潮愈剧,由会长沈仲礼观察电请宁绍台道桑观察设法维持,已纪前报。兹得复电照录如下:宁波同乡会沈仲翁诸君鉴:电悉,抢米事平,匪已获,弟身任地方,必竭力维持,昨已将城内盗犯正法,以期震慑,乞公速劝照常装运,勿虑。宝,冬。(《宁波抢米风潮已息》,1911年5月31日)

中国公立医院正门

　　是月,为赴日考察事分别致函各地商务总会。如20日《申报》报道说:芜湖商务总会日前接上海赴东考查实业团事务所沈敦和、赵玉田来函并议案禀稿等,谓定期九月初成行,赴日本考查实业,邀请举员入团,藉可扩充智识,转饷国人,想贵会同人亦必乐表同情云云。该商会遂于十八日邀请各商董开临时会,提议此事。(《提议赴东考察实业》,1911年5月20日)

　　6月2日下午,与苏葆笙被寓沪绅商推举为赴京办理创办中美轮船公司相关手续的代表。报道说:

　　　　去岁美国实业家、资本家来华观光,业由各省商会优礼欢迎,实为中美实业家联合之起点。兹由两方面定议并经上海商务总会发起,各省商会合办合资创设中美轮船公司及中美银行。近闻制造新船业已下水,高悬龙旗,行驶欧美各洲,为中国航业第一次发现于大西洋、太平洋、地中海、印度洋之创举。旋由广东商会举郑君陶齐、汉口商会举卢君鸿昶来沪会集。初六日下午本埠商务总会柬邀寓沪绅商公议,推举一资望素孚品学兼优者赴京,到农工商部、邮传部禀请注册等事。继由众人公举沈仲礼、苏葆笙两君为全体代表,克期起程赴部,禀商中美合办章程及中国国家保护法、特别奖励法及完全利益,为他日中美联合之模范,并经各绅商敦促沈君起行。故将公立医院事暂由王西星、王培元二君代理,赴东实业

团筹备事宜由沈君门生朱君仲宾代理,定初十日乘新铭轮北上。(《中美实业联合之实验》,1911 年 6 月 4 日)

6 月 3 日中午,英美烟公司大班汤懋士假座戾虹园欢迎来沪之同事左治氏,应邀与席。(《戾虹园午宴略志》,《时报》,1911 年 6 月 4 日)

6 月 4 日,出席慎食卫生会在张园召开的劝诫纸烟大会并在会上发表演讲,"大旨谓香烟之害与卫生、经济皆有莫大之关系,宜先责成学界诸子,誓以下等社会近皆吸食,吾人若吸食纸烟,则与此等人作平等矣。刻下民穷财尽,苟不警觉,将来尽变饥民云"。(《劝诫纸烟会纪事》,1911 月 6 月 5 日)

6 月 6 日下午,出席劝诫纸烟会职员会,会议推举伍廷芳为会长,陈润夫、沈敦和、李平书为副会长。(《时报》,1911 年 6 月 8 日)

同日,作为上海商务总会代表,与苏宝森及广东、汉口代表"为中美银行事来京与政府晤商"。(《京师近事》,1911 年 7 月 5 日)

6 月 12 日,《申报》以《义赈会务其大者远者》为题披露沈敦和与福开森主持的华洋义赈会为赈济淮河水灾与治理淮河所做的巨大努力,报道说:

> 华洋义赈会自去冬十一月开会起讫今年四月底为止,结算捐款、赈粮两宗已逾一百十一万数千元,共运高粱米、谷苞米、蚕豆杂粮共二十余万担,黄绿青豆种子不下六七万担,以及美国捐助之面粉,是皆一时治标权急之策。该会会长福开森博士、沈仲礼观察始意必须浚治淮河,以工代赈,庶可杜江皖数百年来之隐患。惟费巨工艰,河工费用一时颇难预算,必须于测勘后始有把握。但测勘千里巨河,非有巨款不能济事,经福沈两会长毅力担任筹募,并由美国红十字会捐资选派工程师来华兴办测勘工程,一切费用不取官家分毫公款,仍为义赈慈善事业。为江皖人民杜隐患,谋生计,裕国利民,良法美意,固本善后之策,何其大且远耶。

6 月 17 日,在《申报》刊登《时疫医院提前开办广告》,呼吁各界对时疫医院予以支持。(1911 年 6 月 17 日)

6 月中旬,与张弼士、卢鸿沧等列名发起与美国商人大来合资创办中美轮船股份有限公司。(《中美航业之始基》,《时报》,1911 年 6 月 21 日)

6 月 22 日,东京商业会议所为招待中国实业视察团事开会,会上多次提及沈敦和,认为"沈氏者实中国实业界中之麟毛,吾辈宜利用之"。报道说:

> 阳历六月二十二日东京商业会议所又开大会,决议招待中国实业视

察团。首由有吉领事报告,略谓此次来东团长为沈仲礼,此人系剑桥大学留学生,于中国实业界总算有点人望。要知中国实业幼稚,不能与我国实业界相较,若沈氏者实中国实业界中之麟毛,吾辈宜利用之。次由大仓喜八郎演说,略谓招待中国人必须熟知中国人的性情,我曾周游南满,略知一二,敢为诸君言之:中国人第一讲究送礼,闻此次该团东来,盛备礼物来送我国。故我国亦宜多备礼物,以还之。第二中国人最喜美味,吾辈此次欢迎,当多备酒食以充其欲。第三中国人最喜自尊,吾辈对于此次东来诸君必须利用其自尊而格外谦逊。总之吾辈此次招待为图日清贸易之发展,而扩张日清合同之商业也。众皆拍掌赞成,遂于翼日定由大阪、京都、名古屋、神户、横滨、东京六会议所,用正式招待状,发送沈君处矣。又闻明治天皇日昨亦因此特谕内阁,谓此次中国实业考察团来东,如有相当之资格者,可带引见并恩赏参观宫廷及振天府(日清战役战利品陈列所)等语。现该大臣传命东京商业会议所矣。(《日本招待中国实业团之命意》,1911 年 7 月 2 日)

7 月 23 日下午,出席钱业劝诫纸烟会并演说,"诙谐杂出,闻者解颐"。报道说:

昨日北市钱业中人在虹口海宁路钱业会馆开戒吸纸烟大会。二点钟振铃开会,到者约五百余人。首由钱业董事朱五楼君报告,本会系甬属钱商维益会诸君发起,公推余民进君为临时会长。众赞成,余君登台报告发起此会之宗旨,谓纸烟有碍卫生,奉劝同业诸君相戒勿吸。次由沈仲礼君演说,谓钱业为百业领袖,且为交通机关,在商业上最占势力。苟能戒吸纸烟,则百业之闻风兴起者必多,且现在戒吸纸烟已有动机,自伍秩庸侍郎开戒烟大会后,曾往各大戏馆调查。凡上等社会之吸纸烟者已甚寥寥,至下等社会则以智识浅薄吸者仍多。诸君如不戒吸,则非但有碍卫生,直是自居下等云云。诙谐杂出,闻者解颐。又次由伍侍郎演说,谓中国前被雅片所困,而今之纸烟其害且远过于雅片,以其无论何人何时何地,俱可吸食,将来害生耗财必较雅片为甚。鄙人曾调查去年海关册,纸烟进口已达一千余万,其内地制造者尚不在内。诸君即不为卫生计,独不为经济计乎?试思诸君吸烟平均每月化洋三元,全年即须三十六元。试以此钱积聚数年,数已可观。如果贵业诸君积成巨款,将来开一学堂,岂非一大善事？末又以西国风俗证明吸烟之非，并劝人兼戒酒肉以益寿算，闻者动容。又次王清夫君演说，谓纸烟一物已遍布于二十二行省，浙江一省营销稍减，因杭省有宓大昌烟店之水旱烟，性尚和平，素为浙人乐用之故。乃有人知其原料系由新昌、嵊县而来，欲尽买此二县烟叶以图垄断而夺生计者。幸为某君等所尼，事未实行。末由朱少屏等诸君演说，听者亦甚感动，闭会时已钟鸣五下矣。(《钱业劝诫纸烟会纪事》，1911 年 7 月 24 日)

8 月 3 日，为黄浦救生会事致函郑观应，建议在南市设局并请当地著名士绅加入。函录于下：

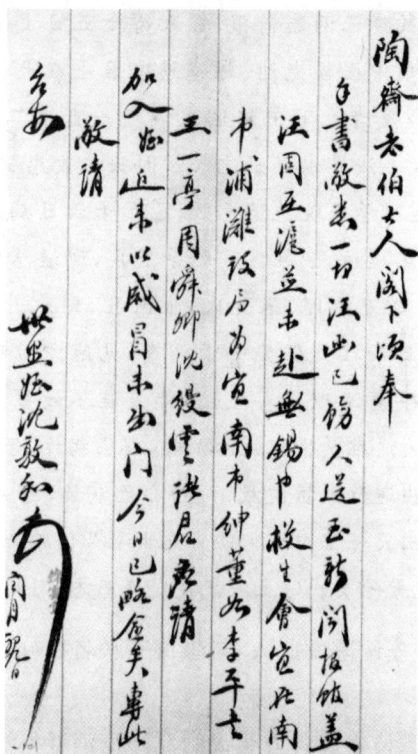

沈敦和信函影印件

陶斋老伯大人阁下：顷奉手书，敬悉一切。汪①函已饬人送至新闻报

① 指汪康年，杭州人，清末维新派人士，时与沈敦和、郑观应多有来往。

馆,盖汪固在沪,并未赴无锡也。救生会宜在南市浦滩设局为宜,南市绅董如李平书、王一亭、周舜卿、沈缦云诸君应请加入。侄近来以感冒未出门,今日已略愈矣。专此,敬请台安。世愚侄沈敦和顿首,闰月初九日。(吴建中、陈迎宪主编:《郑观应档案名人手札》,上海古籍出版社 2007 年版,第 131 页)

8月初,上海爆发鼠疫,即派中国公立医院医士数人逐日详细调查。(《上海鼠疫复现之警报》,1911 年 8 月 8 日)

8月9日,"亲往天保里一带调查"鼠疫。报道说:

> 天保里发现鼠疫已两志前报,兹采得十五日上午公立医院沈观察派西医柯师、亨司德,中医侯光迪、陈家恩四医士在天保里大街并后面各弄详细调查,未有患疫者。下午陈医生调查一百零二户,虽有病人尚非鼠疫,亦未见患疫者。法界永兴里沈永长因头热兼患腿核,亲往公立分医院医生验系鼠疫,送往总医院施治无效,已于十六日病故。又有海宁路松成里张开志亦系头热腿核,亲往医院验系鼠疫,现送总医院救治。十二日在天保里查出似疫之万潮郎、张沈氏、张阿孔、刘永升四人现已痊愈出院。再沈观察于十五日亲往天保里一带调查,见地方污秽不堪,易酿疫症,现已与沪道刘观察妥商清理消毒之法,俾疫症不致蔓延。又川洪浜京货店钟叔良日前以患疫送往总医院救治无效,刻已病故,张龙宝、何叶氏(均前日由天保里一带查出送往总医院救治者)亦已病故,可见鼠疫一症为祸至烈。本日复经医生查出天保里口大街四百九十七号门牌朱阿荣亦系身热腿生核症,当即送往医院救治矣。(《上海鼠疫发现三志》,1911 年 8 月 11 日)

8月6日,作为时疫医院发起人,与朱葆三联名在《申报》刊登启事,敬告鼠疫病人千万不可挑痧。

8月11日上午,邀请中外各方会议闸北防疫消毒办法,报道说:

> 十七日早十点钟,沈观察邀请沪道刘观察转邀巡警局长姚继之太守至洋务局会议闸北防疫事宜,适太守赴苏未回,因派卫生科吴君、工程科马君到局会议。当经沈观察宣言,谓中国公立医院防疫责任在租界内专查鼠疫之人,送往医院调治等事,中国防疫医院在法租界亦然。至除鼠消毒一切均归英之工部局,法之公董局办理,计自开办至今,和衷共济,颇能收效。本月十七日《字林西报》盛称中国公立医院此次查疫完善,毫无缺

点,而于闸北防疫消毒颇有责望于鄙人者。然鄙人于闸北所担责任亦只能如租界专查患疫之人并为送院施治,此外若消毒除秽等事应请道台会同巡警局认真办理。刘观察闻之深以为然。座中有西医柯师、华医侯光迪共同讨论,至四小时之久。闸北消毒防疫各事已由刘观察担任,当派道署陈振东翻译会同巡局卫生处并公立医院西医柯师设法消毒严防,今日下午二句钟尚须在洋务局续议云。(《会议闸北防疫消毒办法》,1911 年 8 月 13 日)

同日,在《申报》刊登告示,认为上海"上海鼠疫实已发现",寓沪同胞务请注意。(《中国公立医院防疫医院沈仲礼谨告寓沪同胞注意》,1911 年 8 月 11 日)

8 月 12 日,致函《申报》,报告有关此次沪上鼠疫进展情况并注意事项。报道说:

> ……又据沈仲礼观察报告云:闸北发现鼠疫来势甚烈,往往病起数小时,核即愤起,人已昏迷,再历数小时即毙。幸现在居户于公立医院信用颇坚,患病者均自乘人力车亲往公立分医院。当用橡皮马车送往总医院调治,虽办理极为迅速而仍有不及施治者。昨经中西医士合同研究,其速死之由缘核子起其毒窜心房,是以不省人事,少顷即毙也。且此疫已发现于法租界,并由病人传入英界之甘肃路。连日公立医院派医至闸北挨户严查,不日闸北巡局又认真消毒,该处居户嫌其烦扰,势必遁入租界及城内各处。警告各界居户各宜留意查察,凡有新搬来邻居患病者,请即至北京路公立分医院报信,立派医士前往查验,俾有疫之人即可入院救治,无疫之人亦不至于传染,一举而数美备,惟望大众同胞共同防范,是无切实祷。(《上海鼠疫发现五志》,1911 年 8 月 13 日)

8 月中旬,沪道刘燕翼设立中国巡警卫生处,"商请沈仲礼观察为总办,并委关炯之太守为会办,先从调查种种关系卫生事宜入手,如清洁道路、取缔贩卖有碍卫生之瓜果食物等,一面请公立医院派医数名分赴各区逐户清查,以杜病源而维治安"。(《上海发现鼠疫六志》,1911 年 8 月 14 日)

8 月 18—20 日,在《申报》连续刊登有关上海鼠疫情况的报告,以引起社会各界之重视。(《公立医院总理之报告》,1911 年 8 月 18 日;《公立医院续查鼠疫之报告》,1911 年 8 月 20 日)

8 月 19 日下午,作为会长,出席在张园召开的华洋义赈会慈善助赈会并

"演说大旨"。(《慈善助赈会会场记事》,1911 年 8 月 20 日)

8 月 24 日前后,接日本大阪日华新报社社主、招待赴东实业团干事员品川仁三郎欢迎函。(《中日实业家之交际》,1911 年 8 月 24 日)

8 月 30 日,在《申报》刊文,报告上海鼠疫发现之情形:

公立医院总理通告鼠疫之确证

本月十一日闸北松盛里口忽然发现疫症,该病人始患头痛,眼白满布红丝,两腋及腿弯均起核子,既坚且巨,触手即觉奇痛。当经本院西医亨司德博士查验刺取血点,如法化验,含有毒菌甚多。然征诸闽粤各省,鼠疫一症多发生于春秋之际,若寒暑表升至八十度以上,此种疫气早经肃清。现届正在盛暑,不应有此,故本医院犹不敢断其的系鼠疫,爰经数间类似该病之人血点六分夹入玻璃片,送交工部局史医官复验,因该医官设有化验瘟疫微生虫之专室,一应仪器莫不具备,旋经该医官化验之余,以血质太少未敢轻定,复将该血点针射活鼠身上,乃一二时间,该鼠即毙。剖验鼠身,亦含有毒菌,较之各埠所有鼠疫毒菌,同一种类,其确为鼠疫已毫无疑义,当经该医官签具证书,定之曰是为上海发生之一种鼠疫。

按鄙人担任查疫原为保卫公安起见,责任重大,时切兢兢。倘使鼠疫潜消,闾阎永靖,岂非甚愿?乃近日闸北松盛里及法界永兴里等处确有鼠疫发现,既经查察,惟有竭力设法消灭,无使滋蔓,期保上海终得为无疫口岸而已。鄙人固不敢故事张皇,以疑似之种种时疫牵入鼠疫,然既有鼠疫,亦何敢故为隐瞒,以致疏于防范,俟疫气传染,四处蔓延,酿成巨灾耶?现本医院调查已五日无疫,渐庆平靖,大约不难克期肃清矣。爰附志之,伏祈公鉴,沈敦和谨识。

9 月 1 日,为镇海发生殴毙自治乡佐郑师桥事致电浙抚暨提学使、提法使、宁绍台道、宁波府,要求"按律惩治"。电文录下:

宁波旅沪同乡会致浙抚暨提学使、提法使电云:镇海莠氏聚众殴毙自治乡佐郑师桥,并毁学校数处,不法已极,请饬属务获首要,按律惩治,以申冤仰而维宪政。宁波旅沪同乡会沈敦和等叩(致宁绍台道、宁波府稿同)。(《旅沪甬人为郑师桥呼冤》,1911 年 9 月 2 日)

9 月 2 日晚,应邀出席安徽无为州董事卢含章为该州龙潭县灾民赈款事在

万家春举办的筹赈会。(《赈济龙潭灾民》,1911 年 9 月 6 日)

9 月 3 日,《新闻报》发表署名亦孟的文章《论时疫医院当合众力维持》,文章呼吁公众合力维持时疫医院,认为其他公益善举可以停止,但医院不可停办,"他地之医院,犹可不设,而上海之医院则决不可中断,盖非惟有益于卫生,而且大有功于国际……"呼吁各界继续捐款支持该院,以利人利己。(亦孟:《论时疫医院当合众力维持》,《新闻报》1912 年 9 月 3 日)

9 月 16—17 日,与李平书等沪上绅商响应哈同号召,在其爱俪园举办游览筹赈大会,以救济遭受大水灾之江苏灾区,任协赞员并捐活动经费 50 元。(《时报》,1911 年 9 月 10 日)

9 月 19 日下午,出席张园安垲第举行的华洋义赈会报告大会并"报告赈务,大意感谢中外捐款诸君及今日来宾并道谢华洋义赈会、大清红十字会医员、干事、学生分往江皖救疫舍己救人之美德"。报道说:

> 二十七日下午五点钟为华洋义赈会在张园安垲第开报告大会,会场遍悬万国旗,布置整齐,秩序严肃。除督抚宪代表外,萨鼎铭军门、伍秩庸侍郎、上海道刘观察、各国驻沪领事、绅商各界领袖、义赈会中西董事达三百数十人。首由议长福开森博士报告开会宗旨,续由福博士报告账略,自去冬十一月起至七月十六日止,共合收中外捐款洋一百五十二万六千十二元二角九厘,支出赈银赈粮款一百四十四万八千四百八十五元三角六分,实存七万七千五百二十六元八角四分,并通过议决事件。次由沈仲礼观察报告赈务大意,感谢中外捐款诸君及今日来宾,并道谢华洋义赈会、大清红十字医员、干事、学生分往江皖救疫舍己救人之盛德。医员王培元、黄子静、徐生棠等干事、学生等数十人起立答谢。续由沈议长报告近来新灾已达八九省之广,尚望中外热心君子赞助等语。后由江督张制军代表温钦甫都护以洋文演说,并致督宪颂词。皖抚朱中丞代表尹夒笙太守致颂词。苏抚程中丞代表吴方城观察致颂词。查赈大臣冯大臣代表刘葆良观察带病莅会,临时延江趋丹司马代述冯钦宪谢词。续安徽全体绅士请张虎臣君代述谢词。由该会书记窦乐安君报告办事部办事情形。次由罗炳生、文克理、密勒各教士,李提摩太博士相继演说。毕福博士续将自始至终办理赈务情形演讲并道谢沪宁、津浦铁路,怡和、招商、太古、日清公司运粮免费,中国电报、太平洋电报免费,中西报界平日鼓吹并概免告白费之厚惠。后由芜湖某教士起立质问无为和□放赈办法何以无教士

襄理,经王一亭君答复,续由卜舫济博士布告劝立新会及延长旧会问题。又由沈缦云君及某君发表意见,挽留两会长接续办理。末由福开森博士布告目下受灾情形迫切,当请中外热心人多立赈会,并商延长办理。合座鼓掌举手赞成,时已八点散会。(《华洋义赈会报告大会志盛》,1911 年 9 月 21 日)

9月 23 日,《申报》报道两江总督张人骏下文要求上海商务总会积极准备组团赴日考察事宜,内称"上海沈仲礼君等决定于贵历九月初三日,由上海乘日本邮船会社春日丸东渡"。(《实业家大可投袂赴东矣》,1911 年 9 月 23 日)

9月 29—10 月 2 日,与杨信之、虞洽卿、朱葆三等发起在哈同花园举办赈济宁(波)湖(州)两府水灾之游览大会。29 日上午出席哈同花园宁湖义赈游览会,并在会上"宣布开会宗旨"。(《哈同花园宁湖义赈游览会志盛》,1911 年 9 月 30 日)

晚清哈同花园内景

10 月 16 日,出席赴日实业团员大会,提议因武汉发生战事,赴日考察暂缓进行。报道说:

昨日为赴日实业团员大会之期,由团长沈仲礼君宣言实业团本定九月初三日东行,现在武汉乱事猝发,全国震惊,与本团前途不无窒碍,应否展期请公决。众团员皆举手赞成展期。团长又言展期一节,日本总领事曾与鄙人谈及,有改为明年二月出发之说,此层亦请公决。众议俟乱事救平,再将行期商定,至本团所备致送日皇及各商业会之礼物,应即寄与东京商会,请近藤男爵暂时存储,俟本团到东时亲往分送。众又议本日团员到者止三十人,人数未齐,应将上项公决各端作为第一次会议,俟远省团员到齐再开大会通过后发表。(《赴日实业团暂缓行期》,1911 年 10 月 17日)

10 月 20 日,因武汉发生战事,拟安排宜昌船专接同乡一事,为此与虞洽卿、朱葆三致电宁波旅汉同乡会,函录于下:

美最时王柏年、宋渭臣诸公钧鉴:宁波会馆同乡会公派宜昌船专接同乡,可装千人,路上由应季审招待,并令红十字会医生准初二晚到,请速给船票,凭票趁船,贫穷免费。沈仲礼、虞洽卿、朱葆三。艳。(《宁波同乡致旅汉同乡会电》,1911 年 10 月 21 日)

10 月 21 日,《申报》报道,因武汉爆发战事,上海日报公会致函沈敦和,要求立即组织救护,改期赴日。[①] 报道说:

本埠日报公会致东游实业团沈团长函云,启者,闻公领袖群英东渡考察,行有日矣。兹者江汉之间骤然波起,风鹤所警,几及全国。同人谓此时公等宜及未发暂止勿前。何也? 兵祸一开,首危商业,金融紊乱,物值骤昂,凡百事业皆将蒙被影响,殆可预卜,比日各埠已见端倪。公等皆实业界巨子,维持之责,繫惟大力是赖,设竟联翩去国,不幸而险象迭生,大局何堪设想,且国内方演血飞肉薄之惨剧,国外犹为冠裳樽俎之往还,固知诸公所不安,亦惧为邻邦所非议。侧闻公方组红十字会成立,善哉! 同人谓公宜趁此时倡率会员,回斾西向,惠施医药,振抚疮痍,此真仁人君子之用心,当为五洲万国所同仰,敢为汉上百万生灵敬速公行。至于东游一节,诚宜善谢邻邦,期以异日。同人揆之现状,按之舆论,辄贡所见,惟诸公察之。(《劝止实业团报聘》,1911 年 10 月 21 日)

10 月 22 日,因武昌发生战事,在《申报》等刊登函件,拟组织医队赴汉,"以救两军伤亡军士及受困居民",呼吁各界予以大力支持。函录于下:

---

① 后各考察团成员开会决定"展至明春出发",随后经团长沈敦和提议,考察团先在沪调查各工厂特别是日资企业,"为将来赴东考察之准备"。(《赴东实业团参观纱厂》,1911 年 10 月 29 日)

鄂事紧急,民命涂炭,革军官兵交战在即,日前大战伤亡兵士弃尸如山,伤者无人救治,困苦万状,即武汉居民为流弹所伤者,不知凡几,为天下最惨酷而不忍闻睹者。甬绅沈仲礼观察原属红十字会会董,恻然悯之,特发宏愿创立绅办红十字会,遍请中西医士、看护、学生等,分甲、乙、丙三队,克日出发,以救两军伤亡军士及受困居民。兹定初三日假座大马路小菜场楼上开成立大会,吾知旅沪绅商军学各界及由武汉过沪曾经战务绅商届时当必一体到会,共襄善举也。(《来函其三》,1911 年 10 月 23 日)

10 月 23 日,接到由汉阳某国兵轮上发来的无线电报,"以两军死伤过多,请即亲率红十字会中西医队迅速前来战地,普救同胞"。"沈君当用洋文复电云,当率甲乙丙丁四医队,备足药品、棚帐,初四启行,招商局特派江轮专送汉口。本会慈善性质,两军伤兵一视同仁。"(《红十字会医队定期启行》,1911 年 10 月 24 日)

10 月 24 日下午,为救济武汉兵灾在上海发起成立"中国红十字会万国董事会",与英按察使苏玛利被推举为总董。李提摩太在演说中称"沈仲礼乃救苦救难之大元帅、救命军之大教主,组织此会,必能完全无缺"。报道说:

初三日下午四时为红十字会开特别大会及报告医队出发期,假座工部局议事厅,中西来宾达七百数十人。沈仲礼观察报告开会宗旨及成立甲乙丙三医队,定初五日乘招商局特派之江宽北上,公举柯师医生为领队,并声明今日西字报所载援救革军受伤兵士转送官军一节,实属子虚,必有人有意指使,重诬本会,阻挠进行,并公决各办法:

——以三马路新闻报楼上为红十字会事务所,举江趋丹君为干事部长,金兰荪、吴敬仲、朱仲宾君为华、洋文书记,正金银行大班儿玉君、慎裕朱葆三君为会计,处专司收支银钱。各部办事人、医生、学生等既不支给薪水,又举杨仲言为医队经济干事。

——筹备上海总会,进行劝募捐款,采办药料、食物。

——汉口宜设养病院。

——战地附近临时宜设野战病院。

——战线附近宜设绷带所。

——宜组织卫生队及救护队。

——宜速行募集实行经验之救护员。

——药料、器械、担架应筹备完全。

——筹备经费宜充足。

经众赞成,当时由多数来宾及西医生等以上海总会成立伊始,捐款布置甚关重要,沈君虽具热诚,不应舍本逐末,亲赴战地,决以止其行,并为干事部会(部)长。旋由柯医生演说:本会系万国签允,非任意可以设立,红十字旗号不能随意借用。今战务方兴,不有经验之医生、看护亲临战地施救,实属无用,并历举各国红十字会成绩。经王培元医士逐句译成华文,众鼓掌。续由李提摩太博士演说,略谓沈仲礼乃救苦救难之大元帅、救命军之大教主,组织此会,必能完全无缺,深望中西善士,随愿乐助,庶可扩大范围。众鼓掌。继由《纽约报》驻华代表唐乃而君演说,谓沈公成立之红十字会,不特为中国人士所欢迎,即泰东西各国亦莫不馨祝,鄙人当立电本报报告成立并募捐款。续由沈观察宣布红十字会救人宗旨:不分革军(革命军)、官军。凡革军受伤医治后送还革军,官军亦然。众鼓掌如雷。继报告今日临时捐款及药物等件,共计捐款筹垫款洋八千三百三十九元,银四千零八十二两,各药房捐助之物甚伙(细单列后)。并布告此次赴战地之医生六人、看护生三十一人,分作甲乙丙三队,分驰战地,有进无退,概无半途中止之虑。众鼓掌赞成,各医生、学生起立(各医生、学生、看护生名单列后)。是时来宾捐款愈形踊跃(捐户花名列后),时已七时,旋散会。(《红十字会大会志盛》,1911 年 10 月 25 日)

10 月 25 日晚,登舟送战地医队赴武汉并致训词。《新闻报》报道说:

武汉风云战云日紧,两军之受伤者血肉横飞,诚天下之最残酷者。本埠红十字会于初三大会后即行成立医队,分为甲乙丙三队,延英人柯师医生为领队及丹医俄利生,英医班纳德、林冬,西医王培元、杨智生,日医勋七盐谷铁绸等十一人,学生杨九如等廿六人,女看护四人,日看护妇一人,并携带药料、器械、干粮、食物一百数十件,业于昨晚乘襄阳丸起程。日清公司允作半价大菜间,每客洋廿元。

沪上绅商军学报界欢送者途为之塞。理事总长沈仲礼视察登舟送别,便致训词,略谓鄙人迫于众议,为筹备布置等事,不能与诸君同行,深为歉仄。务祈诸君子有进无退,普致同胞。并谓诸君既尽义务,凡一切川资、用度、旅费、干粮悉于捐款、垫款项下提用。预计用费日需数万,幸中

外慈善家源源乐助,不致困乏,请诸君放手进行。临时交柯师医生正金银
花汇票三千元……(《红十字会全队出发》,1911 年 10 月 27 日)

赴汉口医队出发前合影

同日,盛宣怀上奏清廷,认为沈敦和、福开森同为筹办华洋义赈得力之人,
拟派赴鄂办理救济事宜。照录于下:

拟派沈敦和、福开森赴鄂办理救济事宜片

再,查武昌、汉阳与汉口为掎角之势,自昔用兵,战守两难,汉口租界
又为各国领事及洋人旅居之地,开战以后,亟宜加意防护,以重外交。存
记关道沈敦和,本为红十字会总董,见义勇为,不辞劳瘁,本年与美国洋员
二品顶戴二等第一宝星福开森办理华洋义赈会,经募中外捐款一百五十
余万元,散赈计十阅月之久,并分派医士前往灾区施诊给药,活人无算。
迭接安徽抚臣朱家宝暨各官绅来电,均以施济及时,同声感颂。该会现仍
在沪续筹捐款,以辅官赈。福开森来华日久,极意输诚,迭经刘坤一、张之
洞、端方等委办交涉,若有劳勋,臣前暂留在部,帮理洋文事件。乃因邮
政、铁路所用洋员有数百人之多,非有一二熟悉中国情形者,难期妥协,即
无以收回事权。论者以为流弊宜防,臣亦殊深惶悚。惟该洋员急公好义,
于救灾尤为奋勇,圣代怀柔远人,似可量材器使。至此次红十字会之内派

员赴鄂,办理救济事宜,实为各国所注重。该处地近租界,兼派有洋员,可资融洽。沈敦和、福开森同为筹办华洋义赈得力之人,拟即派令前往,以期情联中外,裨益灾黎。臣为救民急切起见,谨附片具陈,伏乞圣鉴。谨奏。

太子少保、国务大臣、红十字会会长、邮传大臣盛

［原件存上海图书馆（上图档号 SD77181—1）］

对此,清廷于 10 月 28 日"片奏派令沈敦和、福开森前往办理救济事宜"。（《谕旨》,《大公报》,1911 年 10 月 28 日）

10 月 26 日,中国赤十字会会长张竹君在《民立报》上发表《致沈仲礼书》一文,指责沈敦和,谓沈"窃慈善二字欺世盗名","将牛头马面之红十字会以混世人耳目"。又说沈敦和"善变",始则"以万国红十字会名义","未几而万国红十字会变为大清红十字会",武昌起事后,"又将大清红十字会变为绅办红十字会云云"。

张竹君

对张竹君的非议,沈敦和进行公开反驳,28 日在《申报》刊登《沈仲礼驳张竹君女士书》。应该说,张竹君对沈敦和的指责,大多言而无征,沈敦和的反

驳,则有理有据。他还慨然表示:"鄙人之于红十字会,薪水夫马丝毫无所取,本非图利而来,硁硁之愚且不能见信于女士,更何足以欺世盗名乎?"全文转录于下:

阅九月初五日《民立报》登有张竹君女士致鄙人书,所以教督鄙人者用意甚厚,惜乎其言之无征也。

鄙人之办红十字会,始于光绪二十九年冬间俄日之战,其时战地华人遭池鱼之殃,企足以待援救,而中国尚未同瑞士红十字总会缔盟,照日来弗条约所载未能悬挂红十字旗以施战地救护之方法,不得已商之旅沪西人,公同办理,创设上海万国红十字会,推举中西董事十二人,鄙人与其列,皆绅也。光绪三十年中国政府允鄙人与各绅士之请,遣使臣张德彝至瑞士缔盟入会,由是中国得援用日来弗条约设立正式之红十字会,为总董者鄙人与任逢辛、施子英两观察,皆绅也。中国之有红十字会,于今八年,国家承认,全球承认,而始终不离乎绅办,本无所掩,更何所谓变乎?

武汉事起,鄙人搜集物品,添聘人员,劝募捐款,未尝有一日之息,初三开会,初五成行,自问可告无罪。以女士之宏亮,当知此事非咄嗟可办而顾言之轻易,若是,岂以数十女生、数千经费即可尽战地救护之能事乎?

鄙人之佩女士有年矣。俄日之役,女士顾念同胞,抱冰而至,适值两国将次议和,鄙人在事言事,婉言谢之。初非有区分省界之心,自顷以来,女士在上海兴女学,办医院,声望日隆,今者慧海慈航,乘风西上。鄙人瞻望幢麾,香花以祝,初不料开罪已在八年前也。

鄙人办理慈善事业,虽募款三百余万,未尝经理银钱。红十字会财政历由会计总董施子英观察主持,逐年账目俱在,所以不即造报销者,因辽沈救护之后,即以余款建筑会所及医院、学堂,年来缔造经营,由渐而进,所建之割症剖解房热度光线既贵,适宜觚式椭形,尤为繁复。新瑞和洋行承造此项房屋,完工未久,医院甫于前月开幕。红十字会规模于今粗具,而用款亦始有结束。施观察正在赶造报销,以副中外捐户乐观厥成之意。造竣后自当刊册宣布,女士拭目俟之可矣。

鄙人才短竭蹶,女士若以办事迟缓责鄙人,鄙人当悚息听命,今以报销责鄙人,是教鄙人以越俎也,鄙人不敢也。

鄙人之于红十字会,薪水夫马丝毫无所取,本非图利而来,硁硁之愚且不能见信于女士,更何足以欺世盗名乎?承女士教督,在鄙人非不乐受尽言,但既布之报章,恐阅者不察,有伤中外慈善家饥溺之怀,故敬布区区以求谅于女士者,求谅于天下。三光在上,实鉴此心,非好为无意识之争辩也。

沈敦和敬白(《申报》,1911 年 10 月 28 日)

10 月 29 日,在《申报》刊登《敬募红十字会捐款》启示,呼吁各界为救助武汉战祸捐款。文录于下:

武汉风云日迫,战事剧烈,两军兵士出入于枪林弹雨之中,死亡载道。其被伤者,类皆血飞肉薄,肢缺骸残,辗转呼号,性命呼吸,惨酷之状,实为目不忍睹,耳不忍闻。他若战地附近一带人民,更不免池鱼殃及,群雁无妄之灾,其颠连困苦,较之水深火热殆有甚焉。本会为万国缔盟正式红十字会,建医院,设学堂,以培养人才,历有年所。兹特组织医队驰赴战地,恪遵日来弗新旧条约,严守中立,普救两军受伤兵士及战地男女同胞,已伤者为之医治留养,未伤者援之脱离危险,并在汉口设立养病院、绷带所,一力进行,务达慈善救护之目的。惟烽火烛天,干戈满地,兵连祸结,来日方长,而兹事体大,需款浩繁,非赖众擎,何能持久?务祈海内外大慈善家热血一喷,解囊相助,集腋可以成裘,聚沙可以为塔,多固益善,少亦不拘,惟冀源源接济,同襄善举,功德无量。如蒙慨助捐款,请送交上海三马路新闻报馆楼上敝会办事处及各处经济会员收捐处,敝会曷胜盼祷之至,雅祈公鉴。

红十字会理事总长沈敦和等谨启

10 月底,与红十字会会长吕海寰电文往还,主张保持红十字会之中立地位,表示上海成立的红十字会属于民捐民办,与清廷筹设的大清红十字会宗旨不同。电文录下:

北京吕尚书致红十字会电

沈仲礼观察:初五日奉旨筹办慈善救济会,派弟督饬各员赴鄂认真救济等因。弟甫接手,均无头绪。兄本旧交,极愿借重,未知目下作何布置?何人帮办?弟拟略事部署,即行赴沪,先此布闻,乞速复。海寰。阳。

红十字会复电

北京吕尚书钧鉴:阳电敬悉。查沪红十字会系民捐民办,甲辰四月、十二月两次奉旨嘉许,实称善举。上年夏钦派盛宫保为会长,并拟改名大清红十字会,当经敦和力陈利害。案大清红会应归陆军部筹办,如遇战事,仅止随本国军队后救伤,与和等所办瑞士缔盟万国承认之中立红十字会宗旨不同,且沪会系募中外捐款而成,殊难归并,业蒙盛公允商政府在案。此次川鄂事起,适本会经济告匮,经和延聘中外医生、学生、看护组织甲乙丙三队,初五赴鄂,又成丁队,日内赴川。初三开会,和在会场募得万四千元。更于三马路设办事处,举江绍墀、张书等为理事,并征集中外绅商为会员,广募中外捐款,众情踊跃。又推正金银行儿玉、慎裕朱佩珍为会计,掌收支刊月报,事毕即报告征信,和独担责任。公奉命筹办慈善救济会,应否在京津令福开森君等克期组织前赴信阳、聂口一带救护民军,以期周密而助红会之不逮。宪节指临,尚容缕禀。职道沈敦和叩。佳。(《申报》,1911 年 10 月 31 日;《吕海寰往来电函录稿》,沈云龙编:《近代中国史资料丛刊》第三辑,第 605—607 页)

10 月底前后,《申报》等沪上报刊纷纷刊登南苕外史所编《沈敦和》①一书出版消息,并声称日本商界、报界对此高度关注。如 10 月 31 日《申报》刊登的消息:

新印《沈敦和》出版日本商界报界注意

日来日本东京、西京、神户、大阪、长崎五大埠报界、商界纷纷亟向上海购求赴东实业团团长沈仲礼观察照相历史。本公司新获南苕外史所编《沈敦和》一书,内分八章:一绪论,二发迹,三兵家,四、五外交,六慈善,七教育,八结论,于其一生事实调查极为详尽,内附照相以及伊所办外交、军队、慈善各事业,均摄影成图,合订一册,定价大洋四角。发行处:上海棋盘街集成图书公司,寄售处:各大书坊。

是月,参与发起成立上海救恤公会。(《上海救恤公会开成立会之传单》,

---

① 内容详见附录。

《沈敦和》一书中的沈敦和肖像

11 月 1 日前后，积极组织救援汉口兵灾。报道说：

> 本埠红十字会甲乙丙三医队业已到汉，昨由无线电报告沪会，谓初六、七日大战军士居民死伤遍野，医员、看护不敷分布，所带药物器具只敷旬日之需，迅即接济等语。该会理事总长沈仲礼君拟赶办药物，一面续发别队医士，妥订章程，征集中外男女会员，按照万国红十字会条约，除公推名誉经理员外，并广征特别会员、正会员两项，驰电欧洲赶制佩章。惟战务方兴，会员愿入会者纷至沓来，不得已先将医队及事务职员所置之金银佩章暂行假用，以资佩带，俾得出入战地，妥为保护。一俟正式佩章到沪，再行倒换。凡报名者先觅一介绍兴人或同会会员介绍入会，纳定会费，即行赠予佩章。俟会员成数后，再行开会，续发医队，救护人员悉于会员中公推。闻日来报名者甚众，捐款亦尚踊跃云。（《红十字会之进行》，1911 年 11 月 2 日）

同时在《申报》刊登征集红十字会会员广告，以便征集会员、会费，驰赴战地救援。

27. International Red Cross Society and General Li Yuan Hung

萬國紅十字會與鄂軍都督黎元洪

湖北军政府都督黎元洪与沈敦和所派万国红十字会医队合影

11月4日,因为上海民军起事,制造局一地战事尤烈,筹备进行战地救护。报道说:

> 昨晨革命军猛攻制造局,由后门矮门而入。敢死队施放炸弹,伤亡人数颇多。本埠红十字会沈仲礼观察幸筹备在先,急用汽车两辆,延洋医亨司德,华医侯光迪、周光松、王吉民、陈家恩等并女看护李安登女士驰赴制造局。国民军极表欢迎,颇为优待。嗣由李平书君引导,特开制造局大厅作为红十字会临时医院。惟受伤之人重者已不及施救,轻者只有数人,现经该会医治,并由侯光迪医生住宿该院相机救援,以徐家汇路亨白花园对门中国红十字会医院为总养病所,英界天津路医院为分养病所,并分派调查员袁君仲慰等数人四出调查,雇苦力二十余人、橡皮卧室马车二辆、橡皮病车数辆、抬床等随时抬送云。(《红十字会医队救伤》,1911年11月5日)

11月6日,在《申报》刊登启事,告知红十字会救护地点等信息。

受伤军民鉴

红十字会将英租界天津路医院为受伤军民养病所,本会虽已出发医队及调查员分头施救,除函请各善堂专理收尸掩埋等事,如有受伤军民或经热心君子指示,兹将电话详细地址列后:红十字会办事处,上海三马路新闻报馆楼上,电话三三七九;英大马路小菜场对门天津路红十字会分医院,电话一零七三;徐家汇路亨白花园对门中国红十字会总医院,电话:一二八七。

红十字会理事总长沈敦和叩(1911 年 11 月 6 日)

11 月上旬,为募集救护经费,派设办事处进行劝募。《新闻报》报道说:

> 红十字会会长沈仲礼君以招收两军受伤兵士所费颇巨,因派袁仲蔚为沪城调查员,并分设劝募经费。袁即以小东门内正丰永金店、新北门内万源永珠宝店为办事处。(《沪城零拾》,1911 年 11 月 8 日)

11 月 9—10 日,先后致电吕海寰,告知有关汉口救护等情况。函录于下:

钦差大臣吕钧鉴:

> 效电敬悉。沪医队抵汉,租俄商三层洋房为医院,并经英美法五医院派代表来沪与和联合,作为本会分医院,通力合作。复承日本赤十字社派医员看护念余,念二到沪,即行赴鄂协助。又联美红会派中外医员学生十四人驻宁,承汇五千未到,伏求多助,以宏善举,尤为感纫。沈敦和叩。

吕尚书再鉴:

> 日内已在拯救,异常得力,复推广湘、赣、镇、清、扬、苏、淞、锡、常、熟等处。各省震动,金融阻塞,捐款弩末。幸用绅办名义办理,洋商、华侨劝募近稍有起色。汉口积尸五千未葬,拟即日派人携款赴汉,船载武昌觅地掩埋。沈敦和叩号。(《吕海寰往来电函录稿》,沈云龙编:《近代中国史资料丛刊》第三辑,第 610—611 页)

11 月 11 日,《申报》报道,沈敦和"面恳"日本驻沪领事,要求日本赤十字社派医员看护参与武汉战事救护。报道说:

> 武汉剧战,扬子江流域在在可虞,上海红十字总会理事总长沈仲礼君面恳驻沪日本总领事,电请日本赤十字社派医员看护等廿余人,乘"筑后九"于廿二日到沪,即日径赴汉口,合力救护云。(《红十字会借才邻国》,1911 年 11 月 11 日)

11 月 12 日,在《申报》刊登《急募红十字会捐款启》,因各地战事扩大,红十字会需费浩繁,呼吁各界捐助。

同日,《新闻报》以《红会愈推愈广》为题,报道沈敦和在各地广泛组织救治伤员。报道说:

> 战地蔓延,伤人必众,本埠红会理事总长沈仲礼君业将武汉、赣、宁、镇、清、扬、锡、吴淞、常熟等处遍请当地医院担任外,兹又接杭州广济医院西医梅承广博士函,允为驻杭红会分会,业有受伤人十二名住院医治云。南宁医队分数队业由沈君仲礼联合金陵医院、贵格医院、基督医院各医生学生等环请美总领事面谒张勋,请其照万国条约给照出队,张勋不允。现医员等群往金陵大学堂暂避,急盼革军进城,甚于望岁云。(《新闻报》,1911 年 11 月 12 日)

在阳夏(汉阳、汉口一带)参与战场救护的红十字会工作人员

同日,宝隆洋行职员陈可扬在《申报》来件栏上发表致日报公会函,要求社会各界集资抚恤光复阵亡将士家属,并主张借重沪上名人“伍轶庸、沈敦和、虞洽卿暨福开森及各省诸善长大名,协同举办”。(《宝隆洋行职员陈可扬致日报公会函》,1911 年 11 月 12 日)

11 月 16 日下午,中国红十字会万国董事会召开“进行大会”,盛况空前。出席并作演讲,呼吁各界为武汉兵灾捐款。大会选举英按察使为议长,负责对外交涉,沈敦和为理事总长,综理会务。报道说:

> 二十六日下午五点钟为中国红十字会理事假座大马路工部局议事厅开进行大会,中外来宾计千人,由理事总长请英按察使肃海伦君主席。首由肃君报告开会宗旨后,沈君仲礼演说,谓武汉事起,本会医队成绩优美,

颇受两军欢迎，所设各医院养伤军士有人满之患，经黎元洪都督特捐银一万两，黎夫人每人赏洋二元，及各省光复，凡白旗所到之处，红十字旗亦随白旗后，已遍设二十余处，日求进行之法。惟是战殁军民忠魂义骨，尸骸遍地，狗雀争食，亟须择地掩埋，惟积尸五六千具，需款甚巨，全赖众擎，月内出发掩埋队携款一万元。复由通问报馆吴板桥君演说，略谓红十字会系救世救人一大教主，凡文明国人所人人应尽之义务。李提摩太君谓，当世国人不幸之事，莫战事若，沈仲礼君所办之红十字会为当今之急务，顷经上海中西绅商公举英按察使为议长，诚红十字会前途之幸福，捐款当日有起色，以按察使为驻沪最高之外交官，确于交涉无关耳。旋公举中外名誉董事，共数十人，又办事董事六人。续由宁波会馆沈宏贵君质问前万国红十字会之征信录曾否刊布？由施子英君答复，当前次东三省救赈竣事后早经刊有中西文征信录及图说分送，想诸君未能遍见之耳。至所存余款在徐家汇路建医院、设学堂种种经费，甫于上月开幕，现正缮造征信，约二月当开会遍送云云。沈君复请以后款项须由沈仲礼君担其责任，台下掌声如雷。又有川鄂绅商函问捐款寄存正金银行、慎裕号当按月计息，由副大班晟上君允以逐月往来二厘计息，常期照加，朱葆三君亦照允。续由英按察使肃君报告，今日之会人数既多，既蒙列位公举鄙人议长，敢不黾勉从事，以无负诸公之盛意，众鼓掌。末由沈君将所举华洋董事遍告一遍，并分送职员一览表、战地写真等印刷品，时已六点，旋散会。（《红十字会进行会志盛》，1911 年 11 月 18 日）

同日下午，共和建设会开会成立，由丁榕代表担任会议主席。（《共和建设会成立》，1911 年 11 月 17 日）

11 月 18 日，前往迎接乘"筑后丸"号轮抵达上海的日本赤十字社救护团（共 29 人），并假汇中旅馆开欢迎大会。当晚该团乘"大利丸"号轮前赴武汉，参与战地救护。（《中国红十字（1904—2004）历史编年》，第 17 页）

11 月 19 日，《申报》全文刊登沈敦和 16 日在红十字会理事大会上的报告，"以本会缘起及现在办理情形为诸君子告"。转录于下：

今日为本会特别大会，讨论进行方法，渥承中外各董暨诸君子联袂偕来，热心赞助，敢以本会缘起及现在办理情形为诸君子告。溯吾中国向无红十字会，癸卯冬月俄日之战，辽沈一带华人死伤甚众，鄙人与施子英、任逢辛二君，恻然悯之，然照日来弗条约，凡未向瑞士总会缔盟者不能擅悬红十字旗，以施战地救护之方法，爰经商之旅沪各国官商及吾华绅商公同组织创办上海万国红十字派遣医队，前往救护。综计是役战地人民被救出险者，十三万一千一百七十七人。兵燹甫经，灾荒又起，本会复往赈济，又二十二万五千一百三十八人。甲辰中国政府允鄙人等之请遣张德彝星使至瑞士缔盟入会，是为本会成立之始，万国公认。鄙人等爰就上海徐家汇路建医院，设学堂，培养人才，已历年所。本年八月，武汉事起，风云日紧，受伤军民莫不延企以待救拯，本会当亟组织甲乙丙三医队，派英医柯师为领队，会同峨利生、班纳德、王培元、杨智生诸医博士暨男女看护三十余人，于本月初出发，备带药品器具、担架、绷带、帐幕等件，驰往战地。业在俄租界设立临时医院，旋由武汉普济、同仁、普爱、仁济、天主教各医院特派代表来沪联合，均认为本会分医院，协力救护，他如宜昌、长沙、南昌、九江、南京、镇江、扬州、清江、苏州、无锡、常熟、杭州、福州、山东、吴淞等埠，及上海城内亦经联合英美各国教会医院组织分会，次第推广，并续编医队，以备缓急。一面征集特别会员、正会员，所以合群策群力，以期一致进行也。近接武汉医队报告，自本月初六七日，两军剧战之后，军民受伤甚众，本医队不顾危险，驰入战线，从枪林弹雨间尽力抢救。各学生均躬任担架，奔驰往返每日二十里之遥，甚至肩足俱碎，悉忘痛楚，异常奋勇。而峨利生君能家爱过你受伤各军士脑部及胸内之子弹分别检取，得庆更生，成绩优美，为驻汉各国海军医官所推许，声誉骤起，因之就医军民日益众多，几至在坑满坑，在谷满谷，有应接不暇之势。黎都督慨助捐款银一万两，其夫人尤亲临慰问受伤军民，并每人赏给零用两元，不分南北界限，各军民口口感泣，举动文明，迥不可及。惟是战殁军民积尸遍野，不下五六千人，血肉狼藉，雀狗争食，惨不忍言，且臭气熏蒸，恐酿疫疠，尤足灰士之心，更宜亟行掩埋，以慰忠魂。鄙人爰即商允西商赁定钢船二艘，载运尸身，择地埋葬，但需请人赴汉经办，爰即于第一次征集特别会员正会员内选举经理员，以承斯之。顾念本会范围愈大，造端愈宏，经费浩繁，尤非赖诸大善士慷慨解囊，源源接济，不足促进行而持久远。而旅沪各国绅商亦多深表同情，敦促开会讨论进行方法。想莅会诸君子热心卓识，必能不吝指教，以底于完善之地步也，商民幸甚，本会幸甚。（《红十字会理事总长沈敦和报告》，1911 年 11 月 19 日）

226

同日,在《申报》刊登招聘赴汉掩埋队干事启事:

聘请掩埋队干事

武汉战祸,死亡甚众,忠魂义骨,暴露郊原,肢骸残缺,狗雀争食,蝇蚋聚集,弃尸五六千具,不特目击者下泪,耳闻者酸鼻。热血男儿,陈尸不葬,足灰勇士之心,隳从军之志。本会于捐会员费项下凑足洋壹万元,采办芦席、绳索、石炭酸、喷壶、铁铲、竹篓、抬杠等具,定三十日乘太元丸赴汉。惟手续甚繁,医队中人正在医治伤兵,无暇兼理,由中西董事公决,于第一届征集会员内遴选年富力强热心会友为掩埋部干事,川资、旅费、伙食、夫马悉由本会供应,如愿赴汉者,望于今日下午二点起到三马路新闻报馆楼上与理事部长江趋丹君接洽,彼此合意,即行赶制服靴帽(款由本会担任),排队登轮。特此布闻。再,非本会会员,请勿枉驾。

红十字会理事总长沈敦和等启

11月中旬,因南京发生战事,组织医车前往救助。报道说:

宁镇烽烟,生灵涂炭,沪宁铁路总办朴爱德君恻然悯之,特备红十字医车数辆,由宁镇一带往来驶救,一遇伤兵即行抢救至伤车内,随到随医,一路开驶,至镇江红十字分会医院留养,设病榻不敷,再运至上海车站(沪宁铁路医院),或徐家汇红十字总医院、天津路红十字分医院。该会理事总长沈仲礼君与朴君协商妥帖,职掌医车之医士为英人齐福果君、培林君两医博士。该医车镌就红十字标识,往来驰救,并不搭客云。(《救苦救难之医车》,1911年11月21日)

11月21日,《申报》报道其组织赴汉掩埋队情形。报道说:

武汉血战,陈尸累累,白骨嶙嶙,忠魂义骨,为狗雀争食,蝇蚋飞集,不特灰勇士之心,阻从军之志。中国红十字会理事总长沈君仲礼特发宏愿,于捐款项下凑足一万元,请朱庆章为队长,屠也香、沈石农、周佐尧、姜彰容、姚蕴甫诸君随带芦席、绳索、石炭酸、喷壶、铁扒等物数十捆,定昨晚乘日清公司大元丸出发,假汉口俄租界宝善里,并由沈君备函致黎元洪都督觅武昌隙地从事掩埋,事定之后再行筑墙建塔,以慰忠魂。(《大慈大悲之掩埋队》,1911年11月21日)

红十字救护车驶救伤员

11 月 22 日,致电吕海寰,告知汉口等地救护与筹款情形,"需款浩繁"。函录于下:

吕尚书钧鉴:

咸宥电敬悉。汉口积尸五千,业发掩埋队,携费万两并芦席、药水、器具等件前往觅地妥埋。又续发第六医队,联合日本赤十字社医员等三十余人日内抵汉。宁、镇、赣、浙、闽、鲁、湘、港廿余处各设分会,需款浩繁。川款如得,即日汇沪济急,将来由和一力筹还。现正开办洋商、华侨捐款,渐进步。沈敦和叩冬。(《吕海寰往来电函录稿》,沈云龙编:《近代中国史资料丛刊》第三辑,第 621—622 页)

11 月 24 日,中国红十字会派出由侯逸如诸医士组成的救护医队赴南京,救护辛亥革命南京之役,同时于沪宁铁路沿线的镇江、常熟、苏州、吴淞等处,设立临时医院,以备应用。(池子华、郝如一主编:《中国红十字(1904—2004)历史编年》,安徽人民出版社 2005 年版,第 17 页)

同日,《新闻报》报道其组织第六医队"专驻汉阳",报道说:

本埠红十字会沈仲礼君鉴于战火蔓延于中国十八行省及通都大邑设立分会医院,武昌、汉口亦联合英法美各医院及日本赤十字社甲乙丙三医队赴汉医治伤兵,更组织掩埋队专葬阵亡忠烈之士。惟最近战祸尤烈,汉阳之红会医院不敷拯救,爰急发第六医队专驻汉阳,聘定邓祥光、关衍辉、刘仲篪三医士及医学生,看护人等定初六日由沪起身。近日采办药料、被褥、棉衣种种器具,颇形忙碌云。(《红十字会组织第六医队》,1911 年 11

红十字会南京临时医院

月24日）

11月25日，致电吕海寰，告知南京救护情形，请求"政府专饬军队并各省地方官员一体保护"，函录于下：

吕尚书钧鉴：

江电敬悉，承发银三千济急，感甚。宁镇伤民甚多，已商借沪宁铁路红十字医车日夜往来驰救，并发救护队专救宁镇受困难民。遍设分会三十五处，医士会员共五百余人，买办米、麦、棉被、棉衣运汉接济。联合日本赤十字救护团赴汉协助，乞咨请政府专饬军队并各省地方官员一体保护，尤为感纫。职道沈敦和叩微。（《吕海寰往来电函录稿》，沈云龙编：《近代中国史资料丛刊》第三辑，第625页）

11月26日，前往迎接乘"博爱丸"号轮到达上海的以王曾宪为团长的留日医药学界红十字团（150人）。是时，苏浙沪联军由镇江进攻南京，来自大阪、长

229

崎的留日医学生先赴镇江前线救护,其余分编甲、乙两队,整装待发。为保证救护行动规范、有序进行,特制订《中国红十字会留日医药界红十字团章程》,规定:"本团由留日医药界组织而成,定名为留日医药界红十字团";"本团以博爱为宗旨,凡军人及因公服务于军队之人员有负伤及罹病者,不问其为南军、北军,悉殷勤救护";"本团一切经费,除已承各慈善家直接寄赠本团外,均由(中国红十字会)总会担任"。12 月 11 日,甲队以陈任梁为领队、乙队以孙家树为领队,分赴湖南、江北前线,各救护伤兵病民等数千人,次年春完成使命后东返扶桑。(池子华、郝如一主编:《中国红十字(1904—2004)历史编年》,第 17页)

同日,应邀而来的日本法学博士有贺长雄抵达上海,帮助中国红十字会修订《中国红十字会章程》。① 其间,沈敦和与有贺长雄博士及日本医士"迭经商榷,参照东西各国成法,制定本会章程六章二十条,旋经会员大会通过,即行刊布,由是本会规模粗具,基础渐固"。(中国红十字会总会编:《中国红十字会历史资料选编1904—1949》,南京大学出版社1993年版,第455页)

11 月 28 日,再次致电吕海寰,告知南京救护情形,函录于下:

吕大臣钧鉴:

宁地剧战,伤兵甚众。本会所借沪宁铁路红十字医车往来抢救,尚著功效。昨午虽遇流弹,幸未伤人。今镇江分医院床位不敷,电嘱该车径运伤兵廿余人,今晚抵沪,即送总医院就医。并添备车辆加派医士沿宁镇一带抢城,已有医院三处,交通已断,未接报告。沈敦和叩庚。(《吕海寰往来电函录稿》,沈云龙编:《近代中国史资料丛刊》第三辑,第625—626页)

11 月 30 日,致电吕海寰,告知邀请日本法学博士有贺长雄到沪帮助修订会章事。函录于下:

吕尚书钧鉴:

本会虽已加盟入约,尚未经万国红十字联合会公认,章程亦未完备。

---

① 有贺长雄从 1911 年 11 月 26 日到沪至 12 月 11 日回国,在沪半月,据其回忆,其间"该会理事总长沈仲礼君,每日带秘书、通译前来……咨询红会详细办法。有贺博士于二十七日先将条约缔盟,与万国红十字会联合之故,详细说明。沈氏闻之,深为致谢,并谓中国红十字事业,将来如能发达,皆为博士之赐。当将该会试行章程,求请修订"。1912年会员大会上通过的《中国红十字会章程》就是在有贺长雄的帮助下,"参照东西各国成法"拟制的。(池子华、郝如一主编:《中国红十字(1904—2004)历史编年》,安徽人民出版社2005年版,第447页)

特请日本赤十字社顾问员、法学博士有贺长雄到沪小住数日。根据法律修订会章并介绍入万国红十字联合会。职道和叩蒸。(《吕海寰往来电函录稿》,沈云龙编:《近代中国史资料丛刊》第三辑,第 627 页)

12 月 11 日,致电吕海寰,告知沪会救护工作之进展。函录于下:

吕尚书钧鉴:

　　沪会日事进行,用费更巨,捐款殊绌。汉宁掩埋队分段收葬,不分畛域。今出发长沙、浦口医队共百三十人,专驻湘省,上下游及津浦南段一带,乞咨前敌一体保护。武汉各医院成绩尚优;南京一役护救甚众,舆论亦佳,以慰仁廑。

　　　　　　　　　　　　　　　　　沈敦和叩筒

　　(《吕海寰往来电函录稿》,沈云龙编:《近代中国史资料丛刊》第三辑,第 638 页)

11 月 26 日,与议长苏玛利在《申报》刊登启事,要求会员“恪遵会章,束身自爱,严守中立”。

红十字会特告

　　会员入会后,由本会函电民军、官军、各地方民政长一体保护,并将各会员姓氏、籍贯陆续通告各府州县一律优待在案。凡吾会友当如何恪遵会章,束身自爱,严守中立,以博爱、恤兵为宗旨,必能受两军敬礼,幸勿自失信用,损害本会名誉。入会诸君所得佩章、凭照,幸勿顶替借用,至要!
　　　　　　　　中国红十字会议长兼理事总长沈敦和、议长苏玛利同启

12 月 2 日,在《申报》刊登启事,急聘南京掩埋队成员。

12 月 3 日,《新闻报》报道,沈敦和及红会人员迎接南京第二次伤兵抵沪情形。报道说:

　　十一夜十句钟,本埠红十字会沈仲礼君接南京救护医队齐福果医长急电云:由南京特开夜车载两军受伤兵士,准三点钟抵沪等语。沈君即饬上海总会王吉民、陈家恩医士偕同庶务员邓笠航君、医学生等三十余人,带同卧病马车等至车站守候。至三点半钟,专车共载两军受伤兵士一百

六十人，除留镇江本会分医院医治六十七名外，其余三十九人由医生侯光迪，会员吴汾恢、徐子科两君护送来沪。抵站时有江苏三十六标副兵王常有一名，年十九岁，清河县人，弹伤要害身故；又有上海先锋军第五队第六号军士亦因受伤过重在本会沪宁铁路临时医院身故，均由沈君备棺厚殓，两柩均寄保安堂义冢暂厝，以备各该家属认领。沈君将伤兵十八人送至沪宁铁路临时医院医治，又以十九名送至天津路红会分医院医治。闻此次各兵均因夺攻天保城，以致伤势甚重。(《红会迎接第二次伤兵》，1911年12月3日)

12月4日，出席共和建设会①成立大会并在6日举行的选举会上当选为该会职员。(《共和建设会选举职员》，1911年12月14日)

同日，回国参加战地救护的留日医药学界红十字团在《申报》刊登广告，向各界告知有关情况，其中提及"所有此次后援一切均由沈先生规划"。

留日医药学界红十字团广告

敝本团已于十月初六日抵沪，刻已布置就绪。蒙沈仲礼先生担任后援，现除大阪、长崎二校诸君已赴镇江外，全体分为甲乙二队，一赴长沙，一赴浦口或九江。所有此次后援，一切均由沈先生规划，商同本团合意办理。除由队长率队员先往战地外，暂留团长驻沪经理未了事宜。所有本团员告假未回者，务请速归本团，至迟礼拜二(十五日)午前十时必须齐集中国防疫医院。因出发均在礼拜三(十六)，须先整队，而十五日午前十一时沈先生约全体摄影也。以后甲乙二队队务及后援规划，一切均由沈先生及团队长担任。其热心赞成捐助本团者均径交上海三马路中国红十字会事务所沈先生便告本团长可也。特此布告。团长王曾宪，甲队队长陈任梁，乙队队长孙家树同启。

上海三马路中国红十字会事务所发刊(1911年12月4日)

12月5日，《申报》刊文披露沈氏及其红会"养生送死"之忙碌。报道说：

---

① 该团体由童弼臣、王河屏等联合部分同盟会员和立宪分子在上海成立。姚文栋任会长，王河屏、秦摈副之，以江亢虎、章佩乙、沈仲礼等为骨干。以研究共和政体之组织与前途，咨询国民公意供政府采择为宗旨，声言与政府处于对立地位。在南北议和期间，曾致电南京十四省代表团，请举孙中山为总统。

本埠红十字会沈仲礼君悯战事之惨酷,出发医队于各大埠,遍立分会多至三十余处。宁城战争,特商沪宁铁路备红十字医车,终日往来,驶救抢获。除就近送往尧化门医院及南京车站医院、镇江医院外,设床位不敷应,由宁镇分会医院专车运沪送天津路红十字分医院、徐家汇红十字总医院及巴子路沪宁铁路医院医治。业于初七、初八、初九三日三次运沪,除第一次伤兵三人由赤十字会第二团负送至同仁医院医治外,统计三次伤兵因重伤而死者四人,悉由沈仲礼君嘱分医院邓笠航君备棺成殓,编号存查,并函知陈都督出示招领,并将各伤兵缮具年岁、籍贯名单咨送都督府存案。至总分会各医院及沪宁铁路医院伤兵医愈之后,非由都督府派人具领不能出院。兹将红十字会分医院报告单录下:民军钟国长,二十四岁,桃源县人,充镇军第一标三营左队正兵;又清军王鸿标,十八岁,上元县人。以上二名系于交战受伤,在沪宁铁路本会临时医院养伤,于十二日身故,当即由分院赴保安善堂购运副材二具,并请该堂派人前往收殓,注册寄存坛所。民军伤愈出院者:江文德,二十五岁,丹徒县人,浙军第二标第二营二队二排一棚;刘永胜,二十五岁,桃源县人,镇军第二标第二营后队三排二棚;郑文山,二十三岁,浦江县人,浙军第八十一标第三营后队一排一棚;萧希能,三十六岁,泰宁县人,沪军先锋队第二中队第一排。以上四名刻据军政府电话,告知暂住分医院两天,候信派员接送出院。(《红会养生送死之忙碌》,1911 年 12 月 5 日)

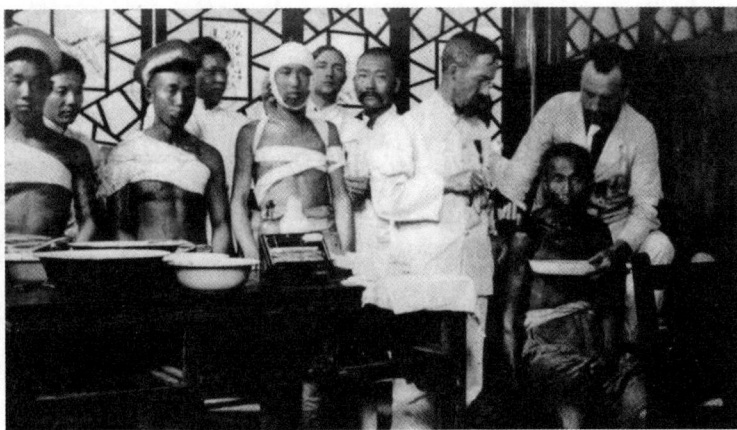

红十字会外籍医生在为伤病员诊疗

12 月 6 日,《新闻报》报道武昌起义爆发后沈敦和与红十字会的工作近况。报道说:

> 本埠中国红十字会沈仲礼君自战事发生后,于救伤、送死、埋葬三者,一意进行,业经中西董事会议,添派日本留学医界医士、学生等百数十人,分作两队,一驻长沙,一驻津浦路线,并发汉口、南京掩埋队,收葬忠魂义骨。兹将各方来电录下:
>
> 南京林述庆电:红十字会沈会长鉴,元、号两电均悉,慈善功德惠及泉壤,存浸均感,现已择紫金山下明陵东首附近地方,除知照军队各界一体保护外,特此电复。述庆叩,寒。
>
> 北京吕会长电:沈仲书鉴,微电悉,日本教护团襄助,可感。已咨政府转饬保护,并请外部代达谢忱,如未出发,并请代弟谢。三千到否,三十五处均在何处,如何分布,详示。至盼尊处所印规则,内有甲乙丙三队照像者,祈速寄几本来京。海,遇。
>
> 南京红会会员电:现民国军入宁,勿用救护难民出险。惟伤亡尸身应需掩埋,有舍亲陈瀚、恩绂愿入本会,自行捐资协同焜等办理掩埋,请照会军政府保护。邱兆焜,元。(《红十字会要电三则》,《新闻报》,1911 年 12 月 6 日)

12 月上旬,前往各医院慰问伤病员。《新闻报》报道说:

> 自宁地伤兵陆续运至本埠红十字总医院、分医院及铁路医院后,该会理事总长沈君仲礼逐日赴各医院亲视慰问,一兵洞穿胸腹际,肺叶受损,一兵弹中腮骨,穿过枕骨,亨司德、侯光迪、王吉民医士禁阻发言,各兵畅谈战状,娓娓不倦。内有张兵二人已分病室,各兵恨如刺骨,谓太平门一役该贼兵假投降哄人致伤弟兄百余,欲共食其肉。沈君答云,交战时乃仇敌,就医后为兄弟,南京光复诸位可安心。众均起坐欢呼,痛苦若失,并谓吾等伤劳已复,急欲出队北上援鄂攻京,请沈君转告医生同意其出院。现将痊愈之兵陆续函请都督备文收领,至各兵士在医院之零用款项沈君核给……(《沈仲礼慰问伤兵》,1911 年 12 月 9 日)

12 月 11 日,中国红十字会在英按察署召开研究大会,出席并报告近期红会战地救护情况。《申报》报道说:

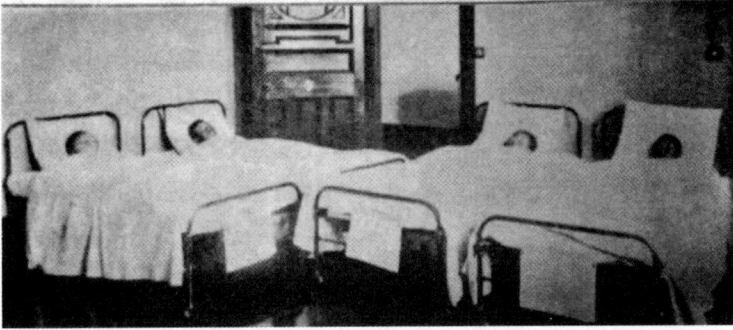

在红十字会总医院养伤的伤员

　　十月廿一日下午五时，红十字会中西董事假英按察署特开研究大会，到四十余人。由董事部长苏玛利演说，云："余与沈敦和部长、董事麦尼而研究本会开办缘起，知自西一千九百四年间日俄战争，东三省人民流离失所，于是热心公益诸君恻然悯之，有在沪组织万国红十字会之举。及至开办后始知未与瑞士订约，诸多未便，遂于是年清国政府派遣使臣张德彝于西六月廿九号至瑞士之日来弗，按照西一千八百六十四年所订条约签诺加盟，此本会加盟订约之原始也。旋日俄罢战，本会救济事竣，曾经刊印报告，宣布大众。所有余裕之款，亦经拨助丙午年华洋义赈会以归结束。本会复由清前太后颁助内帑银五万两改办中国红十字会，此本会改办之缘起也。去年清政府确有将本会改隶政府管辖之议，嗣因事属善举，且有中外捐款在内，为独立性质，又本会虽与瑞士加盟而未派代表与万国红十字联合会订立互助合约。今为组织完善起见，同人等曾经商之日本赤十字社，业由该社派其外交顾问有贺长雄博士来华。查有贺长雄君曾手订日本赤十字社章，此君富有经验，驻沪旬日，本会应办诸端，多资其力，厚意深情，实可感激。本会自开办之万国红十字会结束以后，复得华人捐款及内帑，合共银十三万两，已在徐家汇路购地约银二万两，造医院及医学堂约银六万两。总医院、医学堂、分医院常年开支，余存无几。现在武汉事起，所派医队多半皆是该医学堂教习、学生，若非预为之计，何能臻此完美？再红十字会本意原为遇有战事医救伤兵之用，近年以来宗旨日见扩充，即如水旱灾患，时疫流行，亦曾设法拯救。是故红会之设，不惟于战时有应尽之义务，即平时亦有应救之灾患。善举愈推愈广，经费亦因之增多,即如建设医院,创办医学堂,均为三年旧口之计。如果目下战事平息,此会亦宜保存,以备将来救灾之需。惟前项诸事尚待细为研究,详订章程,以供公鉴。"众鼓掌赞成。又沈部长报告大会宗旨在普救两军,汉口俄界设有大养病院,专治北军,床位约三百张;武昌大医院专治民军,约容四百人。掩埋队在汉阳一带埋葬两军阵亡兵士二千五百余具,两军各发护照,更派兵队保护,感情极好。南京、镇江于事前早设有临时医院,更商蒙沪宁铁路总管濮爱德君、医士齐福果、培林君特备救护医车,由镇江开往战地,日夜救护。又承教会宝医生、洪明道、英美报界访事员督同担架夫在紫金山、马群、尧化门各处救到两军受伤兵士约四百人,留在镇江各医院医治外,更三次运载来沪总分医院并铁路医院,医治五十余人,重伤不救者四人,陆续医愈出院者九人。南京血战之后,雨花台、南门外伏尸最多,孝陵卫伤亡者亦复不少,督署后面尸首猪犬争食,惨不忍睹,护城河内男女浮尸充塞,已请许文卿、洪少圃诸善士前往掩埋。日本回华医士六十人赴长沙,又六十人赴滁州、临淮关一带救护。散时钟鸣八下矣。(《红十字会研究大会纪事》,1911 年 12 月 13 日)

上海红十字会赴武汉医疗队合影

同日,《新闻报》报道其厚待伤兵。报道说:

本埠红十字铁路医院会沈仲礼君将总医院、分医院所有受伤军士格外优待,并不时慰问,更以书籍图书凡可为兵士消遣之物随时分送。故各伤兵谓入此医院无异由地狱而登天堂,日前经陈英士都督派员犒赏外,日昨四点钟沈君携带食品、洋元分投各医院,每名给发,欢声雷动。闻今日下午三点绅商各界邵琴涛、王西星诸君各带银洋分赴各医院慰问,以鼓士气而为从军者劝。(《绅商各界资助伤兵》,1911 年 12 月 11 日)

12 月 16 日,致电吕海寰,表示难与其委派的冯熙①进行合作。从中透露出当时京会与沈敦和主持的沪会仍严重对立。函录于下:

> 吕尚书钧鉴:沪会此次办事困难,为历来所未有,惨淡经营,心力交瘁。幸中外见信,得此效果。以梦帅近时舆论,沪会断与之合办,设勉强行之,恐将东南各省分会暨中外会员定将瓦解,功败垂成,敦和不能任责。
>
> 沈敦和宥

(《吕海寰往来电函录稿》,沈云龙编:《近代中国史资料丛刊》第三辑,文海出版有限公司 1978 年版,第 643 页)

12 月 20 日,为救护南京难民,发起组织绅办南京急赈会。报道说:

> 刀兵之后,民不聊生,南京旗城难民三千四百余人束手待毙。红十字会理事总长沈仲礼君邀请旅沪宁绅及各绅商于初一晚在万家春开议急赈办法。首由社会党代表江亢虎君报告调查南京难民惨酷情形。合座为之动容,公决由沈君暂垫二千元,陈彦清、李悦生、魏梅村、蒋星阶、童弼臣、刘然青诸君议将龙潭赈余二千数百元及江苏义赈会所拨之三千元、仇徕之君牛草费洋三千元统移援就急,为南京急赈用费。众赞成,举李悦生为办事总董,设事务所于法界恒义公,请童公于望日早车赴宁,先行布置。拟请宋裴之君驻宁放赈,并将各项存款悉数提交李君,克日采办米谷、铜圆先往旗城散放急赈云。(《绅办南京急赈会成立》,1911 年 12 月 23 日)

12 月 21 日下午,主持红会外籍医生峨利生追悼会。报道说:

> 初二下午四点二刻钟,本埠红十字会理事总长沈仲礼君、议长英按察司苏玛利君暨中西会员四百余人,在圆明园路友宁礼拜堂开峨利生追悼大会。中悬峨君肖像及挽联花圈等,旋由沈君主席报告开会宗旨,略谓峨君在本会总医院二年,成绩卓著,此次赴汉伤兵过多,日夜拯治,不遑寝食,因之积劳病故,良深惋惜。除向驻沪丹国领事致唁外,并向丹国外务部道慰。诸君冒雨莅会,咸表哀思,而峨利生舍身救人之盛德尤为不可及

---

① 冯熙,字梦华,当时被吕海寰委为驻沪代表,办理相关事宜。

云云。兹将开会秩序单如下(一)杨君音乐。(二)陶文德博士祈祷。(三)全堂哀歌。(四)吏白克牧师祈祷。(五)亨司德夫人李女士哀曲。(六)沈君哀词。(七)梅合君音乐。(八)柯师医生演说。(九)王培元医生演说。(十)杨君音乐。(《红会追悼峨利生志盛》,1911年12月23日)

峨利生医生

同日,《申报》刊登《红会之未雨绸缪》《红十字掩埋队之成绩》等报道,详述并高度评价由沈氏主持的红会开展战地救护诸情况。文录于下:

红会之未雨绸缪

本埠红十字会沈仲礼君自武汉医队成绩优美,中外交颂。南京之红十字火车,宁、镇各分医院,种种良好效果,以及汉、宁掩埋队日事进行外,并急发长沙、浦口医队,以期有备无患。而津浦铁路自浦口起至山东之济南止,由包医士组织临时医院十二处,一有战事,随时施救。复经中西董事部核议准办。至宁城难民,坐困乏食。生计顿绝,业由沈君约会旅沪宁绅组织上海绅办南京急赈会。昨晚在万家春妥议开放办法矣。

红十字掩埋队之成绩

　　武汉剧战，忠骸义骨为狗雀争食，伤心惨目为有历史以来所创见。本埠红十字会沈仲礼君素持人道主义，力筹巨款编成掩埋队，一驻武汉，一驻南京。由该会特派员李伯安君赴汉，会同队长朱庆章君等逐件调查。兹得详细报告，以告热心慈善家。初七午后在四码头用芦席裹阵亡军士二十八名收埋。初八掩埋尸二口。初九起至十一，到赫山由铁道步行三十余里，同全队带干粮铺盖上山，同洋干事三员，至古庙前掩埋二百四十名，工毕摄影为志。十二更进至三山境，掩埋七百五名。十五起系洋干事余思顾约定全队多派工人至武圣庙前，捞尸共掩五十九名，掘地数丈、深三尺。十六洋干事派全队至汉阳南面大别山下江口，捞尸五百余口，就在保善堂前空地掘长数丈、深三尺埋葬，江中无数尸身势难遍捞为恨。十九至汉家墩行三十余里，旷野间积尸极多，四肢不全，被犬嚙去者移在一处掩埋，计二十名，尚拟再寻。今因各处尸积遍野，派沈石农、周佐尧往武昌等处；又派林世丰、姜彰容与洋人向大智门一带掩埋。沈、周二君查武昌有柩三四百具，往往被野狗撞去棺盖，啖嚙枯骨，江中有尸极多，业禀明黎都督觅地妥葬。林姜二君查得大智门外铁道下河口，已派工人捞尸二十六口，手足不全，秽气难堪，在荒郊掘地深埋。又柩六口，又沟内尸八口，又白骨骷八个，一并埋在穴内，计共六十名。原处再派人逐日捞尸，数目容详报。大智门外积尸极多，自二十一起至廿五止，计坑八处，每坑计二百四十余具。但天寒风猛，施工较难，不能从速耳。

红十字会在汉口救伤瘗亡

是年，上海巡警总队成立卫生处，被聘为总办。（《卫生局之进步》，1911年

1912 年 56 岁

1 月 10 日，致电吕海寰，表示已汇款京会。从中可见当时京会在经济上开始依靠沪会。函录于下：

> 吕尚书钧鉴：福开森君云京会需款急，已筹银八千两交福君汇奉，乞收电复。沈敦和叩（《吕海寰往来电函录稿》，沈云龙编：《近代中国史资料丛刊》第三辑，第 681 页）

1 月中旬，接瑞士日内瓦红十字国际委员会会长阿铎尔函，告知中国红会已得到国际委员会的正式承认，享有与各国红会同等待遇。函称："俱征贵大臣善与人同，友谊克敦，遵即分电寰球入会各国，皆已一律承认，合电奉告。"中国红会由此正式成为红十字国际联合会大家庭的一员。（池子华、郝如一主编：《中国红十字（1904—2004）历史编年》第 19 页；《中国红十字会特别广告》，1912 年 2 月 7 日）

1 月 25 日，《申报》刊登上海同盟会领导成员姚勇忱致沈仲礼函，忠告红十字会严防有人利用其会章作奸犯科。（《姚勇忱君致沈仲礼君函》，1912 年 1 月 25 日》）

1 月 27 日，《申报》刊登沈仲礼复姚勇忱函，对姚氏有关社会上冒用红十字会名义的担忧予以回应：设有作奸犯科，甘违会章，已失去会员待遇，本会亦断无庇护之理由也。辱承忠告，自当严加限制。函录于下：

> 勇忱仁兄大人伟鉴：日昨接诵大札，藉悉种切。本会恪遵万国条约、瑞士日来弗缔盟，参仿日本赤十字社章程，于捐款外征集会员，酌收会费于会员。入会之先，尤须觅公正介绍人具介绍书，始得为本会会员。凡会员有违背"博爱、恤兵"之宗旨，及干预战事，侦探军情，犯两敌国军律者，即失去会员之待遇，已载明章程第二十一条。查日本全国每九十人中得一会员，俄日、中日之役，颇能为战地出力，行之既久，并无丝毫流弊。即本会征集之第一、二、三届特别会员、正会员，亦均能恪遵会章，不预军务，而愿任义务之医员、干事、看护诸君，亦皆实心任事，是本会实赖众会员团

结之力，方有今日之效果。设有作奸犯科，甘违会章，已失去会员之待遇，本会亦断无庇护之理由也。辱承忠告，自当严加限制，除开中西董事部常会时提议外，为特备函奉复，即希察核是幸，顺颂毅安。

弟沈敦和顿首

（《红十字会复协济总会姚君函》，1912 年 1 月 27 日）

2 月初，为安徽军阀倪嗣冲冒用红十字旗并焚毙伤兵、破棺弃尸致电袁世凯，函录于下：

> 北京内阁袁宫保钧鉴：接准上民军副司令张纶电，云倪军在颍州揭红十字旗，以作侦探，并将在西四十铺待医之受伤民兵泼油焚毙，死者亦破棺弃尸。因红十字旗真伪莫辨，难任保护等语。敝会沿津浦路线各医院均系教会西医办理，乞转电倪藩司接洽，俾免中西医士危险而酿交涉。沈敦和叩巧。

不久，袁世凯发表通电，回称经询问倪藩司，并无此事，要沈"勿听浮言"。函录于下：

> 北京袁世凯电红十字会沈仲礼观察鉴：前得巧电，经电询倪藩司。兹得复称，冲收军回城，并未在郭停留，何暇为焚毙伤兵、破棺弃尸惨无人理之事；至称冲揭红十字旗以作侦探云云，查颍州开战时红十字会英法教士伏格思蒽式均在观战，如果冒用该会旗帜，彼必直接交涉，乞电沈勿听浮言等语。合亟转达，希查照，凯漾。（《上海红十字会去电》，1912 年 2 月 6 日；《公电》，1912 年 2 月 13 日）

有论者称：这封通电的重要，不在于袁世凯回复的内容，而在于他站出来回答了一个民间团体的质询，这种舆论上的平等权，在中国历史上从未有过。（《民国军阀的杀敌利器："通电全国"》，《国防时报》2019 年 11 月 27 日）

2 月 8 日，《申报》报道沈敦和与红会中西董事组织分会"分道施救"的情况：

> 中国红十字会会长沈仲礼君、英按察司苏玛利君暨中西董事部议决遍设分会病院，分道施救，除已设各分会六十处重加整顿，添配药品器具，加聘西医外，并在津浦南段一带（济南、烟台、青州、济宁、莱州、徐州、蚌埠、临淮、滁州、颍州、正阳、凤阳、怀远、浦口、六合），联合教会医院及留日

红十字医团,择要组织病院,无事时专医病兵。刻闻凤阳驻有民军六千,病者甚多,由梅司令允给学堂房屋为医院,经奚尔治、哈达两医士购置药料器械,添聘医士,每日治病者约有百人。临淮城隍庙医院每日就医者亦有七八十名,新桥、固镇、宿州等战争地点亦均设有医院,下关、镇江、清江、扬州各分会医院业均加聘医生,先行医病,设遇战祸,随地抢救。即关外之营口、辽阳、吉林等处,亦已一律设立分会病院,伤病兼治,布置井然,并闻英、美、日和各华侨刻正广募捐款,以资接济,瑞士国内所没之万国红十字联合总会亦已缔盟合约。(《红会布置之周密》,1912 年 2 月 8 日)

2 月 15 日,以上海红十字会全体会员名义致电北京临时政府袁及孙大总统、黎副总统,为南北方达成和解而欢呼。电云:"统一已见明文,南北战祸永息,本会乐赞和平,曷胜额庆!"17 日,袁世凯复电云:"共和成立,战祸永息,贵会乐赞和平,今已幸告成功,谨代南北军界同胞叩谢。"18 日,黎元洪电复沈敦和,称:"诸公持人道主义,抱和平宗旨,不独中华民国所倚赖,亦天下万国所共仰。现南北战祸永息,为诸公庆,为贵会庆,更为民国庆。"(池子华、郝如一主编:《中国红十字(1904—2004)历史编年》第 20 页;张玉法:《辛亥革命史论》,三民书局 1993 年版,第 486 页)

2 月 17 日,致电袁世凯,提出"立案"维持中国红十字会合法存在之请求,谓"本会军兴以来,联合教会中西医士,设立分会医院六十五处,治愈伤兵万余,收葬鄂、宁遗骸各数千。中外会员三千余人,战地奔驰,业逾百日,险阻备尝,事迹已蒙万国红十字联合会采取宣布,公允联盟。先是甲辰冬业与瑞士日来弗缔约,基础已定。民国成立伊始,红会进行未敢稍懈,自应力任其艰,以期永久,庶侪于万国红会之林。敬乞垂念缔造艰难,加以维持保护,无任叩祷"。(池子华、郝如一主编:《中国红十字(1904—2004)历史编年》第 20 页;《公电》,1912 年 2 月 22 日)

2 月 19 日,袁世凯致电沈敦和,对中国红十字会"立案"之要求表示首肯,称"此次战事,承贵会联合中西会员,医伤收骸,仁省卓著,感佩同深。现在宣布共和,尤应扩充义举,维持保护,责无旁贷,总期与万国红十字会联盟共济,尚祈同志诸君协力进行,无任企祷"。(池子华、郝郝一主编:《中国红十字(1904—2004)历史编年》第 20 页;《公电》,1912 年 2 月 22 日)

2 月 26 日,接中华民国临时政府副总统黎元洪转孙大总统致总会的电文,该电高度赞扬红十字会在辛亥革命中救伤葬亡功德,要求"内务部准予立案"。

转录于下：

> 红十字会沈仲礼君鉴：顷准孙大总统电开个电悉，查民国军兴以来，各战地将士赴义捐躯，伤亡不鲜，均赖红十字会，救护掩埋。善功所及，非特鄂省一役而已，文实德之。兹接电示，以该会前在武汉，设临时病院，救伤葬亡，厥功尤伟。复经日本有贺君妥修会章，已得万国红十字会公认，嘱予立案等由。该会热心毅力，诚无可表德之处，应即令由内务部准予立案，以昭奖劝等因。特此奉闻。元洪，二十六号，印。（《武昌黎副总统转孙大总统致总会的电文》，1912 年 2 月 27 日）

4 月 2 日，致电吕海寰，告知沪会派留美监督黄鼎为参加即将在美国举办的万国红十字会第九次代表大会代表，并表示"此次万国大会，京沪两会各派代表报告成绩，显有异同，不特贻笑邻邦，尤足为红会之玷"。对此，后者的回电姗姗来迟，且不置可否。4 月 10 日吕海寰电告京会所派代表情况，显示两会各行其是，难以协调。① 函录于下：

> 吕公镜宇钧鉴：
>
> 真电敬悉。前接美会函，请赴会报告成绩。即电请总统，示奉敬电，饬由本会筹款派员与会。佳日奉外部庚电，派张代表届时赴会，并许本会电请留美监督黄鼎代表赴会讨论，业将红会始末历史邮寄美会及黄代表各在案。按此次万国大会，京沪两会各派代表报告成绩，显有异同，不特贻笑邻邦，尤足为红会之玷。吾公热心慈善，素所钦佩。目下西董将次告退，拟举公为总裁，和仍出总董地位，稍轻担负进行。祈电知福博士与黄鼎和衷与会。福在沪时成约在前，大局定后，京沪两会本须合并也。祈电示容揆黄鼎查照。沈敦和咸。（《吕海寰往来电函录稿》，沈云龙编：《近代中国史资料丛刊》第三辑，第 715—716 页）

> 沈仲翁鉴：
>
> 红十字第九次开会在即，业由大总统派驻美张星使代表莅会，敝处现请外部转电张憩翁加派驻美参赞容揆暨福开森为弟代表，随同张使莅会与议。福君礼拜五由京起身，已嘱其将尊处办事情形暨张竹君女士、汉口马医生各处办法并南北各支会进行事宜详细报告，以示联络而资研究，特

---

① 池子华：《近代的红十字运动历史变迁》（上），合肥工业大学出版社 2018 年版，第 206 页。

此奉闻。真即敬。(《吕海寰往来电函录稿》,沈云龙编:《近代中国史资料丛刊》第三辑,第839—840页)

4月7日,出席宁波同乡会选举大会,被推举为副会长并作演讲,称"四明公所系救死事项,同乡会系救生事项,鄙意救生较救死尤为切要"。报道说:

> 宁波旅沪同乡会四月七日开选举大会,到者近二千人,举虞洽卿君为正会长,沈仲礼、朱葆三君为副会长,吴锦堂、夏祥甫、徐棣荪、樊时勋、陈屺怀、刘东峰、张咏霓、吴荫亭、李如山、陈良玉等为会董。当由沈会长演说四明公所系救死事项,同乡会系救生事项,鄙意救生较救死尤为切要,并言该团体向称坚固,嗣后入会人数愈多愈妙,请同乡父老兄弟散会后互相劝勉,以期推广,将来兴办工艺厂、蒙养学堂等大事项,众擎易举矣。嗣由俞宗周君演说,今年开会较去年不同,去年是专制时代,今已改为共和,更宜广联声气,加以现今外侮方亟,宜结团体,以资抵御。有裘载深君由西洋毕业回国,到会演说,注重民生,请同乡倡提工艺厂,以期安插贫民,设蒙校,以期普及教育。严芹撷君演说,入会有实在利益。黄慎庵君演说,会友无被选举权,会务难期发达,应请商议改良办法等语。演说既毕,遂宣告散会。(《宁波同乡开选举会》,1912年4月9日)

4月13日,出席在上海举行的汉冶萍公司股东大会并以3464权当选为公司董事。(《汉冶萍股东大会记》,1912年4月14日)

同日,以中国红十字会会长名义致函即将在美国华盛顿举行的万国红十字会第九次代表大会会长。函中披露当时"多有不承认中央政府管辖之处者",函录于下:

> 会长阁下台鉴:
>
> 敬启者!兹将中国红十字会报告寄呈台察。惟其中有一二事项须特声明,庶可自表。中国近因内乱,数月以来遭际情形,谅能洞悉。兹值政体翻更,百端待理,以致关于大会行知本会文件经本国外部延搁,迨至三月下旬方送移本会。本会接信较晚,故所造报告未遑详备。仅就所能及者略陈之,固不能称完备,不过将本会当时组织情形与夫日俄相战之际所办事项,暨近当革命之时,本会医队人员在汉所办各事先述及之。此外,尚有补述数件。至本会之各分会所办事宜,亦当略述,交由下次邮寄。惟各分会之报告乃自本会于三月二十四日接奉袁大总统命令饬派代表赴会

并备送报告后始电令各地备造,送由本会编辑转呈,故寄送较迟。其页数接续已寄之件,编列自第二十九页起算。其续寄各篇表明续一、续二者,亦希归并编列作为全帙。

再近报告末处内有一节题为"革命战争时红十字会所办事项"。因查本年二月十七日大会议事长毕列理君来函内经声明,按照千九百年《日来弗条约》第二十七八两条款内载"凡与此次条约各国应设法免令红十字会之名称与标记在各国所辖境内滥用"等语,故特于此节述及之。此一问题当革命战争之际,通辩论甚激,盖中国地方其时多有不承认中央政府管辖之处者。此次报告恐未合格,尚希见谅。本会之意并非不以大会研究善举为无关重要,实以数月内国事纷更,情形从脞,有以致之耳。专泐敬颂道祺。

一千九百十二年四月十三日中国红十字会会长沈敦和谨启

(《吕海寰往来电函录稿》,沈云龙编:《近代中国史资料丛刊》第三辑,877—881 页)

4月19日,出席在上海举行的汉冶萍公司新一届董事会常会。

4月23日,出席在上海举行的汉冶萍公司董事临时会议。

4月27日,出席在上海举行的汉冶萍公司董事会常会。

5月7—17日,万国红十字会第九次代表大会在美国华盛顿举行,中国红十字会推举顾问福开森、驻美公使张荫棠、参赞容揆、留美学生监督黄鼎参加。是为中国红十字会首次"亮相"国际大会。黄鼎撰述《中国红十字会中央部赴会报告》,介绍中国红十字会之由来及其开展活动情况。对于沈敦和送达会长的函件,"代表等阅看,查函中所言北京、上海两会往来情形颇有争论之处"。认为不能以此问题"烦扰此次万国大会。乃自沈君之函寄交到会后,遂令代表等不得不将北京总会奉有政府委任办理情形向大会会长陈明……沈君之函自归无效"。(《吕海寰往来电函录稿》,沈云龙编:《近代中国史资料丛刊》第三辑,第847—892 页)

5月11日,出席在上海举行的汉冶公司董事会常会。

5月18日,出席在上海举行的汉冶萍公司董事会常会。

5月20日,为宁波食米缺乏要求相关当局放行平粜米事,与虞和德、朱佩珍分别致电浙江都督、镇江国计民生会自治会。电文录下:

杭州蒋都督鉴：宁波食米缺乏，除慈北镇北已办外，各处危急万状。现已向江苏边界、安徽等处办就三万石，惟运行必有护照，请电咨苏督给发过境护照，以免沿途阻碍。其款虽有筹备，所少尚多，并请拨借公款十万元，由敝会担任照还。宁波旅沪同乡会虞和德、沈敦和、朱佩珍叩效。

杭州蒋都督鉴：效电谅经钧览，米尚可设法，惟款无可筹。和德与吴锦堂君镇北、慈北两处勉力筹垫，其余力难再顾，自应由公家拨借。前面商诸民政长，已蒙俯允。现事在万迫，我宁波同是浙民，想一视同仁，断无向隅。况灾在宁绍，尤比别处更急。前电乞即电复。宁波旅沪同乡会虞和德、沈敦和、朱佩珍郇马。

杭州蒋都督鉴：前商准徐宝山军统在江北一带购米一万余石，分拨宁波五千、台州两千、慈北五千、镇北五千，除钧船火车分运外，尚有四千在镇被国计民生会阻运。据称，新立定章非由本省都督护照，万难转运。惟办米在先，定章在后，乞迅速电咨江苏都督令饬镇江民政长，凡此项过境之米，不得阻遏并请补给咨文为要。

镇江国计民生会自治会诸公鉴：去年敝乡秋潮淹没田禾，其被灾最重之区以草树为食，故商准徐宝山军统于江北一带办米万余石，以资平粜。除陆续运甬外，尚有四千装运火车，须由镇江过境，忽为贵会阻运。贵会为全国国计民生而设，宜统谋大局，化除疆界，庶与清时代官吏有别，凡在同胞，急人所急，乞放行以顾大局。（《宁波同乡会要电汇录》，1912 年 5 月 22 日）

5 月 22 日，参加在德国驻沪领事署召开的上海防疫中西董事会，议决应对香港鼠疫办法。（《防疫大会记事》，1912 年 5 月 24 日）

5 月 25 日，出席在上海举行的汉冶萍公司董事会常会。

5 月 31 日，出席在上海举行的汉冶萍公司董事会常会。

是月，赞助蓝浩吾组织的航业团，报道说：

中国航业党领袖蓝浩吾君拟在沪上组织总机关，已得姚勇忱、戴天仇、张秋生、周舜卿、沈仲礼、朱葆三、倪逢伯、江确生、臧凌云、沈仲芳、陈月庄、张云卿、朱薪之、王佑之诸君之赞成，俟开成立大会时以党字改为团字，以示与政党有别，纯然一实业团体。蓝君又拟与华侨联合会诸君接洽布置一切，其本部早经成立于南京，所有总统府及内阁交通部留守府亦已

次第批准立案,从此妥筹进行,于航业前途不无裨益云。(《组织航业团总机关》,1912 年 5 月 20 日)

6 月 8 日,出席在上海举行的汉冶萍公司董事会常会。

6 月 24 日,上海国货维持会开宣讲会,到 150 余人,公举梅竹庐为宣讲部部长。梅氏在演讲时表示:伍廷芳、沈仲礼、沈剑侯、尤惜阴皆名重一时,善于说辞,若能邀来宣讲,于国货前途大有裨益。(《国货维持会开会纪事》,1912 年 6 月 28 日)

是月,与吕岳泉、徐绍桢、王人文、王芝祥、朱佩珍等发起设立华安合群保寿公司,7 月 1 日开业。资本总额规银 100 万两,先收 20 万两,后改为国币 50 万元,股份额定五千股,实收五千股,每股一百元,决算日期为 12 月底。华安名称的含义就是合众人之力,保中华平安。

7 月 16 日下午,出席中国红十字会万国董事会报告大会,并在报告中赞扬西董在救护辛亥一役中的功绩。大会主席苏玛利宣布"中国战事已息,董事会全体辞退"。由旧董事中挽留沈仲礼、李佳白、朱礼琦、亨司德、朱葆三、儿玉、施子英诸人办事,中国红十字会万国董事会自此解散。报道说:

> 十六号下午五点,中国红十字会会长苏玛利、沈仲礼暨中西办事董事、名誉董事开报告大会于英按察署公堂,到者约数十人。

> 首由苏君主席报告自民军起义,万国董事会辅助红会进行概略及办事成绩,次报告收支账略。此次账目经上海著名查账员克佐治洋行逐次稽核,巨细无遗,经全体董事同孚大班贝润生君等通过,并云中国战事已息,董事会全体辞退,银钱存款经众议决,仍由会计董事正金银行儿玉君、朱葆三君执管。

> 次由沈仲礼君报告此次战务,红会得以有美满效果,西董事之力是赖。武汉、宁、皖各医队、掩埋队所经验之事,不及枚举,此次赴鄂,承黎副总统列队郊迎赐宴,即召某兵官至,该兵官于九月间为北兵侦获枪毙,经救护队冒险救出,身中五枪尚未气绝,经柯师取出枪子医治而愈,当席口衣,胸部疤痕宛在。一兵弹穿脑壳,经峨利生治愈,一兵弹穿脑壳,经柯师治愈,现均行动自如。黎公云:此系红会真实救治功德。且大兵之后必有大疫,现届暑令,疫不时见,是掩埋队之所赐,他如分会至六十余处,办事手续虽有不同,而得教会西董之力居多。

次由李佳白君报告调查捐户所捐杂物各件,次由叶敏斋致颂辞,苏君云协订会章一节作为临时通过,尚有一切会务侯开选举大会决议执行。现由旧董事中挽留数人办事,经众推举沈仲礼、李佳白、朱礼琦、亨司德、朱葆三、儿玉、施子英诸君,时已七点,旋散会。(《红十字报告大会详志》,1912 年 7 月 18 日)

7 月 20 日,出席在上海举行的汉冶萍公司董事会常会。

7 月 27 日,出席在上海举行的汉冶萍公司董事会常会。

7 月 29 日,致电国务院,"称西医峨利生前因积劳病故,请速令部筹给抚恤"。(《国务院三十日纪事》,《大公报》,1912 年 7 月 31 日)

8 月 1 日,出席在上海举行的汉冶萍公司董事会常会。

8 月 10 日,出席在上海举行的汉冶萍公司董事会常会。

8 月 12 日,出席在上海举行的汉冶萍公司特别股东大会。

8 月 17 日,出席在上海举行的汉冶萍公司董事会常会。

8 月 31 日,出席在上海举行的汉冶萍公司董事会常会。

是月前后,为救治武汉之役中肢体残缺者,向日本特制橡皮腿,"装配伤兵"。报道说:

武汉之役,伤兵腿臂为炮弹轰断者至二三百人,经中国红十字会武汉战地医院截腿救治全活颇众,不能自由行动,终归残废,有伤人道。该会会长沈敦和悯然,特向日本定制橡皮腿,中有弹簧门笋镶配,行走自如无异真腿,业已呈请黎副总统察核,大加叹赏。昨由该会请日本医博士田中赴鄂逐人装配。兹将往来电稿酌录如下:

武昌黎副总统鉴:截腿兵士残废可悯,日本橡皮腿业已如数运沪,特请田中君乘大福九十九号到汉。人地生疏,不谙华语,乞派日语通译到船招待。沈敦和,咸。

上海红十字会沈君敦和鉴:田中安抵武昌,现正装配伤兵,感德,谨复谢。元洪,豸。(《新闻报》,1912 年 8 月 25 日)

8 月 30 日,《新闻报》刊登《时疫医院参观记》一文,从中可以一窥沈敦和一手创办并在历次时疫救治中发挥重要作用的时疫医院具体情况,文录于下:

时疫医院参观记

上海租界华人自立医院能得工部局之认可者，自时疫医院始。考是院之发起，实原因于英医柯师君新发明之治疫机器，为专治时疫之特色，无论疫气若何剧烈、症情若何危险，一经注射，靡不沉疴立起。于是沈仲礼、朱葆三二君特商柯君担任医务，而自捐巨金，以组织一普济贫病为宗旨，故凡就治者，概不征取医药资。溯自戊申岁成立以来，已阅五稔，先后所全活者不下万余人，取效既宏，义声四播。今岁夏秋之间，异常酷热，上海地面忽发现一种新流行之疫症，极形危险，业有江新轮船之某西人并某某二洋商以及多数之华人患此致毙。查验其肌销螺□，支厥脉伏，现象与虎烈剌略同，而传染之速率亦似之。惟其体中并无虎烈剌之征，生虫发生，是一异症，尚费研究耳。

本月念四日下午四时，岑云阶、伍秩庸、温钦甫、张菊生、伍昭房诸先生偕莅参观，记者亦躬预其盛。是院坐落英界天津路，与红十字会中国公立医院相接毗，入门通报，由朱君葆三、洪君文廷招待。院之前楼计五楹，其一楹为高等养疴室，铺床精良，供张修洁，已无毫发憾。其一楹为陈药室，橱筒瓶尊，位置井井，而其一楹则割症房在焉。房列治疫机器凡七具，系以铜为座，上架玻璃巨盂。盂之下端则置有生火器，并上按机器，以司其启闭。启闭机关之纽即联橡管，缘座而上达于盂。另有一玻璃管与橡管相衔，一嘴按入盂内，其一端则有极细之玻璃针缀焉。与机器并列者为储蓄温盐水之玻璃瓶，亦以橡管引入该机器之盂内，以为盐水之过渡。其治之法，将生火器燃点后，俟所升热度与病人之热度相等量，乃以小刀在病人之手腕或颈际腿间略为剖开浮皮，将玻璃针插入血管机器，即自能运动，盐水即汩汩而入，循管达心，由心而肺，渐及周身。历十秒或十五秒，即觉病人脉息微动，面色转活，目能启视，四肢亦随而温和矣。其神妙诚不可思议，外间动谓用刀剖割，致骇人听闻，盖传讹者之过。

闻之院中人云，本届开幕甫及四旬，而踵门求治者已达一千四百余人，近且从朝至暮以迄通宵来者络绎不绝。凡百执事疲于奔命，甚至西医亨司德克利天生二者积劳致疾，现惟柯师君与华医吴小谷、王培元、陈家恩、王吉民诸君分任义务。顾以病房充塞，实不能容，爰经商诸中国公立总医院转送留治已近百人之多。

其后进楼房上下计各五楹,为男女普通房,而病床一百八十余座,已满跞病人。察其被褥器具之外国医院诚无多让,院中并备有橡皮病车三辆。苟病人备莫能兴,通知后即驰往迓之。其种种布置悉臻完备,所惜者是院经常各费并无的款,可指每届用度约八九千金,皆赖捐输以支应之。经济困难不得已而出于赁屋,且租界之内,寸地皆金,所建房屋莫不鳞次栉比,空气未能充足,是为一大缺点。倘能度地建院,预留广场,遍栽树木,俾得呼吸空气,补佐卫生,则更上一层矣。是所望于热心慈善之诸同胞,不吝解囊,有以赞成之也。

参观既竟,相与告辞,已羊灯欲上时矣,爰归而此笔记之。

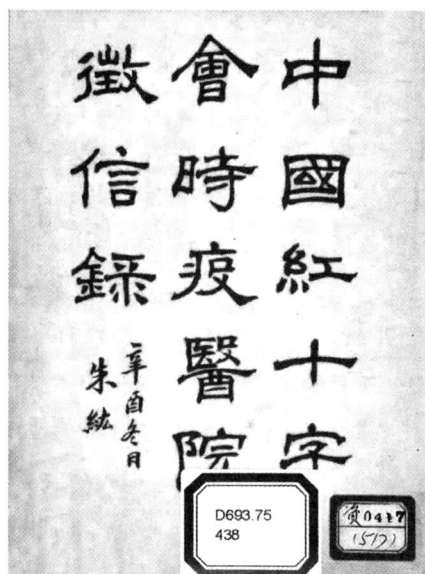

红会时疫医院征信录

9月4日,出席在上海举行的汉冶萍公司董事临时会议。

9月6日,出席在上海举行的汉冶萍公司董事会常会。

9月11日,《申报》刊登招商局王姓股东来函及招商局股东维持会复函,表明沈敦和是当时招商局股东维持会重要成员。函录于下:

招商局股东维持会沈仲礼邵琴涛君接王姓股东来函:

招商局股东维持会自二公入会之后,所有从前会中列名诸人,均已撤销列名,告白内申明自接二公函后,情形与前不同,所以大变宗旨。现在想必由二公主持会务,担负维持责任,所以他名全除,仅留二公大名于告白中,惟二公是否完全担负维持之责,请即登报示复,否则约集股东到府请教也。

招商局股东维持会复沈仲礼邵琴涛二君转致王姓股东函:

敬复者,顷奉大函,拜读一是。敞会广告内系摘叙沈、邵二君来函所称云云,并非于告白列名之尾独其二君台衔,请王股东详细阅报,当可晓然,不辩自明,专复,即请刻安。招商局股东维持会具。九月七号。

9月14日,出席在上海举行的汉冶萍公司董事会常会。

9月19日,与福开森在上海达成《中国红十字会合并条议》12款,由此化解京会、沪会之间的隔阂,为"合并"奠定了基础。11月3日,《大公报》刊登12款具体内容,辑录于下:

(一)议将中国红十字会总会设在都城以合各国办法。(二)公请袁大总统、黎副总统为名誉总裁。(三)公请吕公海寰为正会长,福开森君为顾问官,冯恩崑君为秘书长,驻都城总会办事。(四)总会设在都城,专与政府及各部接洽会务并办外交各事。(五)公请沈教和君为副会长,常驻上海管理会务。(六)上海会所改名为中国红十字总会总办事处,设在上海,江绍墀君为理事长,以一事权而专责成。(七)公举会员及输捐者三十人为常议员(即议事部),举副长为领袖,管理一切会务、医务、筹款等事,所有沪会从前所办之事以及与西医所订合同、哈佛医学堂所订办法,又各省所设之分会、所置之地产房屋,一切悉仍其旧,毫不改动,惟总会设在都城,上海总办事处应将寻常之事每月报告会长一次,其重要事件随时报告会长,或商明而后施行。(八)规则大纲,南北既经合并,自可商改数条,以免抵触。(九)京会所设各分会合并后应由总会介绍与上海总办事处交通,以归一律。(十)上海大会订期九月二十九号,万难再改。(十一)各省统一会,吕会长原拟择定适中地址开会一次,今查上海为各省交通利便之区,即于十月间在上海开会,正会长主席,如正会长不能莅席,由其电请副会长主席。(十二)合并后应将合并情形由吕沈公函知照万国联合会,并将规则立案。沈敦和福开森订于上海。民国元年九月十九日即壬子年八月初九日。(《直隶巡警道为奉札发中国红十字会合并条议通饬知照文》,《大公报》,1912年11月3日)

（池子华主编：《中国红十字运动大事编年》，合肥工业大学出版社
2018年版，第20页）

9月21日，出席在上海举行的汉冶萍公司董事会常会。

9月23日，临时大总统命令，"派上海红十字会总理沈敦和设立筹办顺直
赈抚专部，广为劝募"。（《申报》，1912年9月24日）

9月26日，出席在上海举行的汉冶萍公司董事会常会。

9月29日，中国红十字会第一次会员大会在上海召开，担任会议主席，"报
告开会宗旨，并演说进行方略"。首届会员大会在中国红十字运动史上具有里
程碑意义，会议通过了《中国红十字会章程》《京沪合并章程》，特别是后者的通
过，为中国红十字会的"合并"创造了条件。[1] 报道说：

中华民国二年九月二十九日下午二时，假座上海英租界议事厅开第
一次中国红十字会会员大会，男女会员莅会者计一千三百五十二人。是
日也，天朗气清，风不扬波。振铃后，副会长沈敦和君主席报告开会宗旨
并演说进行方略。继施君报告收支账略。全体无异词。乃请王培元医士
演说武汉战地救护情形，庄谐杂出，娓娓动听，合座为之击掌。演说既毕，
沈君起读祝词，叶君读答词。仍由主席报告，于会员中举常议会议员三十
人，以督策进行。当举定施则敬、洪毓麟、朱佩珍、席裕福、唐元湛、汪龙
标、陈作霖、狄葆贤、钟文耀、张蕴和、周晋镳、童熙、李厚祐、金世和、蒋辉、
何怀德、哈麟、何亮标、谢纶辉、丁榕、施肇曾、郁怀智、叶韶奎、刘崇惠、桂
运熙、徐镜澜、袁嘉熙、贝仁元、叶德鑫、邵廷松、贝致祥、夏瑞若、王勋、林
志道、朱礼琦、余之芹、江绍墀诸君。事毕已金乌西坠矣。是日在会场分
送红十字会成绩会员题名录、征信录、会场秩序单、会员意见书等，多至八
九种云。

记者曰：红十字会于我国为创举，乃数年之间会员多至三千人，于此
见我国人之慈善心，揆之欧美无多让也。谓余勿信，其试目俟之。

附沈君演说词：

今日为民军举义之一周纪念日，亦即本会展发之一周纪念日。盖去
年今日武汉起义，本会得耗欲往拯济，苦于无款，爰于九月三日假议事厅

---

① 池子华主编：《中国红十字运动大事编年》，合肥工业大学出版社 2018 年版，第 20 页。

开会筹议，初虑徒手呼号，无补于事，乃诸公救国心热，救人之心愈热，开会一次即集款万余元，以后捐款更源源而来。会员亦争先入会，风声既树，至派往战地之中西救护员，亦谓诸大善士既不惜财，我辈何敢惜命。故日在枪林弹雨中拼死抢救伤残，虽危险万状，不稍退怯。本会西医峨利生竟积劳致疾而死，亦可见善举感人之深矣。南北两军感本会救护之肫挚情谊均极融洽，本会声誉由是日隆，事业亦渐展发。

溯自去年开会迄今甫及一载，而已有会员近二千人，纳捐善士数千人，捐款十五万五千二百七十余人，分会六十余处。进步迅速，诚非意料所及，此莫非出自我会员捐户及各分会诸同志热心协助之力也。然以创办九年未经展发之红十字会，一旦得见其旗帜飘扬于全国，且与万国红十字会旗相映而增辉，固可博世界之荣誉，增本会之光宠，而诸公博爱之仁声亦可永垂不朽矣。

今日开会，正欲伸谢诸君之仁德，筹商进行方法并推举议员，组织议会，以立永久之基础。盖凡文明各国无不有极展发之红十字会，以代表其国家之程度。今中国共和成立，首重人道。兵戈虽息，疮痍未复，顺直温处等又复水灾仍频，乞赈之纷电至沓来。揆以红十字会之广义，本会悉应救济。故望诸公以一劝十以十劝百，务使纳捐入会者得臻发达之极境，此实今日所期于诸公者也。考日本赤十字社有社员数十万人，基本款项二千万元，中国幅员之广，人口之多，何止十倍于日本？例以此一年内本会展会之速度，则后之视今，犹今之视昔，虽远驾日本而上之亦何难之有哉。诸公与本会皆属休戚相关，本会能发达，固同胞之福，亦诸公之荣，务望群策群力，公同维持，无任感盼。至若此一年内本会救护之事绩及款项之收支，已具详成绩表、征信录、会员册三书，不再赘及，惟此三书均成于仓促，疏陋之诮知所不免，尚祈大雅鉴原之为幸。

沈敦和谨述

（中国红十字会总会编：《中国红十字会历史资料选编 1904—1949》，第 257—258 页）

8—9 月，参与直隶水灾赈济活动。（《直隶赈款有着》，1912 年 8 月 30 日）

9—10 月，浙江温州、处州遭洪水狂飙席卷，酿成巨灾，淹毙人口达 30 余万，引起中国红十字会的高度关切。11 月初，沈敦和特举陆军第一军军医司长柏栋臣医士为队长，陈士芬医士为副队长，连同看护、配药 20 余人，组成救疫医队;掩埋队一队,专埋沙掩水冲及暴露之尸骸;放赈队随带棉衣 2000 套、白米数百担、洋银数千元,"医赈兼施"。鉴于青田受灾至重,"全邑被淹只余房屋四处",沈敦和特商请唐锡晋善士组织赈务专家 10 余人,以"中国红十字会协济青田义赈局"名义,携带旧棉衣万余套、小包面粉 20000 袋,于 11 月 5 日乘"普济船"赴处州,专办青田赈务。总计,"温处水灾,受赈者二万人,疗治伤病者数千人"。(池子华、郝如一主编:《中国红十字(1904—2004)历史编年》,第 24 页)

10 月 1 日下午,主持红十字会员捐户恳亲会,报道说:

> 昨日下午二句钟,为中国红十字会会员捐户恳亲会及各分会茶话会,中外男女来宾达千人,座为之满。由主任沈仲礼君招待入座,款以茶点,参观医院养病室、割症室、药房、蒸气间、外症室及医学校,成绩优美,交口称誉。复由沈君致欢迎词,续举男女界赞助员,专为该会招致会员、劝募捐款之机关,计女赞助员钟孝贞、苏本楠、苏本岩、何德贞、刘徽文、程颖、俞家钿诸女士,施子英夫人、黄公续夫人,男赞助员陈润夫君担任二份,由陈君自举叶庚三君、贝中和君(三君系该会常议员)、吴君石、杨志平、夏玉峰、邓笠航、孙志英、金蔚文、沈田莘、吴敬仲诸君。举毕皆鼓掌赞成,继以摄影,时已五点,报告散会,并定阳历十月三十日开各省联合大会,以冀全国一致,昌大红会之慈善事业云。(《红十字恳亲会纪盛》,1912 年 10 月 2 日)

10 月初,为赈济直隶水灾致电天津红十字会,电录于下:

> 沁电悉,曷胜悱恻。昨接督电开,奉大总统命令派上海红十字会总理沈敦和设立筹办顺直赈抚专部,等因。奉此,业电直省议会商推办法,迄未得覆。贵会热心救济,且系贵省慈善巨擘。本会当任募捐之责,其调查灾情、设立机关、散放赈款种种手续尚希贵会匡助,无任盼祷。沈敦和勘电。(《红十字会要电》,《大公报》,1912 年 10 月 3 日)

10 月 3 日,出席在上海举行的汉冶萍公司董事临时会议。

10 月 6 日,中国红十字会常议员举行第一次会议,红会常议会正式成立。会议参照东西各国定章,公举中华民国大总统、副总统为中国红十字会名誉总裁,吕海寰为会长,沈敦和为副会长兼常议会议长,江绍墀为理事长。当即公电政府,请以明令宣布正副会长,"昭示中外,策励将来"。(池子华、郝如一主

编:《中国红十字(1904—2004)历史编年》第 22 页)

10 月 7 日,出席在上海举行的汉冶萍公司董事临时会议。

10 月 12 日,出席在上海举行的汉冶萍公司董事会常会。

10 月 13 日,中华全国义赈会第一次董事会召开,与张謇、王一亭等被推为董事。(《义赈会添举董事》,《时报》,1912 年 10 月 15 日)

10 月 17 日,在《申报》刊登《沈仲礼启事》,因"百务猬集,益以顽躯多病",对于社会上担任董事的要求"一律辞谢"。文录于下:

> 鄙人现办中国红十字会及公立医院,救灾防疫,疗病葬亡,百务猬集,益以顽躯多病,精力日衰,故凡慈善界以及其它法团有谬举鄙人为董事者,因难兼顾,一律辞谢,特此布告。(1912 年 10 月 17 日)

10 月 18 日,袁世凯发布大总统令:派吕海寰充中国红十字会正会长,沈敦和充中国红十字会副会长。(《派定红十字会会长要电》,1912 年 10 月 20 日)

民初吕海寰(前排左四)与亲家盛宣怀(前排左五)等合影于上海

10 月 24 日下午,出席赈济顺直水灾会议并演说,提出具体进行办法。报道说:

> 顺直水灾上海义赈会于阳历十月廿四日下午三时在张园开进行大

会。除本会会员外,来宾甚多。当推贾焕章君为临时主席,先由贾君代表郝衡之君报告已往办理情形。嗣由直隶省议会副议长王筬三君报告灾况,略谓本年水患为数十年来未有之奇灾,实由永定、大清、滹沱、子牙、咸水、北河等河相继泛决,一望无涯,可数百里,灾区有三十六州县之广,灾民达一百四十余万之多。非随流漂泊,即露宿风栖。壮者从事抢劫一途,灾区固困,完全县分亦属不了。转瞬冬寒,危险实甚。现直省官绅议双方赈济。治标办法,先散棉衣,根本之图自不外以工代赈。但本省财力薄弱,巨款难筹,远大之图端赖将伯。故公举鄙人来沪,为灾黎请命。适红十字会会长沈仲礼君亦奉大总统委托,办理直隶赈务。沈君为慈善大家,声孚中外,一经着手,普济何难。我尤愿我乡人尽分子义务,拯垂毙同胞,缩食节衣,踊跃将事,吾乡幸甚。次由沈仲礼君演说进行办法,略谓鄙人奉大总统及张冯两都督委托办理贵省水灾赈务,义不容辞。但从前两次办赈,虽均有成效,而与此次情形稍有不同:(一)彼时得外人补助。(二)江皖先筹有的款。(三)社会上太平。现在大局初定,既不便骤找外人,而贵省筹赈事宜亦正在草创。然鄙人既受兹重任,总当惟力是图。不过办法当先以灾情为准,前由敝处派赴直隶调查江趋丹君,昨已回申。据其报告,灾区达数十州县之多,尤以顺天之三河、武清、霸州、文安、永清、香河、宝坻,天津之天津、沧州、静海、青县等州县为甚。人民死亡转徙状况,亦与王筬三君报告相同。概论治标治本办法,自不外施衣施食、以工代赈两途。若欲照江皖旧章,最好由贵同乡筹垫巨款,请外人散放,则数十万之巨资当非甚难。闻王君现已筹有十万元,再筹十万廿万想亦不至十分棘手。惟尚有难者,江皖水灾虽巨,灾民尚有房屋可居。今灾地田庐漂没无遗,灾民已不知散至何处,其难一。即招之归来,已无安住之所,若席屋而居,冬日有种火之虑,来春有酿疫之虞,其难二。受赈者是否灾民,尤须加以辨别,其难三。鄙见贵省之灾不难于赈款,而难于赈法。若不先将办法筹妥,虽有银米无裨实益。诸君中不乏洞悉乡情之人,当有完全办法指示,鄙人无不竭力助理。救灾如救火,望诸君急起图之。次由来宾宋君仙洲、隋君润田更迭演说,至六时散会。(《赈抚顺直水灾之大会议》,1912年10月26日)

10月25日,出席在上海举行的汉冶萍公司董事会常会。

10月27日,出席在上海举行的汉冶萍公司董事临时会议。

10 月 30—31 日,中国红十字会首次统一大会在上海汇中旅馆召开,"副总统黎元洪及外交、内务、海军、陆军四部,奉天赵都督、江苏程都督与各省分会均派代表到会。来宾约数百人,吕镜宇会长因病未到,由秘书长冯伯岩代表诵开会词"。副会长沈敦和宣布开会宗旨,"极言统一之万不可少"。会议议决:总会设于北京,总办事处设于上海,会长常驻总会,专门任对外及对政府交涉事务,副会长及常议会驻总办事处,总办事处以副会长为领袖,会同理事长,督率各职员办理,凡筹募款项、联络分会、征集会员及其他一切会务,均属总办事处负责。大会同时制定并通过《中国红十字会分会章程》,从而为规范红会组织建设与管理奠定了基础。大会的成功召开,使中国红会真正实现了"统一","实奠中国红十字会万年不拔之基"。① 兹录《申报》相关报道与沈敦和发言于下:

红十字会统一大会记事

昨日午后二时,中国红十字会在汇中旅馆开统一大会,黎副总统及外交、内务、海军、陆军四部,奉天赵都督、江苏程都督与各省分会均派代表到会,来宾约数百人。吕镜宇会长因病未到,由秘书长冯伯岩君代表诵开会词。次副会长沈仲礼君宣布开会宗旨,极言统一之万不可少。次各省政界代表致辞。次冯伯岩君报告本会规条及章程。次鄂省代表张君、北京谢君、广东熊君、奉天姚君、山东陈君及留日医队华君、总办事处理事长江君报告红十字会成绩。次外交部代表陈征宇君、内务部代表刘伯刚君、陆军部代表汪植圃君、海军部代表谢卫臣君各就红十字会对于本部之关系相继演说,陈君语尤透彻,听者莫不鼓掌。末后由赵伯威君提议研究草程草案,当场推定起草人七人,修改章程交明续会通过,五时散会。(《申报》1912 年 10 月 31 日)

副会长沈敦和君宣布开会宗旨

中国古无红十字会,有之自日俄之战始。惟其时战事旋定,全国人民鲜能知红十字会关系之重要。是以机关虽立,能力未充。直至去秋,民军

---

① 池子华主编:《中国红十字运动大事编年》,第 22 页。

起义于武昌,战祸蔓延于全国,热心救济之士,投袂奋发,争先组织慈善团体,救死扶伤。或以赤十字会命名,或以红十字会命名,不下十数起,其博爱悯兵之大旨,与本会如出一辙。于是普通人民,始知红十字会关系之重要,与其立会之精义,会务发达,遂有一日千里之势。顾念红十字会为世界万国唯一慈善事业,民国成立,一切政治机关莫不革故鼎新,期与东西各国齐驱并驾,则此重要之慈善团体,亦安可不正厥名义,求合乎世界大同,此本会之所以急谋统一也。夫本会之发达与否,所关甚巨,就对外言之,则有与日来弗条约及万国红十字会规约之关系,就对内言之,则有与陆军、海军、外交、内务各部之关系。苟不谋统一,必至各自为政,办法纷歧,既无团结之精神,即无巩固之基础,对内对外,能力薄弱,如是而欲期发达,不其难欤?本会有鉴于此,特开统一大会,联合政府及各省分会,共筹进行。举凡对内对外之关系,与夫本会事业之必要,一一详加讨论,列为条件,俾共遵守,冀他日事业,可与万国红十字会相辉映。考日本赤十字会社发起之初,亦皆出自个人组织,未能全国统一,精神涣散,发达颇难。嗣后迭经战事,始群起而谋合并,且国民皆以入赤十字社尽力社务为荣,故通国之人不为社员者甚鲜。社员既多,基本金自富,现已积至二千万元。于是日本之赤十字社遂一跃而成为世界卓著之法团。是可见合则益,分则损,日本之事,前例具在。以吾国之广土众民,苟皆能如日本人之热心,以赞助红十字会,则本会之发达,当驾日本赤十字社而上之,可断言也。诸公或为政府代表,或为分会代表,惠然肯来,光斯盛会,实为中国数千年来未有之创举。务求同心协力,共赞厥成,庶几中国红十字会得与共和名义,同享世界上之荣誉焉!(中国红十字会总会编:《中国红十字会历史资料选编1904—1949》,第265—266页)

11月初,组织力量赈济浙江温处地质灾害。报道说:

温处沉灾为数百年来未有之浩劫。中国红十字会副会长沈仲礼恝然悯之,特发救疫医队,电请前皖北救疫熟手黄子静医士承乏。奈为步兵第三团冷司长所坚留,特举陆军第一军军医司长柏栋臣医士为队长,陈士芬医士副之,看护配药念余人,又掩埋队一队,专理沙掩水冲及暴露之尸骸。查赈队随带棉衣二千数百套、白米数百担、洋银数千元,为医赈兼施之需。复商唐锦晋君敦请赈务专家十余人,担任义务,名曰中国红十字会协济青

258

田义赈局,带旧棉衣一万余套、小包面粉二万袋,定今日趁普济船赴温拯救。(《红十字会温处赈务纪》,1912 年 11 月 6 日)

11 月 8 日,出席在上海举行的汉冶萍公司董事会常会。

同日,在《申报》刊登启事,敬告各界注意防疫。

11 月 23 日,出席在上海举行的汉冶萍公司董事会常会。

11 月 24 日,为筹集善款,与钟文耀、朱葆三发起举办水陆飞艇大会。"所得看资除实在些少用度外,悉充赈捐及地方慈善经费。"后由于活动筹款有限,又连续举办两次。(《水陆飞艇大会》,1912 年 11 月 20 日;《二次三次水陆飞艇大会》,1912 年 11 月 27 日)

是月前后,将顺直水灾灾民照片寄送各国慈善团体,以便"求募赈款"。(《饬送灾民照片》,《大公报》,1912 年 11 月 8 日)

12 月初,为顺直水灾筹募赈款事北上京津①,并"假道汉口谒副总统(黎元洪)",商议相关善后事宜,得到后者大力支持。报道说:

> 本埠中国红十字会总会总办事处经袁大总统、黎副总统为该会总裁,全国红会统一后,于一切进行手续尤为完备;顺直、温处告灾,赈抚事宜义不容辞,副会长沈仲礼君于上月晋京,假道汉口谒副总统商议去岁掩埋武汉义骸,须逐年培土种树,以资观感而垂久远:顷闻黎公致沈会长函有行旌小驻,简亵实多,会务偏劳,益深歉仄汉义墓,一经点缀,便壮观瞻,忠魂有知,含笑九泉等语,复奉大总统、赵总理力允维持红会常年经费,顺直赈务由红会顾问福开森君、会长沈仲礼君商请津绅及当地教士即日开放,并由大总统允颁奖章……(《红十字会方兴未艾》,《新闻报》,1912 年 12 月 21 日)

12 月 11 日,《大公报》以《欢迎沈仲礼》为题报道沈敦和赴京筹募顺直水灾赈款消息:

> 上海中国红十字会会长沈仲礼为顺直水灾筹募赈款事,前月便有来津与本省官绅接洽筹画之说。兹悉沈君业由京奉路到京,顺直水灾义赈局昨日公推卞月庭、刘伯年二君晋京欢迎,闻日内即可到津。(《欢迎沈仲礼》,1912 年 12 月 11 日)

---

① 沈敦和为此次赈济顺直水灾奔走呼号,倾注很大心血,不仅亲赴灾区调查月余,未到处请他人亲历调查并报告,回沪后分电国内外社团告急募捐,并募集棉衣 60000 套、粮食数万石赈灾。

12月16日,到达天津,受到津门各界的欢迎。次日《大公报》报道说:

> 昨日午前十一点钟,本埠各团体及法定机关齐集新车站欢迎中国红十字会会长沈仲礼君,其寓所在北门内沈家栅栏王竹林旧宅。(《欢迎沈仲礼》,1912年12月17日)

12月22日,由于"万难兼顾",是日登报辞去全国义赈会董事一职。(《沈仲礼敬辞全国义赈会董事》,1912年12月22日)

12月24日,中国红十字会天津分会为在次日举行欢迎沈敦和会议①,在《大公报》刊登启事:

> 启者:现本会副会长沈仲礼君由沪来津筹办顺直义赈等事,凡我同人理宜欢迎。兹定于本月二十五日(星期三)下午准二钟在本会事务所开欢迎会,届时务希各界惠临,共襄善举,除专函通讯外,特此登报周知。(1912年12月24日)

12月25日,《申报》报道,沈敦和等热心参与中美经济合作事宜。报道说:

> 中美交谊近来日渐融洽,因而有中美银行之议发生,此事关系中美两国间经济事业至为重要。兹将近日情形汇录如左:
>
> 银行组织之动机:工商次长向瑞琨兼办南洋劝业会时,美国实业团达纳君以下二十余人来宁观会,两方感情融洽,彼此均欲发生国际经济事业,以增进中美两国民握手之机缘。当时在上海会议议决三大事业:一为中美轮船公司,一为中美商品陈列所,其一则中美银行。现轮船公司已由沈敦和辈组织完善,由汉口开船,直达美洲。商品陈列所亦将择地开办。惟中美银行一项原订资本金二千万两,两国各任其半,开办之初暂定千万两,亦两国各任其半,中国担任之五百万两,原拟侨商与内地资本家各任其半,今侨商一方面已有张弼士独力自认百五十万两,其余百万亦由张君招足;内地资本家所认定之二百五十万亦由沈仲礼等担任募集,入股者甚为踊跃云。
>
> 银行职员与支店之分配:该银行总理将推定张振勋,协理推定美国实业团团长达纳君,即举向瑞琨君为经理。本店设在上海,并拟在伦敦设第

---

① 遗憾的是,12月26日《大公报》遍寻不得,以致难以知晓是日欢迎会之情形。

一支店，纽约设第二支店，北京设第三支店，汉口设第四支店。支店在外国者支店长用美国人，在中国者用中国人，但均受上海本店之支配。向君现卧病在床，闻俟愈后即往南方经营此事云。(《中美银行之发起》，1912年12月25日)

12月26日，致书顺直水灾义赈局主持人潘台曹方伯，详述几天来在津办理赈务情形，并因南返要求当局对赈务人员妥为保护。函录于下：

弟奉令来津筹办顺直赈抚事宜，自顾绵力，惴惴迄今，且以直省灾重区广，其灾情内容中外鲜有知者，捐款因而寥寥。弟此来原拟先调查灾情，详为报告，登诸中外报章，以冀动海内外仁人恻隐之心，于捐款上发生效力。又幸福开森博士惠然肯来，竟愿躬历灾区查视灾状，作洋文报告以动友邦之观听，将来效力之大，弟固可以预卜。惟是目下数十万灾黎，时届严冬，啼饥号寒，朝不保暮，为急赈刻不容缓之时，而又苦于金融奇绌之际，贵省官绅竟能协力捐输，不数日而集赈银十六万，棉衣六万套，是贵省官绅之毅力，热心轸恤灾黎，令人敬佩。且检视所制棉衣、棉裤，布厚絮多，为向来赈衣所罕见，弟对于此钦佩益深矣。

弟为募捐邻邦起见，屡议延请欧美教士协同查放，然窃虑直省风气未开，此举恐难赞同。讵知前日义赈开会，当场陈述此意见，蒙全体赞成，仰见贵省绅士诸君子之明达开通，灾民实蒙幸福。昨日弟与福博士偕赴租界华洋义赈会与西国绅商晤商赈务，始知租界义赈会初时筹办颇具救灾恤邻之热诚，继因官绅未与接洽，诸多隔阂，是以停止进行。经弟备述贵省官绅之同意力以中外合办为请，加以福博士详细解说，西国绅商金始感服，慨允将华洋义赈会与红十字会通力合作，继续进行，以期大效。并承雷司铎允邀法、比、奥、义教士六员分任散放，无论如何艰苦，绝不辞劳。并云如他县尚须教士会同放赈，随时可由伊添邀，是西友盛意殊足钦敬。兹将放赈教士名单开送察阅。此次得西国绅商教士如是慨允，不分畛域，踊跃从事，日后外洋捐款必能源源而来，赈务当有起色。

弟本拟亲赴查灾，作一报告，乃近日迭接沪上电催，以防疫筹捐在在紧要，亟须回沪办理，定于二十八号坐津浦快车南返，分身乏术，歉罪难安，幸有同志朱静波君慨允代赴灾区查勘报告，为弟查灾之代表，并邀姚君廷熏襄理其事，一切川资饭食，均由自备。惟所到各区，应请由地方官保护,还乞迅赐通告各灾邑,以资接洽,感荷公谊,不胜幸祷,专肃敬颂台祺,诸惟惠照。

　　放赈教士衔名:(天津县)雷司铎振声、杨泽臣;(静海县)马司铎、吴司铎;(沧州北)买竹坡;(盐山县)谢雅齐;(武清县)郎司铎。弟沈敦和谨启(十二月二十六号)(《中国红十字总会副会长沈仲礼先生致藩台曹方伯顺直水灾义赈局》,《大公报》,1912 年 12 月 29 日)

12 月下旬,在天津组织力量赈济顺直雪灾。报道说:

　　本埠红十字会迭接顺直急电,谓大雪三日,积至四五尺,涿州良乡四十七州县六千五十四村灾民百二十五万,其所支窝棚为雪所压,饥寒致死者每村日有数十人。该会副会长沈仲礼适在天津,当即派人会同教士,随带棉衣六万套、米粮银钱约合洋二十万元,分四路散放。惟冰天雪地,饥寒欲死者比比皆是。近据各路放赈员报告,所带赈粮只敷灾民二十日之用,非续运一批不能度岁,并称因冻致死者日益加多。惟闻北京红十字会顾问福开森已允相助,向美国、欧洲各团体劝募巨款,以济眉急。至治本之法,仍拟以工代赈,开浚各河为一劳永逸之计。(《冰天雪地之惨状》,1912 年 12 月 29 日)

12 月 31 日,出席在上海举行的汉冶萍公司董事临时会议。

　　是年,美国哈佛大学拟设分校于中国,因见中国红十字会总医院"器械并剖解(解剖)室等一切设备适合医学堂制度,请与合办,以成一完备之大医校,由哈佛每年补助银九万元,以作经费"。经常议会许可,沈敦和"遂与订立合同七年。当经哈佛派胡医士为院长,驻院管理校务、医务,敦和以副会长节制之"。(池子华、郝如一主编:《中国红十字(1904—2004)历史编年》,第 25 页)

　　是年起,至 1914 年 4 月,担任上海华商火险公会会长。

近代上海保险业同业组织历届负责人一览

名称及时期	负责职员称谓	姓名及任期
华商火险公会时期(1907 年至 1917 年 9 月)	会长	朱葆三(1907 年—1911 年) 沈仲礼(1912 年—1914 年 4 月) 洪文廷(1914 年 4 月—1917 年底)

名称及时期	负责职员称谓	姓名及任期
华商水火保险公会时期(1917年10月至1928年10月)	会长	洪文廷(1918年1月—1919年2月) 李煜堂(1919年2月—1920年3月) 罗倬云(1920年3月—1922年4月) 穆杼斋(1922年4月—1923年4月) 罗倬云(1923年4月—1925年3月) 冯佐芝(1925年3月—1927年3月) 罗倬云(1927年3月—1929年1月)
上海保险公会时期(1928年11月至1930年12月)	主席	傅其霖(1929年1月—1930年1月) 刘石荪(1930年1月—1931年1月)
上海保险同业公会时期(即上海市保险业同业公会筹备时期)(1931年1月至10月)	主席	华兴公司(1931年1月—10月)
上海市保险业同业公会时期(1931年10月开始)	常务委员会主席	厉树雄(1931年10月—1935年10月) 胡咏骐(1935年10月—1937年10月)

资料来源:《上海市保险业同业公会史略》,上海市档案馆藏上海市保险业同业公会档案,档号 S181—1—88。

是年前后,向担任董事的四明公所捐款洋二千元。(《四明公所报告赊材向例界限规条》,1914 年 5 月 19 日)

1913 年 57 岁

1 月 3 日,《新闻报》以《慈善家之赈务贤劳》为题报道沈敦和亲力亲为,不辞辛劳,办理顺直等地赈务。报道说:

> 本埠中国红十字会副会长沈仲礼君去岁奉大总统令筹办顺直抚专部,复奉京津政绅各界敦促赴都筹商赈抚事宜,调查灾区苦况,业于新历岁除返沪。查顺直灾区四十余州县六千五十四村最苦灾民约一百十数万,迭调大总统、赵总理、冯都督,以畿辅重地挺险堪虞,死亡日重,赈抚尤不容缓。由沈君亲赴邻近灾区摄取灾民真象,会商津绅义赈局、天津华洋义赈会,联络英法美各教士、官绅,各赈计棉衣六万套、银十六万两,开放第二次东赈。奉大总统任福开森驻津筹办,并奖嘉禾勋章,担任向欧美劝

募巨款,并以工代赈、开浚运河为治本之策。放赈教士计天津县属雷赈声司铎、汤泽臣司铎,静海县属马吴两司铎,沧州北买竹波,监〔盐〕山县谢雅齐司铎,武清县郎司铎等分配粮食、棉衣,星夜开放。尚有沈君未到之灾区,请朱静波、姚廷熏前往调查,期得实在。至温处救疫,放赈,掩埋各员冒雪遄征,所过之处,医赈兼施,活人甚重。近据报告今岁天寒雪厚,孑遗余生,饥寒致死者日益增多,该会会长沈仲礼一视同仁,陆续接济云。

(《新闻报》,1913 年 1 月 3 日)

1 月 4 日,出席在上海举行的汉冶萍公司董事会常会。

1 月 8 日,出席在上海举行的汉冶萍公司董事临时会。

1 月 12 日,《申报》以《红十字会之筹赈忙》为题报道以沈敦和为首的红会人员为赈务而奔忙,报道说:

> 本埠二马路中国红十字会总会总办事处自温处、顺直告灾以来,筹办救疫、放赈、掩埋,连合教士、官绅,各赈择尤散放,急赈冬赈虽敷衍过去,惟灾深地广,非有大宗款项不能济事。转瞬春赈,逾麦熟之期尚有五月,一切籽种粮食尤为急迫。该会沈仲礼副会长自岁除由京津调查赈务回沪后,分电各省团体、英荷各属华侨、英国红十字会等处,告急募捐,而常议员赞助团亦分头劝募,不遗余力。并拟于今岁二三月间,月出杂志一册,附刊各种图画,并灾区灾民惨象铜版,延聘编辑员,印行中国唯一之慈善报章,以饷社会,藉资报告。而名誉会员、特别、正会员等正式凭照业已开填,故入会者益形踊跃,并向瑞士钟表厂定制红宝石及红十字金表为募捐及格人之纪念品。至各处官绅团体乞赈函电,尚络绎不绝,灾民因饥寒致死仍道殣相望。即顺直一带,虽有棉衣六万套,粮食数万石,何如灾民几及百万,区区之数,悉能普及云。(《申报》1913 年 1 月 12 日)

1 月 18 日,出席在上海举行的汉冶萍公司董事会常会。

1 月 22 日,出席在上海举行的汉冶萍公司董事临时会。

1 月 24 日,设宴慰劳救助温处水灾工作人员。报道说:

> 红十字会前因温处水灾组织红十字队,延请前陆军第一军军医司长柏栋臣医士为队长,陈士芬医士、王心林、王锡如副之,杨柏荪为总干事,沈石农领掩埋队,前往温处灾区放赈,救疫活人无算,掩埋尸身得千数百具,兹已竣事返沪,由沈副会长定今日会宴全体人员,以示慰劳。(《红十

字会定期欢宴队员》,1913年1月24日)

1月29日,出席在上海举行的汉冶萍公司董事临时会。

是月起,筹办出版红十字刊物,以资宣传红十字精神。计划在"二、三月间月出杂志一册,刊各种图画并灾区灾民惨象铜板,延聘编辑员,印行中国,唯一之慈善报章,以饷社会,借资报告"。(《红十字会之筹赈忙》,1913年11月12日)

2月8日,出席在上海举行的汉冶萍公司董事会常会。

2月18日,出席在上海举行的汉冶萍公司董事临时会。

2月21日,出席汉冶萍公司董事会星期五临时会议兼代表王子展,并被推为会议临时主席,到会者还有朱葆三、陈理卿、李伯行、施子英,查账朱志尧等。兹录会议记录于下:

经理报告:星期二会议,以赵竹君先生辞职,议决由董事全体具函挽留,讵将去函原封退回,是辞职之意甚决,应请公举会长,以维会事。

公议:投票选举,计六票,举王子展先生者五票,多数公推,即函请莅会就任会长,主持一切。至所缺两席,即查照上年四月股东会选定候补当选人王驾六、周金箴两先生挨补,亦即分别函请到会接任,以足九人之数。

沈仲礼先生报告:星期二会议林案公堂发生地点问题,经共同讨论,无移归江西之必要,议决致函德律师请告公堂移归北京中央法庭提审等因。函未译送,接德律师来函谓:"林案地点发生后,被告律师要求移送江西,并请将被告保释。当以事逼迫,不及开会,遂商同陈理卿先生根据星期二议决办法,函复德律师,并谓被告系公堂审明刑事犯,自应仍由公堂羁押,俟得相当法庭移提,方能交出等语。一面将此案发生缘由及起诉情形具呈工商部,请咨司法部派员提归中央法庭审讯,呈由部员王槐清先生带投。本日早堂听审,知被告律师仍要求将被告释放。公堂断准以确值二十万契券存堂保释。当又电部及王部员各一电。兹将呈文函电各稿请公阅,并谓案经呈部,亟应举人赴京在中央法庭提起诉讼等语。

公议:陈理卿先生为此案查账及原告代表人,自应仍清理卿先生赴京起诉,以期衔接,而免隔阂。

矿业联合会来函:本年三月二号开成立大会,请举代表三人,筹议员一人来津莅会等语。

公议:请袁伯揆、叶揆初、陈理卿三先生为代表,请金仍珠先生为筹议员,即分函请其与会。(汪熙编:《汉冶萍公司》,第412—413页)

2月24日,出席在上海举行的汉冶萍公司董事临时会。

2月27日,出席在上海举行的汉冶萍公司董事临时会,兼代表朱葆三及陈理卿。(汪熙编:《汉冶萍公司》,第417—418页)

3月4日,出席在上海举行的汉冶萍公司董事临时会。

3月5日,为工部局禁止水果设摊负贩已向卫生医生官商阻事致函上海总商会,对此总商会"即将函叙情形布告各小贩,俾勿暴动"。(上海市工商业联合会编:《上海总商会议事录》,第191页)

3月15日,出席在上海举行的汉冶萍公司董事会常会。

同日,以64票与其他26人当选为上海总商会商事公断处职员。(上海市工商业联合会编:《上海总商会议事录》,第72页)

沈敦和等总商会商事公断处职员合影

3月22日,出席汉冶萍公司董事会星期六常会,兼代表李伯行及施子英。(汪熙编:《汉冶萍公司》,第437页)

3月31日,出席在上海举行的汉冶萍公司董事临时会。会议讨论盛宣怀不就汉冶萍公司总理事,决定即日备函,"具请到会接任,主持一切,并具电通

报国务院、工商部,鄂、湘、赣、苏各都督、省长"。(汪熙编:《汉冶萍公司》,第441—442页)

是月,为中国红十字会创办最早的机关刊物《人道指南》月刊作发刊词,阐述人道主义精神,号召"国人共起而力图之",合力推进中国慈善事业的发展。文录于下:

《人道指南》发刊词

世无不尊重人道之国,亦无不尊重人道之人。人道云者,人类之保障也。人类无保障,芸芸众生,将不旋踵而有灭绝之患。是以上古圣人,假神道设教以辅佐人群之进化,而巩固人类之保障。若儒释耶回,其大彰明较著者也。儒者之言,曰己所不欲,勿施于人。又曰:恻隐之心,人皆有之。释家曰:发慈悲度一切苦厄。耶氏则曰:爱人如己,视敌如友。而回教哥兰经之首篇亦曰:深仁至爱。综此以观,一言贯之,仁爱而已矣。夫仁爱者,即人道主义之大纲也。更考之泰东,则千家氏有言曰,宜敬爱,宜行慈善;又曰,不可欺,不可争,夫维不欺不争,相敬相爱,而辅以慈善之行,则人道斯得其正,盖人与我平等也。人之所好,我亦好之,人之所恶,我亦恶之。我苟匿其所好,而与人以所恶,人亦以此报施于我,则世道尚可问哉。善夫西哲本奇若之言曰,己若好善必导人于善,导人于善法有二,一曰义,义者,己所不欲,勿施诸人之谓也。二曰爱,爱者,己欲立立人,己欲达达人之谓也。

洎乎近世科学昌明,曩之所谓天帝神灵者渐知其虚罔而不可信。然其微言精义,固自有不可磨灭者在,则为种种慈善之法团,以阴行其道。于是孤儿也有留养之院,聋瞽也有习艺之所,灾荒也有筹赈之会。鉴于肉刑之惨,则群议以除之。凡此设施,揆诸往昔,有加无已,人道主义可谓大发达矣。惟是文明日进,而杀人之利器日精,昔之战争以弓矢剑戟矢之,所中剑戟之所及一人已耳,今则一变而为枪炮,一枪之发,中者数人,一炮之及,村镇为墟。即以日俄之战而论,将士之阵亡者数十万人,而我边民之死于无辜者亦以数万计。吁!惨已!苍苍蒸民,谁无父母,谁无妻子,而杀戮之惨,甚于禽兽,是非人道之大缺憾也乎!然而强权世界,公法荡然,苟欲自保其和平,不得不以武力为后盾,文辩之不胜,武力斯随之,由是而论杀戮之惨,又焉可免哉。于是不能不别图补救之方,以曲为之匡救,而红十字之旌旗斯飘扬于宇宙矣。

　　红十字会者以博爱恤兵为宗旨,本宗教家尊重人道之遗意,而脱离宗教之范围者也。当西历一千八百五十三年,英法攻俄之战,英女士乃丁戮而①亲临战地看护伤痍,是为红十字之起点。后六年奥法之战,瑞士显理涂南②设会救护,严守中立,双方并施,军士之赖以全活者甚众,列强韪之。越年遂缔盟于瑞士,定日来弗条约,反瑞士国旗为红十字旗(按瑞士国旗红地白十字),遂以红十字名其会。凡遇战事,疗伤瘗骼,固其天职,而平时济荒赈饥,亦其当尽之义务,盖最纯粹最硕大之慈善法团也。我国之有红十字会,实创始于日俄之战,厥后次第推行,加入日来弗条约与万国缔盟。昔年武昌起义,全国沸腾,我同胞以血肉相搏者三阅月,而红十字医队奔走于湘鄂皖苏等省,疗伤痍,掩胔骼,厥功甚巨。今者,虎狼眈眈于西北,鼠辈蠢蠢于东南,重以天灾流行,水淹两省。我父老之流离失所,嗷嗷待哺者何止数十万。是正红十字会有事之秋也,然而会员不及全国万分之一,药物糇粮时虞不继,心殷力绵,何以持久,呜呼! 红十字会之不发达,我慈善界之缺也,亦我人道中之遗憾也,愿国人共起而力图之。(中国红十字会总会编:《中国红十字会历史资料选编1904—1949》,第103—104页)

4月5日,出席在上海举行的汉冶萍公司董事会常会并被推为会议主席。

4月11日晚,出席国货维持会宣讲会并作"主讲"。报道说:

　　前晚八时半,中华国货维持会宣讲部假二马路宁波同乡会开宣讲会,来宾到者三百余人。首由部长梅竹庐君宣布开会宗旨,次由主讲沈仲礼君谓前次组织华纶织绸公司,耗去二三万金后,因光复中止,未能成立,引为憾事,然手续尚在,急宜重整旗鼓,发达国货云云。末由吴让之、梅竹庐二君相继演说,词甚透彻,众皆鼓掌称善,十时散会。(《国货维持会又开宣讲会》,1913年4月14日)

同日下午,出席在上海举行的汉冶萍公司董事会常会。

4月12日下午,宁波同乡会追悼已故职员,出席并"宣告追悼大旨并宣读

---

① 即南丁格尔。

② 即亨利·杜南。

五君事略"。报道说：

> 旅沪宁波同乡会昨日为已故职员武君颂汾、张君宝康、楼君心如、任君依德、刘君东峰开追悼会，二时半开会，首由副会长沈仲礼君宣告追悼大旨并宣读五君事略，激励到会会员，旋由应君季审读诔词，复由来宾梅君竹庐、赵君晋卿、会员沈君佩兰、严君忱热相继演说，毕由学生唱追悼歌，末由家属答谢。散会时已四句半钟矣。（《宁波同乡会追悼已故职员》，1913 年 4 月 14 日）

4 月 17 日下午，出席上海国民党分部在南市新舞台剧场举行的宋教仁追悼大会并作演讲，但与会人士对其"现在惟有继宋君之志，仍实行政党内阁，总统则仍举袁氏，国民则实行监督，如有不良之政治发生，再行推翻"的说法颇有微词，以致演说不得不中止。报道说：

> 本埠国民党分部，昨假南市新舞台剧场，为宋君钝初开追悼大会，各团体及男女来宾到者约有二千余人。兹将会场布置及开会致祭演说各情条列于后：
>
> 会场之布置：灵座设于舞台中间，中供宋君全身立像，左供被刺后赤身坐像，右供逝世后坐像。剧场内外及舞台四周所悬挽章甚多，军乐队则驻于左箱楼上。
>
> ……
>
> 开会之情形：午后一时余奏乐开会，先由赞礼者金铁军君请主祭者就位，即由陈英士、沈缦云、王一亭君三君排立外向。由陈君宣告追悼大旨，讫即转身向宋君遗像而立，由江确生君宣读祭文，读毕陈君及众来宾均向宋像行三鞠躬礼。次由基本商团代表叶惠钧君率同商团至像前行三鞠躬礼，复由叶君宣读祭文。次由陈英士君对众宣言，今日本定由于君右任主席，于君因事未到，故宋君历史权由兄弟报告，随又将宋君历史详述一番而退。
>
> 演说之状况：陈君既将宋君历史报告毕，即由沈仲礼、沈缦云、叶惠钧、华静谦、陈志渭、梅竹庐、陈翰章、汪幼鑫、陈瀛洲、倪无我、褚博甫、李学文、梁廷柱、严友潮、吴毓鳌、梅国柏、朱少圻诸君相继演说，仍各约十分钟。
>
> 演说之梗概：沈仲礼君演说略谓，宋君系民国伟人，且系极有学问之

伟人。宋君生前言论是最和平的,在北京时言论则更为和平,调和南北尤为出力,对于政党内阁平民政治主张尤为稳健。不料于赴京时被人暗杀,此非反对宋君,实系破败民国。美国本拟先行承认,兹因此案发生,除巴西已经承认外,其余各大国固皆观望不前,即首拟承认之美国亦竟杳无信息,足见此案影响于吾国前途者甚大。现在惟有继宋君之志,仍实行政党内阁,总统则仍举袁氏,国民则实行监督,如有不良之政治发生,再行推翻。言次有汪幼盦君起言云,此等空言可以不说。更有陈翰章君起而反对云,如此云云不似追悼宋君,倒似追悼某氏矣。沈君演说因即中辍。沈缦云君演说则谓武士英、应桂馨、洪述祖之外尚有造意犯二人,若不推源竟委,将此造意犯与众共弃,成何体统乎。众大鼓掌,复继以呼号。汪幼盦君演说则谓,解决此案之方法,当先诉之法律,无效再用别种方法以对待之。余人各有说词,因人数过多不及备录。(《国民党分部追悼会纪》,1913 年 4 月 18 日)

4 月 18 日,出席在上海举行的汉冶萍公司董事会常会。

4 月 20 日下午,出席宁波同乡会选举大会并被再次推举为会长,报道说:

宁波同乡会昨在四明公所开选举大会,到者千余人,秩序整肃。首由会长沈仲礼君报告开会宗旨,略谓本会经费不甚充裕,以致各项公益未能发达,以后当开财源,节财流,庶各项公益可逐渐推广云云。次举陈厚载、陈镜如、胡甸荪、童志宽四君为纠仪员。次由洪思棠君报告本会去年成绩,如办米接济、昭雪冤诬、破获拐案、筹办赈捐等事。次由谢莲卿君报告本会去年账略。次由应季审君报告修改本会章程。次由张让三君演说,详述同乡会之成效,宁波人之优点,凡商界学界以及工业、航业,冒险进取,开通风气,实以吾甬人为最占先着,上海一隅尤为之冠,亟应固结团体,协力进行,洋洋洒洒千余言。次由袁履登君演说,同乡会将来之希望:①彼此联络,以厚乡谊,②彼此体谅,以祛隔膜,③彼此协力,以收效果。次由葛吉卿君演说会务须坚忍到底,始能发达。继由谢蘅牕君辞会董而就职员,沈仲礼君申说谢君辞会董之美意。复由周椒卿君演说会务不甚发达之原因:①挟意见,②少热忱,③个人权利心太重。次由陈良玉、严痛喑两君相继演说,皆以联络乡谊、图谋公益为宗旨,语极沉痛,听者拍掌,欢声雷动。末开选举票,沈仲礼君当选为正会长,虞洽卿、李征五两君为副会长,其余会董职员俟职员会复选分科后再行发表。时已钟鸣六下,遂摇铃散会。(《宁波同乡会开会志盛》,1913 年 4 月 21 日)

4 月 25 日,出席在上海举行的汉冶萍公司董事会常会。

4 月 26 日,出席上海总商会本年度第七次常会并有发言,后被推举为一临时议案筹备员。当会议进行到临时提议第一案——《闸北市民公会要求工部局选举华董案》时,进行讨论,沈敦和首先发言:义务权利相因而至,有纳捐之义务,即应有言论之权利。工部局西董曾提议愿举华董一人到局与议。鄙人谓仅举一人单另,商请列举三人,西董以为不可而止。然为此议董非常困难,莫如出资公请律师代表,则言论辩难较有效力。此事关乎沪上全体,既由闸北发起其事,甚好,惟应由租界大团体联合要求,方合章程。

贝协理、朱议董葆三:出资请律师代表似不相宜,董事资格最高,今用资请,恐被西人轻视。拟先将商界中合格之人才多举几位,再行公推,必有能胜任者,即公举律师亦属不妨,然不能有资请名义。

王协理:仅举一人权力有限,最好举三人,此事颇极困难。若有关碍华人商民之事,华董与议,反对则个人无效力,赞成则商民必责备,所以难其选也。

郁议董屏翰:鄙意议董既限止一人,可以变其名目为顾问员,则多举一二员亦无妨。工部局会议如有关于华事,应与议,庶不致有隔阂之虞。

周总理:要求选举华董,既应由沪上大团体办理此事,候沈联芳议董回沪,先向闸北市民公会说明理由,免致另生意见。

贝协理:应如何要求方能达到目的,应先切实讨论。

沈职员仲礼:此事应先设筹备处于商会内,即请商会总协理组织。众赞成。

周总理:应举何人充筹备员,应请公举。

公举沈仲礼、沈联芳、邵琴涛、劳敬修、郁屏翰、陈炳谦诸君暨本本会总协理,众赞成。(上海市工商业联合会编:《上海总商会议事录》,第 91—92 页)

是月,为中国红十字会创办的机关刊物《中国红十字会杂志》作《弁言》,认为"所以为是编者,诚欲发挥人道主义以感动人心"。文录于下:

中国红十字会杂志弁言

共和成立之明年,方隅梢平,疮痍渐起,惟我中国红十字会之成绩之声誉,亦昭闻于世。常议会诸君,议设编辑部,广摭群言,编为杂志,以策进行诏来者,敦和伟之将刊行,敦和弁其端曰,谓天不仁而何以生众生,谓天盖仁而何以水旱刀兵之厄更起而迭乘,有慈善者出,本宗教之旨,牵慧海之航,囊药箧金,鞿手茧足,以施其拯救之方,死者瘗之,病者疗之,饥者食之,寒者衣之,哀哀穷黎,咸获其所,此岂非人道之极则,而可为彼苍弥缺憾者乎!吾国之有斯会十年矣,发轫于俄日之战,而大彰于武汉之师。因兹基楚继长增高,众擎齐举,神而明之,虽媲休先进诸国不难也。尝闻之,报纸为瀹智利器,以吾国疆域之大,人口之众,而又秉彝各具,攸好相同,固不患无慈祥恺悌之人,而患无以导瀹之,一旦取红十字会精义,发挥披露,传观国人,顺风扬舣,千里一瞬,响应之机,诚可操券。回忆十年前,敦和与沪上中西慈善家发起斯会,奔走提携,其时内地人士视为创闻,泰半不能言其梗概。今则分会林立于行省,巨人长德,联翩入会,实繁有徒,而节口体脱簪珥以相助者,尤指不胜屈。吾以是知好善有同心,而以卜是编收效之宏,当更有什伯于今日者也。呜呼!自光复以来,蒙古外叛,西藏内侵,边境之忧未张挞伐,而起视内地,则伏莽在原,偏灾迭告,吾同胞之颠连困苦,翘首企踵以待吾会之拯救者,固犹不乏其人。在吾会方被发缨冠之不暇,是岂欲以文章翰墨雍容揄扬自夸其事业之宏富哉。所以为是编者,诚欲发挥人道主义以感动人心,使吾神州温带之中,蔼蔼乎皆善气之弥纶,一尘不惊,秋毫无扰,而一切河决鱼烂豪暴残酷之风云卷波平,消归于无有,则庶几哉和平之幸福,于万斯年,永保勿坠,天心殆厌乱矣,民心之望治亦久矣,一线光明,意在斯乎,意在斯乎!老子曰:上德不德,是以有德,下德不失德,是以无德,信斯言也,吾会所希冀者,固大有在矣。今日之成绩之声誉,皆其小焉者也。是所望于读是编者之加之意也已。

　　　　　中华民国二年四月鄞县沈敦和(《中国红十字会杂志》第1号)

5月2日,出席在上海举行的汉冶萍公司董事会常会。

同日,接副总统黎元洪函,告以向红十字会捐助一千元。4日特在《申报》上予以披露,"以鸣谢忱"。(《中国红十字会名誉总裁黎副总统特捐第一号宝塔捐一千元》,1913年5月4日)

5月9日,出席在上海举行的汉冶萍公司董事会常会。

5月23日,出席在上海举行的汉冶萍公司董事会常会。

5月30日,出席在上海举行的汉冶萍公司董事会常会。

6月1日,致函上海总商会,要求"转呈(江苏)省长拨款接济公立医院经

《中国红十字会杂志》封面

费",对此总商会"转呈省长酌拨接济,以维公益"。（上海市工商业联合会编：《上海总商会议事录》,第 228 页）

6 月 6 日,出席在上海举行的汉冶萍公司董事会常会。

6 月 15 日,接上海总商会函,告以财政部公函:为码头捐已扣抵关欠,公立医院经费无款可拨,请自筹。总商会还表示"本会已力尽于斯矣"。（上海市工商业联合会编：《上海总商会议事录》,第 232 页）

6 月 20 日,出席在上海举行的汉冶萍公司董事会常会。

6 月 26 日,出席上海总商会特别会议。（上海市工商业联合会编：《上海总商会议事录》,第 111 页

6 月 27 日,出席在上海举行的汉冶萍公司董事会常会。

7 月 2 日,以华安合群保寿公司总董的身份与总理郁赐（英人）在《申报》刊登紧要通告,华安人寿保险公司一切事务已经归并华安合群保寿公司办理,要求投保者履行相关手续。文录于下:

> 敬启者,华安人寿保险公司一切事务现已归并敝公司办理,所有投保诸君之住址或因迁移或因出外经商类多未能群悉,遇有届期各户以致不

273

克函达,务祈即将现在住址详细函达上海黄浦滩三十号敝总公司注册。凡有诸君保费届期更望照西历日期如期照缴,将保费径寄上海黄浦滩三十号,敝总公司收到保费后自当将正式收条呈诸君。惟缴费之期至迟勿过定章三十日期限,否则如在期外补缴既须偿息又需延验,不便殊多,特此广告,维希公鉴。

总董沈仲礼　总理郁赐谨启

7月6日下午,主持中国红十字会时疫医院开幕礼,"极一时之盛"。该院自成立"五年以来,活人逾万",受到社会各界的普遍好评。[1] 报道说:

中国红十字会时疫医院在英大马路之北广西路日昨五时行正式开幕礼。遍悬万国国徽、松柏鲜花。由沈君仲礼、朱君葆三暨常议会全体、医务主任柯师及其夫人亨司德及其夫人、爱格司、王培元、吴小谷、王吉民、陈家恩诸医士,理事长江趋丹,医院理事邓笠航招待来宾,款以酒点。参观救疫机、诊病室、男女候诊室、轻症服药室、头二三等病舍。到者如各国领事、绅商、中西医药界、中西新闻记者、男女来宾达七百数十人。临时捐款如屠景三三百元、沈鼎臣及女公子一百五十元、何丹书一百五十元、何绍庭五十元,共计一千余元。更有五洲药房、裕昌洋货号、嘉泰洋行捐助勃兰地药料、肥皂等物,更有新舞台夏氏昆仲、第一台许少卿允助初九日日戏一天,新新舞台周仲华、孙玉声允助廿一夜夜戏一天,李禹卿、王培元允临时客串,中外善士捐输异常踊跃。续由红十字会办事处分送卫生必读时疫关系书籍,时钟七下陆续散会。(《时疫医院开幕记》,1913年7月8日)

7月11日,出席在上海举行的汉冶萍公司董事会常会。

7月17日,出席上海总商会特别会议并有发言。会议主题为保护地方维持商业案,当讨论到上海南市设立保卫团本会应否加入时,沈敦和发言:保卫团如能将南北两方和平解决,不用武力,本会极应加入。但付表决时,"举手者少数"。(上海市工商业联合会编:《上海总商会议事录》,第118页)

7月18日,为美国退回赛品应缴税饷请开单见示致函上海总商会。对此总商会立予承办,"开函催照缴归垫"。(上海市工商业联合会编:《上海总商会

---

[1]　池子华主编:《中国红十字运动大事编年》,第23页。

274

中国红十字会时疫医院正门

议事录》,第 246 页)

同日,出席在上海举行的汉冶萍公司董事会常会。

同日,上海为响应"二次革命",宣布独立。7 月 23 日凌晨沪南开战,以江湾、吴淞战事最烈。红会救护医队当即出发,救护受伤兵民,掩埋路遗尸骸。后据统计,自上海开战以来,红会开办的 5 个伤兵医院共收治伤员 947 人,重伤不治而死者仅 11 人,掩埋尸骸共 371 具。[1] 此外"敝会特设妇孺留养院一所、平粜局三所、浦东粥厂一所、南市医院二所。至赣徐皖镇宁淞,复又加派医队,并设水路救护机关"。(《城内访函》,1913 年 8 月 10 日)

同日晚,出席中国红十字会常议会全体特别会议,商讨"二次革命"战事救护事宜。决定电泰东、西红十字同盟各国协助;本人道主义,不分畛域,一体救护;请中外绅商协助捐款;增设各省分会及临时医院等。同时推举王培元为救护队队长,组织医疗队、掩埋队,次第出发,分赴战地。(《红会紧要会议》,1913 年 7 月 20 日)

7 月 21 日,《申报》以《战时之红十字会》为题报道"二次革命"爆发后红会

---

[1]　池子华、郝如一主编:《中国红十字(1904—2004)历史编年》,第 26 页。

组织救护之忙碌情形：

中国红十字会抱定疗伤拯亡拯救同胞宗旨，不分畛域，一视同仁，惟恐战线蔓延，伤亡日众，临时组织，鞭长莫及。该会二马路总办事处暨天津路分医院、徐家汇路总医院昼夜部署，函电旁午。兹将进行手续采录下方。

——请黄兴司令电饬津浦南段允给红十字救护专车，并给救护员乘车执照。

——电宁、赣、皖各省司令长官通饬各军队，一体优待保护，业得回电照准。又接陆军部黎元洪电通饬鄂鲁豫各军队并张勋、倪嗣冲等一体优待承认。

——请南京宝琅二医生急组沿津浦南段救护车暨救护队往来徐州浦口一带。

——请段少沧、朱星斋等组织徐属五县分会。接徐州玛法典、刘仁航来电，有战事惨苦，死伤枕藉，医药不敷，星夜救援等语。

——请苏州柏乐文、惠庚生教会医生，镇江白廉教会医生组织沿沪宁铁路救护队并苏镇临时医院。

——定二十二号四时考验救护队学生，二十四号开课。

——定设本埠城内外救护队聚集及机关部。

——红十字制药部照本出售救伤药材，救护队材料、担架、药包、水壶等。

——赶制号衣、篷帐、担架、救护员证书，足敷十余医队之用。

——南京、浦口、滁州、临淮、怀远、颍州至徐州一带加派掩埋救护队。

——函电沪宁、沪宁各车站凡有战事，电报通知系〇五七七密码，电话通知系三三七九。

——本埠如有警报，经各处飞报后，十分钟内可以出发。

——举柯师、王培元医士为本埠救护队长，邓笠航为召集机关，以上各节闻已部署周妥，诚红会天职所应尽之事也。（《申报》1913 年 7 月 21 日）

是日，上海战事爆发，当夜红十字会即要求两军停战，"力劝两军，声泪俱下"。经沈敦和与医生柯师努力说服，"允红十字会之请，休战八小时，拯救伤

兵伤民"。(《红十字会临时通告二》,1913年7月25日)

7月24—25日,为消弭上海城内战事,与柯师继续奔走于各方之间,"再四商说"。"往来两军总司令处,足不停趾,欲达博爱、恤兵目的。"报道说:

> 今日(二十五)上午九时,沈仲礼先生、柯司医生偕赴海筹兵舰见李、郑二司令说上海租界内外居民有二百万人,请以人道为重。再四央求,得李、郑洋文回信二条:(一)南北军一律退往吴淞外决战;(二)闸北与城内不准再战,南军司令部不准在华界再行开战。十一时见沈、柯乘汽车赴闸北,与陈其美再四商说,勿因袁一人伤害沪人数千万生命财产,出示北军条件申说至三小时之久。复往领事团劝其赞助,各领事同声赞成,即邀工部局主任等定四时开会,忽接海筹无线电嘱沈先生往该舰面议。四时三刻由新关红十字小轮赴海筹舰,与李、郑二司令磋商,大约有和平希望。闻今晚必有实在回复,如果南北军战争可以调停永息,则沈先生救吾沪地水深火热之商民,其功德亦大矣哉!……(《南北军剧战警报》,1913年7月26日)

7月底8月初,为救助难民,先后在《申报》等报刊登载急募款物启事。(《中国红十字会急募捐款》,1913年7月27日;《中国红十字会急募捐款饼干食物》,《申报》,1913年8月1日)

8月3日上午,赴海筹舰与镇守使郑汝成磋商沪城善后办法。《申报》报道说:

> 八月三日上午十时,红十字会沈仲礼会长赴海筹与郑镇守使磋商沪城善后办法。据郑镇守使云,红十字会责任过重,今善后各事虽非红十字会应尽之事,然事关救济,迫不容缓。好在上海绅商大都急公好义,乐善为怀,地方人民尤为信服,并赞美不置,复拍照十数纸以留纪念,当议定善后事宜列下:
>
> (一)疫疠发生,红十字会虽有徐家汇路总医院、天津路分医院、广西路时疫医院外及沈仲礼君所办之闸北公立医院施治外,诚恐南市居民不能普及,拟于城内设医院一所,十六铺新舞台左边设医院一所;
>
> (二)浦东杨树浦、闸北英法租界难民麇集,露宿风餐,情殊可悯,红十字会暨中外善士每夜施送面包食物等,以免因饥生变;
>
> (三)遭难妇孺幼孩尤为困苦,拟假新舞台开红十字会妇孺寄宿所,每日教以浅近工艺,并略识字母;

（四）南市城内居民大半回家，若辈凤鲜盖藏，且米珠薪桂，米铺亦不敢开市，设红十字平粜局三处；

（五）浦东溃勇逃兵四处掳掠，鸡犬不留，函派宪兵剿捕，以安善良，而免隐患；

（六）城厢内外溃兵流勇入夜抢劫，谣言四处，小民流离转徙，一夕数惊，拟派宪兵入城镇抚，以安闾阎；

（七）房屋被毁者及被抢者应酌予抚恤。（《红十字会纪事》，1913 年 8 月 4 日）

8 月 7 日，《申报》以《红十字会纪事》为题，介绍红十字会近事：

红十字会妇孺留养所已借定十六铺新舞台，布置妥善，将于九号开院。举定张乐君、沈仲礼为院长，叶庚三为总理事，并举定女干事数人，专收无告妇女、小孩，以三百名为额。

红十字会南市临时医院假定新舞台左旁房舍为医院，现已布置一切，约十号开院施诊给药，每人取号金铜圆三枚。

郑镇守使致红十字会沈仲礼会长函云，会长大鉴，顷奉瑶函，诵悉种种，足征贵会具慈善天职，以拯救为心，实深钦感，当查敝军防御界内所有腐尸遗骸，已经督饬掩埋殆尽，并无暴露之至战线以外，其遗尸外浮除经贵会掩埋外，尚不能尽如贵会派人检查掩埋，祈先知会敝军，以便派员接洽协同办理，即可杜彼冒用红十字标帜之弊（下略）。

中国红十字会沈仲礼君接吴淞无线电，昨日下午一时，业已开战，立派甲队救护队乘红十字小轮汉元、日光二艘，驶赴吴淞，又派乙队救护队乘沪宁红十字专车开往张华浜。

8 月 8 日，致电天津红十字分会，要求"严禁滥用红十字名义"。电文录下：

天津红十字会并转各报馆鉴：准陆军部函开，查红十字分会遣派医队应由红十字总会认可，函请本部备案后，方予保护，各种私立之赤十字社事未经总会认可者，自应不在保护之列。红十字事业关系綦重，总会既已成立，凡非附属于总会者，本部概不承认，除分电相应函复贵会，希即从严取缔可也。等因，合行通电，即希查照并严禁滥用红十字名义暨会长，希电复至盼。

沈敦和，江。（《红十字会纪事》，《大公报》，1913 年 8 月 9 日）

8月9日,中国红十字会在上海南市十六铺新舞台旧址开办临时妇孺留养院,院长为沈敦和、张乐君,总理事为叶庚三,副理事杨菊生,稽查沈鼎臣、江趋丹,发起人顾馨一、袁祝三等,"专收贫苦无依之避难妇孺"。(池子华、郝如一主编:《中国红十字(1904—2004)历史编年》,第27页)

8月10日—9月1日,北洋军张勋、冯国璋部围攻南京,国民党人何海鸣等率军奋力抵抗,战火蔓延。红会派救护队驰赴战地抢救伤兵,另租"大通"号轮(租费4500两,由原中国红十字会会长盛宣怀从广仁堂善会中划拨)作为红十字救护专用轮船,往返驰救,引难民出险者3000余人。9月1日,南京陷落,北洋军入城后大肆劫掠烧杀,幸存之民嗷嗷待哺。派江绍墀、王培元等,备载干粮、衣被、药物、银钱各项,专车赴宁,散放急赈。救伤由总会总办事处负责实施,瘗亡则由南京分会负责。(池子华、郝如一主编:《中国红十字(1904—2004)历史编年》,第27页)

8月13日,经沈敦和与柯师奔走说服,吴淞炮台停战。炮台内有兵2000人悉已解甲投戈,归红十字会调停中立人管领。红十字会调停战事目的达到。(周秋光著:《红十字会在中国1904—1927》,人民出版社2008年版,第228页)

8月15日,在《申报》刊登启事,呼吁各界支持红十字会开展善后工作:

中国红十字会正告同胞

受无数之惊恐,耗无数之财产,损无数之营业,捐无数之生命,战云匝地,哭声震天,流离转徙,露宿风餐,此非吾沪同胞暨赣、皖、镇、宁人民历尝颠连苦楚之时代乎?然天心厌祸,淞战业已解决,沪地已庆承平。上海为东亚首埠,慈善之士云屯雾集,或输善捐,辅疗伤瘗亡之急需,或施拯济,以惠饥渴贫病之难民,义闻仁声,五洲共仰。然沪南繁盛之区,商未开市,工尚休业,似非复秩序谋生计之道,务希开通绅商各界,互相劝勉,克日开市交易,避难之人咸归旧居,须知日食维艰,谋生不易。本会于救护、掩埋、防疫、拯济、善后诸端,已有寝食俱废日不暇给之势,今幸已达博爱、恤兵、和平目的,亟应恢复秩序,妥定人心。早一日部署,少一日损害,庶营业发达,金融活动,绅商各界咸乐输将,俾本会得以放手办事,亟谋善后,无任盼祷。

上海二马路中国红十字会沈敦和谨启

8月20日,以中国红十字会妇孺留养院院长身份与张嘉年在《申报》刊登募捐启事。(《中国红十字会妇孺留养院通告募捐》,1913年8月20日)

8月中下旬,致力于南京战地救护与善后救济。8月23日《申报》报道说:

> 南京红十字会分会派员冒险出城,乘江轮昨日至沪,报告城内被困人民苦况。西门每日下午开二小时或四小时,居民纷往城外逃难,奔驰江边,无船可乘趁。欲下乡则交通已阻,群聚江边,哭声震天。城内白米每升贵至二百数十文,中户每日煎粥而食,兵士抢劫虽止,难民因无路可走,兼有出而无人者。鼓楼红十字会医院遍地悉住伤兵,金陵医院亦有人满之患,宝琅医生及中西医士十余人眠食俱废,救护员手茧足裂,频受危险,而迄不少衰,伤兵之惨状非笔墨所能形容。该分会医院接沈仲礼会长信后,每日清晨救护难民出城一次。惟交通已断,走头(投)无路,上下水轮经过下关亦不停驶。南门同善堂分会专司掩埋,而城中兵民病者过多,路毙者日有数起,宁军粮食山积,大有久持之势云。

> 红十字会沈会长悯南京人民无辜遭难,日困险地,危险万状。救急之法,一请宁分会医生派人救护难民出险;一拟租船直放南京;一请王培元医士带救护队乘专车随北军之后抢救;一预筹南京善后救济事宜;故近日红会全体职员又有寝食不遑之势。

> 宁绅告急电云:红十字会沈会长、镇绅焦乐山君鉴:宁民来言,南京江边难民数万,无路逃生,轮船过境,难民哭跪求救,置之不理,乞速借轮船并电镇赁凑轮船、民船到宁,飞救出险,分送各处暂寄,免填沟壑。经费一层,敝处帮同筹募,以救民命,并乞由电复示。寓如皋镇江绅士杨鸿发、李耆卿、焦蔼堂、道劭吾叩。马。(《报告南京人民之惨状》,1913年8月23日)

8月23日,派轮赴南京救助难民,为此在《申报》刊登告示,呼吁各界捐助款物。25日,该轮抵达南京,救护队队长王培元即致电报告,分录于下:

援救南京难民

红十字会沈仲礼会长悯南京难民露宿江干,饥饿可怜,情形甚急,受伤兵民亦多,缘红十字救护专车铁路交通于前日停止,致赈济救护手续殊形困难。沈君特商太古洋行租定大通轮船,请王培元医士带救护队、医药队定今晨十时由太古码头上驶,定明日黎明抵南京武胜关,并派小轮四出济渡。一切费用悉由红十字会核给,不令避难人民丝毫给费。

红十字会与南京红十字会悉由美国兵舰无线电代递消息。昨晨续发无线电致南京分会窦琅医生云,红十字救护医轮太古行大通轮定二十五晨抵宁,请转致宁军通知各炮台一体保护,知照被难人民届时候轮救护出险,所有伤兵可送医院运沪。

……又发无线电致驻宁美领事、鼓楼医院宝琅医生、税务司,通知宁军饬炮台军队一体保护宁城难民救护出险,并将镇宁伤民运沪。(1913年8月24日)

中红十字会救护医船大通今晨由沪赴宁

天不厌祸,南京人民曾不两周,叠遭兵燹,血肉狼藉,荡析离居,近更麕集江干,忍饥露处,惨酷情形,匪言可喻。至若两军鏖战,伤亡尤多,救济之图,刻不容缓。本会现特租赁英商太古行大通轮船,悬红十字旗为救护医船,并派王培元医生率领救护医药各队,准于今晨开驶,约明晨抵宁,专为济渡难民,接运伤兵,以尽天职。如蒙惠赐米粮、饼干、捐款,送交本会悉数运宁,馒头、面包天热易坏,望勿捐助,特此通告,惟祈公鉴。

上海二马路望平街东首中国红十字会总会总事处沈敦和谨启(1913年8月24日)

救护船抵宁之报告

中国红十字会昨晨九时接王培元君由南京所发无线电云:红十字会沈敦和鉴:本会救护船(大通)于午后一时抵宁,宁分会宝琅医士刻正口城口宁军领袖商办救济一切,本船二十七号以前不能离宁,全体平安。王培元。八月二十五号晚七点三十分由南京美国兵舰发。(1913年8月27日)

8月24日午后,出席沪城红十字分会医院开幕礼并作颂词与演说。《新闻报》报道说:

中国红十字会沪城分会医院自高昌庙开战时,办理迄今,成绩卓著,昨(念四日)午后二时举行开幕礼,发起人夏应堂、殷受田,总会长沈仲礼暨男女来宾中西医士到者数百人。会中备有中西茶点、各种洋酒,以款来宾,并陈列战场救护车及前在战场救护兵民之各种成绩。开会后由殷受田君报告该院办理情形,次由沈仲礼君宣读颂词,次由殷读答辞后山沈君演说,略谓中国红十字会自昔年日俄之战开办,迄今已有十年。辛亥武汉起义,会中派医士学生前往救护,活人无算。民国成立后按照万国红十字会章程,由本国陆军部管辖,正副会长由陆军部委任。此次淞沪兵兴,本会按照红十字约法负救护之义务,后电禀请示允准。以故自上月十九日高昌庙开战,迄吴淞、镇江、南京之战,会中有五百余人日以救护为事。我中国人近来对于慈善热度日高一日。此次救护队员大半自愿尽义务而来,以故开支甚省,且得事半功倍之效。沪城分会医院经夏、殷两君办理以来,今日举行开幕礼,竟有如斯之盛,实中国慈善界之异彩。殷君不畏枪林弹雨,连日率引同志亲临战场,能有如此热心,他日发达前途,定可预卜。切盼中国同胞增高慈善热度,扩充红十字会云云。闻者鼓掌如雷。至五时一刻全体摄影而散。(《沪城红十字分会开幕记》,1913 年 8 月 25 日)

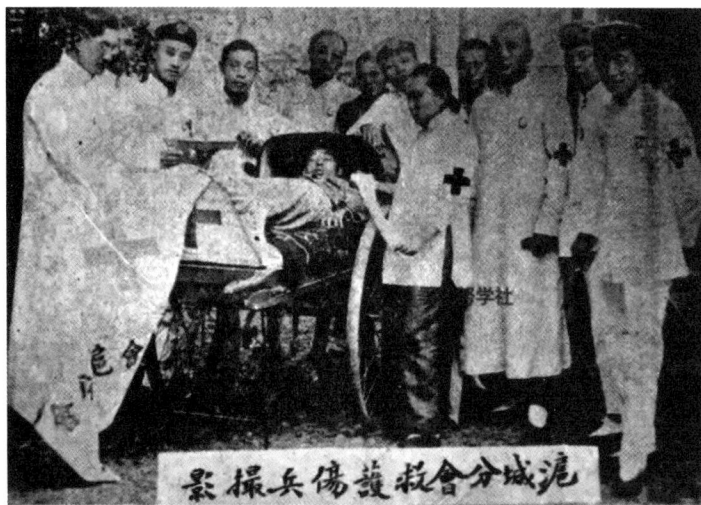

红十字会沪城分会人员救护伤员

8 月 27 日,由于安徽六安等地匪患严重,组织开展救济活动。是日《申报》报道说:"中国红十字会总会沈副会长自六安、霍山、商城、潢川、光山被匪蹂躏后,即电该处分会设法救伤掩埋。惟灾情重大,救济为难,现正四出劝募。拟

即日特派专员,备款二万,分赴六、霍散放。"(《红会调查豫皖灾情》,1913 年 8 月 27 日)

8 月 27 日下午,出席红会留养院开幕式并报告开会缘起等,报道说:

> 昨日下午四时,十六铺新舞台旧址红十字会妇孺留养院行正式开幕礼,中西男女来宾到者几达千人。郑镇守使、穆警长、吴知事、陆市总董、海军陆战队李旅长各派代表莅会,并由警区派巡警六名到场照料。首由院长沈仲礼、张乐君报告开院缘起,及今日来宾之盛,临时捐款之踊跃,足征吾同胞道德心之发达,爱群之心恳挚。继令幼童唱歌毕,请来宾演说,妇女手工,幼童体操后,请来宾参观寄宿所、养病室、浅近识字处、手工处及沐浴室、成衣处,布置井然。查该院距八月十号开院不及二旬,妇孺竟能识字唱歌,浅近工艺,该院总理事叶庚三君、男女科员实心办事,有足多矣。散会时,钟已六下,来宾旋归。(《红会留养院开幕记》,1913 年 8 月 28 日)

8 月下旬,为安置从南京运来的难民、伤兵,筹备设立红十字会第五医院、第二留养院。(《申报》,1913 年 8 月 29 日)

8 月 28 日中午,率职员到上海太古码头迎接从南京回沪的红会救护船,计大通船载难民 3358 人、伤兵 108 人,鄱阳轮船运来伤兵 19 人。(《红十字会救护船抵沪记》,1913 年 8 月 29 日)

8 月 29 日早晨,前往太古码头为赴南京的红十字救护船送行。"沈会长以救护医船拯救难民每次不过三千人,宁城难民奚止十万,日处危险地带,面嘱王培元医士,此次到宁,务与分会宝琅医生商诸各教堂,暂租厂场,准被难人入内躲避。第二次救护船仅城内难民载运来申,如实难运竣,再将该船上驶南京续载。"(《红十字会记要》,1913 年 8 月 30 日)

8 月底前后,由于"日夜筹划,精力交疲……入医院养病"。报道说:

> 红十字会副会长沈仲礼君自赣乱发生蔓延淞沪以来,布置调度,寝食俱废。且有时亲历战地,督饬救护队冒险抢救,而一切掩埋、拯济、善后、防疫种种机关,以及有战地各省组织分会医队日夜筹划,精力交疲,形神俱困,月前患失眠心悸之症,迭据西医诊治,力劝静养,不预外事,闻已入医院养病云。(《红十字会记事》,1913 年 9 月 2 日)

9月6日晚,为慰劳多日辛劳的红十字会救护等队员,由子沈厚生①代表在法租界鸿运楼设宴招待,报道说:

> 红十字会救护掩埋拯济赞助诸君热心会务,冒暑奔驰于枪林弹雨之中,宁、镇、淞沪历五十日,不遑寝食,奋勇直前,抱舍己救人宗旨,舆论称颂。沈仲礼会长特于前晚设宴于法租界鸿运楼,以酬诸君之劳,到者一百二十余人。七时入座,首由美利丰拍夜光摄影。继沈会长之子厚生君起立云:"家父因操劳成疾,医生力嘱静养,命小子莅席陪宴,请理事长江君趋丹主席,诸君子满饮一觞,以慰劳苦,而庆平安。"江趋丹起立举杯演说,盛赞诸君之热心慈善。次救护队长王培元起立致词,语多谦逊,并略述救护南京难民之危险。言毕,续由苏荔裳医士云:"救护乃同胞人人之天职,吾日随王培元办事,积有照片五百数十纸,凡关战务救护,无不留影,他日刷印成册,诸君可以细阅,今日时间短促,恕不详陈。"后由田资民、杨友坡、陈子彬、朱鉴生、邵子奋诸君详述一是,末由哈君少甫代表江宁全体道谢王培元诸公盛德。各人演说毕,由江君分送红会纪念明信片、《红十字杂志》(第二册)、《人道指南》每人一份,尽欢而散。(《红十字会大宴会》,1913 年 9 月 8 日)

9月15日,中国红十字总会理事长江绍墀致书沈敦和,详细报告红会救护队赴南京救助工作情况,《申报》于 17—19 三日连续刊登,使社会各界对战时南京之惨状及红会之救护工作有了比较详尽的了解,引起很大反响。(《中国红十字总会理事长江绍墀上书沈副会长》,1913 年 9 月 17、19、20 日)

9月19日,《申报》报道,沈敦和厚待伤愈之"军民"。报道说:

> 红十字会五处医院日,有治愈受伤军民,远至徐州、湖南、江西、玉山、保定、河南等人。沈仲礼会长垂念苦况,于轮船火车票外,厚给资遣费,令其各归故乡,自谋生业。红十字会第五临时医院设十六铺南,专治受伤军民,现已陆续痊愈,定月底撤院。(《红十字会纪事》,《申报》,1913 年 9 月 19 日)

9月26日晚,举行公宴,宴请红十字会顾问福开森。报道说:

---

① 有资料显示,沈厚生 1929 年被推举为中国红十字会常议员。(《红十字会新增常议员》,1929 年 3 月 4 日)

二十六号晚七时,红十字会沈仲礼会长暨常职员医部办事处职员公宴北京总会顾问福开森博士,此次福君赴欧美调查各国红十字会事业,同座二十七人。首由沈副会长演说,福博士去岁赴美国华盛顿大会,本会广为万国所推崇,各国莅会者所推许,且二年来赞助红十字会之盛德,此番赴美顺道至欧美各国研究红十字会进行方针,奔驰数万里,自备资费,毫不取公费津贴,翼赞本会无微不至,谨赠红十字金表一枚、名誉佩章一座,永为纪念。词毕,福君谦逊再三,答词曰:鄙人与中国士大夫交流二十余年如一日,于慈善事业小有赞誉,无他,谨尽个人天职而已。红十字会系一国之慈善机关,为万国所观瞻,追随正副会长之后,不过因人成事,蒙诸君齿及,愧勿敢当。查辛亥光复,今岁内乱,而救护疗伤掩埋放赈诸手续不亢不卑,应有尽有,其艰苦卓绝,委曲求全之滋味。沈副会长与江理事长、王培元队长实为全会之栋梁,而中国红会名誉一跃而跻泰东西先进国,为人道之保障,实钦佩之。今蒙诸君恩惠,贶我多珍,谨此愧领。词毕,全体恭敬一觞,继由周君金箴研究红会进行问题,及时钟十下,兴尽而散。(《红会常议会职员公宴记》,1913 年 9 月 29 日)

9 月 30 日,致电北京红十字总会,报告沪会在"二次革命"救护工作办理结束情形。报道说:

红十字会为结束临时机关上吕会长暨北京总会电云:第一平粜局九月十二号撤局,第二、第三平粜局十五号停粜,第二留养所十一号闭幕,第三留养院十二号闭幕,妇孺留养院十月一号截止,第三医院九月三十号止,第五医院二十七号止。该第四医院为南市医院,资遣留养院男女小孩一千八百二十八,除船票衣服之外,每人酌给一二元、四五角不等。资遣伤兵七百十六人,湘、粤、桂、燕等处,除给船票、路费、衣服外,酌给一二元,最多者至八元、十元以外。治愈国军二百十一人,派员护送交该管营长验收。现二处医院只存重伤及残废者七十二人,南京分会医院四处伤兵正多,除衣食住、医药外,内有第一师、三师伤兵三百数十人,伤民一百余人,日内正从事资遣,希察核。沈敦和。卅(《红十字会纪事》,1913 年 10 月 1 日)

是月前后,面对南京难民纷至沓来的"号寒之请",筹集大批棉衣与粮食等解送南京。为此,"宁人对于本(红)会非常欢迎,颂声载道"。(中国红十字会

总会编:《中国红十字会历史资料选编 1904—1949》,南京大学出版社 1993 年版,第 247 页)

10 月 12 日,为募集救济徐州兵灾善款,与施子敬宴请沪上善士。报道说:

> 徐州利国驿一带,经南北两军六次开战后,全镇为墟,鸡犬不留,且六月起大旱三月,蝗虫丛生,禾稼噬尽,饥民遍道,衣食俱无。施君子英、沈君仲礼恻然悯之,爰商请王叔相君赴徐勘查核实,特备洋二万元,请王君克期赴徐散放。日昨遍请冯梦华、黄伯雨、刘兰阶诸善士会宴,筹议办法。蒙冯君允俟借款成后,设法拨济。(《红十字会纪事》,1913 年 10 月 14 日)

10 月底,为中国公立医院购地合同请盖关防致函上海总商会。(上海市工商业联合会编:《上海总商会议事录》,上海古籍出版社 2006 年版,第 271 页)

11 月 13 日,在《申报》刊登启事,呼吁华侨向红十字会捐款。

11 月中旬,红十字会十六铺南市医院迁入新屋,鉴于该医院为沪南冲要机关,聘请黄涵之为院长,叶庚三副之,江趋丹为总监。(《红十字会记事》,1913 年 11 月 25 日)

11 月 28 日,为公立医院经费支绌请广帮维持致函上海总商会。对此总商会"即函请广肇公所公议资助,以维善举。"(上海市工商业联合会编:《上海总商会议事录》,第 282 页)

11 月 29 日,出席红会第七次常议会,议决救护张家口伤兵、置办十周年纪念品分赠各捐户、禁止滥用红十字标志等事项。(《红会第七次常议会纪事》,1913 年 12 月 2 日)

12 月 1 日,出席在上海举行的汉冶萍公司董事会星期临时会议。

12 月 4 日,《字林西报》刊文高度评价红会难民资遣工作。次日《申报》报道说:

> 本月四号《字林西报》载有红十字会资遣难民评云:此次扰乱以来,租界难民麇集,关系本埠公共治安者甚大,其结果容有不可思议者。幸由红十字会发其慈善心,陆续资遣回籍,计自七月以来,已达七千余人。其中有溃军伤兵以及各地避难贫民,其原籍地方之远,若东三省、云南不等。其遣散之法,或由沪宁路局准予半价车票,或由招商局蠲免船资,即该局轮船买办亦间有不取饭资者,该会资遣经费藉得稍减。惟难民各省皆有,凡非沪宁铁路及招商船所能达到者,该会虽未有他家之补助,亦莫不一一

资遣回籍。益以棉衣路费所需极巨,该会经费为之困难,若延长其手续,则非特募捐款,不足以竟事。事关公共利益,凡身受治安之幸福者,当莫不赞助该会办法而慷慨解囊,俾得继续其宏愿,而一祛吾人之障害。(《西报对于红十字会之希望》,1913 年 12 月 5 日)

12 月 2 日,组织的西北救护医队出发北上。报道说:

> 红十字会沈仲礼会长接北京总会电,请出发医队赴蒙。业于二号起程,计谢恩增、范福林、杨清秀、李连奎四医士并救护生、仆役人等,三号即抵张家口。昨据该医队来电云,张家口现有伤兵一百三十名,距口外九十里之什巴尔六有伤兵八十余名。此外多伦地方有多数伤兵,尚未运到,无合宜房屋,颇难医治。环顾同胞痛苦惨酷,言之泪下,赈救尤为急急,详情续电。张家口医队阳。(《西北救护医队出发》,1913 年 12 月 9 日)

12 月 6 日,为华安寿险公司设立福州分公司致函上海总商会,"请给咨保护"。对此总商会"即备致福州商会公函一件,交该公司自投"。(上海市工商业联合会编:《上海总商会议事录》,第 285 页)

12 月 9 日,中国救济妇孺会在上海成立,当选为董事。

12 月 20 日,江苏筹办巴拿马出品协会事务所成立,与虞洽卿等 12 人被聘为上海名誉经理。(汤志钧主编:《近代上海大事记》,第 771 页)

是月,为筹集中国公立医院经费,在宁波旅沪同乡会内设立事务所,并请旅沪巨商周金箴、贝润生、陈炳谦、劳敬修、朱葆三、陈润夫、杨信之担任办事董事。(《中国公立医院事务所成立广告》,1913 年 12 月 29 日)

是月,参加意大利都灵万国赛会展品获银牌。(《工商部转发义国赛会奖凭》,1914 年 1 月 14 日)

是年 7—12 月,因"二次革命"爆发,上海等地战乱不断,中国红十字会资遣难民、伤兵、溃勇、散兵 10401 人,使"若辈得各归故乡以谋生计,舆论德之"。(池子华、郝如一主编:《中国红十字(1904—2004)历史编年》,第 29 页)

是年,刊印救人一命宝塔捐书并向东西洋定制各种精美纪念品,分赠红会善款捐户。报道说:

> 本埠二马路中国红十字会鉴于南北灾荒,时局阽危,创印救人一命宝塔捐书,分送本外埠慈善家。旬日以来,捐款颇形踊跃,即英美电车公司、邮政局、电报局、各省信业联合会、沪宁铁路特允凡关于红十字会善捐信

件一律义务,并通告各分局加意提倡,而各字号、各住宅收到此书后,逢人说项,苦口劝募。良以此书印本邮资所费甚巨,系于赈款项下开支,不忍夺灾民之膏血搁置废弃,足征国民道德心之发达。日来各省团体、南洋华侨索取此书者尤众,拟添印数万册,增刊河南赤地千里之现象,以劝同胞。该会副会长沈仲礼君深佩捐户之热度,拟向东西洋定制各种精美纪念品,分赠捐户;一面呈请政府核准。俟秋冬间举行红十字会十年纪念会期刊印宝塔捐征信录时,不分巨细,按户核赠云。(《沪人士对于红会之热度》,1913 年 4 月 23 日)

1914 年 58 岁

1—2 月,以白朗为首的反袁军连克安徽六安、霍邱,河南商城、光山、固始、潢川等地,段祺瑞率大军围剿,豫、皖之交战火蔓延。红会急电固始、颍州、正阳等分会,请速"遣队出发",实施救援。同时募集捐款,派员"分投施放,计分福、禄、寿三项,会同官绅择要散放",救济难民,8 月初结束,"全活数万人"。(池子华、郝如一主编:《中国红十字(1904—2004)历史编年》,第 29 页)

1 月 17 日,出席上海总商会本年度第一次议董常会,在讨论第一案即筹办巴拿马赛会出品协会分会案时有重要发言,强调"赛会一事为商业极有关系"。会议讨论征集赛品具体措施,决定推举王省三、沈仲礼为赞助员,具体负责此项工作。兹将当时讨论记录辑录于下:

贝协理:今日周总理适别有要公,嘱鄙人主席,谨将前日在县知事署会议大略报告一切。事务所原议设于本会,因会丈局尚未迁让,是以暂先设于南商会,为上海县出品协会之分会,设书记一人,会计兼庶务一人,事务所经费先由县知事筹集三千元。本会严坐办昨由北京回来,其在京时唔陈兰熏君,拟特请王省三、沈仲礼诸君为赞助员,请严坐办先为致意。其总事务所拟移设上海,盖上海为交通便利也。

沈会员仲礼:鄙人于比国、意国赛会均添与其间,窃以赛会一事为商业极有关系,从前我国赴赛物品驯至以女鞋、烟枪,为外人所讥笑。比国与意国赛会时有鉴于此,出品固皆精美,审查尤属详密,是以此两国赛会我国物品得争优胜地位,极有信誉。惟鄙人现在服务孔多,赛会之事何等重大,应请致意陈兰熏君另聘贤能,以资协助,鄙人雅不欲盗虚名而不务实际也。

贝协理:我国缔造方新,此次赴赛尤应慎重将事,为民国增其异彩,为商业促其进步。惟必须借重熟手,免贻陨越之虞,沈君向来顾全大局,幸无固辞。

沈议董联芳:征集物品照章以四月间取齐送省,后在省开展览会一月,九月间放洋。是由县到省为总汇之区,由省汇沪为出发之处,往返既多,跋涉运输又耗日期。上海既为通商巨埠,展览会应设在上海,其经费约需五万元,总事务所既有移设上海之议,展览会设在上海尤属相宜,请陈兰熏君赶紧筹备。至本省出品协会闻拟请名誉经理十余人,沈仲礼先生亦在其列。仲礼先生于赛会一事极有经验,应推领袖。

沈会员仲礼:外国人对于审查物品极其精严,此次赴赛须格外注意。赴赛物品无论何种必须有说明书,说得明白,且须备华洋文各一份,鄙意赴赛各品应先在上海审查一次,应别除者别除,应修正者修正,务必达到优胜地位,方有光荣。惟办事莫先于经费,陈兰熏君到沪应先将此意提出。至赴赛之品不必大,可异即如龙华之制革,虽仿于外人,而制造极其精良。此外各品终以投外人之好为惟一不二宗旨。鄙人拟将可以赴赛各类开列一表,再与诸君子熟商。

贝协理:今日所研究者以如何征集物品如何筹划经费为两大问题,先请诸君酌之。

沈议董联芳:征集物品:1.知照各业代表,2.另行设法购办,经费一层或于各业公所中酌劝,恐亦不多。

沈会员仲礼:平水茶为销售美国一大宗生意,前以染色停滞,经鄙人延律师向美国政府证明,即稍有染色于卫生绝无妨碍,外人始深信无疑,平水茶仍流通无阻。此次赴赛须令茶户勿再染色,有碍销路。

张议董云书:鄙人为平水茶业之一份子,平水茶确无染色,所谓平水茶者系珠茶,其形如珠,故名之,惟珠茶必仗人工,成本较巨,加之出口茶税数目又重,价格因之稍昂。印度、锡兰及日本销于美国者系眉茶,其形长如眉,故名,可以机器制造,其出口税亦微乎其微,故能占优势地位。幸美国人以珠茶为贵,是以平水茶尚能行销于美国,欲望茶业之发达,非请求政府减轻茶税不可,年来茶业之失败职是故也。

沈议董联芳：上海县出品分会系县知事主政，倘有请愿事项，必须呈请知事，再由知事呈请省长，循序渐进，手续繁多。鄙意我商界应设一研究会，于本会内将赛会一切事宜先行逐层研究。其研究会会员除前日推定王亦梅、黄晋臣、周菽青、王少卿四君外，以本会全体会员协助之，由本会函知各业代表随时来会共同研究。设有向官厅陈商事件，可以直达省长，免得县署间接，徒耗时日，诸君以为如何，请表同意。众赞成。（上海市工商业联合会编：《上海总商会议事录》，第291—293页）

2月1日，在是日出版的《中国实业杂志》第5卷第2期上发表《比意两赛会之余谈》，文章对其主持的参加比、意两赛会中国商品征集过程中存在的问题作了披露，希望当局加以注意。该杂志称其为上海大实业家、大慈善家。文录于下：

比意两赛会之余谈
上海大实业家大慈善家沈仲礼先生谈

余（沈君自谓）于昔年比国博览会时，经商会及各帮公推，总理该出品事务。余谓既以此事见委，则关于出品之先，应加以审查。何者宜陈列，何者不宜陈列，经多日选择，凡出品以前而落选者，已复不少。然而各地征集之物品，不乏遗珠，如北京之裁绒毯、景泰蓝等，殆皆无之。其他磁绣漆器手工，虽备一格，亦究非无上上品，于是设法购买。凡四五千元，此款无所出。余自任之，为国家名誉，不得不尔。既而由李君携往赴赛，所陈列者，以限于地小，而不免有拥挤之感。极大之裁绒毯，重叠而悬之壁间，观者多不注意。所谓陈列不得法，亦失败之一原因。殆至审查揭晓，对于中国出品，尤为注意，问李君以出品人姓氏，李君以沈某对。继而又问制造人姓氏，李君亦以沈某对。于是余得最优等、优等、超等各文凭者凡六，又金牌一。斯时比国皆知沈某之为制造家矣，且交相称颂矣，实则一误也。翌年意国都郎万国博览会，即以各项出品，又携至意大利。意国审查员，更以比国前次之得赏姓氏为根据。其结果所有各出品，又以制造家而得各优奖，一误而再误也。虽余选择出品，以期国誉之光，而误以余为各项工业制造家，其何能乎。当时出品之际，各出品人，希望得奖者少，希望销货者多，此种目的，甚难达到。一朝失败，则后日不肯出品。今巴拿马赛会又将赴赛矣,而上海商会,又商之于余,使尽劝诱出品之责,实不敢再以出品人而得制造人之优奖也。然而出品审查及陈列,不得不切望于当局者。

2月4日,《申报》在《来函》栏刊登《公立医院急赖商业公司维持》一文,披露沈敦和主持的公立医院财政之窘境。

2月12日,《申报》刊文赞美红十字会诸项善举,文录于下:

> 本埠红十字会支持十年,成绩优美。近鉴于各省匪乱、春荒、天花、喉症、疫疠发生,益复推广地方慈善事业,如资遣难民,施送棉衣、米票种种善举,力行勿懈。兹因沪上天花盛行,特于南北市设防疫保赤机关四五处,开种牛痘,配置防疫、喉痛药水,刊印卫生白话文、癸丑成绩撮要及好生之德图说,刻正分别出版分送云。(《红十字会进行勿懈》,1914年2月12日)

是月,为主持的中国公立医院经费向各方呼吁,终获财政部补助。报道说:

> 中国公立医院为争回租界华人治疫主权而设,关系颇重,惟以经费支绌,难期永久。前经该院总理沈仲礼君,迭呈苏都督暨省长咨部请予维持,皆以财政困难,未克接济。近复请江海关施理卿监督继续呈部力请拨款补助,现已奉到财政部指令,略谓该院上保主权下卫民命,自应量予补助。应由本年起,按年准由码头捐项下拨给五千元以维善举云云。该院得此常款益当奋勉进行。总医院开支一切,虽极撙节,每月亦须规元一千两,若再增设分医院,需款更巨。则此部拨一款仅得三分之一,所缺尚多,预谋保存,惟有筹办商捐为唯一正当方策。想各商家与有密切关系,定能合力维持,源源接济,以共保此一线主权之医院也。(《补助公立医院经费》,1914年2月27日)

2月15日下午,出席招商局股东特别大会并报告相关事项。(《招商局特别股东会纪事》,1914年2月16日)

是月前后,组织赈济安徽六安,河南固始、商城等地匪灾。报道说:

> 皖之六安,豫之固始、商城、潢川白匪猖獗,百万灾民家室荡然,情形极为急迫。本埠红十字会沈会长接各处函电后,即飞请分会星夜派员救

济。昨又接固始急电,廿日之战积尸遍野,受创兵民呼号痛苦,医不暇给,且大兵云集,已逾万人,大战在即,医药银钱均甚缺乏等语。又安徽六安、颍州、寿州报告六安全城被焚,几无完土,焚死被杀及自经者达二千五六百人,被难居民达八万八,逃往山中乡下者悉无人色。而正阳关红十字会会员刘君驰赴救济受伤民人,设临时救伤机关。讵白狼党徒犹敢勒索银钱,甚将刘君严刑拷逼,刀折其腿,弹穿左目,幸遇匪魁释放护送至庐州医治,可保性命。惟遍匪饥民,负伤抱病者尤居多数,非有巨款竭克救济,且徐州江北春荒已成,兵燹余生急待救援。沈仲礼君现正四出募捐,并拟组织救济队克日前往云。(《红会救护之困难》,1914 年 2 月 24 日)

红十字会战地救治伤病员留影

3 月 2 日,出席在上海举行的全国商业联合会会议,并被推选为审查银行案审查员。

3 月 4 日,出席上海总商会临时全体大会,讨论总商会总协理辞职事,主张加以挽留。(上海市工商业联合会编:《上海总商会议事录》,第 307—308 页)

3 月 12 日,作为上海总商会各业代表之一,与其他总商会议董一起分别赴观察使署与周晋镳、贝淞荪住宅,劝说两人担任总商会总协理职。

3 月 17 日下午,出席全国商会联合会会议,讨论商会行文程序案时多次发言,主张商会应与官员处平等地位。报道说:

三点四十分钟复振铃开会,向代正会长提出一宗商会行文程序案,计十五件(下略)……二十八号沈联芳起言,谓农商部以各级行政官厅对于

292

商会欲用命令一事,我联合会誓不承认,如不取消,鄙人有两种办法足以对待:一、一千九百十五年二月间美国巴拿马赛会,我商界不将物品与赛,庶使美国知我中国农商部对于我商界行用不公平之事。二、财政部现已电令上海观察使杨小川至本联会,劝我商界贴用印花税,如农商部不允将此事取消,我商界决不贴用印花税。十三号沈仲礼云,鄙人赞成。沈说至农商部来函,云我联合会业已致函,惟本会于十五日成立,并未发过此函,究未知此函何人所发,该公函实难收受,应将原函退还。向代正会长付众表决,全体赞成退还。向又云此案应否付审查。五十六号刘桂馨言,此案表决,毋庸审查。二十八号沈联芳云,此事不必审查,可将不承认之两事,用电或用呈直达国务院,请其取消前议,因恐致电农商部仍无效力,非直电国务院不可。五十六号刘桂馨谓,如电致国务院仍然发部,不如电达农商部。至此已五时,向君声明延长二十分钟。十三号沈仲礼谓,现在大总统亲自办事,可直电大总统及国务院,声明此案系全体议决,不达取消目的不止。向代正会长云,一面发电大总统及国务院力争,一面付审查,付众表决。全体赞成。当由向代正会长举定丁敬臣、沈联芳等七人为审查员。十三号沈仲礼云,除公电大总统等外,如诸君有与总统私交者,不妨由个人电致总统,以补公电之不足。向代正会长遂将翌日提议案发交各会员,计银行案一宗共六件(下略)……振铃闭会时已五点三十分钟矣。(《全国商会联合会开会记(三)》,1914 年 3 月 18 日)

3 月 18 日上午,继续出席全国商会联合会会议,报道说:

昨为全国商会联合会第四日开会,会员到者五十余人。上午十点二十分钟振铃开会,首由正会长周晋镳入主席,嘱庶务员将昨日全体议决否认农商部公文程序案请书记长所拟之电文遍发到会会员阅看。原文云:"北京分呈大总统国务院钧鉴:农商部令行文程序,商会对于各级官厅用呈,各级官厅对于商会用令,用批阶级过严,转多隔阂。各省埠侨埠商会援引大总统教令,行政各官署无隶属关系者之往复文书,以公函行之。商会系义务团体,既非官署,自无隶属关系。拟仍照旧对于大总统、各部长、各省长用呈,其余各级官厅概用公函,以归画一。到会各代表争持激烈,若不俯顺舆情,准予更正,势将解体。除交议各案审查具呈外,电恳察核示遵,全国商会联合会。"经各会员将电文阅毕,农商部代表陈蔗青君起立,云兄弟昨日因事未到贵会,查农商部公文程序案一时尚难议及。故兄弟昨日未到,迨傍晚晤见向代正会长,言及全体对于此案非常激烈,业已表决电致大总统及国务院力争,务达取消目的等语。然兄弟今日查阅电文内无农商部字样,则虽电达国务院,不过加印仍发农商部核办。至农商部所发之公函,并非直送贵会,系送交江苏省事务所。因前函系该事务所所发,故复函仍发该所,谅系邮误,致送贵会。诸君欲图目前解决,故漏去农商部。鄙意拟从根本上解决,电文内仍加农商部并将词意稍加和平。兄弟昨晤向君,得知此事,业以私人资格电致农商部,请为注意。十三号沈仲礼起言,谓昨日所议之事稍涉激烈,仅电大总统及国务院。鄙意不妨于电文中加入农商部,且具名应注明正副会长之名。五十六号刘桂馨起言,谓正副会长下应加全体会员之名,以示全体一律。二十八号沈联芳起言,谓此事用呈用电,大约电文先到,鄙意电文上加正副会长之名。十七号陈光甲起言,谓鄙意去电不妨稍加和平,如不达目的再用激烈电文力争。一号丁长升起言,谓电中势将解体四字,恐有不妥。查我商界情形与政治不同,政府无权干涉,何必引起政界干涉之念。周正会长云,如赞成原电者请起立表决(多数起立赞成)。十三号沈仲礼云,原电本可拍发,惟电内势将解体四字宜稍改和平,应请书记长将电改正再付表决。二十八号沈联芳赞成此说。至此各会员中有数人起立,互相谈话,秩序稍乱,经正会长振铃始各归会员席。周正会长遂嘱书记长添改电文。……等字改毕,由严书记长当众朗诵一过,周正会长付众表决(全体赞成)。部代表陈蔗青起立,谓兄弟对于贵会提议之商约案,亦有意见发表。陈君遂将农商部对于此案之种种关系详细发表。毕周正会长提出一宗银行案,计五件(案由已见昨报),请众讨论。十三号沈仲礼谓,所有江苏省事务所提议之公举专员赴美报聘兼中前议联合美商合组劝业银行案,因对于银行之事将从前大清银行为比例。查大清银行之势力虽大,不过在一国之中,未闻至欧洲各国开辟利源。三十年前设立通商银行时,曾请外人为大班,经理一切。此时本意欲在各国设立分行,至今目的仍未达到。现美国士商肯与华商合组银行,此时本系最好机会,况前清时曾提议及此。查形式上似乎延请外人为经理,有种种之嫌疑。现民国成立,此事最好将从前种种嫌疑之事消弭于无形,况目下政府屡屡借款,如我国已在各国设立银行,则汇款一层非常便利,不必再转外国银行之手,且可由该银行直接向外人商借。至中国银行仅设在国内,只兑华人汇兑,未便称银行。议至此时已十二点十分钟,周正会长宣布散会午餐,遂振铃散会,各会员均入休息室午餐。

全国商会联合会代表在上海考查各工厂合影

3月18日下午,继续出席全国商会联合会会议并就银行案发言。报道说:

下午二时继续开会,书记长严渔三报告正会长周金箴请休息假,应请向副会长出席代正会长。向副会长出会员席,就正会长席,继续讨论银行案。向代正会长云,请各会员将银行案内之赴美报聘一节先行讨论。十三号沈仲礼谓,赴美报聘一语,系由合组银行发生,况中美股份银行章程现尚留存,应请书记长将该章程发交各会员阅看,俾知此事曾经提议,且股份已招。大约我国国内已招四五十万,华侨来电云已招集一百余万。嗣因兹事未成,始将各股银退还。至赴美报聘一节,两方面业已提议美人将美货在中国天津、广州、汉口、上海四处设立陈列所,中国将华货在美国新旧金山等巨埠设立陈列所,互相联络。惟赴美报聘美商已有请帖发交商会,并已预备的款接待华商,应请诸君筹商解决之策。

廿八号沈联芳谓外人设立银行有两种办法:一普通银行,二特别银行。惟特别银行有放债之权,所有中美合组银行本系美事,但要知美人性质。现闻中法商人有合组银行之说，业已招股。现在中美合组银行，本系最好机会，然欲华人独资创办，则甚难。即报聘一事，先往美国调查，最好乘美国巴拿马赛会时，彼此联络。此事宜请沈仲礼先生一行至美报聘，顺道调查美国银行性质。盖以外人所设之银行，往往吸收现银，仍为外人生意，以致我国商界金融不能活动。十三号沈仲礼又云，中美合组银行，办事人亦应中美各半，况董事会内华商亦有半数。沈联芳先生云欲饬鄙人独自前往，决无此理，况个人何能称为实业团，兼之美国现已预备接待一切，华商往美寓居之房屋闻已筑就。故此事须请各省商界趁开会时各举数人，组织实业团赴美，盖以美人对于实业二字甚为注意。二十八号沈联芳云，赴美报聘应乘巴拿马赛会时履行，奈目下国家与商界均在困难之际，故有此议。惟乘报聘时必须顺道调查其银行性质，以便预备。

向代正会长因对于此事亦有意见发表，请贝副会长代表正会长，贝副会长出会员席，就正会长主席。向将意见发表毕，即回十号会员席。五十六号刘桂馨云，赴美报聘合组银行一节，鄙意无论何事须先将资本筹集，方可提议。照我国各省各县商会已达一千余处每处，如筹资本五千两，通国可筹五百余万。如资本筹集，方可着手。贝代正会长因对于此事亦有意见发表，仍请向副会长代表正会长，向出会员席，就正会长主席。贝云五十六号刘君所言每处商会筹集资本五千两，照表面看来甚易，而于事实上则难。况各省商会正在此开联合会之时，恐效力不能达到。鄙意先至日本大正博览会报聘，后至美国，盖因我国所办实业均难发达，招股信用已失，故实业情形非往外国考察不可。现据日本驻沪总领事有吉明君来函，请我华商赴日与赛，应请书记长将原函宣布。严书记长将来函当众朗诵云（敬启者，顷悉贵会各省商会总协理等代表诸君既已联袂来沪开贵国全国商会联合会，想群贤济济，实深钦慕。因思从前各省商会曾组织赴日实业团，已经敝国实业团布置就绪，屡次专诚邀请，贵国实业团诸君亦已齐集，正在启行有期，适以武汉事起致未实行，殊为怅怅。现诸君在沪，请贵会提议继续前议，于联合会完毕之后顺道赴日，以遂敝国实业团欢迎之初意，藉以考察敝国实业情形，且大正博览会正在开会。当此春和景明樱花盛开之际，足助旅游清兴，务望贵总协理询诸君之意，倘荷赞同，敝人当即询问敝国实业团预备欢迎办法如何，再行奉复，专此布达，即祈察核见复为荷，顺颂日祉）。

296

读毕贝代正会长回会员席,向副会长出席就正会长主席,至此会员中互相讨论之下。十三号沈仲礼云,此函应否开议。向代正会长云,此函未列议案,明日再议,并云银行案为一事,赴美报聘亦为一事,现诸君如将银行案成立即付表决(多数起立赞成)。向又提赴美报聘案付众表决(多数赞成)。向即将以上各案付审查并当场指定审查员为沈仲礼、沈联芳、傅筱庵、刘一山、马息深、陈陶斋、苏民生等七人。旋由二十八号沈联芳云,前昨两日均有议案付审查,鄙人已蒙指定为审查员,况所有审查各案尚未报告,如遇审查一案须指定七八员或十余员,盖因到者不过三四员,鄙意拟请郑孝胥先生为审查主稿,是否行请众讨论。向代正会长云,会内之议案未便请会外之人主持。至此已三点五十分钟向代正会长宣布休息十分钟,各会员均入休息室休息。

四点钟继续开会,十三号沈仲礼云昨日鄙人曾承指定为审查员,凡审查室中应有审查长及书记员。廿八号所云添请外人一节亦有理由,因此事无执笔之人,况沈联芳君已逐日到会会议,议毕入审查室审查议案,甚为辛苦。向代正会长云审查长只能在审查员中推举。一号丁长升云,沈联芳君之言亦系事实上必行之事,但于法律上请外人确有不合,然会内会员上下午开会之后审查,精神实有不及,务请代正会长延请书记两人至会旁听,然后至审查室办理书记,方有把握。向代正会长允为添请两人为审查室书记。向又提出银行案内第五件即设立矿业银行以辟利源案,向云对于此案有意见发表,应请贝副会长代表正会长,贝出会员席就正会长主席。向遂将对于矿业银行之种种关系宣布毕,遂回十号会员席。一号丁长升云,无论银行办矿等事,均要筹集资本,惟资本一层筹款甚难。至此经各会员互相讨论后,贝代正会长云,如诸君以此案为不能成立,将原案备查。当付表决(多数赞成)。……(《全国商会联合会开会记(四)》,1914年3月19日)

3月20日上午,继续出席全国商会联合会会议并就公司条例问题多次发言。报道说:

昨为全国商会联合会开会之第六日上午,十点十分钟开会,正会长周金箴入主席,报告今日到会会员虽只三十余人,而省份已至十省(开会后陆续到者有廿余人,共计五十余人),遂嘱书记长报告一宗商律案,计八

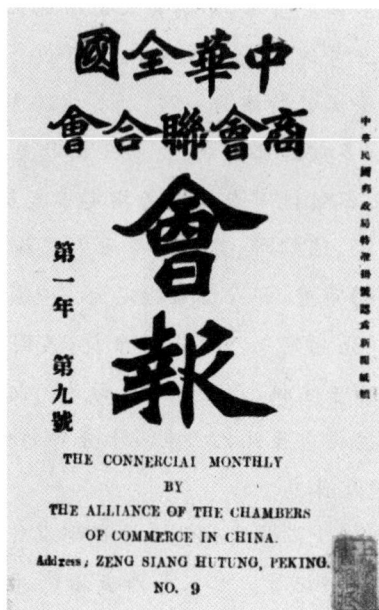

中华全国商会联合会《会报》

件：㈠陕西省事务所提议，请速订商律；㈡江西义宁商会傅振寰、赖奠安提议研究商法，为修改商律之预备；㈢江西吴城、赣州、抚州商会提议，请尊重法律，保障商业草案；㈣江苏上海总商会提议，债务连带不宜于习惯，拟请农商部咨商司法部通饬实行；㈤又提议照录农商部批第三百零五号；㈥宁波商会提议，补救审判厅受理营业亏蚀责成一部分股东负连带责任建议书；㈦总事务所提议商人通例；㈧又提议公司条例。严书记长报告毕，周正会长宣言，谓鄙人对于商律案八件，拟分两种讨论：第一种一二三连七八计五件，第二种四五六计三件，惟商律案非常慎重，虽公司条例业于本年一月十三日公布，应请诸君审慎讨论，如内有不妥之处，可于施行细则内增减。丁长升云，公司条例应当逐条讨论。周正会长云，诸君对于公司条例之意见最好从事实上讨论，俾得议决呈部。沈仲礼云，公司条例甚为繁杂，一时不易明晰，恐即时讨论亦难解决，拟请会长将此全案先付审查，但审查员务请深明法学之人，否则恐无效验。周正会长云，此案未经会员讨论，实难先付审查，还请诸君先行讨论。马息深云，请书记长将公司条例逐条报告。贝润生云，第四件之债务连带关系与习惯上不宜，此事应请诸君讨论。丁长生云，公司条例案尚未议毕，何必预提第四件，不如

298

先将公司条例逐条讨论。周正会长云，公司条例共二百五十一条，如欲逐条报告，赞成者请举手表决。丁长升云，逐条报告甚觉繁难。盛竹书亦主张逐条报告。周正会长云，如赞成逐条报告者请举手，表决多数赞成，遂由严书记长登台将公司条例第一章第一条至八条逐条报告毕。经众讨论，至第一章第二条㈠无限公司㈢两合公司㈤公司非在本店该管官厅注册后不得着手于开业之准备此三条，各会员中大半云与商界营业习惯上最不合宜。盛竹书云，书记长报告此案时如无人发言，请即接续报告。马息深云，该第二节共有若干条，请一并报告毕再行讨论。严书记长遂将第二章无限公司第一节第九条起至十四条及第二节公司内部之关系第十五条起至廿九条报告毕。沈仲礼云，公司条例系英文翻译日文，现在我国系翻译英文，故字义非详加研究不能明晰。毕书记长程将念八条（股东非经他股东全体允许不得为自己或他人为本公司营业范围内之行为及附入同类营业之他公司为无限责任股东）内之字义及情形详细解说。毕马息深云，若照廿八条之规定，譬如合股开设一钱庄后，不能合股开设他庄，此条实不适用。毕书记长云，条例即法律，我商界有一种习惯法律，须与习惯合宜。沈仲礼云，无限公司若照鄙人看来，则华商所开之钱店即系无限公司，若照此章，将来钱庄主人实难遵守，况外人开设之无限公司与华商习惯不同。沈联芳云，现在部颁公司条例由英文译成日文，再由日文译成华文，种种传误，失其原质，更想他国之章程未必倡办即如此者，必定由浅近而深远。要知部员主稿非采求别国之成法，即无资料，是以与我中国程度全不适用。本席意见应将公司条例、商律、商人通例、商会法另举几位专员审查，以便悉心研究，然必由本会自编各种条例，呈部采用，方为适合，俾便商界遵守。

言至此已十二句钟，周正会长云延长二十分钟。毕书记长报告第三节公司对外之关系第三十条起至四十一条。沈仲礼云，昨承会长指定鄙人为银行案审查员，共计指定七人，昨日下午业已审查，尚未查竣。今日下午是否再欲出席，抑或继续审查。周正会长云，鄙意将几件重大之案议决后，再请审查。当付表决，多数赞成。贝润生云，第三十五条（即公司所有财产不足抵补其亏欠各款时，股东应负清偿之责任）此条于股东最关紧要。周正会长云，商律与习惯有种种关系。至此已十二点廿二分钟，会长遂振铃散会午餐。（《全国商会联合会开会记（六）》，1914 年 3 月 21 日）

3月27日下午,上海观察使杨小川、巴拿马赛会监督陈琪设宴欢迎美国巴拿马赛会劝导员爱旦穆等,出席并发言,"谓中美两国情谊素密,屡承慨助赈款及退还庚子赔款,足见美国情厚。吾国现在商业未见发达,进出口货之两相比较,进口货价值超过一百另三兆,利源外溢如此之巨,安可不图变计乎?乘此巴拿马万国博览会之机会,各省举富有经验学识之人赴美实地考察,某货宜改良,某货宜制造,归国仿造,届时出口货不发达,吾不信也"。(《连日欢宴美国劝导员详记》,1914年3月28日)

4月4日上午,继续出席全国商会联合会会议并多次发言,报道说:

> 昨为全国商会联合会开会之第十六日,会员到者六十余人。上午,十时开会,首由书记长登台报告云:今日周正会长仍不能到会,应请贝副会长①出席代表。贝副会长出会员席入正会长席,遂提出续到案一宗,计十二件,并大会经费案一宗,计二件,审查报告案一宗,计五件。……贝又提出第四件,河南代表魏步云提议拟创设全国商会总银行。沈仲礼言,此案应归银行案一并审查,但现在银行案已经脱稿,请会长裁夺。某君言,前日之银行案系与外人合办,今能独办则更妙。盛竹书言,可归入银行案作参考。会长言,如赞成盛说者请举手,全体举手。贝又提出第五件,广东颜代表请设商学,公决并入商学案,通行各省办理。贝又提出第六件,宁波代表余镜清提议长江上游应呈请商部准钓船进口贸易。盛竹书言,此案与前议钓船案一并审查。沈仲礼言,余系宁波人,略知钓船之历史,遂当众报告甚详。盛竹书言,沈君能知其事,请加入审查。会长言,此事如赞成一并审查者请举手,多数举手。贝又提出第七件,广东代表李佩鸣提议,商人入会注册应给牌照以资鼓励,由颜守愚登台说明。会长言,此议甚佳,可并入商会法,审查后通行全国商会,一体办理,多数举手。贝又提出第八件,吉林代表尉功焕提议兴办矿业林业,由尉登台说明毕,会长言,可将此案由上海总事务所通知各商会注意提倡,如诸君赞成者,请举手,全体举手。贝又提出第九件,奉天代表彭锡庚提议请合并工商会,以一事权而节经费。吕超伯言,此案不能成立。会长言,如否认者请举手,多数举手。贝又提出第十件,四川代表白嘉璧提议,请自组织航业挽回利权。公议付审查。又提出第十一件,河南新乡商会提议,整顿币制以活动金

---

① 即贝松荪,时任上海总商会副会长,为是日会议主席。

融,集合股份以发展商业。吕超伯言,此案作为参考。会长言,此案归币制银行案作参考,请表决,全体举手。又提出第十二件,山西代表张命申提议请转咨取消商会负担兵差,由张君登台说明毕,公决由联合会备文,请归绥将军撤免。[《全国商会联合会纪事》(二十)1914年4月5日]

4月5日,继续出席全国商会联合会会议并发言。报道说:

昨日为全国商会联合会第十七日开会,会员到者五十余人。上午十一时开会,首由书记长报告,今日周正会长仍未到会,请贝副会长出席代表。贝出会员席入正会长席,贝云请先提议续到案(计二件)。由严书记长宣读第一件,陕西代表余晴提议,请修正条例以保制造特权。沈仲礼言此案发议本席甚为赞成,实为抵制外人假冒之要领。陈顺卿言须将商号与商标分别办理。丁敬臣言商标与商号之解决甚难,中国向来无商标,近来始知无商标之弊病,应与商人通例案一并审理。文化诚言商人通例第十九、二十两条亦有不妥之处,应请修改。吕伯超言此案不必讨论,应即付审查。会长言审查商人通例案尚未脱稿,应付一并审查,如赞成请举手,全体举手。

……次又由严书记长登台云,湖北省事务所请定簿记格式由商会刊刷盖印发行案,请审查员尉功焕、齐敬臣、吴瑶笙、董惠帆、吕超伯、杨鹤舫诸君推定一人出席报告。当由董君出席登台读报告云,商业簿记一项为商业中一部分要件,查商律草案已规定商业账簿一章,本意在防作伪及杂乱之奖,然仅规定须依明细记载方法,并未限定由何种机关制备此种簿册,盖整理之始不欲过于干涉,实合于商事尊重习惯之原则。惟各埠现时所用账簿类多草率,不有取缔,于账目纠葛,或涉讼时虽事实不诬,必多因账簿格式及登记方法不裹手续归于失败。原案拟以流水、誊清、总登三种账簿,归各处商会发行,以求不违习惯。余俟商业簿记学术之发达,用竟至为周妥。所定办法八条,本审查员讨论结果,视第七条前条既经声明,流水誊清总登三种即足概括,似不必更有辅助名目之规定,转滋混淆。第八条凡未注册入会之商家欲聘用此项簿记者须先注册入会方能购用等语。查商会办法无论何埠从无强人入会之理,必入会方许购簿即与整齐划一便商之旨不符。此两条似应删去,其余大致完善,间亦附以修正可否之处谨候公决:一、商界簿记暂用旧式,分三种(甲)流水簿,(乙)誊清簿,

（丙）总登簿；二、右列之三种簿记由商会选择精便式样刊刷发行；三、商会发行之簿记须注明页数，于交缝处加盖本会印章；四、簿记价格由商会决议，除成本外其手续不得超过市价之上；五、各商需用簿记须随时开具数目，备价交由帮董向商会购取；六、商界既取用此项簿记，如有遗失或因特别事由须另行更换，或申明作废者，应具详明节略，呈请商会开会决议办理。某君言第五款各商用簿记须一律向商会购买，恐难实行，应量予变通。会长言此事不得不顾全习惯，亟应讨论。吕超伯与陈质卿均以为办不到。会长言报告中之第三款由会盖印，第四款由商会发卖，恐有窒碍难行之处。不过对于此事，在提议人亦煞费苦心，亦应切实讨论。李子鹤君本席主张各自办理。周伯荫言此事通商大埠或也难以入手，内地更不能行。会长言或定一格式先行发布，请原审查员拟一格式，由本会通知全国一律照用，不知诸君以为然否？马息深言本席之意由全国商会定一标准，发交各纸店发售，临出卖时由纸店盖一发卖年月，以杜重造假账之弊。张造卿言现先将归商会出卖不归商会出卖先行表决。吕赵伯言须先定方法，如以为能行者然后定施行之手续。丁敬臣言本席有最易解决之法，由各省各县自行办理。会长言赞成在商会出卖者请举手（少数），作为否认。会长又言此案当然成立，仍请原审查员划定格式，通知全国各商会劝导行用。沈仲礼言可不必再行审查，即将原报告书分送各商会斟酌情形变通办理。……会长指丁敬臣言曰，丁先生尚有法付表决否？丁敬臣言刻就将审查报告中之条件三两条修改，请严书记长宣布：（二）由商会规定簿记式样交由纸铺发行；（三）发行之簿记须注明页数及发卖之年月；第四五两条主张删去。由会长付表决，全体举手。

　　……时钟鸣一下，由会长宣布延长二十分，经组织赴美考察实业案之审查员沈仲礼君登台报告。其文曰：查本案由上年美总领事维尔达君函送美国葛罗拉多省腾佛埠商会至联合会函，劝华商组织赴美考察实业团以便接待，并索各商会实业报告。当经联合会总事务所函复，俟明年三月十五号全国商会联合会召集大会提议组织再行报告。及各商会办事报告录向未刊有单行本，一时无可邮寄等语。查美国欢迎中华事业团之简帖并考察各地商业日程，业于辛亥夏间寄至上海总商会。嗣以民国初建，百凡未定，事不果行。兹又经美国商会重申前请，并托塞会劝导员爱旦穆君等航海来华，竭诚欢驾。此一役也，虽曰人民外交，而实足以增进国际上

302

之睦谊，是诚千载一时之机会，万不能交臂失之。闻美国各商会已筹备华团旅行费美金六十万元，又由前次来华之实业团员公筹招待费美金数十万元，非常郑重。今我组织各省团员（至少亦须三十人以上），应由团员中推举团长一人，主持其事，至旅行费及酬应赠品杂用计亦非三十万元不可。犹忆辛亥年间，张季直先生曾请于前清商部准拨银二十万两以为经费。现虽国库空乏，筹款为难，而事关重大，亦须援以为请，由中央政府酌拨银二十万元，以助斯举。余则由各商会担任筹备，庶易集事。至各商会之办事报告实录，即系敦和辛亥年所编列之中外贸易调查表。此书籍我国前虽未有，而本联合会成立后万不能再付阙如。业经敦和专案提议年刊一编。此次赴美自可携作赠品，惟须译成英文耳。会期匪远，亟应筹备组织，万难延缓。兹奉审查，敦和等管见所及，合行提出，即祈与会诸君共同讨论，决议执行云云。经各议员讨论约有半时之久，佥谓政府经济困难，安有二十万元之补助。议至此时近二句钟，由会长宣告此案俟明日继续讨论，遂散会。[《全国商会联合会纪事》（二十一）1914年4月6日]

4月5日下午，出席普益工艺传习所发起人会议。（《普益工艺传习所发起人会》，1914年4月7日）

4月6日上午，继续出席全国商会联合会会议并就筹办中美银行事作长篇发言，主张促成此事，报道说：

昨为全国商会联合会第十八日开会，会员到者四十余人。上午十点三刻钟开会，书记长登台报告，周正会长仍未到会，请贝副会长出席代表。贝副会长出会员席就正会长席。先由沈联芳出席登台陈述部中对于商会行文程序案之意见毕，然后讨论个案，分别录后：

继续讨论赴美考察案，贝代正会长将前日讨论未决之赴美考察实业案请各会员继续讨论。沈仲礼云此案先由本会要求政府给款。吕超伯云此案讨论多日，现欲向政府请款，恐难办到，不若由各省自行筹集。马息深云请会长将此案付表决。贝代正会长云，如由各省自行筹款，则总机关应设在上海俾便联络一气，如诸君赞成，请起立表决。全体赞成。

中美银行之表决，银行案审查员沈敦和登台报告，谓江苏、南京、吉林、江西、山西各商会事务所代表提议筹设商办银行各案，诚探本穷源之硕书，本审查会详加讨论。就吾国之经济现象观之，欲求各种银行同时并举，不但无此资财，且人才难得，择其最关紧要者先行举办。江苏事务所、南京商会所提议之中美合办银行成议在先，易于着手，谨拟办法，请代表诸公共同发起，俾第一次联合大会创此巨业，为本会前途留一大纪念。查庚戌年南洋劝业会开会时，美国实业团来华游历，以中国工商之不振，因无劝业银行周转之。考察回国道出沪江，与上海商会诸君提议合办中美银行。资本总额以上海通用银圆一千万元，分作十万股，股东以中美两国人民为限，其董事会以及办事人中美两国各居其半，刊有招股章程。辛亥五月，上海、广州、汉口、天津、北京商会各举代表到京赴部注册，以所刊章程第五条内发行通用银票一条因与奏案不符未允注册。正与美商往来函商，适武昌起义，因而停止。果欲组织银行，正可依此进行。近闻张弼士君又在南洋新加坡等埠提议此举，侨商陆君以中美合办，查阅所译银行办事细则，大为赞成，首先认股一百六十万元，张君及各侨商约可认百万元，已过二百五十万元之数。其余各商会代表为组织中美银行发起人，公推主任，组织招股机关，招足股银二百五十万元。一面与侨商接洽，将侨商所招之二百五十万元合成五百万元，然后再与美商共同组织，期以一年成立。招股之法，股银分两期缴纳，先缴十元，作为挂号，第二期缴九十元。招股章程可就第一次所定章程修改之，俟挂号股数齐集，即宣告成立，并向中国财政农商两部注册。至于中美银行之总行宜设上海，分行则设在美国旧金山，中美董事联合会宜设在上海。办事之人中美各半，权限自然平均，只求章程平允，断无权利偏重之弊。苟能与美商合办银行，则中国资本家移其信用外人之心，而信用合办之银行，其集款易，其存款亦自必多。查中国侨居美国各地工商，颇具爱国热忱，此次亦宜派人赴美招股，以联感情。美国华侨每年汇华之银合海关银约共七千四百余万，所有汇费向为道胜及正金、汇丰等银行所得。中美合办之银行，华侨既附有股份，则此项数百万之汇费本银行可以坐得。总之就吾国现时之经济人才，除中外合办银行外别无他法，然尤以中美为最宜。因政府与外邦合办之银行已有中俄、中法等在，而吾华商尤与美国感情最笃，是以商办银行以联合美国为唯一之办法。凡银行未于国外设有分行做押汇者。银行之能力薄弱，中国货物不能直接运销外国者，皆因无自设银行可以汇兑。倘中美银行成立，于日本之横滨，美国之纽约、旧金山，英国之伦敦，法国之巴黎等重要商埠开设分银行，则中国货物自有直接运销之望，是否有当，仍候公决。周衡燮言此案本席甚表同情,唯有外资在内,对于主权需预先注意。马息深言我全国商会刻在上海开会总须组织一种实业,使政府与国人不致讥我空言无补,中美银行须切实进行。陆慎齐述明张弼士组织该银行之情形。沈仲礼言此事虽华侨踊跃认股,而我国内商人亦须认股主持一切。李子鹤言此事最难在招股,刻本席意见就将联合会之代表作为发起人,各省设立招股处。次由书记长在黑版上书中美银行招股法:一、各省代表为赞成人,各回本省推举一人为发起人,担任招股。二、各省招股若干由各省发起人随时通告银行总事务所接洽。以上两条由会长付表决,全体举手。

贸易表册案翻查表决,继由吕超伯、沈仲礼君两君报告审查拟定中国贸易表册案,谓查此项中华全国贸易表册应由本会担任录编。凡关于中外贸易调查,如进口货出口货等表,统归上海译编。各省各县出产产额消数等表,则由各地商会各就其所在区域分别调查,每年于十一月间由各该地商会分发本会拟定之空白表式,通告各商号照式填注,限年底一律缴齐,次年正月经寄本会录总编刊,三月出版。其应需编刊等费,应由各地商会分任之,如此办理则手续简而经费省,且我华全国之商业盛衰消长之情形,粲然具备,可以一览了然。从此研究,而改良之进步之骤当操左券,固毋庸省自为政,转涉分歧也,是否有当仍请公决。由会长付表决,全体举手。至午后一时散会下午,原议继续开会,后因到者不多,遂举行谈话会。尚有未了各件俟今明两日一律结束。[《全国商会联合会纪事》(二十二)1914 年 4 月 7 日]

4 月 12 日,以总会总办事处名义在《申报》刊登《中国红十字会急募皖豫两省匪灾赈款》,为募捐赈济皖、豫两省匪灾而呼号,言辞凄切,感天动地。[池子华著:《近代的红十字运动历史变迁》(上),合肥工业大学出版社 2018 年版,第255—256 页]

4 月 18 日下午,以 111 票当选为上海总商会议董,名列第三。(《总商会选举议董揭晓》,1914 年 4 月 20 日)

4 月 25 日下午,出席观摩万国商团春季大操。(《万国商团大操记》,1914年 4 月 26 日)

4 月 30 日,致函盛宣怀,感谢他对豫、皖兵灾救护的慷慨支持,同时特制金表两块,作为纪念。(池子华主编:《中国红十字运动大事编年》,第 27 页)

5月1日,《中国实业杂志》第5卷第5期出版,刊登沈敦和肖像,称其为中华民国大实业家,同期"传记"栏目刊登《沈仲礼传》。肖像与文录于下:

《中国实业杂志》刊登的"中华民国大实业家沈仲礼"肖像

沈仲礼传

沈敦和,字仲礼,浙江鄞县人。少习英文,留学英国甘桥大学,肄法政。前清两江总督刘忠诚公充南洋翻译官。留南洋十余年,由县主簿济保至记名海关道。先后委充金陵同文馆教员、水雷鱼雷学堂提调、海防粮台委员、英国专使参赞、水师学堂提调、沿江四路炮台提调、江南自强军营务处总办、吴淞开埠局总办,并经奏保以出使大臣记名。寻为清相刚毅所劾落职,遣戍张家口。顷之拳匪事起,联军分兵西下。君说敌将缓起师,开复原官,总办宣张洋务局,兼总警察营,奏调山西督办全省洋务。赴敌军议和,并议决山西全省教案权、山西冀宁道,督办山西大学堂及农工商局路矿大臣,奏调到京,提调全国路矿,调充开平煤矿、建平金矿总办,调充沪宁铁路总办,改充中国通商银行总董。举充大清红十字会总董,上海天足会会长,华洋义赈会会长,上海时疫医院总理,中国公立医院总理,宁波旅沪同乡会会长,上海商务总会议董,华童公学校董,济良分所总董。创设华安水火人寿保险公司、华轮机织绸缎公司。现年五十六岁。先生之于兵学、外交,固为近世所罕见。而世称慈善家、教育家,亦为全国所公许。余等所尤钦佩不置者,先生不志为官,而专注于实业,惟实业足以救亡,是先生之卓见也。先生之于金矿煤矿富有经验,如铁路保险银行织物,更为人所共识者。而先生对于中美、中日之商务,及历次赛会,皆能得中外之美名。先生又能发明仿古瓷器,以为改良近代瓷业之一法,将以瓷业而更昌明于"支那"也,此更足以观先生之志矣。(《中国实业杂志》,1914 年第 5 卷第 5 期)

5 月 6 日,致函盛宣怀,再次感谢他对豫、皖兵灾救护的慷慨支持,并遵照《中国红十字会章程》,授予他"有功章"及"特别会员"荣誉。(池子华主编:《中国红十字运动大事编年》,第 27—28 页)

5 月 9 日,日本大实业家涩泽荣一抵沪,上海总商会、汉冶萍公司、中日实业公司在纱业公所举行欢迎会,与会作陪。(《时报》,1914 年 5 月 10 日)

5 月中旬,为旅沪镇江籍李美英三姐妹遭舅父欺负而自杀鸣不平,认为"殊与人道主义及社会心理有关,自应查究,以挽浇风"。以该会名义致函公共公廨,要求秉公彻究。(《红十字会代抱不平》,1914 年 5 月 18 日)

5 月 23 日,出席在上海举行的汉冶萍公司董事会临时会议。

是月,以各国红会每逢五周年、十周年例有庆典之举,举行劝募活动,特编辑《好生之德》一书,"详述行善报施及关于道德人心之助,后附癸丑成绩撮要,首页精印百岁老人,发明百岁捐、宝塔捐,从事劝募"。(池子华、郝如一主编:《中国红十字(1904—2004)历史编年》第 30 页;《申报》,1914 年 6 月 1 日)

6 月 6 日,上海总商会举行本年度第十一次常会,沈敦和请假,但会议讨论他提交的公立医院商借本会地点开会募捐案,结果公决"不便允借"。(上海市工商业联合会编:《上海总商会议事录》,第 328 页)

6 月 29 日,担任总董的中国华安合群保寿公司举行股东会,因病没有出席。但公司"报告及上年收支账略"显示公司在上年取得了显著的经营业绩。报道说:

> 中国华安合群保寿公司前日开第二届常年股东大会于黄埔滩三十号。总公司总董沈仲礼君因病未到,由朱葆三君主席,列席董事如王廷桢镇守使(兼代表江苏冯都督)、徐几亭君(兼代表徐固卿君)、桑铁珊君、顾棣三君等,股东保险人约有数百人。首由主席朱君宣读董事会报告及上

年收支账略,备述公司进步情形,除因上年乱事注销者外,其确实有效之保数得银二百二十四万八千四百七十五两,年可收入保费十四万五千五百二十三两。而赔款仅银九千九百八十八两五钱七分,上年一年中共收保费十一万九千一百六十四两七钱六分,利息银三千零六十五两九钱七分云云。主席宣读毕,请求大会通过,并申明公司进步状况及编造账略情形,谓公司成立未久,又值上年乱事,各处分公司尚未遍设,乃能得有如许之保数实堪欣慰,更观本公司赔款之少,尤可见办事人之富有经验,非具专门学识,曷克臻此?至若公司职员中凡政商界著名人物无不热诚赞助。近江苏冯华甫都督亦已加入本公司董事。冯督热心实业,俯赐提倡,曷胜欣仰,其它办事人员并经草定公司附则,严定资格,期勿滥竽,尤足为众股东及投保人之保障云云。继由新董事王廷桢镇守使演说,谓鄙人以股东资格兼代表冯都督来沪列席,实为欣幸,国人苟能皆以热心毅力赞助此公司,则可决公司将来裨益于国家者,必深且远云云。次顾棣三君演说,谓鄙人对此甚抱乐观,因公司赔款,此为接济婺妇孤儿之用,此为保寿利益中最切要之一端,吾人不可不特为注意者也。次保寿人讨论保寿之办法,旋复举任汤笙为下年查账员。本届轮退董事朱葆珊、徐几亭、祁听轩三君复经公举连任,并报告新董事冯华甫、王子铭、桑铁珊三君在座,一致欢迎,遂将改定附则通过散会。(《华安保寿公司股东会纪事》,1914 年 7 月 1 日)

沈敦和在华安保寿公司办公场景

7月2日晚,出席沪海道尹公署为款待测量淮河美国工程师而举办的宴会。(《道尹公署宴会志盛》,1914年7月3日)

7月19日,《申报》刊登农商总长张謇与沈敦和就推举代表赴美考察一事往来函,其中张謇以美国巴拿马赛会来春开幕,认为沈"无愧代表之选,拟请届期枉驾一行,共襄盛举"。而沈敦和则以为慈善、防疫诸事"万难偶离",但愿意以自己擅长的"仿旧磁件"筹办赴赛。函录于下:

> 农商总长张致沈仲礼君函:敬启者,中美两国位于太平洋东西两岸,平日邦交素称辑睦,而美之商务与中国犹有关系。自巴拿马运河开辟后,交通益形便利,贸易自愈扩张,国势商情更宜互相维系。前清宣统二年南洋劝业会开会,美国商团来华参观,周历各省。到沪之后,复与我国绅商订议合办兴业事宜。旋议组织报聘团,往游彼邦,以为酬答,彼亦竭诚欢迎愿储巨金预备优待,美之重视此举,可以推见。惜筹备甫有端绪,军事忽兴,此事遂寝。今美国巴拿马赛会将于来春开幕,集团往观,重申前约,虽系国家交际上应有之酬酢,抑亦国民外交上难得之遭逢。拟由政府提倡,组织团体,慎选全国工商业界实力经营成绩卓著者若干人作为团员,量予补助,以壮厥行,树海外贸易先声,为国内赛会前导。联友邦之情谊,促商业之进行,数善毕臻,裨益匪浅。凤稔执事殚精实业,望实兼隆,无愧代表之选,拟请届期枉驾一行,共襄盛举。摈扩见闻于异域,收福利于将来,将于此行卜之。惟计日孔迫,筹备需时,用特修柬奉邀。倘荷同意,尚祈速惠德音,以便接洽,并筹商一切,无任翘企之至。

> 沈君复函:顷奉大函,以美国巴拿马赛会来春开幕,由政府提倡组织团体,慎选团员,前往赴赛,并蒙征及菲才,知遇之感,莫可言罄。况此举联友邦之情谊,促商业之进行,凡属商民宜如何殚精竭诚赞翊鸿业。惟是敦和蒲柳之质,望秋先零。溯自本年春间全国商会联合会开会,敦和奔走其间,稍形劳瘁,迨至闭会时期,即已举发脑筋旧症。据西医诊视,云系积劳所致,非摆脱尘俗难期速瘥。爰往庐山就医,不值复旋沪上。现惟闭户养疴,日事休息,且向办之红十字会恤兵赈灾,本为天职,近来狼祸蔓延,晋秦告警,湘粤各省水患频仍,日事筹捐,心力交瘁,加以往岁上海鼠疫几酿风潮,敦和往复磋商,委婉交涉,始获于租界以内伸我医权,故公立医院之成立,不惜牺牲,全力担任义务,凡所以为保卫公安计也。顾敦和对于防疫问题无时可懈,而外人之以此责望于敦和者亦无时或释。责任繁颐,

万难偶离,至为敦和商业所羁尤其小焉者也。为敢披沥谨辞尚祈俯赐鉴
谅。然既承盛嘱,敦和谨将素所研究之仿古磁品及临摹宋元明画幅以备
将来赴赛,庶得此次钱藉以壮吾国之光,而尽刍献之意,当亦为大君子所
乐许乎。敦和于模仿旧磁,临摹古画,考究有年,向为外人所称许,历赴
比、意两国赛会,均获最优等奖励。项接日本大正博览会大部特派员胡宗
瀛君函称,以此会场敦和仿古磁品颇受日人奖誉,其仿雍正窑花瓶一件已
为日皇购去,一时东京报纸极力揄扬,不但敦和个人之名誉,实中国磁业
全体之荣施也云云。然则筹备仿旧磁件赴赛,敦和似尚稍有把握,合并敬
闻,临风负负,不尽欲言。(《推举赴美代表之往来函稿》,1914 年 7 月 19
日)

是月,向红十字会时疫医院开幕捐款一百元。(《中国红十字会时疫医院
开幕临时助捐志谢》,1914 年 7 月 13 日)

8 月 21 日,主持红十字会常议会会议,议决议案数起。报道说:

> 昨日红十字会沈副会长邀集议员会议:一、挽留江趋丹君仍任理事
> 长,由常议会公举施子英、桂仲庚、沈鼎臣、叶庚三四君前往劝驾;二、预备
> 海战救护船及陆战救护队临时病院,以便青岛如有战事即可出发救济,并
> 预备沿海渔船救护难民;三、筹募临时救护经费,由常议员担任分头劝募,
> 并电致政府暨日来弗万国总会接洽一切。(《红十字会之议案》,1914 年 8
> 月 22 日)

8 月底 9 月初,为救济青岛战灾,连日组织救护队、医院等,前往救护。报
道说:

> 本埠红十字会前因青岛风云紧急,特在鲁省各处组织分会,增设医
> 院,详情迭纪本报。今闻本埠医队业于今晨搭坐新济轮船出发烟台,转往
> 逼近青岛之海阳地方,组设分会,以为救护之根据地。沈会长举该会南市
> 医院医员陈杰初君为队长,以吴丽山、邓笠航二君副之,金幼香君为掩埋
> 队长,吴凯君为担架队教练员,金汉声君等医员三人,药剂师、书记、庶务、
> 日文翻译及初级救护员等,全队共四十三人。昨午沈会长假座群雅菜馆
> 饯行,以人道主义及博爱恤兵等旨为临川赠词。宴毕由陈队长挈同各会
> 员至沈会长住宅及总办事处辞行。沪城分会暨南市医院各备宴饯别。旋
> 即整队登轮,队员服制全系黄色,臂系红十字袖章,由陆军部及该会盖关

防,以为识别队员之等级,以帽上金线之道数及阔狭为区别并均执有证书,且悬救护记章,随带药料、医具、食物等项不下二百余件云。(《红十字会医队出发》,1914 年 9 月 13 日)

中国红十字会总办事处救护医疗队从烟台出发赴战地救护伤兵与难民

其间,为确保救护人员安全,沈敦和一面电北京政府和日内瓦国际红十字会接洽相关事宜,一面直接与日本驻沪总领事有吉明交涉,不久即收到肯定的答复。9 月 17 日,红会收到有吉明来函,内称:前因贵会派遣救护医队赴鲁,嘱为介绍,业经照办。今日午前十时半接本国驻烟台领事松元君来电称,“中国红十字会救护员业已于本月十六日到,当即通知本国日本总司令部设法保护等因,合即转达,以慰廑注”。(《红十字会在鲁之消息》,1914 年 9 月 18 日)

9 月中旬,由于天气转热,决定延长时疫医院至阳历 9 月底。其间,先后接山东官员与内务部电函,要求赈济山东胶高一带水灾。(《红十字会鲁省之救济》,1914 年 9 月 20 日)

9 月 18 日晚,出席殖边银行为筹备成立而举办的宴会并发言,强调要“助长”中国人自己的金融机关。报道说:

> 殖边银行开幕在即,日来筹备整理正在积极进行。北京总行理事项微尘君特行莅沪。前夕偕筹办员王小宋君、沪行长徐几亭君、课长王文典君、钟玉田君宴南北商会及各银行主任、各帮商领袖于大观楼。酒半酣,项君起言,殖边银行兼营劝业、商业储蓄业务,志在殖产兴业,以灵敏金融

为己任云云。次王小宋君起述银行为事业之母,关于国民生计至切。现在中国银行、交通银行为国家银行性质,直接及于社会之影响者殊尠。殖边银行注重商业,适切社会之需要。次沈仲礼君言,沪上金融大都操纵于外人,长此不竞,殊足以扼吾吭而拊吾背,兹殖边银行应时而生,堪以助长发育自己金融之机关。次邹静斋君言,殖边银行为我国人自办之银行,不啻我客帮商业之银行,即云我全国国民自己之银行亦可,则社会对于殖边银行之观念岂能漠视。言毕各呼爵引酬,尽兴而散。(《殖边银行预备开幕》,1914年9月20日)

9月22日下午,出席红十字会常议会,议决青岛战事救护与鲁省水灾赈济等事,并当场捐款200元。(《红十字会常议会纪事》,1914年9月24日)

9月底前后,鉴于秋令寒暖不匀,天花又复出现,设立防疫保赤机关四处,并为赴鲁救护队队员制备毛呢制服。报道说:

> 红十字会沈会长,以现届秋令寒暖不匀,天花又复发见,故已照常设立防疫保赤机关四处,定于本月五号起开种牛痘,以二马路二十六号总办事处为总机关,举赵芹波为主任,吴敬仲为总稽查,第一机关即附设总机关内,以王培元为主任,沈石农副之;第二机关设天津路市医院,由陈黄二医士兼任,第三机关设十六铺南市医院,由王李二医士任之,第四机关设城内分会事务所,延郁燕生君主任。

> 又闻该会赴鲁救护队除前往平度等处救伤外,并酌组支队分往水灾各县放赈。惟前次出发仅御单衣,现届秋凉不敷御寒,故已由沈会长特备毛呢制服,于上月三十号由新铭轮船运去。(《红十字会纪事》,1914年10月4日)

10月2日,呈文国务院,要求大总统为辛亥、癸丑两次战事救护医队"异常出力人员"加奖勋章。同月17日,"奉批令照准矣"。(《红会救护人员之获奖》,1914年10月28日)

11月15日下午,出席同乡陈磬裁等发起创办的浙宁水木工业医院落成式并致颂词。报道说:

> 本埠浙宁水木工业医院于前日下午行落成礼已略记昨报。兹将该院内容之组织及开会礼节并颂词答词详录于后:

> 组织之大概:该院为陈磬裁所发起,商诸该公所董王文通、张继光、吕

达沅等,就公所后余地建造此院,所需建筑工料暨院内一应器物共六千余金,由陈君独自担任,每年耗费约一千六百元,归王张吕等董事十七人分任,已预筹三年费用,着手开办,并无人在外捐募分文。陈磬裁任该院总理,而以张继光、吕达沅为协理,黄筱堂为医务主任,王伟堂、叶颂君为住院医士,并方希会、黄杏卿内外科诸医为义务医士。总协理至主任医士均尽义务,不支车马费,此内容组织之大概也。

……

来宾之颂词:沈仲礼君致颂词云:今日为浙宁水木工业医院成立之第一日,举行开幕典礼,敦和不才,躬预斯盛,爰晋一言以为之颂,曰上海为通商巨埠,梯航所集,四海偕来。而吾浙宁一水所通,旅人尤多,他无论已,即水木工人约略计之已不下十数万众。顾因执业微获资斋,一经患病,往往颠连失所,无良医药以疗治之,辄致妨害其生命,吁可悲矣。陈君磬裁为工界巨子,恻然悯之,爰就浙宁水木业公所余地独创医院一所,专为利济同业中人之贫病者而设,其规模之宏敞,章程之美备,固已极惨淡经营之致,且纠合同志,预筹经费,足备三年之需。一腔热血,贯彻始终,尤令人钦佩无已。夫陈君急公好义,由于性成,生平对于公益之事业知无不为,为无不力。敦和历办红十字会及公立时疫诸医院尤积极赞助,慨输巨资,业推为红会特别会员,久为慈善界所崇拜。兹复宏其善愿,乐济同人。吾知该院之成必能经久勿坠,其功德之崔巍将与浙山同时歇水长流矣。

总理之答词:陈磬裁君答词云,今日为敝医院举行开幕礼,蒙沈仲礼先生惠然莅临,锡词致颂,褒扬赞美,逾溢寻常,祗领之余,弥增愧汗。窃以磬裁起家工艺,艰寒备尝,故对于一般贫乏社会其种种颠连疾苦知之尤深,辄思创一医院,为周济贫乏之计,而限于绵力,普及为难,且兹事体大,缔造尤非易易。因念沈先生为慈善界之泰斗,历办红十字会及公立时疫诸医院,经验富有,声望弥崇,间尝以之就正焉。善夫沈先生之言曰博施济众,尧舜犹病,但使各业中能互尽其一份子之义务,以自谋救济,则久而久之推行尽利自不难有普及之一日。惟办理医院,生命攸关,迥非他项善举所可以比拟。近赖董其事者随时随事研究而督察之,庶几流弊一清,实惠同沾。磬裁等谨志之,弗敢忘。爰就本公所隙地,勉竭微力,建屋六椽,并购备一应器具,以为我水木同业医院之基础。经营凡三阅月,幸底于成。当经黄筱堂君办理院事,磋订章程,并经同业诸君筹备经费,约敷三年之需,俾此三年内得以实地试办。若者宜兴,若者宜革,若者宜改良,若者宜推广,一一研究而实行之,以益进于完全。古圣云三年有成,庶此慈善机关历久勿坠,以无负沈先生谆谆规颂之盛意。是则磐裁等所馨香祈祷者也,幸我同志诸君共勉之,谨掾鄙忱,藉答嘉贶。(《浙宁水木工业医院开幕纪详》,1914 年 11 月 17 日)

是月前后,参与发起余姚明丰榨油有限公司。"本公司专以花核机器榨油为业,创于余姚地方,盖产棉丰富之乡,常年足敷应用,利益之隆远胜他业。议定股集规元三十万两,分为三千股,每股一百两,先由发起人等分认二千股外,再招一千股,额满概不重招。"(《余姚明丰榨油有限公司招股广告》,1914 年 11月 2 日)

12 月 8 日,《申报》报道,沈敦和担任沪北蒙塾改良俱进会名誉董事:

英租界东有恒路文昌阁内附设之沪北蒙塾改良俱进会,系黄筱堂君发起,成立以来已逾三年,入会者已达数百人,概不收取会费,内设有师范讲习所,并设分所于六马路仁济堂,内聘葛家甫君为讲习主任,沈仲礼君为名誉董事,徐楚亭君为会长。闻阴历十月二十七日为该会开第二次周年大会之期,届时须集议进行方法,并选举职员云。(《蒙塾改良俱进会开会预志》,1914 年 12 月 8 日)

12 月 9 日,与伍廷芳、王文典、李佳白、曹锡赓、王一亭、虞洽卿、丁福保等六十七人联名发表《不吸卷烟联合会通告》。(穆藕初著:《穆藕初自述》,2013年,第 319 页)

12 月 22 日下午,出席尚贤堂 20 周年纪念大会并代表副总统黎元洪致贺词。报道说:

二十二日下午,尚贤堂为成立二十周年特开纪念大会。下午三时许,中外官商各界来宾已填溢,由该堂款以茶点,并有淞沪警察厅军乐队奏各种音乐以娱来宾。四时后,先由该堂总理李佳白君报告开会大意,并历述该堂成立二十年来之紧要历史。五时乃开该堂半年董事会。五时一刻许,大总统代表本埠杨交涉使制服莅会,即由李佳白君改着大礼服率同军乐队至门外恭迎就座,并敬请副总统代表沈仲礼君、冯上将军代表汪晦人君、齐巡按使代表上海县知事沈宝昌君,均依次上堂。即由交涉使代大总统致词,略谓今日为尚贤堂成立二十周年纪念大会,本代表恭奉大总统电谕莅会,谨承上意致词,尚贤堂始办教育,近复征集物品,期为发达工商之助,李博士苦心经营,大总统深为嘉许,用特给巨款以为提倡。良以教育实业必须兼,观中外成就方大而融洽感情责效尤速,尚望李博士仰体此意,切实进行,以无负大总统殷殷奖掖之盛意云。副总统除特电该堂致贺外,更由沈君仲礼代表另诵来电,大意谓李君乃美洲文学士,来华三十余年,因见华民钟爱和平而仍不免有中外失和、民教冲突之事,故前时在京特商准政府筹建此堂,十年以前更移建在沪,其对于学务商务教务一以化除隔阂、联合情谊为宗旨。比年以来,上海一埠中外交谊日益增进,其得力于该堂者殊匪浅鲜。兹逢二十年大祝典,元洪远居都门,不克躬逢其盛,爰托沈君到堂代表,恭祝尚贤堂发挥光大,李先生福寿康宁云。其次乃由汪君、沈君次第代表冯上将军、齐巡按使致颂,靡不情文斐丰,礼意优渥,不及备载。杨交涉使于致词后即先返,由李佳白君暨军乐队恭送如仪,其余皆俟李君英语演说后,尽欢而散,并用电光拍照以作纪念,洵唯一之盛会也。(《尚贤堂纪念大会志盛》,1914 年 12 月 24 日)

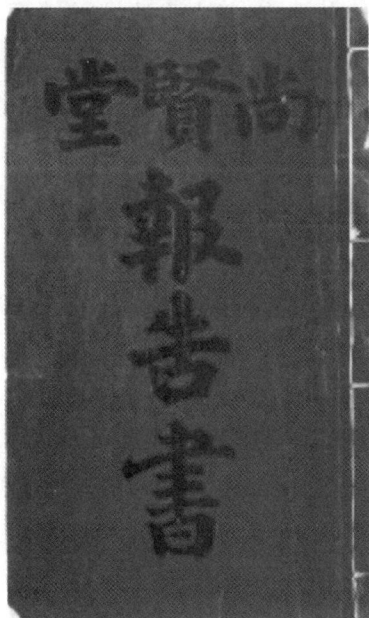

《尚贤堂报告书》

12 月下旬,筹备救济青岛战事难民并定于日内"赴津亲见该会吕镜宇会长筹商进行办法"。12 月 27 日《大公报》报道说：

> 上海红十字会总办事处迭接青岛租界难民赵得礼等三十二人公函略谓，现在战事，而满目疮痍，亟图善后，且租界以内，当两军角逐之区，炮火猛烈，兵马踩躏，迄今三月有余，房屋焚毁殆尽，人民死亡枕藉，即幸而存活者，亦均风餐露宿，无食无衣，哀鸿遍野，待哺嗷嗷，际此严冬，将何以苟延性命，迫恳立予赈济，俾此数十万劫后余生不致坐以待毙等语。

> 该会副会长沈仲礼君当续垫银一万元，派员驰赴青岛急赈，惟因区广灾深，恐杯水车薪，于事无济。除竭力劝募，冀集成巨款外，一面定于日内赴津亲见该会吕镜宇会长筹商进行办法；一面先致济南分会筹赈处吕督办一电，其文如下：顷据青岛租界难民赵得礼等三十二人公函，略谓众等向有商业，此次日兵入境，猝不及防，幸伏山凹，苟延残喘。惟兵燹所经，倾家废业，屋庐被毁，粮储全空，热闹市尘顿变荒凉世界，以致呼吁无门，坐以待毙，迫切哀恳，立予赈济等情，并据本会派赴该岛调查员王培元报告灾状惨酷相符，闻之堕泪。现经本会筹垫银一万元，刻日派员驰赴青岛方面散放急赈。惟灾情綦重，绵力已竭，杯水车薪，势难普及。闻钧座筹赈项下业集成数，拟请先提若干万，迅赐派员经放青岛急赈，俾数十万劫后余生，不致终填沟壑，迫切代陈，不揣冒昧，还请祈鉴核电复，无任颂祷。沈敦和叩。（《青岛难民之呼吁》，《大公报》，1914 年 12 月 27 日）

1915 年 59 岁

1 月初，为救济青岛兵灾与山东水灾事宜专程北上，当时舆论称"沈会长不远数千里奔走呼号于冰天雪地之中，且又自垫巨款以为之倡，其至诚足以动人"。终使大总统命令财政部会议特别筹划，并得陇海铁路督办施省之、交通银行行长任振采"慨然允代筹募"①。1 月 4 日《大公报》以《沈会长来津》为题报道说：

> 上海红十字会总副会长沈君敦和现已到津，小作勾留，即行晋京。闻

---

① 池子华著：《近代的红十字运动历史变迁》（上），合肥工业大学出版社 2018 年版，第 290 页。

沈敦和 1914 年创作的汉宫秋月图

其此次北上系专为筹办山东赈抚事宜。(1915 年 1 月 4 日)

1 月中下旬,在北京筹款后往青岛实地调查,"赶放急赈"。其间多次致电上海红十字会,要求广为劝募。为此该会在《申报》刊登劝募启事。分录启事与相关报道于下:

中国红十字会谨募青岛兵灾善后济渡妇女急赈

本会前据青岛难民纷函乞赈,至有宁为他乡之犬,莫作青岛之民等语,种种惨状,不忍卒诵。当经沈仲礼副会长亲携银一万元并棉衣五千件,特往鲁省实地调查,赶放急赈,一面前赴京津筹商善后方法。兹接沈会长来电,略谓青岛兵燹后,灾区之广,达三十余村,灾民之众,至十余万口,所携赈款十不逮一。且据该难民泣求续陈在青妇女蹂躏尤酷,急求脱离苦海,酸鼻痛心,待拯万急。值此灾深事巨,势迫时艰,需款殷繁,非赖众擎,曷克有济。务恳薄海内外诸大善士广发慈悲,宏施救拯,迅解仁囊,源源接济,俾得集腋成裘,使青岛巨万哀鸿咸出水火而登衽席,功德容有涯量耶!大旱云霓,曷胜翘望。

上海二马路中国红十字会总会总办事处谨启(1915年1月13日)

红十字会筹赈之进行

本埠红十字会沈仲礼副会长前以续办青岛兵灾急报,亲赴京津各埠,筹商善后方法已迭纪本报,兹闻北京政商各界,因沈会长不远数千里奔走呼号于冰天雪地之中,且又自垫巨款以为之倡,其至诚足以动人。除大总统已令财政部会议特别筹划外,其陇海铁路督办施省之君、交通银行任振采君等亦慨然允代筹募。如此实力进行,想青岛数十万劫后余生,终必能出水火而登衽席也。(1915年1月18日)

红会沈副会长报告办赈情形电

本埠红十字会沈仲礼副会长赴京筹募青岛兵灾急赈情形迭纪本报。昨该会又接沈会长来电,略谓在京续领部款及募集捐款已拨汇济南银八千元,转解至青继续散放,并谋将岛界妇女济渡邻邑,设法留养。惟在军政时代措手为难,适本会顾问日员有贺长雄博士抵京,现正筹商,拟与日本赤十字社协办,俾利进行。(1915年1月21日)

红十字会演剧募赈

中国红十字会前晚假座竞舞台演剧募赈,售入场券二千余张。青岛商董黄至书君近适来沪,临时捐洋三百元,并请该会秘书金兰荪君代表演说灾民惨状,当经四明公所暨各善士临时捐集洋二百八十二元。沈仲礼副会长甫于前日由山东遄返,舟车劳瘁,偶感风寒,不获到场,当由该会理事长赵芹波君代表登台,申谢夏氏昆季暨诸艺员之担任义务并观剧诸君之热忱云。(1915年1月29日)

1月28日,在《申报》刊登广告,鸣谢黎元洪副总统为青岛兵灾"慨捐廉俸银一千元"。

1月31日,在《申报》刊登启事,呼吁各界为救济青岛兵灾捐款:

中国红十字会沈仲礼启事

今岁北方天气奇寒,朔风砭骨,滴水成冰,寒暑表降至零度下七度,实为近卅年来所未有。鄙人前因筹办青岛兵灾急赈,躬携棉衣赈款驰赴山东,幸尚在廿一二间,得以及时散放。乃甫阅数朝,天时骤冷,岛地哀鸿,佥以御寒有具,得保无虞,非赖诸大善士慷慨捐输,惟恐不及,曷克睹斯成效,私衷感慰,莫可言宣。但该处灾情犹重,欲谋善后,需款尤殷。尚乞薄海同善痌瘝念切,慨解仁囊,同襄义举,俾青岛巨万灾黎不致终填沟壑,功德尤为无量矣!专此肃启,惟祈公鉴。

2月28日下午,出席上海总商会举行的提倡储蓄大会并作演说,会后出资1万元购买总商会提倡之新华储蓄票,予以响应。报道说:

……继由沈仲礼君演说,前吕宋票等中彩,大半中在存票,今新华银行之储蓄票办法,与前不同,无此弊窦。今有胡稺庼君发起小公司,合力购票,其事甚易,鄙人亦发起办理。(《提倡储蓄大会纪事》,1915年3月1日)

3月1日,为生病请假并辞议董事致函总商会。

3月初,登报声明辞去宁波旅沪同乡会会长职务。文录于下:

我宁旅沪同乡会成立以来,鄙人不才,滥竽会长者已六阅寒暑矣。会务竭蹶,成绩毫无,时深歉悚,狷承诸同乡维系惟殷,一再挽留,不得不勉为待罪。奈近来老病屡愈,商业经营已形丛脞,再加蚊负,其何克胜。二月廿七日同乡会开会,鄙人力疾出席,脑惹益增,实难再事尸位。除具函该会谨辞会长职外,合亟登报宣布,务祈诸同乡鉴谅,刻日开会另举贤能,以重职守。该会幸甚,鄙人幸甚。再除红十字会及公立医院系由鄙人创办,责难旁贷外,他如商会议董等职已一律辞谢,合并声明。鄞县沈仲礼谨启。(《宁波旅沪同乡会诸公均鉴》,1915年3月3日)

3月19日上午,江苏巡按使齐燮元莅沪视察,与伍廷芳、唐绍元、康有为等作为沪上绅商代表,参与会晤。

同日晚,为与北京政府相关部门协商红会细则及创办北京公立医院事,专程乘车北上。《新闻报》报道说:

> 本埠红十字会副会长沈仲礼君近因该会厘订细则,与海陆军、内务、外交、交通各部会议各节,事关重大,非亲自出席不可,爰于昨晚乘沪快车至宁转乘津浦车北上,并闻北京自去冬以来,痧痘喉症流行极盛,由审计院副院长徐荣光君发起联合闽粤江浙诸同乡创立北京公立医院。缘沈君历办上海公立等各医院,当有经验,公请入都规划一切,故沈君益不能不亟之遄征云。(《红十字会会长晋京》,1915 年 3 月 20 日)

3 月底,沪上某君发起爱国储金并在 3 月 29 日《字林西报》上刊文,要求沪埠"夙有名望诸公请为主持",沈仲礼名列其中。

4 月 4 日,在北京发起创办北京医院,《申报》报道说:

> 中国红十字会副会长沈仲礼由沪入都,创办北京医院。本月四日,沈君特假王府井大街安合群保险公司开筹备会一次,到者极众。先由沈君报告筹备各种事项,旋议定开办费及常年经费得二万余元,除已经红十字会拨助三千元外,余均为同人担任募集。当由梁燕荪、张岱杉、林宗孟诸君认募数千元,意在克期成立,以防灾疠。闻总统、副总统、徐国务卿、周财政总长亦极赞成。
>
> 红十字会医院本医治普通疾病,闻此次沈君因各界之请,以时际春令,疫病正在发生,急则治标,当先以疗治疫症为要着。而研究各种时疫预防法,以普告人民,又可为官家防疫病院之补助机关。故沈君已嘱所聘西医叶君遄返上海,与公立医院柯师医生讲求专门疗治法,以备来京济众。
>
> 北京治疫医院除官家筹设外,余尚未有发现。故红十字会医院传单一出,都下人士颇多赞成。闻此次发起赞成人皆为政界重要分子及北京社会有名人物。现沈君拟再遍发传单,广征同志,共襄善举,务使此次医院成一伟大之慈善事业,并拟另设普通医院,以扩充善举。(《红十字会筹办北京医院》,1915 年 4 月 15 日)

4 月中旬,在京发起救国储金,报道说:

北京社会对于救国储金之心理，及张栩人、章佩乙两君致函沈仲礼，请其发起各节，曾纪本报。兹闻沈氏得函后，昨已复函，允为尽力。

原函云：栩人、佩乙两先生执事前日辱赐书，以红十字会北京医院事正在筹备粟碌中，致迟迟未复，甚怅！甚怅！上海发起救国储金会，弟不自度能力之脆弱，参预末议，而念及中国国势之危迫，又不敢袖手作壁上观。乃两先生以北京发起人相责望，弟何人，斯敢任此艰巨乎？惟细流汇成沧海，高山起于培塿。弟既为国民一分子，自当竭此棉（绵）薄，勉襄盛举。燕赵多慷慨之士，楚子文、汉卜式，正大有人，弟更当于此数日内联络同志，集合有力者，以为登高之一呼。想北京为政治发源政客萃集之地，鉴于外患之侵逼，内忧之迭起，脑筋中之激刺，自非外省可比，事半功倍，可以预决。且加以两先生鼓吹提倡，义声所动，望风兴发，又非海上一隅所可同日语也。谨先布复，以慰热诚，专肃，敬请毅安。沈敦和顿首。

再上海所定章程，弟时已来京，近阅沪报，似有不完美之处，弟意拟俟集合同志后加之修饰，想两先生必以为然也。敦和又启。（《沈仲礼已允在京发起救国储金》，1915 年 4 月 18 日）

《申报》刊登《黄钟》报记者文章，对其发起救国储金寄予厚望。报道说：

旅京张章两君劝沈仲礼氏在北京发起救国储金一节，已纪昨报。兹闻《黄钟》报记者因纪北京创办医院事亦有意见与张章两君作同一之主张，盖足见今日北京社会之一般心理矣。为录其言如次：记者默察北京社会心理，其所以希望于先生者，并不仅在设立医院一事，此外尚有大于十百千万之重要问题，为中国今日救死回生之第一方法者，即连日海上人士提倡之救国储金是也。今日国家危急已达极度，而欲挽危机，惟此为最后之切实办法。现在北京人士人人脑中皆有此观念，其所以蓄而未发者，惟因兹事体大，非全国上下具有救死之决心，不能收最终之效果，又非有声望素著之人出而为登高之呼，不足动国民之观感。沪上提议筹办救国储金，沈先生本为发起人之一分子，为时未几，蓬蓬勃勃，大有一日千里之势。可见爱国至诚，人有同性，一经提倡，则火燃泉达，沛乎莫御矣。日前本京某报记者上先生一书，已道破此意，虽个人私函，实足代表全国人民之志愿。望先生发大愿力，首出提倡，果能有成，则诚医国圣手，较之创立医院其功效之大小固不可同日语也，先生

其有意乎。记者不禁拭目望之。(《北京社会心理中之救国储金》,1915
年 4 月 15 日)

5 月 9 日下午,出席上海救国储金团全体干事会议并与邵静斋、袁履登等
发表演说,"佥谓此举不异救己生命及救子救孙,并谓家国存亡,全在人心,全
在今日之民气"。报道说:

> 救国储金团昨假爱而近路纱业公所开全体干事会,午后三时振铃开
> 会,到者千余人。先由该团临时正干事虞洽卿君宣布宗旨,继由众公推周
> 金箴君为主席。周君入席主议,谓此项储金关系重大,为我国永久之根
> 基,实系对己问题。一致鼓掌。次由邵静斋、袁履登、沈仲礼、赵晋卿、吴
> 文国、孙铁舟诸君演说,佥谓此举不异救己生命及救子救孙,并谓家国存
> 亡,全在人心,全在今日之民气。次认劝储金,间有数人手段微有未妥,惟
> 真心爱国者不遑计较,故签名者仍非常踊跃,约计在七十万元以上,闻广
> 帮尚不在内。继乃投票选举正副干事,并先推举聂管城、邱渭卿、胡稚艿、
> 傅筱庵、谭海秋、哈少甫六君为临时监票员,当众启柜,虞洽卿君得三百六
> 十一票居最多数,当选为该团正干事,其余副干事不及发表。末按秩序提
> 议修正简章,当由孙铁舟、沈仲礼诸君一再讨论。又由虞洽卿君发议,此
> 项储金并非对外而始发生,系专备中国自强之用,请将第七条添设武备之
> 用,改为添设兵工厂,指定用途不再更改。大众赞成并推选谭海秋、丁钦
> 斋、孙铁舟、刘万青四君为查账员,稽察储金团总事务所之办公费,其费由
> 各干事随时认助,并议以交通银行加入收款机关。全体赞成,至振铃散会
> 已钟鸣七下矣。(《救国储金纪要》,1915 年 5 月 10 日)

5 月 20 日前后,鉴于远东运动会即将在上海开幕,组织救护队,"以防不
虞"。报道说:

> 远东运动大会自开始比赛后,本埠红十字会总办事处沈副会长恐有
> 跌伤情事,特组救护队加入该会,以备不虞。当延美医史德理为队长,曹
> 文贵医士为医员,又男看护二人,女看护一人,担架员二人,率同工役等设
> 野地疗治所,举凡担架病车及临时应用医药器具,无不完备。(《红会组织
> 运动会场之救护队》,1915 年 5 月 21 日)

5 月 27 日,出席在上海举行的汉冶萍公司股东大会并以 7688 权当选为公

司 9 董事之一。(《汉冶萍公司股东会纪事》,1915 年 5 月 28 日)

同日,当选为上海总商会会董。

是月,所送古瓷古画参加美国旧金山巴拿马太平洋万国博览会并获好评。[1]"沈仲礼氏之古瓷古画,鉴赏家极为称许。""织两总统像,甚精细。"此为中国工匠赴赛前特意制作的美国前任总统塔夫脱和现任总统威尔逊像。(陈占彪编著:《清末民初万国博览会亲历记》,商务印书馆 2010 年版,第 231 页)

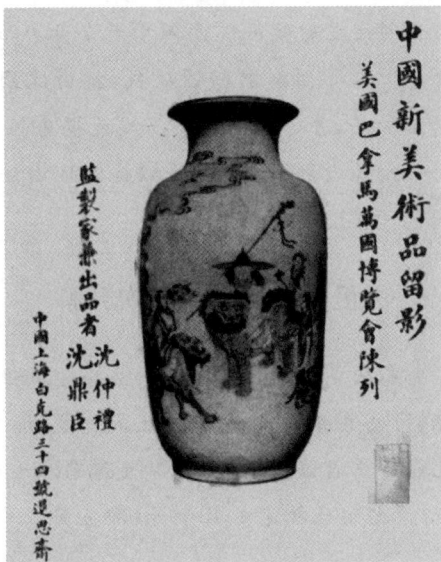

参加巴拿马万国博览会沈敦和监制之瓷器

是月下旬,寓沪各国人士为赈济欧战殉国军人所遗孤寡,联合沪上绅商,在哈同花园举办义济游览会,所得游资全部捐作义举。沈氏参与其事,并专门从北京借来"乾隆时义国教士郎世宁君绘画之伦敦、巴黎等风景巨幅以及唐宋元明历代帝王御容……"。(《爱俪园义济游览会纪事》,1915 年 5 月 29 日)

6 月 3 日,出席上海总商会举行的本年度第 11 次常会。

是月,为江苏慈善家呈请政府褒扬。报道说:

---

① 据称,在此次博览会上,瓷器方面,日、德、法、奥等国都力求陈推出新,尤其是日本的瓷器,颜色鲜艳夺目,备受关注。幸好中国"上海商人"沈敦和制造的仿古瓷凭借着精致的绘工、上好的质地、巧妙的制作,超过了其他各国,而江西瓷业商人也挑选了精品参展,所以瓷器夺得大奖。(梁碧莹:《民初中国实业界赴美的一次经济活动——中国与巴拿马太平洋万国博览会》,《近代史研究》1998 年第 1 期)

苏绅丁梅盦君对于地方公益善举向多赞助,而于红十字会尤输捐巨款,讵于去冬遽归道山。经该会沈仲礼副会长呈请政府特予褒扬。兹已奉总统批准,亲题见义勇为匾额,发交内务部颁发红十字会转给矣。(《慈善家身后褒扬》,1915年6月25日)

6—7月,筹办法租界时疫医院。《申报》先后报道说:

时疫医院又将开办

中国红十字会创设之时疫医院向例于夏令开办,秋后闭幕,历年均由柯斯医士主持诊务。本年因柯君回国从戎,特由沈副会长延聘哈佛医院医学博士亨司德君担任,并请著名医士王培元暨朱恒口、张约瑟诸君襄助为理,现正筹备一切,月内即可开办,并拟将院址由法租界西新口迁至嵩山路,以便交通云。(1915年6月15日)

法租界时疫医院将次开幕

中国红十字会本届举办时疫医院,早经赁定法租界宝吕路大安里口洋房布置一切,嗣因公共租界各居民以距离太远,请求另迁,经该院长沈仲礼、朱葆三、沈鼎臣诸君议定,在英租界天津路八十号旧址增设医院,择日开诊,其法界所设之院已择定本月十号(即五月二十八日)开幕。(1915年7月8日)

法租界时疫医院开幕记

本埠红十字会组织法界时疫医院各情已迭纪前报。兹悉该院于昨日下午二时开幕,院长沈仲礼、朱葆三暨理事长赵芹波诸君均先时在院招待,中西来宾约五百余人,各官厅皆派代表莅会,颇极一时之盛。临时捐款尤形踊跃,内如杨小川道尹,沈韫石知事,陶在东、哈少甫、吴少珊、马绥之、沈鼎臣诸君并法捕房曹振声、法工部局胡方锦君以及西人麦克道君皆争先解囊,计集二千余元之谱。而沈朱两院长、赵理事长亦各自捐款,以酬诸君赞助之雅。该院布置一切甚觉完备,头二三等病房均异常整洁,且男女分为两院,尤于病人起居便利,至其房屋高爽、空气清洁尤为余事云。(1915年7月8日)

7月8日下午,出席南洋路矿学校暑假休业并预科第三次毕业式。(《南洋路矿学校暑假休业》,1915年7月9日)

7月中旬,为广东西江各属大水成灾,"赶即筹募协济"。(《红会筹募粤灾》,1915年7月23日)

7月下旬,组织救济浙衢水灾。报道说:

> 本埠红十字会沈仲礼副会长以浙衢水灾待赈孔亟,当先垫银五千元,于前日派蔡天泰、盛钟英等驰赴灾区赶放急赈,一面再设法筹募,以期陆续汇解散放。昨接浙江届巡按使来电致谢,照录如下:

> 红十字会沈会长鉴:衢灾奇重,待赈孔殷,承贵会先垫银五千元派员散放,宏愿热诚,深为感佩,谨先声谢。(《红十字会垫款放赈》,1915年7月25日)

7月底,为沪滨大风成灾,"风灾之大为数十年所未有",组织红会开展赈灾并"捐银洋一百二十五元,以为之倡"。报道说:

> 中国红十字会沈会长昨令该会迅拨巨款,派员至南市闸北各处散放急赈,并令医员携带救伤器具、药物至各受灾处施救,沈会长并捐银洋一百二十五元,以为之倡,一时闻风兴起,捐资者甚众。闻该会各职员至闸北会同勘察,躬冒风雨散放米票,并从事施救。时见药水厂一带一片汪洋,灾民嗷嗷于狂风暴雨之中,情形之惨,不堪言状。现该会已急筹巨款办理善后事宜,拟将急赈疗伤棺殓三端同时进行云。[沪滨大风纪(二),1915年7月29日]

7月31日,担任院长的英租界时疫医院开幕,《申报》报道说:

> 红十字会以今夏天气酷热,时疫必盛,故开办法界时疫医院后,复在天津路八十号另设英界时疫医院。昨日英界医院举行开幕,该院长沈仲礼、朱葆三、沈鼎臣三君均先时在院招待,官绅各机关皆派代表预会,中西各界到者不下二百余人,临时捐款亦颇不少。闻郑镇守使与货物税所长吴静山君、陈润夫、周湘云、郁屏翰、徐冠南诸君暨江苏银行各钱业并应干和尚等约集二千余元,内中以钱业诸君为最踊跃,共助八百三十余元,汤学潜夫人亦助洋一百元。(1915年8月1日)

8月15日下午,担任董事的上海单级教授讲习所举行毕业式,派代表"给发文凭"。报道说：

> 八月十五日下午，上海单级教授讲习所举行毕业礼于里虹口飞虹书院总会。二时开会，到者听讲员、来宾等一百余人。首由会长徐士琛登台宣布开会宗旨，大致言欲改良私塾，必须从根本上做起，单级讲习所即其起点，得有今日之结果非无因也：一、主讲师葛嘉甫之热心毅力，始终如一，风雨必到；二、为各塾师之有志求进，亦不易之事。鄙人极为祷祝，欢舞不已，尤望各塾师热心改良，此会庶可发达云云。次来宾演说，继请主任讲师葛嘉甫君报告一年来办学情形。闻者感佩，又训勉塾师一番后，请会董沈仲礼代表沈君给发文凭，遂摄影而散。（《单级教授讲习所之毕业式》，1915 年 8 月 16 日）

9 月 19 日下午，作为上海四明公董事，出席该公所选举会。（《四明公所开会补志》，1915 年 9 月 23 日）

10 月 5 日，北洋政府发布由陆军、海军、内务三部拟定的《中国红十字会条例》施行细则。该细则将上海的总办事处改称为总会驻沪办事处，同时大力削弱常议会的权力，还规定总会从前所定经部立案的章程与施行细则抵触或重复者不适用。上海方面对此企图了然于胸，虽然曾派代表与政府方面会商，但不得要领，暂时只能消极地不予理会。（《中国红十字会条例施行细则》，《政府公报》，民国 4 年 10 月 8 日）

10 月 15 日，宝山县吴淞镇发生火灾，全镇房屋几成灰烬，遣派医队驰往救护，并赶办急赈事宜。（《中国红十字（1904—2004）历史编年》，第 33 页）

11 月 25 日，作为上海总商会代表，出席全国商业联合会临时大会。

11—12 月，组织救济赣省与浙衢水灾，并于 12 月初向赣省水灾捐款 100元，红十字会总办事处特在《申报》刊登致谢广告。（1915 年 12 月 5 日）

12 月，先后向江西水灾捐洋一百元，向中国公立医院捐银一百圆。

1916 年 60 岁

1 月 10 日，因云南等地发生反袁起义，"护国战争"爆发。为救助伤兵难民，先后在《申报》《新闻报》《大公报》上刊登启事，要求各界为战争救护助一臂

民国初年着红十字公服的沈敦和

之力,并公开各地救济机关,要求川、湘、黔、滇、桂各分会多方救护。(《中国红十字会急募兵灾救护经费》,《申报》1916 年 2 月 15 日;《中国红十字会总办事处沈仲礼启事》,1916 年 3 月 7 日;《上海红会筹募之通启》,《大公报》,1916 年 3 月 15 日;《红十字会募捐通函》,《申报》,1916 年 3 月 12 日)

4 月 23 日下午,出席宁波旅沪同乡会常年大会,在初选正副会长票中得票 291 票,位列第五。(《宁波旅沪同乡会常年会纪事》,1916 年 4 月 25 日)

5 月 21 日下午,出席四明公所公义联合会选举董事大会并被推为临时议长。(《四明公所大会纪事》,1916 年 5 月 23 日)

5 月底,函辞上海总商会会长人选。函录于下:

顷准大函,以新任会长宋汉章、陈润夫先生辞不就职,依商会法,以次多数递补,应推敦和为正会长。敬聆之余,曷胜惶悚。查宋陈两会长系依法选举,众望所归,似难固辞,即有万不得已苦衷未能就任,亦应由各会董开会另选贤能主持会务,庶臻允洽,鄙见如斯,伏祈公鉴。(《再志总商会正副会长之虚悬》,1916 年 6 月 2 日)

327

6月16日,为鸿裕纱厂禀部注册文件请会核转事致函总商会。

红十字会水灾救援场景

7月1日下午,主持担任院长的英租界时疫医院开幕式。报道说:

> 本埠红十字会向于夏季办理时疫医院,其大概已纪前报。兹悉该会于昨日下午四时在英界天津路八十号本院行开幕式,院长沈仲礼、朱葆三、沈鼎臣三君暨理事长赵芹波君招待极为周到。一时中外来宾如陈润甫、哈少甫、桂仲庚、屠景三、郭亮甫诸君,方外莹照和尚,英工部局卫生医官史丹雷君、法工部局官医、《字林报》记者、《大陆报》记者、伦敦会包克私君、宝威药房柯尔君及其夫人等,不下三百余人。当地官厅淞沪护军使署、沪海道尹公署、淞沪警察厅亦派代表田禹九、曾永奎,并上海货物税所长吴静山君均莅院参观。惟上海县知事沈蕴石君因有要公未到,先期函送太夫人捐款到院。闻临时助捐者亦极踊跃,共有三千元之谱云。(《时疫医院开幕》,1916年7月2日)

8月中旬,以80票当选为上海总商会公断处职员。

9月前后,组织赈济皖北水灾,由中国红十字会总办事处与安徽旅沪同乡会合组中国红十字会安徽义赈会,与余诚格、李经方任干事部部长,共筹皖赈。皖北赈务直到次年初才告结束,"灾民获沾实惠者,数逾十万"[①]。《申报》先后

---

① 池子华主编:《中国红十字运动大事编年》,第33页。

报道说：

筹办安徽义赈

皖北各县水灾奇重，业经本埠红十字会及安徽旅沪同乡发起义赈会分别筹赈已纪前报。兹悉该义赈会现经商允红十字会归并办理，以便同力合作，一致进行。业于昨日下午三时，在红十字会开成立大会，定名曰中国红十字会安徽义赈会，举定沈仲礼、余寿平、李伯行为干事部部长，陈劭吾、金伯平、徐积余、刘健之、夏玉峯为干事，汪汉溪兼文牍，朱葆三、余鲁卿兼会计，赵芹波为干事主任，金兰荪、吕皋俞为文牍，吴敬仲为洋文文牍，陈少舟、李鸿声为会计，并拟举萨门司、卜舫济、潘人文、郑长生、季礼斐费君、李君等为西干事，协募外款。闻公决俟接到查赈员报告，即行筹垫款项，赶放急赈。（1916 年 9 月 19 日）

筹办皖赈之垫款

本埠红十字会与旅沪安徽义赈会合并筹办皖赈已记前报。昨为该会成立后开第一次干事会，由部长沈仲礼君提议，先行由会筹垫洋二万元，分请各灾区西教士会同该会查赈员分投调查，择被灾尤重之户先为酌放，大众赞成而散。（1916 年 9 月 24 日）

西人目睹之皖北惨状

今岁皖北水灾绵延十余县，为从来所罕见。前经本埠红十字会沈仲礼会长联合皖绅余寿平、李伯行诸君组织安徽义赈会，派员调查备放急赈，经纪前报。昨日有亚细亚煤油公司洋人欧阳格君函请西友转告该会，略谓淮河水利局向鲜讲求，一经蛟洪，辄致河水泛滥，不可收拾。鄙人近自六安遄返正阳，所经被灾各县大都村落为墟，灾民皆鸠形鹄面，络绎于道，待哺嗷嗷，呼号彻耳，甚有因无食可觅，将其所生七龄男孩生弃河中者。其因饥垂毙之人颠顿村中，亦无人过问。闻饿毙尸骸多以芦席包裹，抛诸村外，一任犬豕攫食，血肉狼藉，伤心惨目，一至于斯。强悍者流铤而走险，土匪充斥，抢劫频闻；而老弱之侪则因呼号无门，委诸沟壑，转瞬隆冬，冻馁情形不堪设想。闻红十字会将先以二万元散放急赈，但就淮河一带而言,绵亘已二百英里,区广灾深,何能普及。务望该会赶募巨款施放赈济,救此沉灾云云。该会得信后,闻已公举吕皋仑君会同西教士洪明道驰赴灾区切实调查,并推李伯行君不日亲历勘灾,俾可酌筹巨款,备放冬赈云。(1916 年 10 月 30 日)

散放棉衣之谢电

红十字会安徽义赈会,因接查赈员报告,蚌埠灾民麇集,受寒冻毙者日有所闻。其干事部长沈仲礼、余寿平、李伯行三君爰即赶备棉衣千件,于去腊运蚌散放。昨接该埠商会及各界来电致谢,略谓蚌埠、滨临、长淮、凤邑灾重,只缘商埠初创,苦力需人,以致邻近灾民纷纷至凤,风餐露宿,惨状难言。加以今岁酷寒,为数十年所未有。此等灾民既嗟鲜食,又叹无衣,啼饥号寒,老弱疾病相继冻毙者一日必数见,饿殍载道,时于雪窟中发现尸身,令人目不忍睹。乃蒙贵会发给棉衣御寒有具,施当其厄,全活孔多。谨代合镇灾黎九顿以谢。(1917 年 2 月 5 日)

10 月 25 日,出席上海总商会举行的会员大会并以 82 票当选为会董。

11 月 12 日下午,出席尚贤堂举行的盛宣怀追悼会并作演说。报道说:

昨日为法租界尚贤堂主任李佳白君发起追悼盛杏荪君之期,男女来宾到会者一百余人。其会场设在尚贤堂附设之商业陈列室楼下,中供盛氏遗像,遍挂挽联、轴帏。于午后三时振铃开会,首由李佳白君报告开会宗旨及盛氏与外人之感情,毕即由新任外交总长伍廷芳君演述,予与盛公相交久,知之深,其为人也,创办事业能任艰巨,待人以厚,济世以慈,故感念之者众。然予以为其人躯壳虽死,魂灵不死,苟能移感其人之心理,以之感念其生平所为之事业,则盛公乃为不朽云云。次瑞生洋行大班英人史君演说,盛氏生平所办轮船、铁路、纱厂等项种种实业及种种慈善事宜,均足以利国益民,实为中国所不数数觏,虽在外人亦所崇拜云云。次红十字会会长沈仲礼君演说,大致就盛氏创办红会等事详缕言之,并谓盛氏故后,红会因皖灾需款致函盛之公子商请捐助,盛子慨将公益彩票两万元送会作赈,足征善承先志,盛公虽死犹生焉。次哈少甫君演说,大致谓予南京人也,癸丑之役南京避难人民多至数万,日处锋镝,幸承盛公慨捐巨款,雇觅轮船经救出险,设法安插,得免流离失所,追感前恩,良用忾然。次前

330

任沪海道尹周金箴演说,略谓上海华商向无团体,自盛公发起创设商务公所,以开商会之始基,得以有今日之商会。鄙人在商言商,不胜感念前徽云云。演说毕,众来宾向像前各行三鞠躬礼以伸哀悼,然后盛氏家属向来宾答致谢辞。礼成乃由西宾起奏风琴,悠扬婉转,音极凄清。散会时已钟鸣五下矣。(《尚贤堂追悼会纪事》,1916 年 11 月 13 日)

11 月 19 日下午,出席上海拥护孔教会成立会并发表演说。报道说:

> 上海维持孔教会昨在英租界六马路仁济善堂开成立大会,各会员均预会。午后二时开会,公推陈润甫为主席。开会后首由主席报告开会宗旨毕,先选举理事员。经众会员公推陈润甫为理事长,其理事员即由理事长推举。次宣布该会草章,经众讨论后一致通过。惟维持孔教会名义不洽,决定改为拥护孔教会。次沈仲礼、徐相宸、李佳白、戈朋云相继演说,述明孔教之所宜拥护理由(辞繁不录)。次研究拥护办法,金以本会虽已成立,惟势力薄弱,亟宜力谋推广。提议派员分往商学界各团体机关,设法联络,以便一致进行,并组织演讲团,由各会员担任,分赴各地,实力宣讲。经众决定照办,散会时已钟鸣五下矣。(《拥护孔教会开成立会》,1916 年 11 月 20 日)

12 月 2 日,在上海总商会举行的本年度第 24 次常会上被推举为交际股职员。(上海市工商业联合会编:《上海总商会议事录》,第 760 页)

12 月 10 日,出席沪上五团体追悼盛宣怀会议并作演说。报道说:

> 昨日(十号),红十字会、汉冶萍公司、招商总局、通商银行、三新公司等假天津路红十字会时疫医院为盛宣怀开追悼会。会场满扎素彩,中供盛之遗像,陈设演说台,分列来宾席,四壁悬挽联诔词,冯副总统、齐省长亦送素幛,文曰:中外咸钦。

> 是日,与会者为沈仲礼、杨杏城、李伯行、邵子瑜、谢纶辉、唐凤墀、顾咏铨及淞沪护军使代表赵参谋长,尚贤堂美博士李佳白及其它中外来宾颇众,均由招待员赵芹波等引导签名入席。其开会秩序:(一)振铃开会;(二)来宾入席;(三)家属入席;(四)奏乐;(五)行追悼礼(来宾起立,三鞠躬);(六)奏乐;(七)来宾演说;(八)家属答谢词;(九)奏乐;(十)散会。

> 开会行追悼礼毕后,先由沈仲礼演说,历叙盛之创办轮电、路矿及捐助各处水旱兵灾、资助学校等事绩,谓盛系大实业家而兼大慈善家,且举

其所与有关系者,谓前清日俄之战,东三省客民数百万众,红十字会尚未与万国红十字会缔盟,公贻书赞成,而中国红十字会遂以成立云云。继由尚贤堂李佳白博士及杨杏城演说,末由家属答谢而散。(《五团体追悼盛杏荪》,1916 年 12 月 11 日)

12 月 14 日下午,出席上海各团体举办的蔡锷追悼会并与梁启超等发表演说。其演说词录下:

> 沈仲礼演词:略谓蔡公以铁血恢复共和,保全战地诸多生命。当云南事起,红十字总会曾电陆军部,要求前往战地救护伤亡,因袁政府不允,鄙人不得已请各教会相助,前往救护。嗣本埠某报指鄙人为袁氏侦探,有窥伺护国军战地行动情事。外人见之,即来电邀予回沪。予以办事不能中废,照常进行。后遇蔡公接洽,得以救护南军一千余人。北军虽与予交涉,予终一视同仁。是蔡公非但能救国,更能救民,尤不能不令人感念焉。

(《追悼蔡松坡先生之盛况》,1916 年 12 月 15 日)

12 月 28 日,出席上海各界为黄兴、蔡锷举行的追悼大会并与孙中山、梁启超等在会上发表演讲。(《追悼大会之秩序与执事》,1916 年 12 月 28 日)

12 月下旬,向中国红十字会安徽义赈会助洋四百元。

1917 年 61 岁

1 月 1 日,与会长吕海寰在《申报》发表新年祝词:中国红十字会谨贺新年并祝慈善界进步。

2 月 10 日,出席上海总商会议董常会。

2 月 15 日,被上海华商保险同业推举为代表赴京请愿,要求尽快颁布保险律。报道说:

> 本埠保险事业十年前仅有洋商,近年华商相率继起,保火险者如华安、华盛、华兴等公司,保寿险者如华安合群、金星、康年等公司,均蒸蒸日上。惟以近来小保险公司不免有失信用,租界当局颇有加以取缔之意。然吾国政府苟能即颁保险专律,或不致成为事实。日昨华安水火险公司总董朱佩珍、金星人寿公司总董唐绍仪、华安合群保寿公司总董沈敦和等

公函总商会云:查泰西各国保险已创数百年,至今地位重要,或且驾银行之上,为生聚富庶之第一要需。故各国政府皆订专律,一方面保护之,以促进斯业之安全,一方面监督之,以免公众之被欺受损。其未订专律者惟我中国,闻工部局有订章取缔华公司之举。今中政府既不颁行专律,势且不能久待。为此代表全体华保险公司,函恳贵会转呈农商部,迅予厘订保险专律,提前颁行,至纫公谊。闻各华公司并推沈仲礼君赴都请愿,速颁保险专律,以保主权。沈君已定于十五日(今日)北上,前赴农商部请速颁律云。(《保险业请愿速颁专律》,1917年2月15日)

2月21日,据《申报》报道,《字林报》就沪上保险业刊发社评,内称沈敦和为华商保险业领袖,"主张由政府管辖保险公司"。(《西报对于保险公司事之辩论》,1917年2月21日)

3月初,致函上海华商保险同业公会,报告在京请愿情形。报道说:

> 上海华商保险同业前以政府尚未颁布保险专律,公举沈敦和代表赴京向农商部参众两议院请愿,已见报端。兹该业接到沈君来信,谓抵京后觐见大总统陈述请愿宗旨,极见嘉纳,立命谷总长属司秦瑞玠参考东西洋保险法,草定中国保险业法三十余条,已送国务院法制局研究,再送国会通过,然后以命令公布,事关法律办理,十分郑重。兹将其内容大纲录右:(一)完全华商股份或有华商股份三分之二者方为合格;(二)保险公司注册时先缴实收股金三分之一,存于政府指定之银行为保证金;(三)人寿公司除第一次缴存股金二分之一外,每年于收入保费内提百分之二十分存于政府指定银行,以存足二十万元为止,以为保证;(四)农商部内特设保险业主管科,选聘专门学洋员赞理;(五)保险公司不准兼做别项营业(火险不得兼做保寿,保寿不兼火险)。其余均系取缔公司、保护被保险人之法律,大纲之外尚有细则,极称周密,惟手续极繁,一时恐难公布。(《草拟保险业法之大纲》,1917年3月6日)

3月10日,《民国日报》以《沈仲礼返沪》为题报道为要求政府订立保险专律而北上的沈氏回沪消息。(《沈仲礼返沪》,1917年3月10日)

3月13日,大总统令:吕海寰给予二等文虎章,沈敦和给予二等大绶嘉禾章。(《江苏公报》1917年第1171期,第2页)

相关报道影印件

3月14日下午,沪上绅商在沈敦和家设宴招待淞沪护军使卢永祥[1]等,"宾主尽欢而散"。(《官僚与绅商之酬酢》,1917年3月16日)

3月底,上月赴京要求农商部"迅订保险专律",至此时"奉到部批",该律即将颁布施行。(《请订保险专律之部批》,1917年3月31日)

4月14日下午,出席上海总商会为讨论中美商务关系而举行的常会。

5月3日下午,与上海总商会会长朱葆三等前往接管吴淞防疫医院。《申报》报道说:

> 吴淞防疫医院前由上海总商会筹款兴办,光复后,各省协助常年经费不能照拨,势难久支,经该商会呈请中央,每年在江海关拨费洋五千元,移交中国红十字会经管。现奉税务处批示,谓所拟将吴淞防疫医院移交中国红十字会经管,每年由江海关代征码头捐项下拨费银五千元,以后即由中国红十字会分期支领各节,自可照办,惟遇有关系该医院重大各事宜,仍望协同整理,以维公益云云。前日已由商会录批函知红会查照。该会会长沈仲礼接函后,即于昨日下午会同商会会长朱葆三、院长甘日初、理事长赵芹波、医生王培元等,乘新开河泊司小轮前往吴淞接收,傍晚返沪。(《红十字会接管吴淞防疫医院》,1917年5月4日)

5月13日,陈英士灵柩回浙安葬,前往执绋。(《陈英士出殡之盛况》,1917年5月14日)

---

① 字子嘉,皖系军阀代表人物之一。

5月14日晚,上海县商会为新任沪海道道尹等举办晚宴,出席作陪。

5月21日,在《申报》刊登启事,告知患红痧者治疗之法。(《申报》,1917年5月21日)

6月1日,作为盛宣怀生前好友,参加盛氏遗产清理小组并参加是日举行的亲友会议,会议订立盛氏公订保存遗产议约。(《盛宣怀遗产分析史料》,《近代史资料》总111号)

同日,因河南、浙江等省宣布与中央脱离关系,根据上海松沪护军使要求,上海总商会开会筹商维护治安办法,沈敦和出席与议。[《各省脱离关系之影响》(三),1917年6月2日]

6月3日下午,出席四明公所各业联合大会。(《四明公所之各业联合会》,1917年6月5日)

7月初,与海军总长程璧光等邀请广东二千年前古物来沪陈列。

7月7日下午,担任院长的红会时疫医院开幕。《申报》报道说:

> 本埠红十字会每届夏季办理时疫医院,施治急痧等症,已十年于兹。今届仍在英租界天津路三百十六号原址赓续开办,房舍清洁,仪器完备,极合卫生。昨日下午四时,该院行开幕礼,院长沈仲礼、朱葆三、沈鼎臣暨理事长赵芹波均在院招待,中西来宾到者百余人,内如周念路、郭亮甫、屠景三、哈少甫、谢蘅牕、林伯翘、曹振声、臧廉逊皆慨助巨款,共约二千三百余元正。开幕时,有某君送来病人朱根福一名,患痧剧烈,脉已垂绝,当经该院西医当众施治,得获更生。(《红会时疫医院开幕》,1917年7月9日)

7月10日,因张勋复辟,京畿一带发生战事,筹备出发救护。报道说:

> 复辟祸起,近京畿一带战事方兴。本埠红十字会沈仲礼会长因念兵事救护为该会惟一天职,特于前日开临时会议,筹备一是。刻正召集医队置备器械药品等件,预备出发。兹将该会所发南京马厂通电录下:南京冯代总统、齐督军、马厂段总理钧鉴:复辟祸起,国师北伐,本会职司救护,业在筹备,特电敬闻,如需出发医队,伏候钧示,以便遵行。中国红十字会副会长沈敦和叩。(《红会医队预备出发》,1917年7月12日)

7月下旬,京、直地区连日大雨,洪水泛滥,被灾之区多达百余县,天津受祸尤烈。为此急筹巨款,派员会同天津分会,先放急赈于天津杨柳青等处,接着在徐水、文安、东光、沧县及石家庄等处办理急赈。由急赈而继以冬赈,共散放赈款 112000 余元、棉衣 104000 余件,连同药品、面粉等,共合洋 220000 元。后再力筹款项,散放(1918 年)春赈,"拯彼青黄不接之困,以达救人救彻之旨"。自水灾发生后,沈敦和日临总办事处,与理事长、各职员规划一切,募捐放赈,兼营并筹,几逾半载,"诚以京直水灾之重为百七十年来所未尝有也"。(池子华、郝如一主编:《中国红十字(1904—2004)历史编年》,第 35 页)

8 月 2 日午后,出席美商道楼轮船公司主人道楼的宴会并演说中国商人之信用。(《中美士商之交际》,1917 年 8 月 3 日)

8 月 18 日,呈文国务院,要求拨款赈济直隶水灾。报道说:

> 沈敦和前因青岛被难人民经手募款救济,尚存余款二万元在财政部,昨具呈到国务院,请饬部以此项存款拨作直隶水灾赈款。想政府必能允如所请也。(《沈敦和请拨直隶灾赈》,《大公报》,1917 年 8 月 20 日)

8 月 19 日,为赈济直隶水灾事,与旅沪宁波商人朱葆三、虞洽卿致电天津宁波商人严蕉铭。函录于下:

> 海大道老顺记转严蕉铭君鉴:快函悉,津埠水灾,幸公鼎筹急赈巨万,哀鸿来苏可望,曷胜钦佩。兹弟和在红十字会拨款洋一千元,弟珍、弟德合助洋一千元并交中国银行汇上,至祈察收代为散放,并见复为盼。沈敦和朱佩珍虞和德。巧。(《汇志水灾急赈事》,《大公报》,1917 年 8 月 20 日)

8 月下旬,接到索诈信函。报道说:

> 北四川路华界三多里某姓家日前接到捏名信函,日内拟来借贷之语。某姓即报告护军使署,令行徐警厅长转饬该管五区二分所牛警佐妥为保护,已纪前报。兹悉接信之某姓,即系红十字会会长沈仲礼君。沈君籍隶宁波,前报误为粤人。牛警佐奉饬后,每晚亲率探警在该处留心巡缉。前晚九句余钟,见有郑琪、夏亚桂、葛稼生三人到来,以其形迹可疑,当即一并擒住,昨解司法科押候讯明核办。(《再志接到索诈信函之防卫》,1917 年 8 月 30 日)

8 月 30 日,《大公报》以《沈敦和为直省灾民请命》为题,报道沈氏为赈济直省水灾而多方努力。报道说:

> 上海红十字会副会长沈敦和前因此次直省水灾奇重,需赈孔亟,曾电恳政府,将该会应领青岛灾赈经费项下存部银二万元,移作此次赈灾之

用。日昨沈氏因直隶曹督军、王京兆尹迭电乞赈，复电政府，沥陈此次青岛灾赈用款甚巨，所有财政部未拨之二万元已系设法筹垫，现在皖灾甫平，蜀难未已，筹办救济业已竭蹶万状。此次直省水灾既属需款万急，刻不容缓，只有恳请饬部立予照拨，以苏民困云。（《沈敦和为直省灾民请命》，1917 年 8 月 30 日）

8 月 31 日下午，出席红十字会职员会，讨论赈济直隶水灾，决定亲往灾区查放。报道说：

红十字会以叠接直隶曹督军、王京兆尹来电乞赈，特于昨日下午四时在总办事处开职员会议，拟赶紧设法筹捐并多制痢疾、疟病、疥疮药品携往散放。因此次直隶水灾蔓延至十数州县，地面既大，灾民又众，非有大宗赈款，断难普及。且水灾之后必患疥疮、疟疾、痢疾等症，故特备此药以救之。并闻该会沈仲礼会长以灾情重大，拟亲往灾区查放。又以北方地高早寒，须多募棉衣以救灾民云。（《红十字会开职员会》，1917 年 9 月 1 日）

是月前后，为建造中国公立医院病房认捐巨款。报道说：

闸北中国公立总医院现因房屋不敷，由该院董事沈仲礼、朱葆三、陈炳谦等认捐巨款，请工程家陈渭塘担任绘图，在余地添建病房二大宅，其费三万余金，已由合记木厂兴工建造矣。（《闸北医院添造病房》，1917 年 8 月 15 日）

9 月 3 日下午，出席上海总商会为发展战时工商事业而举行的特别会议，会上决定成立发展商业研究会。（《总商会特别会议续记》，1917 年 9 月 5 日）

9 月初，为筹集善款，劝说大世界主人黄楚九开办救护灯会。报道说：

本埠红十字会筹办京直水灾急赈迭纪前报。兹由该会会长沈仲礼商请特别会员黄楚九设法赞助。黄允假座大世界开京直水灾救护灯会五夜，会中备有欧战新发明之各种红会救护器械、飞艇、潜艇、武装汽车、救护汽车及创始红十字会瑞士乃丁戬尔女士真像、看护妇、救护犬等灯彩，其他如仿宋名画、盆景及仿仇十洲沈香亭（杨妃赏牡丹）真本并红会各医院模型灯彩与各灾民图、伞灯并世界红十字会之种种救护真相。现均从一布置，准于阴历七月二十二夜开始至二十六夜为止，将所得游资悉数助

赈云。(《大世界将开救护灯会》,1917年9月3日)

9月4日,应大世界主人黄楚九邀请,与沪上中西官绅游览大世界。(《大世界邀请官绅游览》,1917年9月6日)

9月5日,淞沪护军使卢永祥邀请上海各界在爱俪园召开赈济京直奉水灾筹备会,会上决定成立京直奉水灾义赈会,与会并发表演说,呼请"各界协力进行,俾灾民不至失所",被推举为办事员。报道说:

> 昨日为松沪护军使卢永祥假爱俪园邀请本埠官绅商学各界开京直奉水灾筹备会之期。中外来宾一百余人,该园主人哈同氏亦亲在会场招待来宾,颇为殷勤。三时许来宾既集,四时至大厅入座开会。即由卢护军使登台演说,略谓此次京直奉水灾为数十年所未有,灾民遍野,甚为可惨。当此财政困难,公家赈济未能普及。上海为通商大埠,慈善者多,非仰仗热心慈善家筹款接济,难期有效。故特邀请诸位从长计议,以救灾黎云云。次由红十字会会长沈仲礼演说,略谓此次奉直两省水灾,以顺天、保定两府为最巨,而石家庄一处为通山西要道,户口之繁,商务之盛,在直省首届一指。今猝遭水患,全村沦为巨浸,人民死丧甚众,灾民流离道路,嗷嗷待哺,惨不忍闻。已由敝会派员前往灾地拍照,不日即可分寄各处,以明救灾真相。敝会已商允大世界主任黄楚九筹办灯会,赶办急赈。乃以杯水车薪,事无大济,应请诸君协力进行,俾灾民不致失所。次由哈同代表姬觉弥起向来宾代灾民鞠躬道谢,并谓此次灾情甚重,筹办急赈需款甚巨,应请到会诸君热心赞助,或慨解私囊,或热心劝募,设法进行。遂由到会诸人公同商议筹款办法,磋商之下,决定先由到会诸人量力捐助筹办经费;一面假中国银行为事务所,定名为京直奉水灾义赈会,公举哈同为该所主任,设法捐募,并签定沈仲礼、赵芹波、王一亭、徐乾麟、陆维镛、谢蘅牕、徐少棠、哈少甫、席锡蕃、薛义泰、施善畦、袁祖怀、谢复初、卓健伯、徐春荣、马鸿烈、杜纯、刘同、徐辅洲、沈蕴石、朱寿丞、陈润甫、关炯之、聂榕卿、王崧生、王芷扬、任传榜、孙履世、宋汉章、陆伯鸿、陆崧侯等为办事员。议毕遂互相认定开办经费,首由哈同、卢护军使各捐洋一千元,以为之倡。次由到会之官绅商学各界量力输助,签名乃定。当时捐集共计一万余元,言定随时送交中国银行代收。至散会时已鸣钟六下矣。(《爱俪园之赈济大会记》,1917年9月6日)

9月7日下午,参加京直奉水灾义赈会在中国银行举行的成立会,并在会上提议"请奖一节前次举办安徽赈捐事后也曾请奖,今次事同一律,将来援案办理,当非难事"。对此与会的马参谋长允即转禀护军使照办。(《京直奉水灾义赈会成立》,1917年9月8日)

9月17日,出席京直奉水灾义赈会,会议议定赈济京直奉水灾办法12条。自水灾发生后,沈敦和日临总办事处,与理事长、各职员筹划一切,募捐放赈,兼营并筹,几逾半载,"诚以京直水灾之重为百七十年来所未尝有也"。(池子华主编:《中国红十字运动大事编年》,第35页)

9月下旬,会同眷属向天津水灾捐助棉衣1500件,红十字会总办事处特在《申报》刊登致谢广告。(《中国红十字会敬谢沈仲礼会长》,1917年9月28日)

9月27日,致电国务院,表示红会愿随中国赴欧参战军队参与战地救护。电文录下:

> 北京国务院钧鉴:阅报屡载吾国有派兵赴欧助战之议,如果实行,本会军事救护为唯一之天职,自愿完全担任,随大军后出发赴欧,以稍尽世界义务,并可使各会员增进经验学识。为此电恳钧院,如开此项军事会议,可否准由本会专员列席,以资预备之处,统祈鉴核示遵,无任延跂。中国红十字会副会长沈敦和叩。宥。(《红会副会长之电文》,1917年9月28日)

是月,组织赈济天津水灾。报道说:

> ……该会沈仲礼会长接电后,当即赶办棉衣一万件、饼干三十一箱,分装各公司商轮,刻日运津续放第二次急赈。(《天津水灾增剧之警耗》,1917年9月26日)

10月2日晚,出席日清轮船公司举办的晚宴。

10月3日,致电天津督军,表示拟由天津红会处理灾民尸骸。电文录下:

> 天津曹督军钧鉴:东电敬悉,赈灾本敝会应尽之职,辱蒙言谢,且感且惭。冬日交通州轮船带上棉衣六千件及饼干药物,现在又制备棉衣七千件陆续寄津,惟津埠大水除施救得生者外,其余淹毙人口久置水中,居民再饮此水,必生大疫,拟电嘱津分会打捞尸骸,由钧署派遣军队运赴远地埋葬。惟须多用石灰消毒,应需经费若干,暂由官绅垫付,电示总数由和

设法募还。此事于生死灾民均有极大关系,不得不力图进行,是否即祈示遵。沈敦和。江。(《红会拟收葬灾民尸骸电》,1917 年 10 月 4 日)

10 月 6 日,致电天津红会,指导赈灾与善后方法。报道说:

本埠红十字会沈会长昨致天津红十字分会电云:前发径电,并托严焦翁转交洋一千元,迄未接复,到否殊念。顷接西友电称,贵会连日雇舟在天津英、德、法、日等租界内外水淹地点救济灾民,甚为出力,祈继续进行,救人救彻等语。具见诸君子毅力热心,为外人所悦服,曷胜慰佩。又水中积尸腐秽,必酿疫疠,若日饮此水,受毒尤甚,后患堪虞。弟已于江电奉达,拟迅为打捞迁葬远方,此策如可实行,既免暴露,又清疫源,保全实大。现如何办理,或需费用之处,均请电复,以便继续接济,弟当竭力筹募,以为诸君后劲。沈敦和。微。

又该会迭接天津来电,以北方天时寒冷,亟需棉衣散放,当将制成之六千套赶紧起运外,复向外埠广为采办。兹接苏绅丁锥庵在各典划到上等棉衣六千套,请由该会价购三千套,其余三千套由丁担任劝募,各苏绅出资捐助,并假遂园开游览大会,酿资充赈,向该会借用各种灯彩陈列,该会已派会员前往筹备一切。(《红十字会之赈灾消息》,1917 年 10 月 7 日)

10 月 11 日,出席京直奉水灾义赈会,议决放赈办法。

10 月 22 日,致电北京督办京畿一带水灾河工善后事宜处督办熊希龄,告以以工代赈之法。电文录下:

石驸马大街熊督办钧鉴:阅报载,尊处拟开挖永定河,以工代赈,尽筹硕画,正本清源,曷胜钦佩。查民国元年顺直水灾,和奉项城派往调查时,河间正任直督,入署商榷,见有河海工程师荷兰人图说,拟另开永定河直线,用双闸蓄水滞水法。沈敦和。养一。

石驸马大街熊督办再鉴:而以永定故河改作田亩,尽系膏腴,招民领买,预算所得田价,足敷开河经费而有余。此策似极精当,当时曾有美国红十字会借款之议,惜未果行。兹闻钧画,敢贡一得之愚,如蒙采用,请向直军署查明调取原案。沈敦和。养二。

石驸马大街熊督办三鉴:以备考核,倘有下询,当竭其区区。特电达,祈鉴核示复为荷。沈敦和。养三。(熊希龄著:《熊希龄先生遗稿》三,电稿三,上海书店出版社 1998 年版,第 2281 页)。

10 月 29 日,委托路透社"拍发全球通电,报告京直灾情",呼吁国际社会伸出援手。11 月 3 日,总办事处即收到英国代领事转交的曼谷《太(泰)晤士报》代募赈款银 400 余两,另外日本赤十字社捐助 5000 元、美国红十字会捐银 25 万元救助京津水灾。(池子华、郝如一主编:《中国红十字(1904—2004)历史编年》,第 36 页;《红十字会赈务二则》,1917 年 11 月 4 日)

10 月底 11 月初,《申报》刊登大批红会赈务电稿,兹录数则,以见当时该会赈务之忙碌:

红十字会之赈务电稿

石家庄来电:红十字会沈会长鉴:津转舻电敬悉,顷熊秉三先生拟请我会担任文安、沧县、东光、玉田、徐水五县急赈,查沧县、东光均与文安毗连,玉田与武清略近,徐水在保定北沿京汉路,应否承认,速复。泰。敬。

致熊督办电:北京石驸马大街熊督办钧鉴:顷据敝会放赈员蔡天泰敬电奉尊示,拟由敝会担任文、沧、东、玉、徐五县急赈等因。查文安本系敝会指赈地点,其余各县既承尊嘱,自应勉力担任,现已与仁德堂浩镇君联合散放,沧县、东光由敝会自放,玉田、徐水除刻下派员前往查放外,谨电复,以便另行派员,除电复熊公外,特复。沈敦和。有。

复蔡吉逢电:石家庄祥隆饭庄蔡吉逢君鉴:敬电悉,熊督办请续任文、沧、东、玉、徐五县急赈一节,查文安本系本会指赈地点,现与仁德堂唐浩镇君联合加放,沧县、东光由本会自放,玉田、徐水执事能兼赴查放最妙,否则请即电复,以便另行派员,除电复熊公外,特复。沈敦和。有。(1917 年 10 月 27 日)

红十字会之赈务

本埠红十字会近以熊希龄督办商清指定直隶方面放赈地点,即经加认沧县、东光、玉田、徐水四县筹办冬春两赈,现除玉田一县归该会议董施子英君担任自往放赈外,其余三县业由该会先拨洋一万五千元,分别派员前往查放,并于昨日赶装棉衣一万二千件、面粉二千五百袋、饼干十三箱,交招商局新铭轮船运津,分转灾区散放。

又该会致熊督办电云:俭电承奖饰,愧不敢当,本会对于京兆协赈,除已放武清急赈外,现与王京兆商定由美国红会助资本会助衣,计需棉衣二万件,业在赶运。又天津杨柳青本会散放急赈已竣,现拟续放冬赈,以期始终实济,特电达,祈察鉴。沈敦和。卅一。(1917年11月1日)

关于救灾善后之电稿

红十字会复电:石家庄商会王佩翁、周维翁暨姚、朱、叐、梁、王诸君鉴:江、支电敬悉,救灾拯难,敝会应尽天职,猥承藻饰,愧不敢当。诸君子关念桑梓,筹设工厂,留养灾民,洵为根本计划,曷胜感佩。每月计需留养经费洋二百元,准由敝会担任,随即汇奉,先此电复,祈查照为荷。沈敦和。支。(1917年11月6日)

11月20日,在《申报》刊登启事,为救济京、直水灾灾民,中国红十字会假座苏州拙政园"特开京直水灾筹赈游览大会"。为此,特地致函苏州总商会,要求予以支持。函录于下:

柏侯、天笙先生惠鉴:

谨启者:敝会以京直水灾浩大,筹赈艰困,特假拙政园开办筹赈会。本定初四、五、六三日,兹因存券尚多,经各界办事诸君公议,已定延长初七、八两日,藉以清销存券,多筹捐款。当经专函陈报镇守使、道尹。顷奉复函,均称乡民闹租剧烈,警察不敷分派,深恐游人过众,匪徒混入,滋生事端云云。惟是延长日期早经宣布,并已登载苏、沪各报,存券亦已售出大半,一切布置手续均已完备,并由沪新运影戏马达及八足龙驹等来苏,一旦中辍,非特虚靡捐款,抑且有失信用,转恐因此反生事端,当经专函恭请九部商团全体到园维持秩序,业蒙允准,届时敝会办事人帮同商团严密查察,完全担负责任,似不致或生事端。际此京直灾深,严冬已届,冻馁堪虞,敝会多销券,即可多救灾民一命。爰拟借重执事,会同学界,联合备函为请愿,务邀允准,庶敝会藉以多集款项汇解灾区,稍苏艰困。凤仰执事念切痛瘝,情殷饥溺,必能俯念灾民苦况,曲赐成全。谨将致道尹公函业由教育会盖章者附呈察核,至祈迅赐允准,并盖印章,俾敝会职员持函晋谒道尹,陈情请愿,必能假重鼎力,破格照准也。匆此布恳,祇颂善祺。

弟沈敦和谨启

(《红十字总会沈敦和为请支持假拙政园续开筹赈会事致苏州总商会

函》,华中师范大学中国近代史研究所、苏州市档案馆编:《苏州商会档案丛编》第 2 辑,华中师范大学出版社 2004 年版,第 289—290 页)

11 月 21 日,派代表出席红十字会特别会员医生华星恒追悼会。(《红十字分会之追悼会》,1917 年 11 月 22 日)

11 月 30 日,为王西星之女流落烟花请函南京镇江商会提交济良所事致函上海总商会。

12 月 1 日,为王西星两女业经拘获请函镇江警察总局将人带沪事再次致函上海总商会。对此总商会分函南京警察厅、镇江警察局查照办理。

12 月 23 日下午,出席京直奉水灾筹赈会议,"会议进行办法"。

12 月 25 日下午,出席中华测绘公会成立会并发表演说,"大致谓测绘一门不拘资格,惟望经验丰富者合力提倡,将来良好工程人员必可发现于社会,希望吾会员抱定此旨,其发达当可预计云云"。(《中华测绘公会成立》,1917 年12 月 27 日)

12 月 28 日,将《集碑俪言》28 册送至商务印书馆张元济处求售,次日被退还。(张人凤整理:《张元济日记》,河北教育出版社 2001 年版,第 439 页)

1918 年 62 岁

1 月 2 日,为红会拟运送棉衣至直隶受灾各县散发事致电北京熊希龄。电文录下:

石驸马大街熊督办钧鉴:前电敬悉。余存棉衣酌发各县一节,兹接王京兆尹电称:工赈天时和暖,续报且经美红会来函致谢,碍难移动。惟敝会尚存有津分会棉衣一千五百件,即请钧处径向照提散放。沈敦和。江一。

石驸马大街熊督办再鉴:如尚不敷赈放,敝会存沪尚有一千五百件,但照法转运,可否请钧处转饬津浦、沪宁各路代运,由敝会在沪交付,统祈卓裁示遵。沈敦和。江二。(熊希龄著:《熊希龄先生遗稿》,第 2561 页)

1 月 5 日,招商局开往温州的普济号轮船在吴淞口外被新丰轮船撞沉。7日下午,作为招商局董事的沈敦和出席董事会临时会,会议议决办法五条。

（《普济轮船失事三志》,1918年1月8日)

1月12日,为山西归化城萨拉齐发生肺疫事致函《申报》,要求沪上各界高度关注。函录于下:

> 敬启者,昨接晋电,知山西归化城萨拉齐现发生肺疫,业已传至丰镇,致毙比国天主教士三人,惟华人死者尚未知确数。查肺疫症初发时起于胸部,头痛干咳,痰内杂有血点,吐而不泻,即不可救。盖肺部已烂也,其血点内含有微菌,一经唾地,随风晒干飞扬,入人口鼻中,即传染疫气,往往三五日间遽致毙命,为祸极烈。前清宣统二年东三省长春一带肺疫大作,死者至数万人之多。民国元年有牛庄轮船来沪,水手患有此疫因而传染,始见于上海之法界,自火行街升和里传至英租界之福建路,再传至宁波,均经鄙人创办之上海中国公立医院查出疗治。惟因受毒已深,本难挽救,死一百五十余人,传染去甬者并由院中派人跟踪,追往扑灭,幸而办理得手,未致蔓延。当时曾呈请政府派令治疫专科伍连德医士来沪化验病人血点,确为肺疫且深赞办理得宜。此次晋地忽又发现斯疫,相隔虽遥,然丰镇为张绥车路必由之地,传染极易。现闻外交团已要求政府派令伍连德医士前往办理,并停止张绥火车开驶,以资防范。鄙人已嘱公立医院筹备药品、病室且预置口鼻罩多具,以备防疫之用。倘租界内外各铺户居民遇有此项肺疫,务请速至闸北路天通庵左近中国公立总医院或至北京路公立医院事务所报告,以便立时查验疗治以杜蔓延,而绝疫源。为此函祈贵报登入来函栏俾供众览,并请各界注意为荷。中国公立医院总理沈敦和启。(《公立医院来函》,1918年1月12日)

1月中旬,为救济直隶水灾在《申报》《大公报》等刊登募捐启示。

1月23日,因上海一地天花流行,在《申报》刊登敬劝种痘启事,红会各医院施种牛痘,不取分文。

同日,《申报》刊登沈敦和复杨白民函,信中对杨氏有关中国公立医院的责难予以解释。函录于下:

> 白民先生鉴:昨读报载大函备述红十字会敝会医院种种虐待情形,曷胜骇异。查敝总医院之设系本慈善宗旨,鄙人虽不能每日莅院,而对于院中凡百执事不惮谆谆诚勉,惟恐稍不得当。故虽就治者系属免费,病人待遇亦务极优厚,岂有缴纳半费如先生者转随时随事处以不堪,若尊函之所

述者乎。当经函致敝院长克尔戈医博士查询去后。兹据复称,杨白民君函述各节颇多无根之词,亦有拉扯附会,以误传误者。即如杨君谓不令披衣,强拉急行不意,经数个天井始至割症房云云。查院中由病房至割症房并无绕道天井之必要,为台座所深知,即单衣露行亦未有之事。至杨君所云病榻褥用柴草等情尤非事实,院中并无是项榻褥,所有床铺垫褥均是舶来品,且免费病房。及杨君所在半免病房所用床褥,其洁净适用,比较费巨之头等病房亦属相等。杨君以被薄不能暖为咎,其实外科医士每日巡视慰问,杨君确告以安适,并无不满之词。院中预备绒毯甚多,倘使杨君曾嫌寒冷,无论日夜,苟经告之看护,必能立于加盖。杨君复嫌食不敷量,其实杨君入院之时即经告以割后四五日内只可以食流质。此为伊个人之安适,而为疗治伤口之必要,此节杨君已忘却之矣。又有言者,杨君所患之痔至为难治,则医博士施行手术异常周折,但我人确知杨君境况并不充裕,故未取费,且杨君亦不待伤口痊愈即急于出院。凡病人不遵医士劝告出院过早而致自误者,此等责任尤非医院所当负,为台座所深知。杨君又谓出院后经他医察视,查系用刀时消毒未尽云云。查所谓他医者,曾晤一人,确实著名而极干练之医士。据称曾以所割伤口状况优而疗治妥帖相告,并未告以二寸及肠不治云云。杨君又述卖橘者言入院病人少生还者,此乃附会之词。查病愈出院享医院之乐利者何止百数。假使杨君能就彼三数人详询一切,窃知彼等所告者必异于卖橘者之言也。杨君既受红十字会医院疗治,乃对于疗治其痛苦之医院而反任意中伤,此中原因非我人所能解。曾伏思各报记者,向以公益为怀,对于杨君之函必期早见公道。我人极盼各记者躬自考察,以昭杨君所述之真伪。鄙意拟乞台座择一相当时间延请各报记者同莅医院,或订星期三下午三时,届时各记者如有相知医士,并可邀兴同来。不特可以参观医院,且可详询在院病人,一证杨君之所言。而于院中疗治情形,藉此再无隔阂之虞。是否有当,祈早裁核夺等语。除分请各报馆同时参观外,相应函订即祈台端,或请代表于一月二十三日即星期三下午三时专临,以资质证。如果敝院待遇确有不合,自当尽法整顾,以符鄙人办会之初志,则拜赐多多矣。专复并颂痊祺,沈敦和启。(《沈仲礼复杨白民函》,1918 年 1 月 23 日)

1 月 24 日,《申报》刊登《杨白民再致沈仲礼书》,该函对沈敦和的答复做出回应,以示和解:

仲礼先生：大告惠复书诵悉，弟前信云云都系身受，今承开示种种，弟意以为吾辈作事但求良心上安宁，所谓有则改之，无则加勉，大慈善家定当赞成斯言。到院参观一节，办法极好，弟此时尚在痛苦之中，未能从命，异日倘获痊愈定当趋前领教。弟意更欲于参观之外，请先生注意平时，则病人受赐多矣。再此函系弟亲笔，仍托敝友送登各报，此颂台安，杨白民倚床启，二十二日。(《杨白民再致沈仲礼书》，1918 年 1 月 24 日)

同日，在《申报》刊文介绍中国红十字会总医院与哈佛合办医校始末：

中国红十字会总医院与哈佛合办缘起

本总医院为造就医学人材起见，于宣统元年开办。初由敦和自任院长，延英、丹、那(挪)咸各国内外科医生为教员，兼充医院医士。民国元年，美国哈佛大学拟设分校于中国，因见本会院宇器械并剖解室等一切设备适合医学堂制度，请与合办，以成一完备之大医校，由哈佛每年补助银九万元以作经费。敦和得常议会之许可，遂与订立合同七年，当经哈佛派胡医士为院长，驻院管理校务医务，敦和以副会长节制之。民国五年，本会与哈佛各学生先后毕业，遂将学堂停办，专办医院，每岁除收入医费三万七于余元外，尚缺经费四万七千余元，议由美国煤油大王在慈善基本金内如数拨助，此本总医院先与美国哈佛合办医校，继经美国慈善家补助经费之大略情形也。

沈敦和谨述

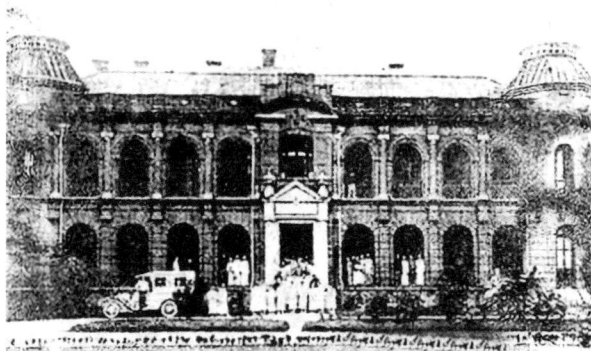

中国红十字会医学堂

是月,筹备成立时疫医院,以应对山西等地时疫。

2月前后,组织救护川、湘、鄂等地兵灾。报道说:

> 川湘鄂等省军事日紧,本埠红十字会近接重庆、常德、岳阳、樊城、潜江、汉口各分会先后来电报告,业经分设临时医院,并组医队出发救护。当经该会沈仲礼会长分拨巨款并药品器具等物,以资补助。一面分电川湘鄂各督军,通令各路军队一体保护矣。

> 又接通城分会电,称通城驻兵万计,每日疗治伤军病舍几满,请速派医员多携器药至通协助等语。业经沈会长派令刘月如、曹晨涛二医博士,偕同药剂员李安福,看护唐永年,职员鲍康宁、鲍康祚等携带药品器具,于昨日乘坐招商局江宽轮船至汉转往通城协助救护。

> 又接湖北崇阳分会电,称军事吃紧,经已设立临时医院,组织医队,实行救护并谓救济妇孺所,以引渡难民。亦经沈会长分电鄂督暨武岳特别戒严区王金镜总司令通令各该路军队知照保护。

> 又接广东分会电,粤省阳江一带战云弥漫,再接再厉,经组医队出发战地救护,请予补助等语。当经沈会长复电照准,并分电莫督军李省长通令前敌一体保护。(《红十字会之战地报告》,1918 年 2 月 4 日)

2月13日,广东潮梅地震,"人民死伤尤不可胜数",即组织救济,2月23日《申报》报道说:

> 本埠红十字会昨接潮梅镇守使刘志陆君电告,潮梅各属于本月十三日未刻惨遭地震,房屋圮塌十之六七,而人民死伤尤不可胜数等语。当经该会沈仲礼会长拨垫银二千元,赶汇刘使先放急赈,一面电嘱汕头分会调查详细灾情,并设法劝募,冀集有巨款,以谋善后。兹将去电照录于下:

> 汕头刘镇守使鉴:读巧电,敬悉潮梅各属惨遭地震,蒙公筹设救灾公所,惠赐赈恤,仁施钦佩。本会协济情殷,棉(绵)力微薄,兹先拨垫银二千元,汇交汕头分会筹备处萧叔椒君转递,至乞查收代放急赈,一面设法劝募,俟集有捐款,当再陆续汇奉,谨此电达,祈示复为祷。沈敦和。马。

> (《红会拨垫地震赈款》,1918 年 2 月 23 日)

2月底,组织赈济闸北江淮村火灾。

3月下旬,积极部署应对南京疫症之流传,并担任淞沪防疫会正主任。《申报》先后报道说:

防御南京疫症之流传(四)

　　昨日上午十时,公共租界工部局开万国防疫会,会议上海防疫事宜。到者领袖领事薛福德君、英国领事、法国领事、日本领事、甲克生医士、施丹礼医士、交涉员陈贻范君、英国商会麦君、中国商会朱葆三君、海关理船厅某君、古柏律师、太古洋行麦恺君、沪宁铁路总管克利雅君、中国公立医院总理沈仲礼君等。当经公推薛福德为临时议长,声称此次南京疫气发生非常危险,必须断绝交通以免疫气侵入沪地。克礼雅君起而报告沪宁火车现已停驶。麦恺君报告长江各轮船公司行经南京下关概不停轮。议长谓,如此防范外疫传来必少,惟上海租界防疫必先举定办事人员,以便筹议防疫手续送交万国防疫会通过实行。当经举定施丹理、沈敦和、利古、甲克生四君为防疫办事员。薛君又谓,租界如此办法,当可免疫气之传染,惟南市闸北城内均与租界毗连,万一染疫如何办理? 沈仲礼君起称,二十二号下午三时,经松沪卢护军使邀集官绅开会提议,业定组织淞沪防疫会,于南市十六铺船埠码头暨沪南沪北两车站就近地方设立检疫所,并在沪北之公立医院、沪南之沪军营内设立医院,为疗治疫症之所,并委托鄙人为正主任,即日筹办云云。工部局医生施君等云,中国官绅既能如此办理,本防疫会非常满意,即请办事员筹议临时防疫章程,遂即散会。
(1918 年 3 月 24 日)

防御南京疫症之流传(九)

　　上海总商会昨接江苏交涉员陈安生函云,径复者,接准本月二十三日大函,承示防疫请款电稿,足征关怀公益,毅力热心,无任钦佩。敝处昨又接沈君仲礼来函并电稿一纸,函云朱葆翁会衔亦经面商认可云云。遂照仲礼先生所拟电稿略为删改,会同贵会长台衔,电请外交部转咨财政部拨款矣。相应抄录电稿,函请查照为荷。

　　附录三月二十四日呈外交部电稿一纸,电文录后:北京外交部钧鉴,十码漾电计达。万国防疫会议决举定英医官施丹理、法医官利古、江海关医生甲克生、中国公立医院总理沈敦和四人为防疫董事,设立上海租界防疫所,从事检查。沈敦和前办查检鼠疫,与外人据理力争,得在租界自设医院。凡华人患疫均归该院检查医治,保全主权民命,为旅沪中外商民所信服。此次办理防疫,当能免扰商民,消弭风潮。惟此项临时防疫费,前经沈敦和径请内务部咨行财政部拨发,迄未奉复,现需款孔亟,合即会陈祈咨请财政部迅赐拨发租界临时防疫费银二万元,交沈敦和领收实支实销,乞赐复,陈贻范、朱佩珍敬。昨日奉北京财政部复电云,商会漾电悉,防疫事项系属内务部主管,除据情转咨外特复。财政部沁印。(1918年3月29日)

3月23日晚,与闸北商董贲达三等宴请上海知县等地方官员。

3月24日下午,四明公所为扩充善举,召开特别大会筹捐,出席并被推为大会主席,后被推举为募捐团员,并当场承认捐数220元。报道说:

> 四明公所因宁波旅沪数众多,其贫苦身后无以为殓者,该公所向有赊材停柩及年满盘运回籍安葬之举,使旅沪同乡得以归正首邱。查近四年来逐渐加增,甲寅年赊材五百六十具,丁巳年增至七百二十六具,甲寅年进厂二千零九十四具,丁巳年增至二千八百五十五具。然赊材尚限地段,而厂屋则未能多容,美犹有憾,现拟扩充范围,添造厂屋。赊材则不论租界内外,一律普及,俾同乡旅沪者咸得公所之益。惟事宏大力,须藉众擎,特于昨日在该公所邀集同乡,开特别大会筹捐。闻旅沪宁人之到会者约计一千余人,就该公所大厅内为会场,于午后二时开会。秩序如下:(一)摇铃开会,(二)推举临时主席,(三)报告开会宗旨,(四)征求募捐方法,推举募捐团主任,(五)演说,(六)认捐,(七)摇铃散会。开会后公推沈仲礼氏为主席,遂由严子均报告开会宗旨。次沈主席起言,现在我四明人旅沪者日多,而领取赊材及进厂寄柩者亦日增,以致原有厂房不敷安放。现拟就原有日晖港地基,另建普通殡房二百间,计可容柩四千具,预算须工料价银三万六千两;又头等殡房二十四间,计可容九十六具,约造价七万七千二百两;又二等四十间,可容柩二百四十具,约造价一万两;又三等六十间,容柩四百八十具,约造价一万三千二百两;又客厅十一间,造价约六千两,羹饭厅、吉祥厅、管丁住宅共约二十四间,造价八千两以上,工料费总共需银八万之谱。惟经费如此浩大,非赖诸同乡竭力捐助,不克观成。想吾同乡之在沪者总数四十万人,对此慈善事业必乐于输助,俾得众擎易举。如何进行,还请大众公议,或命名四明公所赞助会亦可云云。次

众同乡讨论劝募办法,公同推举朱葆三等为募捐团主任及募捐团友担任募捐。次俞宗周演说,略谓昨日大雨,今日花朝,花无百日红,人无百岁寿,人生在世惟有两项大事,一曰病,二曰死。孟子所谓养生送死是也,俱生不得其养,死不得其所者何限,是在有力者,不可不为之代谋之一端,幸同乡注意及之云。次张让三、陈良玉相继演说,其大致皆以事关同乡公益,敦劝同乡热心赞助,俾得众擎易举之意。演说毕,遂彼此认捐,众同乡意气激昂,争认巨捐,不移时,竟认定捐款一万余元,殊为难得。时已钟鸣五下,遂宣告散会。(《宁波同乡之慈善事业》,1918年3月25日)

4月前后,组织开展京直春赈活动。报道说:

本埠红十字会现正续办京直等省水灾春赈,拨款购粮,极形忙碌。昨接保定分会来电,略谓前蒙总会助给棉衣二千件,由敝分会祗领散放灾黎,实惠均沾,同声感颂。此次请求春赈,情词迫切,所称先后被灾及现在困苦各节,经已复查属实。月初蔡吉逢先生台旆周旋,曾将保定被灾二十六村请求春赈说帖,托为呈上,亮已垂察。比又据大季各庄等七十余村陆续递具说帖,求给春抚到会。查该村去年夏秋之间迭遭河患,入冬水涨又复成灾。事关救荒,敝分会本责无旁贷,惟彷徨瞻顾,应付已穷,万不得已恳乞总会汇拨赈款若干,以资春抚之用。岂第灾民得庆更生,敝分会亦无任叩祷。谨电奉陈,拱候明示,临颖神驰云云。沈仲礼会长当即拨款,派令放赈员蔡吉逢前往,会同该分会分别散放。(《红十字会拨放京直春赈》,1918年4月5日)

4月4日,出席闸北防疫检查所开幕式。报道说:

淞沪防疫会成立以来,对于防疫方法非常慎密。昨为该会闸北检查所开幕之第一日,正、副主任沈仲礼、赵芹波二君均亲莅指挥,淞沪警厅卫生科顾翕周君,暨五区区长薛君并各分署署长,以及闸北各绅商咸与参观,颇极一时之盛。(《防疫检查所先后成立》,1918年4月5日)

4月初,组织赈济海参崴华人。报道说:

海参崴领事以该埠俄官业经宣布不负治安责任,当地居民惊惧异常,他国均已派船前往将妇孺先行运出,而华人之在该处者人数众多,

沪红会理事长赵芹波

一无所恃,因电请外交部设法往救。本埠红十字会沈仲礼会长闻此消息,已派员乘招商局飞鲸轮船前往该埠拯救矣。(《拯救海参崴华人》,1918年4月8日)

4月25日晚上,出席驻沪美总领事萨门司为美国红会征集会员而举办的中西人士宴会并发表演讲,"大致对于征求会员事均极赞成"。(《美领事宴请中西人士续纪》,1918年4月27日)

5月初,因红十字会沪城分会理事长夏应堂、殷受田风闻沈敦和赞成美国红十字会在华设立分会而致函沈敦和,沈氏回函澄清自己对此事的态度:设立正式分会,敦和亦未有所认可。5月7日《申报》刊登其往来函:

中国红十字会往来函稿

美国红十字会因办本国战事赈济来华募捐已纪前报,兹将中国红十字会沪城分会理事长夏应堂、殷受田二君致总会沈仲礼会长函并沈会长复函照录如下:

仲礼会长台鉴:近闻美国红十字会以襄助本国战事赈济来华募捐并在中国设立分会,业经会长一致赞成。虽道路传闻未可征信,然我会长对于设立分会一事,初无若何之表示,庭等窃用疑焉.夫中美邦交最称亲睦,且我会长前办华洋义赈会时曾荷美红会巨款之输助,今此美红会来华募捐,得我会长竭诚赞助,投桃报李亦固其宜。至若设立分会则与募捐性质迥不相同，国际主权关系重大，断无迁就瞻徇之可言。

　　查全球各国红十字会向无甲国至乙国设立分会先例，民国五年，日本欲在龙口设立赤十字社，曾经阻止有案。此次美红会情事相同，虽经陆军部咨行外交部援案阻止，而美红会依然自由进行而犹美其名曰，此等办法非欲侵犯中国红十字会所应为之事，其宗旨不过因襄助战事赈济而设云，且复有置办二百万条绷带代价之宣示。抑知果欲募捐置办绷带，在沪设一募捐转运机关如英法各国亦云足矣，何必设立分会。谓非侵犯中国红十字会，谁其信之？抑尤有进者，美国教会遍设吾国内地，万一美红会藉其势力以谋发展，吾知不待崇朝，其分会之伙将遍及于各省。两会并存，则于进行上发生种种妨碍，且其它各国之效尤者，势必接踵而起，庞杂纷歧，后患何堪设想。不特此也，今使吾中国竟允美红会之请，而即以其人之道还治其人之身亦然，赴美设立分会，试问美政府及美红会能否承认？作法自毙，恐非计之得也。庭等忝膺分会，休戚相关，未知会长与美红会曾否交涉，即祈宣示，并乞迅赐咨请陆军部、外交部严重交涉，坚持驳阻，以保主权。吾会幸甚！中国幸甚！管见所及，是否有当，统祈鉴核示复，无任惶恐迫切之至，祗颂钧绥。沪城分会理事长夏绍庭、理事殷锡璋谨肃。

　　应堂、受田先生大鉴：接展来函，具悉一一。查本年一月间，驻沪美总领事萨君以美红会因办法境战事赈济来华募捐，并拟在上海设立机关，以备购运绷带等品，来征意见。敦和当念英法等国红十字会在沪设立经理转运机关早有成例，自未便独阻美会，且其宗旨在于劝募华捐，俾可藉美红会之设施，间接恤难友邦，以为吾中国光荣，鄙见绝端赞成。不宁惟是，往年敦和曾办华洋义赈，颇承美红会之赞助，仁浆义粟，络绎遥颂，今美红会以同等之慈善事业来相求助，在敦和似尤应竭诚襄赞，以尽报酬。乃萨总领事于敦和认可之翌日，忽复来函，有敝国红十字会深望在中国设立分会不蒙反对，且得台端保证，鄙人尤极愿将贵会欢迎美分会在中国境内活动，并不论何地，对于美会办事员有价值的行动，贵会将予以辅助各情报告敝会等语。敦和译读之余，非常疑虑，旋即复函声明昨日赞成之宗旨，并谓本会对于美国红十字会在华设立分会一事正式相处地位，鄙人此时碍难置词。因敝会半属国家的性质，凡种种事务之状态于他会有相对的情形者非鄙人权力所及，原函具在，均可复按。盖所以证明敦和之认可者,来华募捐并如英、法各国先例设立经理转运机关为一问题,至若设立正式分会,则为又一问题,与萨总领事所协商固绝对不侔者也。

嗣接陆军部咨美红会所请在中国设立分会一事,业经援照民国五年日本拟在龙口设立赤十字社成案阻止在案。上月二十五日,萨总领事复介(借)美红会宴请上海总商会诸君,敦和亦参末座,仍本前议演告赞成之旨,至于设立正式分会,美红会既未提议,敦和亦未有所认可。此敦和与美红会经过交涉之实在情形也。今承来书诘问,并于设立分会种种利害关系抉摘无遗,拟咨外、陆二部坚持驳阻,具见热心忠告,钦佩莫名。敦和忝膺会务,责有攸归,何敢稍涉瞻徇,贻误大局。惟念中美邦交向最敦睦,而本会与美红会谊属同盟,尤应彼此握手以相维系,况美红会原有不欲侵犯中国红十字会宣示。兹拟将两会并立进行妨碍之实情,先与商榷,请其将分会名义取销(消),以免隔阂,而防误会,想高明亦必赞同也。俟美红会复到,再行宣布外,先此函复,即希查照为荷,顺颂公祉。沈敦和启。
(1918 年 5 月 7 日)

5 月 6 日,《新闻报》以《慈善可风》为题刊文盛赞沈敦和,认为"沪上热心公益创办慈善事业者首推沈仲礼君"。文录于下:

沪上热心公益创办慈善事业者首推沈仲礼君,若红十字会时疫医院、公立医院等无不悉心筹划。成绩优美,久已有口皆碑。即如月前本馆有一茶房于上月初旬忽患时症,当即电话告知,沈会长立派王培元医生来馆诊视,恐系鼠疫,用病车异送公立医院调治,业已病痊出院。沪上之贫病者受惠,实非浅鲜也。

5 月 18 日,为美国红十字会因在华设分会事,与上海总商会会长朱葆三面询代表美国红十字会商务参赞安德立,后者称:"美国红会来华系专为筹集欧战捐款及制有绷带,绝无设立分会之意。"最后商定名称为"美国红十字会筹备

救护材料处",设于上海。^①(《美国红十字会记事》,1918 年 5 月 19 日)

5 月 20 日,《新闻报》在专电栏载,"沈敦和连电院部,美国在华设红十字会,有碍主权,恳力争"。

5 月下旬,湖南连降暴雨,湘江漫溢,"匝地洪流",即筹款募捐组织赈济。7 月,红会设立湘赈干事部,举交通部专门学校校长唐蔚芝与沈敦和为部长,购就大批物资运往灾区散放。湘赈从 6 月开始到年底结束,前后用款约 6 万元。(池子华、郝如一主编:《中国红十字(1904—2004)历史编年》,第 37—38 页;《红十字会湘赈进行》,1918 年 7 月 28 日)

7 月 1 日下午,主持红十字会时疫医院开幕式,报道说:

> 本埠红十字会每届夏季例办时疫医院施治,以应危急疹症,历稔以来,活人无算。昨为该院本届开诊之第一日下午,三时,仍在英租界天津路三百十六号原址举行开幕礼。会长沈仲礼、朱葆三、办事董事江趋丹、哈少甫、沈鼎臣、桂仲庚诸君偕同理事长赵芹波、该院监院洪文廷、中西医长王培元、保德立暨职员在场招待,中外来宾约二百余人,淞沪护军使派秘书长杜梅叔君、沪南工巡捐局姚局长派范通甫君代表,他如中西报馆记者多人均莅院参观仪器及各等男女病房,相与赞美不置。临时助款颇极踊跃,约集洋一千余元,茶点既毕,复摄影以留纪念,至六时半散会。(《时疫医院开幕纪》,1918 年 7 月 2 日)

7 月 4 日,《申报》刊登直隶武清官绅致沈敦和函,感谢红会之赈济工作。^②(《武清官绅之谢电》,1918 年 7 月 4 日)

---

① 但双方的争执并没有就此结束。由于在美国红十字会在华募捐与推广会员活动中,沈敦和比较消极,引起美国红十字会的极大不满。美国红十字会驻华代表、公使馆商务参赞安立德在递交给本国红十字会的备忘录中写道:"至于与美国红十字会合作问题,以沈敦和为中国红十字会做得最多的是阻挠、破坏美国红十字会而不是给予帮助和寻找合作。"安立德认为沈敦和是一个"两面派"式的人物,说沈后来的行动证明了这一点。基于对沈敦和的不信任,美国红十字会就对中国红十字会从总会到分会的领导、管理和组织以及财政、救济医疗等活动都产生了怀疑。进而认为中国红十字会已变成其领导人谋取私利的机构,完全背离了红十字会的精神。为此他们组织人员对中国红十字会进行调查,并得出结论:中国红十字会现存的种种弊端以及由此造成的对红十字会声誉的玷污,都源于沈敦和的错误领导。基于此,美国红十字会越俎代庖,决定对沈敦和采取行动。次年初,他们利用其在中国的特殊地位和战后美国的势力,通过其驻华机构,向中国政府施压,以求实现其整顿和改造中国红十字会的目的。这无疑为一直力图直接控制红十字会的北京政府提供了机会。1919 年 4 月底,北京政府遂以美国红十字会的指责为理由,直接发布派蔡廷干为中国红十字会副会长,实际上剥夺了沈敦和副会长之职。(周秋光著:《红十字会在中国》,人民出版社 2008 年版,第 167—181 页)

② 其间此类感谢函电《申报》等连篇累牍,限于篇幅,本书一般不予收录。

7月初,工部局医官致函沈敦和,赞颂时疫医院。《申报》报道说:

> 红十字会时疫医院专为救治急痧而设,成效卓著。兹由英工部局医官函致该院院长沈仲礼君,略谓贵医院于本月一号开幕,沪埠居户得急痧时疫诸症有贵院施治,全活甚多,几于有口皆碑,诚海上第一之善举云云。(《工部局医官赞颂时疫医院》,1918年7月6日)

8月3日下午,出席在四明公所举行的宁波同乡特别大会,"为筹议建筑宁波同乡会新会所组织募捐团事",发表演说并捐洋200元。报道说:

> 宁波同乡于昨日下午二时在四明公所开特别大会,为筹议建筑宁波同乡会新会所组织募捐团事,到会者达六百余人,极为踊跃。首由会长张让三君报告开会宗旨,次公推朱葆三君为临时主席,复由朱葆三君托钱达三君代表。次方椒伯君宣读募捐团章程,全体赞成通过。次俞宗周、赵晋卿、沈仲礼、陈良玉诸君演说,大致说明宁波同乡会建筑会所之必要并劝告同乡踊跃输捐,众皆鼓掌欢呼。次由到会同乡认捐,集洋六万五千余元,至散会已钟鸣六下。(《宁波同乡特别大会纪事》,1918年8月4日)

9月8日下午,出席上海南北商会发起之拒土会筹备会,"讨论进行事宜"。(《上海拒土会之筹备》,1918年9月10日)

9月中旬,因东北战云密布,集议前往救护,并致电会长吕海寰。《申报》报道说:

> 本埠中国红十字会因东北战机紧急,黑龙江及西比利亚境内华、日、美、俄军队林立,国体主权所关甚巨,爰由沈会长与朱理事长邀集医士职员等于昨日集议,大旨谓黑吉路远地寒,非有红十字会兼人之才带队出发不可。惟平日预积之药料、造就之人才尚不足为边远之备,至出发之期当在秋末,惟必须经各国政府承认方为周妥。兹将该会致北京吕会长电稿照录如下(略)。(《红十字会出发边疆之请示》,1918年9月14日)

是月,获政府颁授的三等宝光嘉禾章。

10月2日,以113票当选为上海总商会会董。(《总商会选举会董》,1918年10月3日)

10月19日午后,出席上海银行公会成立仪式并出面招待"西宾"。报道说:

> 昨为上海银行公会宣告成立举行开幕礼之期,会址在公共租界香港

路四号,自建高大洋房,陈设华丽,建筑精良,屋后隙地上搭盖五色彩绸天幔,以待来宾。该会占地一亩八分有零,建筑装修约计五六万金,会所前门高悬国徽并佐军乐。以十二时至二时招待外宾,二时至四时招待华宾。是日中外来宾到者颇众,均经会长宋汉章及华宾招待周金箴、叶揆初、劳敬修、张淡如、周湘舲、蒋孟苹、顾逸农、徐冠南、谢蘅牕、钱达三、蒋抑卮、宋云生、陈毓生一一招待导引参观,西宾招待沈仲礼、钟学垣、张孝若、严俊叔、杨诵清、曹雪赓、刘石荪、黄明道等延至礼堂款以西点。政界来宾财政部代表范季美、农商部代表周韶闻、江苏督军省长代表沈蕴石、护军使代表杜梅叔、财政厅代表沈蕴石、沪海道尹代表余芷江、淞沪警察厅长代表姚志祖及南北两商会长、各银行钱庄公司商号经理并各国领事、各国商务参赞、各外国银行中外经理、各洋行大班亦均到会参观。自上午十一时起至下午四时半,始各兴辞而散(下略)。(《银行公会开幕纪》,1918 年 10 月 20 日)

上海银行公会成立之初的会所

10 月 21 日,《申报》刊登《湖南义赈会报告赈务》,介绍沈敦和参与的湘赈情况:

> ……红十字会又专为湘灾特创湘赈一部,阮君惟和、唐君浩镇又负疾先后亲莅湘省调查计划,其干事魏君延晖、武君兆桐、刘君天成等各本其冒险之精神,出入锋镝,探迹索隐,以究其实,可谓勤且劳矣。而沈仲礼、唐蔚芝两君又以全力为之后盾,计赈株洲面粉二千包、醴陵三千包,共值

六千元,又现洋四千元,发宝庆二千元,湘阴二百元,续介宝庆六千元,又电汇衡山一千六百元,寒衣一千件。又由魏武二君共运寒衣一万余件来湘,此本会之所知也。(《湖南义赈会报告赈务》,1918年10月21日)

10月24日,为组织救护队分发东北黑省及满洲里等处随军救护,召集临时常议会讨论进行。"经沈会长等公推江趋丹往京商议一切。"(《红十字会记事三则》,1918年10月25日)

10月27日,以102票继续当选为上海总商会商事公断处职员。

是月,浙东宁波、绍兴一带鼠疫流行,即组织救疫医队,以王培元为总干事,分4队赶赴救治。至11月,共救治6000余人。(池子华、郝如一主编:《中国红十字(1904—2004)历史编年》,第38页)

对此,当时报刊也有报道,《新闻报》报道说:

中国红十字会会长沈仲礼君因绍兴、上虞、余姚等县发生猛烈时疫,已出第一医队救治,尤恐难周,故出第二医队,特请西医王培元、王子静带同帮医张鸿犀、陈君廉,看护朱俊芳、黄维明,庶务沈葆和并绍属同乡会派来魏子翔招待一切。今夕乘招商江天轮船赴甬转绍救治。沈会长尤虑医员不敷派遣,不得不借才异地,即电商杭州西医梅腾更君借医士数员,来电已荷许可,待到后便可继续出发也。(《红会医队赴绍纪》,1918年10月26日)

11月4日,出席上海总商会会员大会,会议举定各科负责会董,被推举为交际科董事。

11月6日下午,红会总医院与哈佛7年合同期满,请美国安息日会主持经理,并于其下附设"区泽民纪念上海养身疗病院"。本日在上海徐家汇路263号联合开幕,沈敦和出席并作演说。报道说:

前日星期三下午,徐家汇路二百六十三号红十字会总医院及区泽民纪念上海养身疗病院联合开幕,中外来宾颇众。当地官绅若县知事沈蕴石,沪宁路局长任筱山,军警各长官均派代表,粤绅温钦甫、何永康、李一琴,前吉林省长朱子桥,洪文廷、哈少甫、沈鼎臣、胡耀庭及伍秩庸夫人等各女士等均先后莅止。

红十字会副会长沈仲礼、外务秘书吴敬仲及该医院长蓝德胜医博士等各执事均殷勤招待,旋举温钦甫君为主席,用英语致词,略述红十字会总医院历史及区泽民纪念上海养身疗病院之成绩。次为沈副会长演说，略述红十字会总医院延请安息会经理及附设上海养身疗病院之原因，并述该医院用理化学术疗治疾病，以补药石刀圭之不逮，若叶鸿英、李拔可、萨桐生、区泽民诸君等患病至剧，均为理化术电气所治疗。此种治病法在外洋虽已行之多年，而在我国尚为创闻。末谓红十字会意在创一极大医院，专用此术疗治疾病，深望各界乐善君子赞助此举，俾他日有所成就。继而区泽民君之婿何君干君代表区泽民君述养身疗病院治疗成绩，及其个人患病为该院愈，因捐巨款，俾该医院扩大规模，现正设法购地起造院所等语。该院院长蓝德胜医博士起谢来宾并详述养身疗病院之原起，以及现在扩充计划，拟在北京、广州等处设立分院云云。

广东俱乐部同人并致祝词，此外，来宾亦有致辞者，因时间短促，未能尽言。旋由蓝院长延请来宾参观病室及各项疗病仪器，楼上割症室构造最精，凡沪人之曾参观红十字会总医院者均知之。理化仪器用电力疗病，种类颇多，若疗肺、瘫痪、淋浊、风湿等症为药石所不及者，无不卓著成效。此外复有浴室，用各种沐浴及按摩法治病，该医院有男女医士五六人并有看护女士十余人。是日，甫经开幕，而各病房业已有人满之患，足征办理妥善，治疗成绩之优美为各界所信任。继由该医院置备茶点款客，迨散会已薄暮矣。(《红会总医院开幕纪事》,1918年11月8日)

11月10日下午,中国公立医院新病舍举行落成仪式,出席招待。报道说:

中国公立医院专为救治鼠疫及喉颈红肿天花传染各症，开办九年颇著成效。嗣因求治者多，院舍不敷应用，爰特募集捐款，于院中隙地建造西式病舍楼房十一幢，刻已落成。昨日下午二时开会，到者为淞沪护军使代表宋镇，长老会会长俞宗周、商会会长朱葆三、警察厅卫生科尹村夫及陆伯鸿、朱志惠姬觉弥国货维持会徐春荣及绅商各界百余人，致送匾对者亦复不少。当由该院总协理沈仲礼、陈炳谦偕同院中执事人等招待参观医舍，并款以西式茶点而散。(《公立医院病舍落成》,1918年11月11日)

11月17日下午,出席欧战协会筹款会议并发表演说。

11月18日,因所派红会医疗队治疗效果明显,余姚县知事陈赞唐在《民国日报》上致函感谢,函录于下:

仲礼会长大鉴:敬启者。此次姚邑时疫流行,弟奉职无状,不能感召天心,深自负疚。承贵会诸先生来姚诊治,城区由王培元先生同诸医诊治,日常百起;东北各乡由黄子静先生驰往,沿途施诊凡八百余号,所救活甚多,似此勤劳仁惠,真属万家生佛。近幸时病渐平,诸先生可以息肩,爰代阖邑人民鸣谢。(《来函》,1918 年 11 月 18 日)

11 月 20 日,中国红十字会派出以理事长朱煜为领队的救护医疗队 19 人,赴海参崴参加国际救护工作。沈敦和副会长"复请黑省鲍督军就近组织第二医队,分驻齐齐哈尔、满洲里等处"。(池子华主编:《中国红十字运动大事编年》,第 39 页)

11 月 20—22 日,为庆祝协约国胜利,上海举行游行提灯大会,为防意外,组织力量进行防范与救护。《申报》报道说:

> 昨今明三日为本埠游行提灯大会期,中国红十字会副会长沈仲礼深恐是数日内与会及参观者有受病被伤种种危险,除设临时汽车救伤队六起外,并请童子军百人为红十字初级救伤游行热闹之处加意巡逻,如遇受伤中病者,或送北京路红十字会分医院、十六铺南市医院,或送徐家汇路总医院,或送二马路红十字会总办事处,并将橡皮病车托老巡捕房安设随时车送伤者。(《红会设立临时救伤处》,1918 年 11 月 22 日)

民初红十字会救护车

11 月 27—29 日,美国总统威尔逊代表克兰氏在沪访问,受到上海各界欢迎,沈氏参与其事。

11 月 30 日,出席在南洋公学举办的湘赈游艺会并"报告红十字会湘赈经过事实并代红十字会及湘省灾民致谢,一时掌声震耳"。报道说:

> 昨日(三十)为徐家汇南洋公学学生团协济湘赈游艺会之第一日,于下午一时开会。先由校长唐蔚芝报告开会宗旨,为提倡人道教育。次马相伯演说,谓人道即仁道,人而仁方谓之人,今日斯举,昌明人道,即所以昌明仁道也。次沈仲礼报告红十字会湘赈经过事实,并代红十字会及湘省灾民致谢。一时鼓掌声震耳,当场有周舜卿君交到周清莲君捐洋二百元,此外法领事、日领事及王道尹等均各陆续解囊,甚形慷慨。三时汪悦亭君在大礼堂弹奏琵琶数阕,同时昆曲在雨中操场,按《十面》《絮阁》《惊变》《别弟》《刀会》《折阳》等曲。闻按曲诸君专诚自昆山莅止,可谓热心善举矣。同时大操场上有足球比赛,系该校与西人足球队比赛,双方均系上海著名球队,观者如堵,互有胜负。晚七时起雨操场中奏西乐,系中西音乐家演奏。次李松泉君演幻术,手术敏巧,观者无不解颐。至十时始散会。今日继续开会,添有童子军游戏、拳曲、电光世界等,较昨日尤饶趣味,想观客定形拥挤也。昨日会场布置校门外有警察及童子军等,校中设立贩卖团数处,售有《人道教育》及《潇湘劫》等书,均系该校学生团所出版。上院有红十字会陈列宋元名人书画颇多,观者如入山阴道上,目不暇接云。(《协济湘赈游艺会初记》,1918 年 12 月 1 日)

南洋公学大门

12 月中旬,接康有为信,录于下:

仲礼先生:

契阔感怀,顷承惠书并赠还先人像,捧对感动。追思前劫,慨慨不可言。洪君能保存于廿年,高义如云,令人感佩,叩谢叩谢!"华安"两字即写呈。即颂大安。

有为顿首　十一月十一日

洪君代候谢(张荣华编校:《康有为往来书信集》,中国人民大学出版社 2012 年版)

12 月 29 日下午,出席汉冶萍公司第十届股东会。

1919 年 63 岁

1 月 13 日,与会长吕海寰在《申报》发布《中国红十字会劝募西伯利亚难民寒衣启》,为西伯利亚难民劝募寒衣。

1 月 23 日晚,出席张裕酿酒公司举办的宴会。

1 月 26 日,出席淞沪护军使卢永祥举办的宴会,"席间互商和议问题及筹赈事宜"。报道说:

淞沪护军使卢子嘉昨日在公署设筵,柬邀和平期成会代表熊希龄,总商会正会长朱葆三,县商会正会长顾馨一,暨沈仲礼、徐乾麟,淞沪警察厅长徐国杰,上海县知事沈宝昌,上海地方审检厅邱林两厅长等饮宴。闻席间互商和议问题及筹赈事宜,良久始散。(《卢护军使宴客》,1919 年 1 月 27 日)

1 月下旬,被推举为全国和平联合会上海总商会代表,该会"以促进南北和平统一为宗旨"。报道说:

北京全国和平联合会,系全国商会、各省议会、各省区教育会及其它法定机关所组织,以促进南北和平统一为宗旨,近拟设立会所于上海,各机关均已举定代表先后来沪。本埠总商会尚未提定代表,故该会函请从速举出。昨日总商会通告各会董,略云此事本须交常会公决,现因年关已到,各会董事务倥偬,所以本期常会不再举行,据会长意见,拟举沈仲礼、闻兰亭二君为代表,合亟备函征集意见,请于二日内见复云云。(《商会推举和平会代表》,1919年1月27日)

是月,为救济广东水灾,与吕海寰等在天津组织广东水灾筹赈会,广募善款。1月22日,《大公报》报道说:

中国红十字总会长吕海寰、沈仲礼、军医总监徐华清诸君前因广东大水为灾,业在天津组织广东水灾筹赈会,现以各界官绅捐款甚巨,故委托直隶省银行代收广东水灾赈款,以便汇粤赈济灾黎云。(《委托银行收款》,1919年1月22日)

是月起,北京总会经费由上海总办事处汇寄,月支300元。(池子华主编:《中国红十字运动大事编年》,第40页)

2月22日,为已故德人朱臻仕之妻华人朱计氏及其子女愿改华籍事致函总商会。对此总商会"原禀函送敌侨事务局"。(上海市工商业联合会编:《上海总商会议事录》,第1259页)

2月17日,出席俭德储蓄会成立大会并作演说,痛诋赌博之害。报道说:

日前,俭德储蓄会假纱业公所开成立大会,男女宾到数百人。下午二时由马女士奏琴,军乐队奏乐,会长杨诵清宣布宗旨,陈述本会沿革大略,继以沈仲礼、孙继舟、朱成章、尤惜阴、冯钊先、黄首民及会员张叔良以次演说,其次则有韩秉谦之幻术,马女士之钢琴合奏,最后由书记员宣读答谢来宾词而散。晚七时在太和园开叙旧餐,设席十有八,酒半酣,俞牧师宗周、毕云程演说,继以会员之丝竹合奏及京调、昆腔等。此项余兴均由会员担任。

附志沈仲礼演说,谓近来风气大坏,各处总会逃不出"赌博"二字,惟此会于赌博及不正常之行为绝对禁止,最为特色,两路人员皆能储蓄,则积少成多,将来于各种实业,不患无资本云。(《俭德储蓄会开会记》,1919年2月17日)

2月20日中午,国际税法平等会饯送赴欧代表,出席作陪。

3月2日下午,作为上海总商会代表出席全国和平联合会第一次评议会,并被推举为五代表之一,与总会代表"分途与南北总代表接洽"。(《全国和平

联合会第一次评议会纪事》,1919年3月3日)

3月22日下午,参加四明公所为续筹特别捐款召集的会议并被推为临时主席,"宣布开会宗旨"。《申报》报道说:

四明公所大门

四明公所于阴历二月二十二日为续筹特别捐款,召集同乡开会集议。董事会到会者如葛虞臣、周湘云、朱葆三、沈仲礼、方樵苓等,公义联合会董事到会者为乐振葆、孙梅堂、周林庆、陈文鉴、陈良玉等,各业代表及同乡等到会者约数百人。就该所大厅开会,经众公推沈仲礼为临时主席,宣布开会宗旨,略谓今日为添募特别捐款而开会,应先将南北厂建造情形报告于诸君知之。查南厂第一批工程已可告成,第二批亦经开标兴筑。北厂现请工巡捐局开浚河道,将泥填基以便起造,然后筹办医院,次第进行。南厂出入之新桥路、局门路,业已会同潮惠、绍兴、善长各会馆集款,商请工巡局筑路云云。次陶辉庭报告去年捐款总数及本年募到捐款细账毕。主席又宣言当时募捐团成立,原定募集三十万元,现在尚未足额,应用何种方法俾达目的,请诸君讨论。又据葛虞臣起言去年曾提出普及筹捐方法,凡同乡各号伙友就其月薪每洋一元提捐五分,可以积少成多,且仅止一次,谅不致有累同乡,是否可行,请公决。陈良玉起言葛君提议之办法极善,鄙人深表同情,惟须仰仗各业领袖赞助进行。主席当以葛君所议,请付表决。全体起立赞成,遂定名为各业月俸五分捐。就捐簿上加盖一次为限,红戳以期醒目。次方椒伯提议请公推募捐理事,经众公决,举定朱哲甫、乐振葆、陈文槐、何楳仙、项如松、孙梅堂、施才皋、项松茂、葛吉卿、张桂卿、周茂兰、徐炳辉、钱达三、蒋文泰、顾锦华等十五人,其内部总主任仍请葛虞臣、周湘云担任。所有前定募捐团诸人,仍须积极进行,全体赞成。当时张延钟与铜铁机器永生会合助一千六百元,包雨塘认募一千元,张继光认募五百元,遂宣告散会,时已钟鸣五下矣。(《四明公所议筹特别捐款》,1919 年 3 月 24 日)

3 月 29 日,被推举为全国和平联合会干事会交际科主任。

3 月 31 日,致电中国红十字会北京总会,反对在会内发表 1915 年北洋政府公布的条例与施行细则,主张对此条例草拟修改意见,经常议会审议,最后由全国代表大会通过,据此呈请政府作出修改。实际上继续反对政府加强管理红会总办事处的企图。(《总会收沈副会长函》,1919 年 3 月 31 日;南京第二历史档案馆藏:红十字会档案,476—3239)

4 月 14 日,《申报》以《旅德华侨回国之详情》为题报道沈敦和及红会积极救济德奥华侨(主要为浙江青田籍)回国。报道说:

> 旅德华侨回国一事略纪前报,兹纪详情于下:
>
> 救济德奥华侨回国之举,系由中国红十字会据各方报告,并由上海总商会接到国务院电嘱募款救济,中国红十字会沈仲礼遂电托瑞士万国红十字会调查驻侨情形,先后得复,驻德华侨已于本年一月离去德境。复接外交部电嘱筹款,并悉瑞士红十字会所云离去德境之华侨,其人数为二百六十人,离德之时由丹麦驻德公使代为引渡,自德乘火车至丹麦,乘轮至英之利物浦,候船回国,资斧乏绝。本埠中国红十字会遂开常议会议决垫拨二万元以充行资,转由外交部汇交驻丹颜公使,于是华侨二百六十人始得乘蓝烟囱船于本月初回华。
>
> 该华侨属粤籍者百余人,均在香港登岸,余则均载至上海,惟囊中空空,除有亲友可以告贷之各人业经措资回籍外,现尚有浙江青田籍侨工二十七人分寓于本埠十六铺南康等四旅馆,前日赴二马路红十字会及沈会长住宅致谢,并要求设法资遣回籍。刻该会正在昭商招商局筹议此事,旋由沈会长派员前往各旅馆洋询驻德时情形。据称青田侨工均以青田石制造各种玩物前往德国贩卖,内中驻德最久者已历九年,惟有数人系中德绝

交前一月荏止者,故其损失为尤巨。当欧战未起之先,每人每月工资自二十马克至八马克不等,欧战起减半给资,华工生活素俭啬,故尚可支持。青岛战事起,中国尚在中立,恐德人误认华工为日人,故出游街市必囊贮护照而胸悬国旗以自别。至中德宣战,半数工资亦即停给,同作为敌国人民看待,中德宣战后,我侨工均能恪守敌国人民应守规则,故不致被其虐待,该工中多半系服务于各工厂,学术程度颇有经验,回国后倘以所得用之我国,亦足以促进工艺也。(《申报》,1919年4月14日)

同日,被中国通商银行董事会议推举为董事会会长。

4月中旬,召集红会常议员常会,议决派王培元等参加瑞士日内瓦万国大会等多个事项。报道说:

日前本埠红十字会遵章由沈仲礼副会长召集常议员,举行常会。除报告汇垫二万元救济德奥华侨及到沪后分别资送回籍情形外,并提议接到英、法、日、美、意五国红十字会驻法干事会来电,拟于欧战宣布平和三十日后在瑞士日来弗京城开万国大会,由与会各国红会报告办理防疫治疗痨瘵传染各症之研究,嘱中国红十字会派员列席。当经公同议决,事关医药研究,应遴派医药专员与会,更须熟悉红会情形者方能称职。旋举定前淞沪救护队长王培元医博士为代表、前武汉救护队长总医院医长柯师西医士为参赞。刻正征求二医士同意,俟得覆后即当复电驻法干事会查照。次提议包竹峰捐资一万一千余元创建该会南昌分会医院奖励案,金以向章独捐五千元以上者,得赠有功章。包君所捐数复倍之,除由红十字会赠给有功章外,应由该会呈请政府奖给勋章,以资激劝。议决后当由该会照案执行。次提议会员大会筹备事宜。该会于本年一月间陈报政府,拟于六月间举行全国会员大会。嗣经吴敬仲理事长报告,各种手续筹备不及,会计董事宋汉章等复拟将会计年度截至大会时为止,一切收支须经过查账刊刻征信录等事,为时既迫,手续尤繁。因公决改期于本年十月间举行大会。再闻该会向日收支款项簿据程序参酌普通簿记法,嗣以对于红十字会条例施行细则未能吻合,业已改用审计院规定普通官厅簿记法办理,以归一律。(《红十字会常议员会纪事》,1919年4月19日)

4月29日,北洋政府任命蔡廷干为中国红十字会副会长,实际上即取消了原副会长沈敦和的职务。对此沈敦和即具函声请即日解除副会长职务。①
[《大总统令》民国8年4月29日,《政府公报》,民国8年4月30日]

蔡廷干

5月2日,致函红十字会临时常议会,历述红会历史与成就及其"苦衷",要求"即日解职"。报道说:

> 本埠中国红十字会沈副会长,昨致临时常议会函云:敬启者,红十字会发起于前清甲辰日俄之战。敦和当以政府派舰救济华民出险,见拒于交战之两方,旋由本埠士绅邀同敦和,商准驻沪中立国各领事,设立万国红十字会于上海,办理引渡救济事宜。盖中国之有红会名称始于此时,而敦和任事于红会亦始于此时,屈指已有十有六年矣。日俄战事告终,社会鉴于红会恤兵救灾颇具成绩,敦和益自奋励。及时闲暇,乃有医院及医学堂之建设。未几而皖北告灾,与华洋义赈会分任赈事。喘息甫定,辛亥事起,红会从事救恤。爰被举为中国红十字会理事总长。南北统一,本会举

---

① 5年后即1924年中国红十字会在编纂《中国红十字会二十年大事纲目》记载1919年5月3日沈敦和辞职一事时称:沈副会长办理会务,前后十六年,集款二百数十万元,分会一百四十余处,连年天灾人患,胥赖红十字(会)拯恤,虽有各善士慷慨乐输,但非沈公任劳任怨,曷克臻此? 中国向无红十字会,日俄之战,东省人民惨遭兵祸,若非沈公首肯任事,当时红会又何由成立? 是中国之有红十字会,实创自沈公也。

行会员大会,订定章程,组织常议会。当经公举大总统、副总统为名誉总裁,吕海寰为会长,而敦和忝附诸君子之后,被举为副会长并委任办理总会总办事处一切事务。自顾菲材,曷克当此重任。惟天职所在,并荷同人殷殷推毂,亦即不敢稍自告劳。计任事以来,适承大清红十字会用款告罄之后,赤手撑□,竭蹶从事。而自辛亥以迄今兹,时而兵祸,时而天灾,无岁无灾,有灾必赈。仅恃少数同人空名号召,七年以来集款至二百数十万元,办理灾恤,均有查账董事历次报告及各界征信录刊布在案。其间以青岛救护,政府虽曾拨款三万元,而本年救济德奥华侨,本会垫汇二万元,是本会始终受协政府之款不过一万元。而成绩亦卓然可观,全国分会成立一百四十余处。凡历年惨遭兵燹,各地救伤瘞亡,胥惟本会是赖。然以敦和樗栎庸才,久任重寄,心力亦因此交瘁矣。两年以来,无日不以诿卸仔肩为念。顾同人等以会长为大会间接所选出,即使辞职应向会员大会提出。前者提议于本年五月间举行会员大会,嗣以各项手续,如征集各分会报告,编订册籍,筹备不及,复交由常议会议决,改期于十月间举行。让贤有待,藏拙无从,焦虑百端,悬盼尤亟。今幸政府见谅衰庸,明令开去职务,并派蔡君廷干充任副会长。自此衰朽余年得安鸠拙,相应即请贵常议会准其即日解职,遂我初服,幸何如之,此陈台鉴。(《来件》,《新闻报》,1919 年 5 月 4 日)

5月3日下午,红十字会举行临时常议会,接受沈敦和"辞职"请求,决定"请沈君暂留维持,以俟新任到沪,然后卸职",并提议"发起为沈君立碑或制铜像,以志纪念"。《申报》在报道沈敦和辞职新闻时还发表杂评,分录于下:

红十字会常议会纪事

前日(星期六)下午五时,本埠中国红十字会开临时常议会,议长沈仲礼以兼任副会长职务多年,心力交瘁,久欲辞职,今中央命令开去副会长职务,而派蔡廷干继任,特致书议会即日解职。当经常议员公同讨论,佥以沈君去志坚决,未便挽留,但会务关系重大,应请沈君暂留维持,以俟新任到沪,然后卸职。各常议员又提议沈副会长办理会务十有余年,前后集款至二百余万元之巨,中国之有红十字会实创自沈君。爰由在座诸君发起为沈君立碑或制铜像以志纪念,并订今日下午(星期一)五时续开临时常议会,提议一切,散会已八时矣。

蔡廷干来电:红十字会沈仲礼先生鉴:廷干奉派充红十字会副会长,坚辞不允。现因另有公务,一时尚难赴沪,阁下经理会务多年,诸臻妥洽,仍拟借重大力,会商诸公维持现状,一俟廷干到沪再商办法,特此电达。廷干。冬。

沈仲礼复电:北京税务处蔡耀堂先生,冬电诵悉,承奖惭悚,自奉明令,召集常议会函请解职,并电请吕会长转请台端克日莅沪接任,以重会务。兹承谆嘱,遵于明日常议会将尊电转达,鹄候台驾南来接班,移交手续,特此电复。敦和。支。

又去电:天津中国红十字会吕会长钧鉴:奉令退职,遂厥初志,感惭交萦,兹正赶办移交,鹄候蔡君到来,维持会务。祈迅电政府,催新任克日来沪,无任盼祷。沈敦和叩。支。

杂评:红会副长易人

红会副会长政府近以明令派蔡君廷干充任,蔡氏处事素称干练,其声誉亦中外所共知,以主红会可称得人,且红会为国际上之慈善法团,其关系何等重要,会员诸君,尤不至以会长之更迭而热忱有所增损,纵外间疑于政府之举措而鳃鳃以红会或受影响为虑,然吾以为不成问题者也。沈敦和君为创办红会之功人,十数年来成绩卓著,一旦解职,在沈君节其勤劳,正合素愿,而会员诸君追会前勋,酬席之典,当亦不可少耳。(1919 年 5 月 5 日)

5月13日下午,出席上海商业公团联合会为总商会佳电事补救办法而举行的临时谈话会。最后议决致电政府取消佳电,并致电巴黎专使,不达目的不签字。电稿如下:

巴黎中国公使馆转陆王顾各专使公鉴:外交问题愈趋险恶,本公团特开全体会议,议决倘和会未能保障我国权利,不由和会直接将青岛交还,并取消一切密约,望贵使勿予签字,退出和会。本会誓为后援,存亡一发,幸顺民意。上海商业公团联合会五十六公团叩。(《商业公团昨日开会纪》,1919 年 5 月 14 日)

5月中旬,南北和谈陷入僵局,和谈代表萌生退意。全国和平联合会"开会议决通电南北当局,极力挽留两方代表,勿萌去志,并公推代表沈仲礼、柴春霖、彭兆璜等六人往谒唐朱两总代表,陈述大局危险情形,劝以大局为念,维持和议"。(《和会再停后之第一日》,1919年5月15日)

5月25日下午,参加四明公所常年大会并被推为临时议长。(《四明公所常年大会纪事》,1919年5月26日)

5月26日,《申报》在来件栏刊登《红会代理理事长江绍墀致会员函》并附录沈敦和通电电稿,披露两人近日函电往还诸事,从中可见辞职后的沈敦和仍在为维持红会而努力。转录于下:

> 谨启者,阴历四月十九日由津浦反沪,奉读沈副会长来函,以常议会议决吴理事长辞职,公推绍墀庖代等因。祗聆之下,于辞就之间至为难决。按辛亥秋间,与仲老赤手空拳,创此基础。三年以来幸无隔越。甲寅夏初,辞职赴鄂。戊午仲夏,又经常议会推爱,举为驻会办事董事,历七阅月之久,历尽艰辛,过此艰关。去岁冬腊,自请取消办事董事会,全体决议,方谓急流勇退,谨避贤路,就食他方,以谋糊口并订阴历端午前驰赴津京,以践前约。辱承仲老及诸君子厚爱,以维持会务相属。事关善举,未敢束手旁观,以滋罪戾。惟绍墀亦属常议会一分子,对于公务至再至三,赔钱受气,精力消疲。今当新旧交替之际,自应不居名义,力所能为,以补仲老之不逮。一俟蔡公莅沪,即日引退。设蔡公不能遽来,亦以端午为脱离之时。除由沈仲老通电京师总会及各省分会外,兹将电稿抄奉察核,即希爱照,无任主臣,此请善安。江绍墀谨启。计抄电稿:
>
> 敦和奉令解职,业经通电奉闻,正在赶办移交。适吴理事长具函辞职,当经常议会公推江趋丹君暂行担任会务。惟江君原拟刻日北上,不克久驻高轩。经敦和一再敦请,始承首肯。俟新任蔡公莅会,即行交卸职务。在江君力任义务,热心固可钦感,而敦和藉平原十日之故交,维持京兆五日之暂局,庶会务不致停顿,而私衷亦愈以即安。特此布闻,诸希亮察,沈敦和马。

6月1日下午,出席招商局股东会。

6月3日,出席上海总商会董事会议并出面接待要求抵制日货的学生代表。报道说:

昨日北市总商会各会董开董事会,会员中新举之代表徐菊如等亦莅会讨论。适有学校联合会举男女学生代表八人到会,要求联络商界抵制日货等一切事宜。当由沈仲礼、姚紫若等向之接洽,以会长尚未就职,已由会董等拍电致国务院农商部请示办理,并陈明一切云云。该代表等一再要求,经沈、姚两董磋商良久,以会务无人主持,须待会长复职后,再行领衔拍电请示施行云,代表等始各退出。(《总商会董事会纪》,1919 年 6 月 4 日)

6 月 14 日下午,出席上海总商会第 14 次董常会。

6 月 15 日,为湖北义赈会结束事,与朱葆三、劳念祖致电湖北军民两长。报道说:

棋盘街湖北义赈会现以赈务告竣,于阴历四月底收束,该会沈会长等已电陈湖北军民两长。原电录下:武昌督军王省长何钧鉴,敝会遵照钧命已于夏历四月二十九日停止,一律结束,会内卷宗赈目等件统交徐诵先君接收,并由徐君移归义赈局内办理征信录,以清手续。所有敦和等交卸职务,理合肃电敬闻。沈敦和、朱佩珍、劳念祖叩寒。(《湖北义赈会之结束》,1919 年 6 月 16 日)

6 月 28 日下午,出席上海总商会举行的本年度第 13 次常会。会议议案多次涉及沈敦和,兹录相关记录于下:

……

二、驻纽约周领事来函纽约开设亚洲各国出产陈列所罗致华产案。

公决用快邮代电呈请农商部设立征集机关,规定征集方法,俟奉到部复再由会通告各业征集物品,一面先请沈仲礼、祝兰舫两会董与驻沪美国商会接洽。

三、驻沪美国商会来函美国海外商业协会开周年大会请派代表参预会议案。

公决请沈仲礼、祝兰舫两会董先向驻沪美国商会询明详情再议。

临时提议案:驻沪美国商会来函,以日商经售之幸福红星两牌火油确系美货请证明。公决既系美货美商可收回自办,请沈仲礼、祝兰舫两会董向美商会声复。(上海市工商业联合会编:《上海总商会议事录》,第 1203—1205 页)

6月,五四运动爆发后,上海一地罢市罢工不断,险象环生。由于新任副会长蔡廷干迟迟未能到任,沈敦和只得与驻会办事董事江趋丹"维持筹划,煞费经营"。《申报》报道说:

> 本月以来,罢市罢工,人心震恐,流言四起,传播全国。该会沈仲礼君虽迭次电催蔡廷干副会长,任命两月迄未接事,故会中巨细事宜,悉由沈、江二君维持筹划,煞费经营。而置毒之说尤为内政外交主权民命所关,除随时密派医药稽查王培元医士等二人四出研究调查外,而于本埠总医院、南北市医院、防疫医院等处日夜诊视,无致命者,亦云幸矣。而救护汽车病车等尤为忙碌,而小贩数万人竞绝生机,险象环生,对付极难。日前由章太炎君函送变色鸡蛋,转送工部局史总医官出立化验单,证明无毒。(《红会防闲置毒伤人报告》,1919年6月22日)

7月1日,为因病不能到和平联合会请另派员代表事致函上海总商会。总商会即转致和平联合会。5日,该会致函总商会,"沈君仲礼如万难到会可以告假,幸勿辞职"。(上海市工商业联合会编:《上海总商会议事录》,第1303—1304页)

7月6日,《申报》刊登《红会副会长急待交替》一文,记述交接之际红十字会之状况:

> 本埠中国红十字会设办事处向由副会长沈仲礼经办,本年四月底,政府命令蔡廷干为副会长,沈敦和着开去副会长职务。当时,由常议会公举江趋丹,促其来会维持现状。适届万国红会定期在瑞士开欧战和平后红十字大会,特派总稽查王培元驰赴欧洲与会。又逢罢市罢工风潮,置毒谣言,时疫医院种种设施,会务益繁,迭次函电催请新任克日来沪接事,而一切存款地产金银饰物公债股票等巨细品物,缮册以备移交。上月二十号并请姚虞琴赴京欢迎,旋由蔡君电复,二十号前后来沪,继复改期二十七。月初又接蔡君电告谓,俟新税则改订竣事后方能接任等语。惟闻该会吕正会长以该会经费全恃募集,年需十万,临时水旱偏灾兵灾费用亦需数万,深恐新旧交替之际百事停顿,贻误善举,特函请蔡君嘱其先派妥人来沪接收,俾沈君得卸仔肩,而维持会务之江君可以脱离会事,以遂其旅行之愿云。(1919年7月6日)

7月9日下午,一年一度的时疫医院再次开幕。报道说:

红十字会时疫医院设英大马路巡捕房后门斜对门，为沈仲礼所创办，已十二年。用盐水注射法，治冷麻、吊脚、痛螺等痧。今岁淫雨为灾，病人孔多，患病极重，五日以内住院病人已达四十余人，院为之满。兹沈君以院址万难推广，将开刀后养病之人载送闸北公立医院住宿。新会长蔡君尚未接事，诸事仍由沈会长、朱葆三、窦耀庭、谢蘅牕、江趋丹诸人主持一切，西医宝得力及华医看护等日夜住院诊治。昨日下午该院正式开幕，中外来宾到者极多，佥谓今岁天时，恐沪上时疫病人有加无已云。（《时疫医院开幕纪》，1919年7月11日）

7月18日，在《申报》"来件"栏刊登《沈仲礼来函》，披露其投身红十字事业之心迹。内称"敦和追随其际，无补时艰，衰朽余年，日荷重负，良以众志成城，不愿谢绝热心同志独善其身，国无宁岁，更不忍抛弃无告穷民坐视不救"。函录于下：

谨启者，二十世纪以来世界多故，残贼人道，干犯天和，水旱疫疠，兵祸颠连，十年五乱，政争党争，南北背驰。本会应时势之需要，尽匹夫之责任，摈绝权利，以尽义务，赤手空拳，成此基础。与斯世水深火热之灾黎，断肢折胫之疮痍，争生存于旦夕，冒锋镝之凶，托沿门之钵，日处惊风怒浪之中。艰难之境，陨越堪虞。兹幸缔盟万国遍设分会，设医学以备人才，开医院以拯疾苦，集三万会员，劝二兆善款，国内国外，天灾人祸，无役不从。是皆捐户输诚，职员效力，光荣本会功实尸之。敦和追随其际，无补时艰，衰朽余年，日荷重负。良以众志成城，不愿谢绝热心同志，独善其身，国无宁岁，更不忍抛弃无告穷民，坐视不救。本应遵壬子会员大会组织选举常议员之法，公举正副会长，呈请政府准予退职。原议秋间开大会宣告于捐户会员之前，遂我初服。今幸政府鉴谅，明令退职，两月以来不敢存五日京兆之心，以滋有初鲜终之诮。兹者欣逢副会长蔡公派员接替，进行整顿，扩大范围，继起有人，会务有属。特念十余年来承中外善士、南洋侨胞慨输巨款，得资挹注，拜谢鸿施，感同身受。除将开支各款每届公举查账董事核实查明，由常议会通过刷印征信录，并拟于存付各款截至八年阳历五月为第六届征信之期，余若总医院、南北市医院、防疫医院地契房产医药器具，总办事处积存银洋、股票、公债、储蓄、金银饰物、衣服、杂件造册移交，以重善款而昭慎密。至常议会议长一席与副会长有连属之关系，拟一并交卸。除函呈吕会长、常议会并通告分会外，特各地会员各处侨胞捐户散处四方，未能一一函谢，谨布微忱，诸惟公鉴。卸事中国红十字会副会长兼议长沈敦和谨启。

来函影印件

7月20日，在《申报》刊登启事，再次表明其辞职之时对于自己多年从事红十字事业之心迹，并大力表彰江趋丹对红会的贡献。文录于下：

中国红十字会卸事副会长沈敦和启事

谨启者：廿世纪以来，世界多故，残贼人道，干犯天和，水旱疫疠，兵祸颠连，十年五乱，政争党争，南北背驰。本会应时势之需要，尽匹夫之责任，摈绝权利，以尽义务，赤手空拳，成此基础。与斯世水深火热之灾黎，断肢折胫之疮痍，争生存于旦夕，冒锋镝之凶，托沿门之钵，日处惊风怒浪之中，际困苦艰难之境，隙越堪虞。

兹幸缔盟万国，遍设分会，设医学以备人才，开医院以拯疾苦，集三万会员，募二兆善款，国内国外，天灾人祸，无役不从，是皆捐尸输诚，职员效力，光荣本会，功实尸之。敦和追随其际，无补时艰，衰朽余年，日荷重负，良以众志成城,不愿谢绝热心同志独善其身,国无宁岁,更不忍抛弃无告穷民坐视不救。本应遵壬子会员大会组织选举常议员之法公举正、副会长,呈请政府准予退职,原议秋间开大会宣告于捐户会员之前,遂我初服,今幸政府鉴谅,明令退职。两月以来,不敢存五日京兆之心,以滋有初鲜终之诮。

兹者欣逢副会长蔡公委派委员文博亭、黄友柏诸君来会接替,以清交代,从此进行整顿,扩大范围,继起有人,会务有属。特念十余年来承中外善士南洋侨胞慨输巨款,得资挹注,拜谢鸿施,感同身受,除将开支各款每届公举查账董事核实查明,由常议会通过刷印征信录,并拟于存付各款截至八年阳历七月交卸之日第六届征信之期,余若总医院、南北市医院、防疫医院地契房产医药器具,总办事处积存银洋、股票、公债、储蓄、金银饰物、衣服、杂件造册移交,以重善款而昭慎密。至常议会议长一席与副会长有连属之关系,拟一并交卸,除函呈吕会长、常议会并通告分会外,特各地会员各处侨胞捐户散处四方,未能一一函谢,谨布微忱,诸惟公鉴。

再江君趋丹为本会辛亥创办出力之人,披荆斩棘,历尽义务,成此基础,功实赖之。甲寅夏初,因公赴鄂,挽留无术,担负愈增。去夏,经常议会公推为驻会办事董事,纯粹义务,历六阅月,至岁底告辞。四月底奉政府命令退职时又承常议会诸公推江科宋会襄理会务,维持现状。当时电促江君返沪,约定以敦和之去留为去留,不拘名义,不受夫马,不耗本会茶饭,业逾两月,深资臂助,感荷良深。兹届新任接事之时,理应克践前言,咸遂初服,除备函道谢外,谨附数言,以志诚意。

卸事中国红十字会副会长兼议长沈敦和谨启

7月21日,在《新闻报》刊登启事,回顾12年前即1908年以来开设时疫医院的初衷与经过及其成绩,表示"敦和等碌碌,因人本服务社会之初衷,期无负衽席斯民之夙愿……夫以上海一隅之地,聚集中外居民至百数十万生命之所寄,其为重要可知。时疫之举办,为时则仅夏秋间数月,所治则仅时疫一种,则亦一部分安宁保障耳。然而十二年间,全活者不下三四万人,我父老昆弟侨寓海上者,当亦共闻共见……"同时借此呼吁民众继续捐款维持时疫医院,并表示公立医院将改治时疫。(《新闻报》,1919年7月21日)

7月25—26日,《申报》刊登新任红会副会长蔡廷干与沈敦和往来电,反映交替之际沈氏之行踪。电文录于下:

蔡廷干致沈仲礼电

中国红十字会沈仲礼先生鉴：文溥君等到沪，诸承爱照，甚感。沪疫流行，应亟拯救。先生热心公益，素所钦仰，红会捐户疑改官办，实属误会，仍请力为解释，以资维持。常议员诸君赞助协划，素具热诚，会务进行正资偕助，并祈转代安慰为幸。干。勘。（1919 年 7 月 25 日）

沈仲礼复蔡廷干电

北京税务处蔡耀堂先生鉴：勘电祗悉，沪上时疫为十年内仅见，日事拯救，疫劳尚炽，院址不敷，人满为患，除分送分医院、公立医院及另觅病房养病外，日来专心一志注重救疫，以期扑灭。差幸信用尚存，捐款踊跃，庶经本会担负，至文、黄诸君接收后倘无主持会务之人，文卷积压，诸务停顿，常议会诸君至为焦急。昨将勘电抄送时，金谓议会乃立法机关，无办事责任，似应早派办事人为主理，否则会务废弛，捐户群起究诘，议会不能负责，嘱为转告，希察核。沈敦和。径。（1919 年 7 月 26 日）

7 月 30 日下午，派江趋丹为代表与新任副会长代表进行交接。《申报》报道说：

新任中国红十字会副会长蔡廷干自京来沪后，暂寓大东旅社，昨日下午四时为新旧交替之期，新旧两会长均未莅会当面交替，蔡会长系派新任理事唐露园为代表，沈仲礼则派江趋丹为代表，将该会各项册籍文件彼此检点交收云。（《红会新旧副会长之交替》，1919 年 7 月 31 日）

是月前后，尽管已经被免职，仍为应对疫情而奔波。《申报》先后报道说：

时疫之蔓延

红十字会时疫医院于本月十日开幕，业志报端，惟本年时疫较昔为烈，一星期间该院收容病人已达二百余名，所患者均系瘪螺、吊脚等重症。该院坐落公共租界天津路三百十六号，近以人满为患，由院长沈仲礼决定就该院东偏隙地搭盖凉棚，并于地面加铺地板为扩充病房之用。据院中人云，时疫医院创办十二年，惟民国三年疫症较厉，然每日收治病人平均不过十余人。今岁则甫经开幕，疫者已如是其盛，实为居民之浩劫。闻染疫最盛地点为浦东滨江一带，其次则上海。分监送院求治之狱因亦达二十余人，故日内工部局卫生处对于此事非常注意，并函请沈仲礼转商华界各官厅实行举办扑疫事宜云。（1919 年 7 月 15 日）

疫症并未稍减

时疫医院自十号开幕至十三号止，收治病人达二百余名，已略见报端。兹自十四号起至十九号止，计数如下：十四号六三名、十五号七九名、十六号一二二名、十七号一三七名、十八号一七八名、十九号一八五名。故外间所传疫症渐减，实非事实。始疫地点为浦东烂泥渡一带，今已延及浦西。故日内送院之病人以租界居多数，院内病房不敷，前已添盖凉棚。兹住院者常达二三百名，仍虞不敷应用。刻由沈仲礼院长商借劳合路宁波同乡会新购地址，搭盖凉棚，为安插病人之所。该院共有割症器十二具。十九号一日割症多至四十八名。现以机器不敷应用，拟将割症室特别扩大，俾应施割症之病人聚居一处易于照料云。该院原有医生七名，近以病者麇集，除由沈院长添延吴少谷诸医士外，适红会常德分会西医涂德乐君定期回国，道出沪上。沈君即商请涂医士暂驻行旌，藉襄义举，近已常川驻院施治矣。现全院医生计十四名，然尚有应接不暇之势。死亡之数平均计算为百分之三至百分之五。数日前有业洗衣之姑媳两人患疫送院求治，其媳甫经到院便已气绝。闻家中遗有七月小孩，呱呱待哺，现其姑病虽减轻，然迄未将媳之死讯告知，此亦至可惨之事也。（1919 年 7 月 21 日）

疫症流行之昨闻

上海发生时疫以来，工部局卫生医官恐其蔓延，非常注意每晨派人至天津路时疫医院检抄挂号簿，并至病房吊查病症热度表。故病人数等事极为慎重，以冀疫势轻减。昨得其调查表详录于后：自阳历七月七号起至七月二十三日止，共收容病人一千九百零六名，计头等十四名、二等六十名、三等一千八百三十二名，计重病用机器以盐水注射者六百七十一名，病故者一百二十九名，到院气绝不及救治者二十一名。因院所不敷，将病势减轻之人,用救护汽车载送闸北中国公立医院新建病舍内调治者一百零六人,送至北京路红十字会市医院内调治者五十七名。院内病人稍免拥挤,医生有西医宝得力、涂德乐两君终日在院。华医有吴小谷、徐生棠、李培德诸君,仍不敷用。沈仲礼院长以杭州梅藤更医生门下颇多手术精熟之医士,特电恳协助。当由梅藤更君从广济医院派出陈康、孙绍闻二君,乘快车于二十六日到沪,即日到院助理。所幸二十四日就诊病人二百五十六人,二十五日减至二百零八人,二十六日减至一百九十三名,是知疫势渐轻也。(1919 年 7 月 28 日)

关于疫症消息种种

天津路时疫医院每日求治者不下二百五六十人,凶病十居其七。该院医士有宝得力、杜得乐、吴少谷、徐生棠、林春山、李培德、杨钟甫、黄世康、任积余、陈志庄、孙绍闻、朱小舫、周讽诗等日夜轮班救治。该院自开幕至今日(二十九)下午四时止,已有三千另六十九号,注射盐水者已达一千一百八十八人,病故者二百二十六人。内中八成系未诊即故,及未进院内已经气绝者。该院前为院所不敷于用,曾商借闸北天通庵中国公立医院停止别症,专供时疫医院寄养病人,可容二百余人。今因病人逐日增加,仍复不敷,又向北京路红十字会、市医院借定暂用。然疫气愈发愈烈,该三处医院皆已拥挤非常。昨由朱葆三向仁济堂说明,当由叶仁斋提议将该堂新购之大沽路一号大洋房一宅后连华式五楼五底大天井前后四厢傍有大空地一方,借与时疫医院,作为养病分院,不收房租。后由时疫医院院长沈仲礼、窦耀庭、叶仁斋同往大沽路观看。当即议决修葺,限二日完工后,即将天津路时疫医院之已诊养病者搬入,以免拥挤。(1919 年 7 月 31 日)

8 月 1 日晚,与新任副会长蔡廷干宴请沪上绅商并作演说,历述红会之历史与成绩,希望各界继续支持红会事业。报道说:

昨晚,中国红十字会新任副会长蔡廷干君及解职副会长沈敦和君假一品香宴沪上绅商,到者有宋汉章、贝润生、盛竹书、唐露园、王一亭、傅筱庵、朱葆三、谢蘅牕、钟紫垣、劳敬修、姚文敷、杜枚叔、潘澄波、穆藕初、张铺云、丁斐章、曹雪庚、哈少甫、黄泽卿、姚虞琴、文博亭、黄友柏、袁仲蔚等数十人。

酒半，沈敦和起而演说云，中国之有红十字会实始前清光绪三十年日俄之役。斯时东三省兵燹之余，难民巨万，颠沛流离，敦和恻然悯之，爰与施子英、任逢辛、周金箴诸君商请盛杏荪发起斯会，竭诚救济，一时灾民之出险生存者达数百万，成效极著。于是上达清廷，特派专使前赴瑞士万国红十字会缔盟入会，而中国遂有正式之红十字会矣。嗣是厥后若辛亥、癸丑各省军事并帝制之变，青岛德日之战，近来南北之争，迭次救护，湖南岳州兵灾救济，德奥华侨归国，西伯利亚国防医队，吴淞防疫医院暨历年以来山东、浙衢、京直等省水灾以及闸北之风灾，皖北之大疫，无不一力赈济。他如徐家汇总医院、南北市医院施诊给药施种牛痘，时疫医院之救急，棉衣米券之年施，亦皆节节进行。无如年齿就衰，能力薄弱，责重事繁，惧勿克任。幸蒙政府另任蔡君接任，蔡君年富力强，才高学博，将来红会之发达，必能胜敦和万倍，以前赞助诸君仍望继续赞助云云。

继蔡廷干君演说，廷干虽常住北边，但与上海极有感情。前次为改良税则遣送敌侨曾来数次，今因中国红十字会副会长沈敦和君因他事太繁，不能兼顾，政府特任廷干接任，以廷干在京可常与各国公使馆接洽也。将来廷干当时来时往，上海方面由理事长唐露园君担任进行，红十字会之徽章系一十字，古语有十目所视十手所指，廷干意今之红十字会当为万国所视万国所指，我们应该做一番轰轰烈烈的事为万国看看，将来拟出一红十字会会报，使人读之能生出一种爱人之观念。但廷干才薄学浅，尚望在座诸君有以教之云云。

次由曹雪庚、祝兰舫及朱葆三代表张萧云君演说。张君云，今日系八月一日，适为实行新税则之日，税则之有如此好结果，实蔡君之力也。众皆起立，尽饮一杯为蔡君贺，散会时已钟鸣十下矣。（《红会副会长宴会沪绅商记》，1919年日8月2日）

8月9日晚，出席红会办事员公宴新旧副会长宴会并作讲话，《申报》报道说：

沈仲礼自交卸红十字会副会长后，昨由总办事处全体职员公宴于一品香，并请新任蔡副会长莅陪，以志纪念。席间由沈君历叙红会经过之历史及成绩，并感谢诸同事襄助之勤劳。次由新任蔡耀堂会长发表扩充红

身着西服的沈敦和

会意见,并敦请沈君遇事维持,俾红会事业发展,最后复晤商本月十二日常议会开会事宜。席散,就一品香新建大厅摄影,宾主尽欢而散。(《红会办事员公宴新旧副会长》,1919 年 8 月 11 日)

8 月 12 日,红十字会新任副会长蔡廷干召开沪上常议员会议,当讨论到议长沈敦和辞职案时,王一亭附议,"沈会长服务红会十余年来,舆论翕服,中外咸钦,此次辞职应恳切挽留,以维会务,请付表决。全体起立赞成"。最后仍留任议长一职。(《红十字会常议员会记事》,1919 年 8 月 13 日)

8 月 25 日,以中国红十字会时疫医院院长身份在《申报》刊登启事,叙述该院开办经过,认为该院与红会经费无涉,表示仍将为应对时疫不懈努力。文录于下:

中国红十字会时疫医院院长沈敦和启事

上海时疫医院系敦和与朱葆三君于前清光绪卅三年捐资创设,每年开办数月,原系独立,嗣因敦和兼领红会,同人等决议并归红会办理。今

379

夏,敦和奉令交卸红会副会长事务,新任蔡公尚未莅事,乃有沪上绅商谢蘅牕、窦耀庭八位善士以今年天时不正,时疫恐将剧烈,具函催办并允担任经费,仍举敦和与朱葆三君为院长等情。

敦和以时疫医院为防疫机关,关系沪上安危,未便以告休退老之身遽置民命安危于不顾,爰于七月十号仍在天津路开办。正值时疫大盛,乃广延西医,添购机器,昼夜救治,全活四千九百十六人之多。仍以院舍不敷,乃将敦和管理之公立医院改治时疫,更于大沽路一号大厦开设商学界养病别墅,于租界南北中三处医院同时抢救,疫势得以轻减。医院虽用红十字会名义,而经费系归敦和等另行筹募,各处所收捐款统归慎裕号朱葆三君管理收付,刻已晤唐君露园交割清楚,与红会经费丝毫无涉。现在疫势虽稍轻减,而卫生医官宣告,西九月疫气恐将复盛,敦和筹备未敢稍涉疏懈,而三医院经费浩繁,仍望乐善君子源源资助,俾敦和得竟全功,疫气消灭,恢复上海为无疫口岸,实为幸甚。一俟秋凉,疫气肃清,即当举行中外捐户大会,刊布征信录,以昭大信。(1919 年 8 月 25 日)

8 月 30 日,在《申报》刊登启事,要求同胞谨防时症。

9 月 4 日,因湖北大水成灾,该省督军省长致电沈敦和、朱葆三等,"拟在沪上设立筹赈会,……请仲翁为正会长"。报道说:

鄂省大水被灾区域周围至数百里,人民至百万家,即以汉口论,当江汉并涨时,若非抢堵得力,则前年天津水灾之惨剧又将演之于汉镇商场矣。现在铁路以外,仍系一片汪洋,遍地灾鸿,嗷嗷待赈该省,承葆翁电复慨允并承仲翁函示办法,拜诵之下,感佩莫名,兹拟在沪上设立筹赈会,素仰仲、葆两公为善界泰斗,历办各赈,成效昭著,久为各界所信仰,兹请仲翁为正会长,葆翁为副会长,劳敬翁热心义举并请为副会长,除另备公函奉达外,专此电请,即希察照,所有一切灾赈事宜,仰仗鼎力进行,无任感托。王占元、何佩瑢。江。(《关于赈务之函电》,1919 年 9 月 6 日)

9 月 14 日下午,出席湖北义赈会成立大会,就任会长并作主题发言,筹划赈济事宜,"认募五千元"。报道说:

鄂省灾情奇重,前经该省军民两长电托沪绅在沪设立湖北义赈会,并请沈仲礼、朱葆三、劳敬修为正副会长。该会长昨特邀约沪地热心义举诸绅,在民国路事务所开成立大会,到会者计三十余人。于午后四时开会,首由沈会长起言,今年大水殃及数省,初以为湖北被灾为岁所恒有,不甚注意,及阅日前该省寄来灾图,始悉该省受灾区域周围大至一千余里,缘该灾图以颜色标明水灾,竟占全图十分之七也。嗣又由友人寄到灾片数帧,一为天门外全城沦陷水中,城楼仅有三人,城内之人想皆逃避他处,一种凄凉状况不忍触目;一为潢川县水已涨至半城,城内人民犹不知觉,时正落雨,仍在城上观水,以为涨潮,殊不知上游决口,转瞬该城已淹及矣。其余各照片,或千余人聚积断堤之上,犹以妇女为多,间有攀踞树巅,逃避屋上,要皆无家可归。据汉镇人云,当大水陡涨时,铁路一带全行淹没,若非营兵抢救得力,去年天津水灾又将发见汉镇,第直灾惨剧未见全城沦陷于水者,于此可见鄂灾之烈。其尤苦者,每年被灾,水过即退,今年水无归宿,至今仍是一片汪洋,人民无可逃避。今日急须援救者,第一在散给衣食,其次对于无家可归之灾民,代搭庐棚或土屋,俾可栖身。此次急赈各款最好筹垫,先赴灾区散放,全活之人定不少云。

　继由朱芑臣云及冬、春两赈亦需筹备等语。嗣由关炯之代鄂省灾民道谢,大致谓沈仲礼、朱葆三、劳敬修、谢惠塘、徐诵先诸位先生,今日为湖北水灾义赈开成立会,诸君并非湖北人,一闻湖北陷溺巨浸的呼吁,即大起救灾恤怜的热心,"西铭之胞与为怀,大禹之饥溺由己",何以加焉?炯,湖北人,备员会务,步诸君后尘,奉三君硕划,敬恭桑梓,蒿目时艰,惨痛切肤,铭感何极,请将湖北地方的情势同今年被灾尤重的大略敬对到会诸君一言,湖北上游荆州一带,千百里保障全靠一"万年堤",高出沿江城墙恒数十丈,岁修设有专官,小有陈腐则全省六十八州县人民田庐皆为乌有,故堤以万年命名。平常江水涨盛不至为灾时候,帆樯往来,居民望如鸢飞戾天,则堤内之低下可知已。云梦见于《左传》仅称其利,而附近之沔阳、潜江、汉川各州县地势素称釜底,实播"通省干,釜底熟"之歌谣,举凡川水、湘水、襄水,莫不汇注汉口,然后下达。至于下游低洼,更难详尽,盖万年堤仅能捍拒江水不得灌入,而堤内田庐之低,实达极点,雨水所积,宜泄无方,各州县惟有建筑无数公私堤圩沿堤树柳护之,以为与水争地之谋。圩内被淹则同力庌水,冀有升斗之获,上完国课,下糊身家,圩外之水泛滥,汪洋大都一望无际,夏令风急,白浪滔天,近圩居民只好不顾收成,弃其未及收获稻麦,掘土培堤,预防崩决。圩破幸少,而少数圩内已由田庐荡析,众为鱼矣。破圩一多,则哀此泽国,其何以堪,此炯少时读书乡里耳目所亲见闻者也。炯自弱冠来沪,于今廿年,从未尝以湖北灾浸呼吁邦人父老急难者,皆因寻常偏灾,岁所恒有,湖北就地筹赈,尚可彼此挹注,无待外求也。今年载骨及溺田野,略无干土,实为非常巨灾,务望乐善好施诸君以沈、朱、劳诸君之心为心,救湖北数百万同胞在溺之急,箪食瓢饮莫非义粟仁浆,败絮敝帷同拜解推衣被等语。

末由劳敬修言及,今日承诸君惠临,磋议办法,甚为感谢,惟筹款一层,拟请诸君分认,或捐、或募、或垫,均无不可。当由关炯之认募二千元并自捐二百元,沈仲礼认募五千元,朱葆三垫洋二千元,南洋兄弟烟草公司捐洋二千元,刘万青承募五千元,顾馨一认募一千元。至七钟始行议毕散会。(《湖北义赈会成立大会纪》,1919 年 9 月 15 日)

等待救济的灾民

9 月 15 日下午,出席中国红十字总会灾赈委员会会议,审查湖北水灾一案。其任会长的湖北义赈会全力承担起赈济此次湖北水灾的重任。[1] 报道说:

中国红十字总会因合办湖北水灾一案,前经常议会议决交付灾赈委员会审查,爰于前日下午新钟五时三十分开灾赈委员会审查此案,会员到者为朱葆三、王一亭、劳敬修暨议长沈仲礼等,讨论结果决由红十字会先行筹垫洋五千元汇鄂放赈,此项垫款决由沈仲礼担任,归入湖北义赈会名

---

[1] 池子华:《近代的红十字运动历史变迁》(上),第 324 页。

下募款拨还,表决通过,遂告散会。(《赈务消息汇纪》,1919 年 9 月 17 日)

是月,浙北盛泽一带疫症流行,派医队前往救治。报道说:

> 盛泽前以时疫盛行,由寓沪报界邵仲辉君函商时疫医院沈仲礼院长
> 请派医队前往救治,当经沈君允可派遣刘永心医士并看护数人,带有新发
> 明用盐水注射法往盛办理。兹接该处沈志万、汪菊如、丁小波、周寿芝诸
> 君来函,谓西医到盛开诊,已逾三百号,颇奏奇效,日来疫气已较前略减
> 云。(《盛泽疫症渐减》,1919 年 9 月 27 日)

10 月 4 日,在上海总商会举行的本年度第 20 次常会上被推举为外交股主
任,随后致函总商会,表示碍难常川到会,请随时将外交事件抄稿送交办理。
对此总商会第 21 次常会公议,"办理事件送阅殊为困难,应函沈会董请其常川
到会,以维会务"。(上海市工商业联合会编:《上海总商会议事录》,第 1225、
1228 页)

10 月 12 日,为辞去总商会外交股主任一席致函上海总商会。对此总商会
表示:主任系开会推定,未便另举,仍请沈会董。(上海市工商业联合会编:《上
海总商会议事录》,第 1317 页)

10 月 23 日下午,出席湖北义赈会董事会并报告"募捐放赈情形"。报
道说:

> 湖北义赈会于二十三号下午开董事会,各董事暨正副会长先后到会,
> 首由沈仲礼会长报告募捐放赈情形,暨经收捐款数目,惟查鄂灾太重,所
> 收捐款不敷尚巨,请各董事商筹进行募捐等办法,又云鄂省急赈,其最关
> 紧要者为赈米、棉衣二事,现宜多购棉衣运鄂散放,转瞬天寒正当其急,并
> 陈述鄂灾死人太多,凡被水之难民逃往他乡适值瘟疫盛行之际,故死亡约
> 计十之五六,而疫死之人无人掩埋,臭气熏蒸,又接连发生疫疠,如此传
> 染,故为祸最烈。本会派员到灾区摄影,又该地寄来照片伏尸累累者,皆
> 灾后遇疫之孑遗也等语。嗣又研究董事会组织大纲,推王一亭、杜梅叔两
> 君起草,大约董事会分两部分办事,一财政,一交际,又论及放赈各事,咸
> 以急赈办竣,接办冬赈,再办春赈,即行截止。又以鄂省大水冲溃垸堤极
> 多,如捐款踊跃时,除放各赈外,尚拟办理工赈,兴筑垸堤,为灾民图永久
> 之利。议毕散会已七句钟矣。(《湖北义赈会董事会纪事》,1919 年 10 月
> 25 日)

11月6日,出席上海总商会欢迎英国公使朱尔典大会。

11月10日前后,为湖北义赈会董事简照南慨捐巨款要求"中央"请奖事与湖北军民两长函电往还。报道说:

> 本埠湖北义赈会董事简照南前因慨捐巨款,由会函请湖北军民两长电呈中央请奖二等大绶嘉禾章,已奉明令照准。兹简君以此次鄂灾奇重,愿将前次垫款一万元作为捐款,无须筹还,由会电陈鄂省军民两长。兹将往来原电录下:

> 武昌王督军、何省长钧鉴:前承钧座电请特奖简照南二等大绶嘉禾章,已奉明令照准,简君感荷鸿施,现据面称,前次汇呈垫银一万元即作捐款,无须汇还等语。除由简君电谢外,此事于募捐前途极有裨益,仰企仁施,无任感戴。沈敦和、朱佩珍、劳念祖叩。齐。

> 沈仲礼、朱葆三、劳敬修三先生鉴:电悉,简君乐善好施,慨捐巨款,酬勋之谊本属当然,兹承将垫款一万元又作捐款,见义勇为,有加无已,仁声远溥,真令人敬佩无已也。闻风继起必有其人,仍希广为劝募,是所企祷。王占元、何佩瑢。蒸。(《关于赈务之消息》,1919年11月12日)

11月12日,出席湖北义赈会董事会为董事简照南获二等大绶嘉和章而举行的庆贺会,宣读贺词并发言,认为"因果虽无确凭,为善自然获福"。报道说:

> 湖北义赈会日昨开董事会,以该会董事简照南捐助巨款,由该会电请鄂省军民两长咨准中央,特授二等大绶嘉和章,齐集会所公贺。到会者为杨小川、宋汉章、王一亭、唐露园、盛竹书、钱新之、杜梅叔、教云亭、姚文敷、陈炳谦、许剑青、田资民、路锡三、许奏云、徐诵先、严俊叔、陆维镛、劳伯善、劳泽生。又该会会长沈仲礼、朱葆三、劳敬修适简照南因事赴美,即派其弟简玉阶代表到会。

> 茶点后,首由沈仲礼读贺词,历叙简君赞助灾赈之殷,今日得邀异奖,同人欣快等语。次由许奏云代简玉阶读答词,中有宗兄素抱社会主义,尝以人生利益得之社会仍当报之社会等语。嗣由杨小川演说,谓今日公贺简照南先生得授二等大绶嘉禾勋章,同人等非只贺简君,实贺本会。盖本会能得如此大慈善家作董事,则一切会务胥得其赞助之力而易于进行,故须为本会贺也。且鄙人对于简君答词中有利益得之社会应当还之社会数语,并有特别的感触,特别的佩服。试问社会之人有以己得之利益而愿公

之社会者,能有几人,简君斯语何等阔达,何等慷慨,历来简君所办之善举,不下数十余起,十年来孜孜不倦,其所救之人,盖亦不更仆数,所谓还之社会者,非如是乎。而吾所愈觉感触者,以近来世界文明,善业发达,将来热心慈善者不止简君一人,吾同人当一面作慈善事业,一面护持作慈善事业之人,并愿得各省各处同人之同意而共喻斯旨云。

继由沈仲礼言,简君以实业起家,为善十年,进行不怠,而实业之日有进境与为善之程度相同,因果虽无确凭,为善自然获福,即如上海一隅只见到各省去放赈,从未到他省募捐。中间虽有天灾,但无十分惨酷,亦以沪人士好善之心较为优美,故足以感召天和而无奇灾浩劫也。

复有许奏云略谓,国家之发达应先视其慈善事业如何,善业发达,其国家亦因之发达,沪上为慈善渊薮,本会会长及各董事又皆为开办善业之人。试问各省水旱偏灾何一年不在上海募捐,而募捐办赈之人又皆不出于沈、朱诸公。今日鄙人得逢斯会,甚为愉快,顾鄙人以赈灾事业应分治标、治本两种,治标不过散放各赈,治本则非提倡工业不可。即如简氏昆玉办理烟草公司,只沪、港两厂容纳不下万余工人。若能各处设立工厂则贫民生计自裕,虽遇偏灾,亦无大害,尚希特别注意。末由劳敬修云,鄙人不善言词,不敢多说致误宝贵时光,请以单简数语为诸君告。前日湖北水灾由鄂省两长派鄙人与徐诵先君在沪筹赈,首由简氏昆玉倡垫洋万元启放急赈,于是会务日行发展,又以办理善举须有经验之人维持其间,乃电由鄂省两长,敦请沈朱两君主持会务。复得简氏昆玉垫洋万元改为捐助,又承诸公多方募集,业经请人到鄂放赈,惟来日方长,冬春两赈均须筹备,尚望诸公尽力赞助等语。演说毕,并由王一亭每人散给流民图一帧云。
(《湖北义赈会董事会纪事》,1919 年 11 月 14 日)

1920 年 64 岁

1月8日,作为会长,出席药业伙友联谊会成立会并"报告开会理由",主张劳资"双方协商,以期妥治"。报道说:

药业伙友联谊会昨假四明公所开成立大会,到会同业三百余人,正会长沈仲礼,副会长王乾康,坐办董事章芝麟等皆出席。午后二时,摇铃开会,经众公推沈正会长为主席,报告开会理由,大致谓,鄙人承推为主席,谊不敢辞,惟今日到会者,多系伙友一方,经理方面,到者无多,况所拟简章,并未事前分送各同业研究。鄙意拟另行择日,邀请各经理到会,双方协商,以期妥洽,今日作为成立会,请诸君公议施行云。次由王副会长将拟定简章宣诵一过。次公推司年六人,以殷山龙、蔡茂槐、叶瑞斋、施琴堂、方庆和、洪蒡延当选。次来宾童理璋、陈炳云、杨良贵等相继演说毕,相与合摄一影,以志纪念,散会时已钟鸣五下矣。(《药业伙友联谊会成立会纪》,1920年1月9日)

另据《申报》报道,不久沈敦和辞去该会会长一职。(《药业友谊会会长就职》,1920年4月2日)

2月8日,汉冶萍铁厂煤矿公司第十一届股东会举行,当选为议董。(《汉冶萍公司股东会纪事》,1920年2月9日)

2月25日,中西女塾董事会为该校增建校舍募捐董事开欢迎会,与唐绍仪、穆藕初、朱葆三等沪上名流到会。

3月14日,赴盛(宣怀)府祖先堂参加盛氏遗产拈阄仪式。(丁士华整理:《盛宣怀遗产分析史料》,《近代史资料》总111号)

3月15日,为时疫医院扩建并请张元济担任董事,与朱佩珍致函张氏。函及张回函录下:

> 菊生先生大鉴:敬启者,沪上之有时疫医院,系弟(和珍)所发起。因见夏秋之交沪上患时疫者甚众,而苦无善法以治之。适英国柯师医生新发明用盐水注射法治疫,立能起死回生,当即凭屋开办,成效昭然,时为前清光绪三十三年夏间也。历届捐资开办,均能救治危症千数百人。屈指至今,已历十三年之久。去夏时疫盛行,求诊较众,计开办四阅月,共救痊七千五百余人。惟以屋小人众,实不能容,不得已分寓公立医院及商假仁济善堂之大沽路一号房屋,姑敷应用。本届公议购地建造医院,以为永久之计。已购定大世界对面道契地九分零,复租新普育堂与该地毗连之地一亩贰分。现在造屋图样绘成,亟须建筑。惟扩充之始,非赖群策群力,不足以策进行。素仰先生热心公益,胞与为怀,务祈俯允担任该院董事,以裹善举,是所盼祷。再建筑需费,拟由柯师君向工部局募捐。此项捐启除由(和珍)签名外,拟请阁下签名,尚祈勿

却,为荷。专此。敬颂台安。

弟沈敦和朱佩珍谨启 三月十五日

仲礼、葆三先生大鉴:前日柯师医生赍到惠书,诵悉。时疫医院之设,成效昭然。兹将力谋扩张,蒙辱函商令担任院董义务。以二公之高谊与柯医之热心,得获追随,诚属执鞭忻慕。第恐才庸力薄,不足以赞助高深耳。鄙意能多邀商界中有德望者数人同任兹事,较有裨益,业将此意面告柯君,度已转达左右。至募捐公函,据柯师君言,业已送交工部局,签名一节自可无庸议矣。肃复,敬颂德安。

弟张元济顿首 九年三月二十日(张元济:《张元济全集》第二卷,商务印书馆 2007 年版,第 222—224 页)

3月22日,参加盛氏遗产清理小组第七次会议。(丁士华整理:《盛宣怀遗产分析史料》,《近代史资料》总 111 号)

4月4日下午,出席广济医院开幕式。

6月5日,四明公所为建造虹口北厂募集捐款设立总办事处,与周金箴等5人被推举为总主任。(《四明公所北厂募捐见闻》,1920 年 6 月 6 日)

6月6日下午,出席四明公所常年大会。

6月8日,为要求湖南停战事,与沪上各大慈善机构和著名人士列名致电,向各方呼吁。(《仁济善堂发起劝息湘战》,1920 年 6 月 9 日)

6月15日,为湖北义赈会结束事,与朱佩珍、劳念祖致电湖北军民两长:

武昌督军王省长何钧鉴:敝会遵照钧命,已于夏历四月二十九日停止,一律结束,会内卷宗账目等件,统交徐诵先君接收,并由徐君移归义券局内办理征信录,以清手续,所有敦和等交卸职务,理合肃电敬阅,沈敦和、朱佩珍、劳念祖叩。寒。(《湖北义赈会之结束》,1920 年 6 月 16 日)

6月19日,根据沈敦和呈请,北洋政府给予中国红十字会常议员宋汉章五等文虎章、驻海参崴医队理事朱礼琦六等文虎章。(池子华主编:《中国红十字运动大事编年》,第 42 页)

6月24日,《申报》报道沈敦和病危消息,报道说:

近闻前红十字会副会长沈仲礼患病甚剧,据其戚云,沈氏患病已久,近则更形危重云。(《沈仲礼患病纪闻》,1920 年 6 月 24 日)

387

是月，应甬上裳荫诗社之邀，为该社所编的《裳荫书社初集》作序。其文曰：居今日尚谈诗耶，今日所最急者，西学其大端也。有人焉举世不为之时而毅然为诗，未有不非而笑之者。然能于举世不为之时而奋然为诗，不可谓非豪杰之士也。吾华为数千年文明古国，文字精美冠于全球，使听诗学沉沦，岂不重可惜哉。吾乡裳荫诗社诸君有见于此，互相唱和，以维风雅于不坠，或抚今吊古，慷慨激昂，或啸月吟风，缠绵婉转。现将初集梓而行世，其保存国粹之心有足多者，至文字之优美犹其余事也。中华民国九年夏历四月鄞县沈敦和识于沪上之退思斋。（春晖丛书之二：《裳荫书社初集》，1920 年印行）

7 月 5 日下午，5 时在上海寓所病逝。[①] 次日《申报》以《沈仲礼逝世》为题报道说：

> 前红十字会副会长沈仲礼患病多日，于昨日下午五时在白克路退思里寓所逝世。闻沈君享年六十四岁云。

同日其家人也在《申报》等刊登讣告：

> 沈仲礼大人于民国九年夏历五月二十日寿终白克里寓所，择于念一日申时大殓，特此报闻。
>
> 沈公馆家人叩禀

同日，在《申报》同一版面，沈仲礼儿子沈厚生刊登"退保声明"。文录于下：

> 家严仲礼公痛于民国九年夏历五月念日申时弃养，所有生前为人担保作中，无论口头及契约签名者一律作为无效。特此声明，诸祈公鉴。
>
> 棘人沈厚生

同日下午，发起筹备的时疫医院如期开幕，"中外人士咸往观礼"，只是已不见筹备者沈敦和的身影。

7 月 6 日，大殓之期。次日《时报》报道说：

> 昨日下午四时沈仲礼举行大殓，政界、商界、实业界、慈善界以及外人

---

① 4 年后即 1924 年中国红十字会在所编纂的《中国红十字会二十年大事纲目》中记载 1920 年 7 月 5 日沈敦和病逝一事时称：自前清光绪甲辰二月，至是年前后十七载，沈君主持会务，论开创则百世不祧之祖，论慈善则万家生佛之宗。民国八年四月，奉政府令，开去副会长职，仍由常议会公推议长。至是卒，闻者同深悲悼。

1920 年 7 月 5 日下午,没有沈敦和的时疫医院开幕合影

至宅吊奠者数百人,素车盈门。赵君茎波为之经纪丧务,顷停柩堂中,举殡之期闻尚未定,沈君创办之时疫医院则下半旗志哀云。(《沈仲礼昨日大殓》,《时报》,1920 年 7 月 7 日)

7 月 9 日,沈氏担任名誉会长的环球中国学生会在《环球中国学生会周刊》第 39 期上发布其逝世的消息,文中对其一生事业多有回顾。文录于下:

沈仲礼先生逝世

本会名誉会长、前红十字副会长沈仲礼先生,患病多日,于五日下午五时,在白克路退思里寓所逝世。先生享年六十四岁,生平所办慈善事业,如红十字会、时疫医院、公立医院、湖北义赈会,颇著成效。沪上人士,得此噩耗,莫不同声惋惜。先生在前清时,先留学于英,入剑桥大学读书,后回国治理泰安府多年①,又参与军务,得将军衔。吴淞之大炮,系由彼购置,吴淞之为重镇,沈实有功。辛亥革命,沈为红会出力,颇受中西人之欢迎,当时救济难民最有功。一九一三年二次革命,沈又救受伤者,其左右之人亦尽力视事。在太平时,红会救济水灾及饥荒,亦同一尽力,如上海

---

① 此说仅见诸本文,没有其他资料可资佐证,故本书没有加以采用。

之时疫医院及上海公立防疫医院，均由彼创立。沈氏亦周旋于商业之中。中国合众保险公司（即华安）系彼手创。又为招商局办事多年，更任商会会员十余年。中外政府，均赠与奖章。瑞士开万国红字大会，可克思顾士述沈氏之事业，全会闻之赞称不已云。

●沈仲禮先生逝世

本會名譽會長、前紅十字會副會長、沈仲禮先生、患病多日、於五日下午五時、在白克路退思里寓所逝世、先生享年六十四歲、生平所辦慈善事業、如紅十字會、時疫醫院、公立醫院、湖北義振會、顧著成效、渴上人士、得此噩耗、莫不同聲悼惜、先生在前清時、先留學於英、入劍橋大學讀書、後回國治理泰安府多年、又參與軍務、得將軍衔、吳淞之大砲、係由彼購置、吳淞之為重鎮、沈實有功、

相关报道影印件

同日，《新闻报》以《沈仲礼之传略》为题详细介绍沈敦和生平事迹。文录于下：

沈敦和，字仲礼，浙江鄞县人，英国剑桥大学毕业，回国以同知在江苏候补，充水师学堂提调，因办海防出力，升知府，保道员。张文襄督两江，以甲午中日之战知中国之兵不可用，因创立江南自强军，延聘德国将弁教练，自招募至成军，皆公一手经理。成军后，即委公为自强军营务处，移军吴淞，三年教成该军为中国第一，刘忠诚保荐使才，以公首荐，奉诏以军机处存记。旋以刚毅不喜洋务，正在江南查办事件，即奏劾革职，遣戍军台。庚子拳匪之乱，公往张家口说止联军，保全商家财产及妇孺生命，当地人为建生祠，由察哈尔部统奎顺奏请开复原官，在张家口办理，既而联军又

出居庸关西犯，二次说退敌军。山西巡抚岑奏调赴晋，办理交涉，派赴固关退敌。当在固关说退德法洋兵，委署山西冀宁道篆，督办全省洋务局，办理晋省教案，争回权利，在款内提出数十万创办山西大学。凡该省邮政警察皆公一手创办，开通风气，厥功甚伟。既奉委赴京城，议办口外七厅天主教案，至京委充矿总局提调，旋办理开平煤矿，永平、建平等处金矿。继因路矿归并商部，回沪委办沪宁铁路总管理处。公知国事日非，决意改仕就商，创办华安火险、人寿两公司，并任通商银行总董。日俄之役，东三省旅居华人欲归不得，公约同中外绅士及施子英、任逢辛诸君创立万国红十字会，募捐派遣救护，至难地救导难民出险，计被灾人命十三万一千一百七十七人，被赈者二十二万五千一百三十八人。瑞士红十字会闻之，函驻英使臣张德彝请中国入会，清廷命德彝至瑞士补画会约，中国之入红十字会实公导之也。

　　辛亥起义，公在红十字会，派遣医药救护，赴鄂省办理救护，成绩最著。民国成立，奉前大总统袁任命吕海寰为中国红十字会正会长，公为副会长，于是专办慈善事业矣。先是清光绪丙午夏，江淮水灾甚重，公与英商李德立倡办华洋义赈会，劝募中外捐款共约百六十万元。宣统庚戌皖属水灾又巨，公举美人福开森复办华洋义赈，再募中外捐款，凡得一百四十余万元，全活无数。又光绪戊申秋，上海时疫大行，西人恐其传染，特设医院，而华人不愿往。公知西医柯师发明盐水注射机器，可以起死回生，乃就上海租界自设时疫医院，倡捐五百元，其余悉数劝募，每届赁屋创办，成效极著。庚戌十月，上海鼠疫作，租界工部局饬医按户检验，居民苦之，几成大变。沪绅庄葆笙、陈炳谦偕公往工部局辩难，以自立医院，请得其许可，认公为有办医院资格，惟以四日为限，公慨然应之。粤人张子标以宝山境之补拙园相让，议值四万，仅收三万三千金，其余捐助，而中国公立医院于是成乎。工部局亦心折并出示谕，凡华人患疫，其验诊治各事归公立医院办理。其后经费无着，由公呈请清廷补助，批准每岁在海关码头捐项下拨洋万元，以为常费。每至经费竭蹶，公以镇江私产抵押现款垫用，至今尚未还清，其热心公益如此。民国八年，时疫极盛，救痊又多，以天津路赁屋不敷应用，本届购定大世界对面西藏路地亩，建筑洋式医院，为永久之计，日夜赶造，于前月底竣工。七月五号开幕，中外人士咸往观礼，而公即于是日下午作古矣。

7月 25 日中午,出殡仪式举行。次日《申报》报道说:

> 昨午为前红十字会副会长沈仲礼举殡之期,商、学、政、医、军界人员执绋者甚众,西人与沈氏有交谊者亦冒雨送殡,直达闸北沈氏山庄,白马素车,仪从甚壮。(《沈仲礼出殡纪》,1920 年 7 月 26 日)

附　录

附录一：文献辑存

一、沈敦和
南苕外史著
绪　论

吾尝驱车北游，览居庸、雁门之胜，道出井陉、固关之间，与其黄童、白叟相问讯，见有家家丝绣人人尸祝者，询之，则曰："沈敦和也。"归而止于上海洋场十里中居民鳞次栉比，见有家家丝绣人人尸祝者，询之，则又曰："沈敦和也。"吁！沈敦和犹是人耳，何令人感受若此。既而考其生平行事，观其所以动人之处，而后知沈敦和者兵家也，外交家也，慈善家也，教育家也；且知其材之所由成，名之所由盛，实于地理上、时势上有重要之关系者也。

吾国人有恒言曰："何地无才？"此浅言也。人才之兴也，因乎地理，实因乎时势。周秦两汉之间，声明文物，悉在中原，故产才以黄河流域为最盛。其后五胡猾夏，神州板荡，契丹、女真缺我金瓯，中原丧乱，民物凋敝，而名臣硕辅、文苑儒林彪炳史册者，乃多产于长江流域。此其信而有征者也。晚近海禁大开，强邻逼处，沿海之民痛切于剥肤，祸深于毁室。父诏其子，兄勉其弟，殚精瘁志，发愤为雄，而海滨之人才出，而浙江之宁波遂发现一沈敦和。

浙江东偏于海，宁波实为巨镇，舟山群岛环其前，而绍兴、台州诸郡左右萦带，其地饶衍，其物殷阜。自道光时，即为通商口岸，故其民稔知外人之性质，以受侮之多也，故尤富于团结之能力。糊口四方，务勤远略，故风气开通而达于时变。萃种种之特色，以钟于沈敦和一人之身。天之生才，非偶然也，山川发灵秀，时势造英雄，沈敦和亦时代之骄儿哉。

吾奇沈敦和之才，吾尤奇沈敦和之遇。敦和之留南洋也，以刘坤一其去南洋,而遣戍也以刚毅。成败之故,恩怨之分,庸耳俗目所为震惊者也。自吾观之,敦和在南洋,官不过道员,位不过总办,峨冠博带,虚与委蛇,即有补救,其亦几何? 故使敦和而不遇刚毅则平流竞进,一寻常官场中人物而已,其不能有近十年之事业,断然可言也。孟子曰:"天降大任于斯人也,必先苦其心志,劳其筋骨,饿其体肤,空乏其身,行拂乱其所为,所以动心忍性,增益其所不能。"自古英雄事业,无不成立于艰苦之中,其受磨折也愈多,其成事业也亦愈伟。刘坤一之遇敦和,诚不若刚毅之厚也。得一知己,可以无恨,沈敦和有知己两人,此所以成为今日之沈敦和乎?

庚子以前,訾沈敦和者,曰营私,曰媚外,台臣讦之,相臣弹之,嚣嚣然不理于口。而揆其致此之由,则以其时朝野上下茫然于世界之大势,深闭固拒,习为夜郎,见有通洋文谙敌情者,贱之为细崽,诬之为汉奸。非必有恨于其人也,意气所激,流为刻酷。以李鸿章之元勋重望,而甲午一役,汉奸之名,见于章奏,则敦和之被谤,犹其小焉者耳。庚子大创,风气一变。而后敦和之所作为,乃能合乎社会之心理,投袂而前,势如破竹。此中曲折,当局者或未了然,而自吾人旁观之评论,譬犹铸鼎燃犀,秋毫不爽。故敦和之名誉,实因时势而转移者也。

敦和生平行事,所深入于人心者,一为燕晋之弭兵,一为中国公立医院之成立。弭兵之事,拔之水火而登之衽席者也;医院之事,知民之疾苦,而因时立制者也。鲁仲连有言,所贵乎士者,为人排患难,解纷乱,而无所取,敦和其仲连之亚欤。虽然良医之可贵也以活人,人才之可贵也以活国。世有非常之才,而仅以解纷排难,小试其端,天下之人,群然而誉之,是岂怀才者所乐闻乎? 夫小用小效,大用大效者,人才之本色也。有人才而不用,用人而不尽其才,则宰相之过也。国之不竞欤,人之多忌欤。吾著此书,而感不绝于予心焉。古之论人者曰"盖棺论定",沈敦和今健在也,行百里者半九十里,其前途若何,吾诚不敢预为论定。特论其陈迹,则才具之卓卓,声名之赫赫,今日中国五十岁以上之人物,三四品以上之职官,诚无有能与颉颃者。此非吾阿私所好也。以镜为鉴,则知美恶;以人为鉴,则知是非,沈敦和者,当今政治上社会上之一鉴也。知此者,可以读吾之沈敦和。

沈敦和之发迹
沈敦和之家世及出身　南洋之调用
大吏之宠任　沈敦和之官阶

沈敦和,字仲礼,世业茶商,父雄始为儒,充尚书崇厚文案,随崇办理五口通商事宜数年。知办洋务,非通西文不可,又以通异国文语,非引置庄岳之间不可,挈敦和家于上海,延英人至家,课英国文语。学成游美,复由美至英,肄业甘桥大学学法政,时光绪初年也。

光绪辛巳,刘坤一方督两江,值美国教士于江宁城中正街高起洋楼,与万寿宫对峙。刘以体制所关,令教士改作,教士不从。洋务局员无能发策助刘者,刘患之,思得谙外国法律之人。时中国学生在他国习法政者,敦和最著闻,或以语刘。刘乃调敦和至江宁,与教士交涉,七日而教堂他徙。刘奇敦和才,不令赴英,留南洋差遣。

当是时,中国发捻回苗诸匪皆平定,疆吏之有深谋者,方以外患为忧,稍稍讲求时务,优礼新学人才。敦和在南洋,初为金陵同文馆教习兼管理员,继充水雷鱼雷学堂提调。甲申中法之役,朝命龚照瑗驻上海,办海防粮台,调敦和往助,出奇计济师台湾,以功保县主簿,是为敦和得官之始,语详下篇中。中法行成后,江南大吏注意江防,奏设沿江炮台,并用英国八百磅十二寸口径大炮,安设吴淞口外之南石塘、狮子林等处,延英国炮台工程司营造。敦和先为邵友濂参赞,赴英议洋药税厘并征条件,至是归国,即为监造炮台委员。

光绪丁亥,直督李鸿章、江督曾国荃,组织南北洋海军联队,设江南水师学堂,造就海军将才,檄敦和为提调。敦和度地江宁威凤门外,建筑校舍,规制焕然,功速而费省。延英国海军名将希而逊为教习,已在途矣,英海军部以希之去职也,驾船追之,及新加坡获希而归。敦和引为大辱,遣律师赴英,助希讼海军部得直,英送希至江宁为教习。时校中洋教习尚有数人,敦和于洋教习礼貌甚周,而考勤察课,无所假借,故水师学堂成绩大著。其后学生卒业,礼延英东方舰队海军大将,至江宁考校。英将以考卷寄英评甲乙,诸生遂得英海军部毕业文凭,识者皆服和办理之善。

顷之,中日战事起,海疆戒严,刘坤一重莅两江,督办江防,檄敦和安设吴淞鱼雷,防日人南犯。其后刘督师山海关,张之洞署督篆,复以敦和为南京、镇江、江阴、吴淞四路炮台提调,巡江督操。时敦和已由县主簿历保至同知江苏候补矣。事平叙江防劳,晋知府。逾年以总办江南自强军营务,特擢道员,迭次奏保,以海关道及出使大臣记名。光绪戊戌,吴淞开埠,敦和又为开埠局总办。

敦和自以学生留南洋,所遇大吏,若刘若张若曾左,皆吾国近三十年来有名人物也。而左与张,尤尚意气,号难事,然皆器重敦和。以故在南洋十余年,奉檄驱驰,日不暇给,盖江南一红道台也。咸同以后,各直省候补人员,少亦数千,多或盈万,其中必有三数人为督抚所倚重。此三数人者,车马盈门,案牍山积,同官侧目,号曰"红人"。红人之名词不见于史册,特时时为官场所称道,督抚或一易或数易,与红人必有绝大之关系。先笑而后号咷者,声相和,踵相接也。敦和之见重于上官,虽原因不同,而其为红人则一。"祸兮福所倚,福兮祸所伏"。敦和后来之被谴,实于为红人时见其端矣。

兵家之沈敦和
自强军之缘起　自强军之军制　自强军之条教
西宾之观操　英舰之交涉

沈敦和之在南洋,被差遣者屡矣,而创练自强军一事,规模宏整,壁垒一新,尤足令人注意。昔田穰苴诛一庄贾,而世即传其兵法。敦和之创制显庸,殆亦兵家之选哉。

兵家之大要有二:曰兵谋,曰兵制。兵谋存乎其人,而兵制则因乎其时。曾文正之言曰:用兵之道,随地形敌势而转移者也,岂有可守之法,不敝之制。中国兵制之当变,文正已逆睹之矣。谋国浅夫狃于前胜,习故蹈常,因循坐误,而甲午中日之役,遂一败而不可收拾。

敦和夙有知兵名,时方为江南四路炮台提调,忧时感事,抚髀而叹。会南洋大臣张之洞下令求言,敦和遂上条陈,略谓绿营暮气太深,腐败已达极点,不但进不能战,亦且退不能守,宜招募江皖朴实少年子弟,练新军万人,游兵溃勇,一概不收。环球陆军以德国为最,宜聘德军将弁来华教练,俾成劲旅。营哨各官,悉用陆军学堂毕业生,方免绿营习气,可收克敌致果之效。其言切中时弊,张之洞大然之,为奏闻。朝旨报可,张檄敦和为提调,开练自强军。江南之有自强军,自敦和始也。

敦和之以知兵名江南也,始于甲申中法之战。其时法兵围台湾,台湾孤悬海外,刘铭传奉命为巡抚,只身渡台。其铭军旧部,及粮饷器械,均以法军围急,内外声息不通无由达。敦和佐龚照瑗,在上海用密计租英国轮船三艘,令铭军军士效煤矿小工装束入船,粮饷器械,别为一船,船悬英国旗,以重金雇英国死士驾之,灭灯火,乘黑夜渡台,往来者十数次。凡运军士七千余人,枪四万余支,炮十二尊,银五十万两。刘抚方困守,得此乃稍苏。有船名华安者,为法军所获,船上军士以易装故,搜查不得痕迹。法人拘禁之数日,英水师提督出而干预,遂得释。又有名威物利者,亦见获于法军。敦和用英人出面,至西贡控之,得直放还。当是时,台湾危甚,然终不为法陷者,敦和与有力焉,敦和之名由是著。

敦和既任自强军提调,延德国游击来春石泰为全军统带。其营哨各官,均以德国将弁为之,别设副营官、副哨官名目,选武职中壮健有志不染习气者为副营官,选天津、广东两处武备学堂出身之学生,为副哨官。操练之权,悉归洋将弁,约束惩责之权,则专归华官。营哨官有缺额者,即以副营、副哨推补,部伍人数,悉仿德国军制。以饷巨难骤集,乃先练步队八营,营二百五十人,分五哨;马队二营,营一百八十骑,分三哨;炮队二营,营二百人,分四哨,设随营医官、枪匠、兽医及军乐队。事甫集,而张督委道员钱德培总办营务处,敦和即辞差,专任炮台提调。不数月,督署亲军右营管带邓启发与德将争操场,启发刺伤德将,德兵舰直逼金陵下关,久之乃退。刘坤一时已回任两江,以德将驾驭难,奏擢敦和道员总办营务处。

敦和言于刘督曰:"金陵风气未开,愚悍之民少见多怪,洋将居此,易酿衅隙,莫如移军吴淞,便于教练。"刘以为然,遂移自强军屯吴淞。敦和待德国将弁礼周情至,然有违军法者,必惩处不稍贷。德弁某骄悍,无故殴辱营兵。敦和闻之,即诘责来春石泰,勒令该弁回国,洋将凛然,莫敢犯。敦和禀定自强军营规:

一、此军之设,端练洋操,名曰自强,中存意义,营哨各洋将弁延聘来宁,责成教习。该副营哨官等多系武备学生出身,及曾经历练军营者,因能晓习洋操,始蒙委任,不得以稍知门径,轻视洋员,令生怠心而堕成效。间有副营哨官精通西学,尽可于洋员教练之外,时与兵丁尽心讲授,不必概恃洋员之督课,力图自强,尤见顾名思义。一半年后,推广练兵,该副营哨官等,展厥才能,自可表见。今当创始,慎勿与洋员失和,致乖名实。

一、各副营官有帮带全营之责,自宜洁己奉公,以端表率。凡副哨官、排长、兵丁人等,均归约束。如有不遵调度者,副哨官则禀候查办,兵丁则立即重惩。

一、逐日操练时，该副营官率同副哨官等，督队齐赴操场，会同洋员认真教练。该兵等甫经入伍，步伐多有未谙，该副营哨官等尤当不惮烦劳，随时指点，以期明白通晓。

一、该副营哨官等当与洋员和衷共济，不得各存意见，或洋员稍有不合，应念主客之谊，略予包容。如实在遇有侵陵情事，禀候本处核办。

一、副营哨官等奉委是差，务求尽职。如操练不勤，约束不严，及行谊不谨者，本处访查真确，分别禀撤降调，一秉大公，各宜自励。

一、副营哨官等遇兵丁与外人滋闹，查拿到营，准用笞棍惩责。如情节较重者，即禀候本处核办，或发交地方官讯究，不得滥用非刑，违者议处。

一、副哨官等与该管副营官相助为理，除随同全营操练外，余时各将本哨兵丁严加约束，善为教导，本处凭功过为升降。该副哨官既以勤惰为荣辱，如实不堪胜任，查核情形，或予撤差，或降排长，概不瞻徇情面。

一、各营翻译逐日同赴操场，传授口令，不得误差，并与兵丁讲明华洋语言，俾易领会。平时并可与洋员讲论一切，藉以增长语言文字之学。

一、步队数营内，有奉发三班学生随同学习，原属一时权宜，但既奉发入营，即宜听从该副营官督令，随同排长，逐日操练，约束一切，悉照营规。如或不遵，即行禀革，各该副营官亦不得曲为包庇，自贻伊戚。

一、排长一名带领练兵一排，帮教步伐。操时故当悉心教练，平时亦宜随时讲解。如该一排操法一切，尤著勤能，准将该排长记功几次，或记大功几次，以副哨官候升。如不堪充当排长者，降为正勇，若更有违犯情事，照例严惩。

一、排长人等如以洋将为护符，藐视华副营哨官，此等排长，无论技艺如何精熟，心术已不可问，一概屏斥。

一、军中传令，以号鼓为凭，各营号手鼓手，专司其事。如有违误，按事大小，分别责罚。

一、各营兵丁，如有结盟拜会、妖言惑众、奸淫妇女、劫夺财物、扰害民间等事，立请大令枭示犯事地方。

一、各营兵丁，每日由副营哨官点名数次，并不拘定时刻，或迟或早，兵丁不准擅离。如临点不到者，每一次罚扣饷银一天，按次加算。若屡次误点者，除罚饷外，并予棍责。所罚之饷，即以备赏勤谨之兵，按月榜示，造册呈报。

一、各营兵丁倘有不守条规、不遵洋将弁训练者，随时由洋将弁知照该副营哨官，酌量惩儆。其有沾染嗜好顽钝不灵者，由洋将弁会商副营哨官，随时责革选补。

一、各营兵丁遇有疾病,均令就医官诊治,不取分文。其有捏病请假者,一经察出,交由该副营哨官惩责,概不给假外出,以防规避。

一、各副营官处预立兵丁花名号簿,每月一本,凡兵丁于操毕时,偶须出营,先禀由副哨官饬排长禀明副营官,给发号签,始准出营,即于号簿该兵名下,登注某日某事,挂号若干时,以凭查考。签上书明限何时刻回销,过限不回,按时罚扣饷银几天。每一队不准二人同时挂号,每名每月挂号不得过四次,逾次数者罚饷。

一、各营兵丁禀领号签出营,或须购备物件,务当公平交易。如有硬赊强买、恃蛮滋闹及酗酒打架等事,著插耳箭游营。

一、各营兵丁每日操练时,务听洋员教法,细心学习。如操练勤奋猛有进功者,以罚存之饷酌赏,或著记名,最优者以排长候升。若漫不经心,毫无长进者,罚扣饷银半月。若仍不愧勉者,革除递籍。

一、各营排长、兵丁不听洋员教练,不遵副营哨官约束者,从重究办。

一、各营排长、兵丁、火夫人等不准吸食洋烟,及酗酒、赌博、口角、争殴等事,有一违犯者著插耳箭游营。

一、营中不准喧哗,以及容留本家亲戚闲杂人等,违者按名罚饷二日。

一、营门轮派二人,设立号簿,严查出入。本营兵丁,非身穿号衣,手持号签,一概不准放出。如兵丁私出滋事,将看门人一并查究。如该兵不服拦阻,许即禀明副营哨官,从严究办。至外人有公事到营,亦须询明登号,始准引入。

一、各营饷项,除饭食外,排长、号鼓手每名每月七元,正兵每名每月五元,火夫连饭食共洋五元。除饭食三元外计工洋二元,每月由支应局分上下半月两次,委员到营,会同华洋营官,点名散放。

一、各营兵丁人等,因犯事斥革者,概不发给存饷,所扣饷银留作奖赏,随时呈报查考,即于委员放饷册内该兵名下注明。

一、各营排长、号鼓手、兵丁、火夫人等,饭食肉食钱文,每名每日洋一角,由官给办。副营哨官等,仍不时查察是否尽钱备办,饮食是否合宜。各厨丁有侵吞情事,著罚扣饷银十天,若系肥私,严行责革。

一、各营兵丁承领洋枪,为逐日必须之要器,操演完毕,各兵应同排长各自擦洗,勿任锈涩损坏。其炮队需用炮位,应由副营哨官督饬勤擦。

一、各营马匹各有主名,该兵等不得私乘,妄行驰骋,致滋事端。各兵务将马匹尽心喂养刷洗，倘有瘦毙，从重罚办。

一、各营排长、兵丁，领过衣裤快靴，著该副营哨官传饬爱惜。逐日赴操及挂号出营，务令遵穿在身，不准便衣擅出。如或私行典卖，重责追缴。其因过革除者，著将衣裤快靴一律呈缴，由副营哨官收存，留给补充之人。

一、各营名册，各有互保五人，送呈在案。此五人须互相查察，勿令私逃。如逃兵并将衣裤靴子穿去，一面行文通缉，一面由副营官著令互保五人赔缴衣裤价值，一半在饷项内扣抵。本哨副哨官及队排长失于觉察，亦著分赔一半，仍即制置一套，呈交副营哨官存给充补之人。如兵丁私逃，衣裤存下，著将互保五人，各扣三日饷银，以示薄责。

一、排长，兵丁人等，遇有过犯，分别情事大小，罚扣饷银几天。所罚之饷，归该副营哨官收存，开明事故，榜示营门，并呈报本处查考。如有勤奋之兵，操练猛进者，即于此项内酌拨奖赏，仍榜示营门，并具报备案。庶军营各知劝惩，而赏罚均归公允。

一、以上诸条，无甚委曲繁难之事，原期易于遵守，各营上下人等，务各一体凛遵，毋稍懈怠。

按自强军营制，为敦和所手创，华洋杂糅，故营规亦与他处不同。备录之，为言兵者甄采焉。

自强军自光绪丙申六月开练，十二月成军，明年三月大阅于吴淞。敦和先用德国阵法，分全军为左右翼。以德将柏登高森及南尔都福为翼长，禀请南洋大臣加札委任，除隙地为操场。会操之日，各国领事随员将弁商人来观者，几二百人，自强军步队、马队、炮队皆出队，初演走阵，次演步队第一营放枪手势，三演步队第七营战攻法，四演马队下马操矛法，五演右翼四营合操手势枪法，六演炮队两营攻战法，七演左翼四营攻战法，八演马队上马进退冲突法。每演一阵，纵横挥霍，皆有节制，士马精强，衣服整洁。西人观者，谓可抵泰西强国练过二年之兵，且言上年中东之役，若以此军临阵，战事结局，必异昔日，而炮队、马队之精敏，西人尤叹赏不置。

敦和知自强军可用，欲遂练成劲旅，乃与统带来春石泰协谋进步，上书刘督，略言打炮靶诸法自应次第练习，而最要者为操目力，定敌人远近法。其法绘人于靶，头面眼耳口鼻悉具。譬先置立六百密达远，试令兵丁瞄望，问以所见之状。初必见靶不见绘人，或见人若干长，乃逐渐移近若干密达，每近一次，必于绘人所见渐真，人身加长若干，至头面眼耳鼻口，一一了然而后已。乃又日渐移远，则目力先已练准，虽每移稍远，而所见绘人，仍为不差，递远至六百密达，而一如近时之所见，是目光引之而愈长，目力练之愈准也。至六百密达，而见人面眼耳口鼻，则前此试练之时，譬如见人身长一尺，则知距若干远，身长八寸，则知距若干远。而又随时试设一靶，令兵测望距若干远，缘每五步合四密达，较准无讹，随另派人步量考验，渐久渐准，临敌远近，一望而知，枪炮自无虚发。此法学成，庶称劲旅。又言德国军制，设有工程队，不特河道桥梁、伐木平道、架搭浮桥，是其专责，并可装载粮粮、清水背包及备带应用器具，实为行军不可少之需。是军营有工程队，而一军始全。如于现有步队各营中，挑选兵丁百人充当，则饷粮无需另给，惟置备材料器具，约需万金。又请将自强军炮位，换用新式六生的快炮。又请留来春石泰在吴淞，教练盛字合字等营将弁，并以自强军总台官萨镇冰为营务处会办。事多为刘督所许，由是自强军成绩日著。其后德亲王亨利来江南观操，惊其进步之速，深叹异之，犒赉甚厚，自强军名闻中外。然敦和始谋练精兵万人，张督奏请先练五千人，实止练二千数百人，以饷绌故，未能尽如敦和议也。

是时，国兵新败，泰西诸强国交乘其敝，兴师而来，索地而去，沿海要隘皆不守。光绪戊戌冬，英国海军提督波勒、总兵柯立，率战斗舰巡洋舰水雷艇一大队，突至吴淞口，泊自强军营外。航路充塞，商轮不行，海关河泊司诘责之。英将言此系国际交涉，兵舰例得自由行动，非海关所能干预。英领事又照会上海道蔡钧，谓英兵在船久，欲登岸借自强军余地作操场。刘督闻之，大惧，电商敦和。敦和言，一月前德国兵至胶州湾登岸，胶将章高元不知抵拒，胶州遂为德据，殷鉴不远，登岸万不可允。因令自强军持枪列队，日夜戒严。一面飞禀刘督，言若英兵必欲登岸，我军惟有开炮拒之。此事由英寻衅，非自我开衅，今日宜决一死战。刘督以自强军新练之师，未可轻战，不许。敦和与会办萨镇冰谋曰："战则开衅而死，不战而退守失地亦死，死一也，退而死，毋宁战而死。"军士闻之，皆慷慨奋厉，勇气百倍。刘督恐失和，令淮军统领班广盛劝敦和，敦和不可，然英兵以敦和戒备严，卒未登岸。

敦和不得战，乃与萨镇冰至英国船上见英将，问何以开衅。英将言道光时耆英与英国曾订密约，中国以香港让英，英以兵力所得之定海厅海岛交还中国，永为中国领土。如他国有扰定海者，英得以海军力保护。现在德据胶州湾，法据广州湾，中国海口尽失，定海亦将不保，我兵此来，系为保护定海群岛之流域，乃遵约，非开衅也。敦和曰："定海为浙江属地，吴淞为江苏属地，相隔甚远，不能援道光时成案为词。"英将曰："德据胶州湾，法据广州湾，彼两国亦有成案乎。今日世界，只有强权，恐吴淞亦将为强权所攫，故英国特派舰队来此守护，非有他也。"敦和归，以密约事电告刘督。询总署，事果有之。刘大骇，属（同嘱）敦和为计。

英兵坚欲登岸，屡遣队伍来尝试。自强军严拒之，不得上。敦和至英船，英将即以印度陆兵在船腿肿，须登岸运动为言。敦和告以上海英租界，有赛马场，空旷可以前往运动。英将言此系商场，何可驻兵。敦和方为刘督书退兵计，闻其言，恍然悟，即电刘督，请速改吴淞为万国通商场。刘督电告总署，咨商赫德，赫赞成。总署即日入奏，奉旨允准。当夜照会各国驻京公使，德国首先承认，各国亦次第认可。时敦和在吴淞，方厉兵秣马，以备英人。次日，英舰忽遣人至敦和处辞行，云将往威海。顷之，刘督电到，言吴淞已改通商口岸，此后中英两国均不在吴淞驻兵，委敦和总办吴淞开埠事宜，而令提督李占椿统自强军，调驻江阴。吴淞为江浙门户，方英舰来淞时，江浙人一日数惊，至此乃得安枕，敦和督饬自强军戒备之力也。自李占椿接统自强军后，而自强军宏整之绩日衰。其后英海军总兵柯立复来中国，谈及往事，深服敦和与萨镇冰之忠勇，谓皆不愧英国留学生之价值云。

按敦和此事，所谓能战而后能和者也。吴淞无自强军，自强军无敦和督率，英舰之来如入无人之境耳。即有绿营兵驻守其间，亦奚足言戒备哉。惟敦和与萨镇冰效死勿去，故英舰亦知难而退。观于此而敦和之知兵不虚矣。吾闻敦和为四路炮台提调时，刚毅适为江苏巡抚，以炮台之注重打靶也，特咨刘督言放炮一次，需用钢弹一枚，需价银一百数十两，所费甚巨，不如改用宜兴缸沙制为炮弹，为打靶之用，费既大减，打靶即可加勤。刘督札敦和议复，敦和言炮堂之内，其明如镜，且而螺线，炮弹旋转而出，犹恐伤螺，故于钢外裹紫铜箍以护之。今若代以缸沙，则质地既粗，且经二百磅火药一轰，沙子不待出口，先已散在堂内，伤炮堂且伤螺线。以十万金购得之大炮，惜小费而坏之，殊不值得云云。刚毅闻之，大怒，见敦和即斥以甘心媚外，喜用洋货，而后来参劾之原因，亦种于此。

外交家之沈敦和（上）
宣化之退敌　山西之退敌

二千年来之中国，环海小夷，所尊为天朝者也。天朝制度，有怀柔，有征讨,而无外交,故吾国历史所最缺乏者,亦惟外交之人才。沈敦和者,识时务之俊杰也,知道咸以后之中国,未可以大一统自尊。其在江南,固已讲求外交之政策,且已富有外交之经验。天屯其遇人老,其才于困顿无聊之中,突来一外交之机会。机会维何,则庚子拳乱是。

先是敦和为吴淞开埠局总办,英律师担文建议,以通商口岸不宜有武备,吴淞炮台当毁。苏松太道蔡钧言于江督刘坤一。坤一为咨总理衙门,如担文之议行,敦和未赞一词也。光绪己亥夏,言者忽以擅拆吴淞炮台劾敦和。朝命大学士刚毅查办,刚嫉敦和谙英国文语,且时与外宾往还,疑有汉奸行径,借端陷之。其复奏云:拆毁吴淞炮台,据以上请者蔡钧,经刘坤一咨准总署核复有案,尚非沈敦和擅毁。惟沈敦和平日与洋人往来情密,前以一官维系,尚不至狡焉思逞。若革职后任其优游上海,则必将明目张胆,挑唆洋人,横行无忌,后患不可不防。应如何笼络安置,伏候圣裁。得旨发往张家口军台效力赎罪。敦和萧然,行李北出长城,斜日平沙,苍凉吊古。孰知藏器待时,风云骤变,而敦和外交之才乃大显。

敦和出塞之明年,即光绪庚子也。其年夏,直隶义和团起,以扶清灭洋为名,端王刚毅信之,矫诏奖励屠戮外人之在吾国者。德公使及日本书记被戕,东西国皆大怒,兴师问罪,不数月各国联军陷都城。孝钦显皇后、德宗景皇帝仓皇西狩。九月廿一日,德将岳克率德、英、意、奥四国兵出居庸关,沿途杀掠,宣化大震。

宣化知县陈本,与卸任宣化知府李肇南,稔知敦和才,告绅民曰:联军此来,势不可当,非沈公来无以退敌。亟请于口北道灵椿。灵与察哈尔都统奎顺飞函调敦和,从者皆劝敦和勿行,敦和喟然曰:两宫蒙尘,生民涂炭,此吾效命之秋也。不介马而驰之,与联军猝遇于鸡鸣驿。民闻敦和来,夹道呼沈大人不绝。联军闻之,疑为紫荆关接仗之升某,以锋刃相向。敦和徐出名片,及与德国亲王亨利合照示,联军气稍慑。

德将塔敦朋为敦和统领江南自强军时所部营官,营务处部驷亦与敦和有旧,两人皆在军中,见敦和至,握手道故,为先容于岳克。敦和言于岳克曰:"一千九百八十八年,不佞侍贵国亲王亨利,游历江南,极承奖许。凡贵国士夫之旅华者,亦都与不佞交甚洽。近者拳匪肇乱,玉帛之交,化为干戈,此诚意外之变。现闻各国各派全权来华议和,从此释兵修好,中外交谊,当益辑睦。此间地方官吏,闻贵军至,深愿以礼相待,嘱不佞致意将军,惟将军图之。"岳克徐答曰："前闻中国有延订德国将官多人训练自强军者,非公耶?"敦和曰："然。"岳克又曰："余在北京,濒行时营中某将有书一函嘱余带交沈某,君即其人乎?"敦和曰："然。""然则君与某将亦旧交乎?"敦和曰："然。"岳克乃询敦和在此为何等人。敦和曰："某来为官绅上庶所公举之代表,自鸡鸣驿至张家口,某实有办事之权,今贵军来,当具供应,请勿扰。"

联军欲追驾,以关外舆图不合,又值天寒,议未决。岳克嘱敦和为绘新地图,敦曰:此间地方辽廓,绘图尚须时日,少留当报命。时宣化练军及郑马各营皆驻宣化邻地。敦和恐各营突遇联军,战则梗和议,不战则被蹂躏,故藉绘图以滞其行,而追驾之事亦稍缓。

是月廿六日,联军进至宣化,敦和后至,见城上悬德国旗,兵士纷纷入城。敦和请岳克传令下旗,岳克不可。敦和作色曰："西国行军通例,凡系某国兵力所得之城池,即归某国管理,故城上应悬某国旗。若寻常行军过处,兵队驻扎,只能悬旗于统领行馆之前。今南关城外已为将军预备行馆,请即移旗于其前。"岳曰："北京都会及近京一带,均由各国悬旗,岂宣化能独免乎?"敦和曰:"不然,自两宫西巡,百官流散,京畿已无人管理,故各国悬旗,亦无人过问。今既认不佞为宣张之代表矣,则宣化一隅,不佞即有管理之权,彼此请求睦谊,似未便指为贵国兵力所得也。"岳克不能答,乃传令下旗。次日联军至张家口,敦和先为悬旗行馆之前,岳克亦无词。

岳克以双树村教堂前为宣化某总兵用炮队轰击,欲洗双树村以复仇。敦和亟止之,曰："拳匪已散,留村者皆良民,以炮击之,悉成灰烬,毋乃太忍乎?且文明国不宜有此等举动。"岳克以某总兵前事已甚,不能无惩罚。敦和再四磋商,乃允偿银而罢。

洋兵所至骚扰,夜入人家,奸淫妇女,被扰者赴诉于敦和。洋兵闻敦和至即不敢犯,敦和以此故,恒竟夕不寐,至是倦极就寝。忽有朱涛者,亟推敦和醒,皇遽告曰："联军已拔队行矣。"敦和亟起见岳克,曰："不佞闻将军言廿八赴口,何以军队已行?"岳克曰："我固未尝行也。"敦和曰："军队独行,得毋骚扰乎?请亟止之。"岳克:"余本奉统帅瓦德西令,进攻张家口,君何能阻之?"敦和曰:"张家口当拳匪未至时,所有俄商及教士五十七人均由不佞商请都统派兵保护,由草地送至恰克图,曾得其平安复电,其后拳匪抵口,虽肆焚掠未伤外宾一人,以此言之,张家口有保全洋人生命之德。今若以兵临之,是谓以怨报德,文明国不应出此。"因出原电示岳克。岳克幡然变计,即书号令一纸授敦和,曰:"此第六号号令也,可持交噶喇哈姆,即将第五号号令收回。"敦和持令趋赴,遇洋兵守卡者,欲击以枪,和出令纸示之,始放行。遇意大利兵抢夺大车,敦和又示以令,意兵乃让车。比至口,以令纸与噶喇哈姆,派第一营德兵,交敦和调遣。

敦和既得调遣德兵之权,遂下令军士曰:某兵守某堡,某兵护某署,某某保卫某某各铺号。凡口上重要之区,悉置守兵,不准军士擅入,并令德弁昼夜持枪梭巡街市,严防骚扰。某国军律最宽,兵士每夜潜出扰人。敦和先手书护照多纸,凡叩门求救者,即付一纸,令持交巡街德弁,偕往驱散。所发护照,每夜不下数十纸。

联军至张家口,敦和限令驻扎边路街及深沟两处,其各坊巷及上下堡内,均不准驻兵,并以玉带桥为限。桥之北为商场,时某铺适运到金砂值数十万金,赖敦和得不被掠。敦和偶过某钱铺门,见有联军翻译天津人某,率意兵数人,在铺内抢掠。敦和即拿交万全知县看管。往见岳克,问曰:"各国兵勇人等,出外滋事,例当由各国自行惩办。若中国人,不亦应归中国自办乎?"岳克曰:"然。"敦和遂以天津人某事告,必欲照例惩办。岳克曰:"彼系我所雇,不在此例,请将某交出由我自办。"敦和曰:"某究系中国人,中国自有惩办之权,愿将军勿干预我法律。"岳克额之。敦和出,令万全县监禁。联军初至时文武官吏出迎,或往拜,皆具衣冠翎顶。一日,某大员之红顶,为洋兵所攫,又某武员之翎枝亦被拔去。敦和叱令洋兵送还,为安置如初。

西例礼拜日出游。联军在口逢礼拜,欲往万全县各乡游猎,岳克已下令许之矣。敦和言于岳克,曰:"今日军士赴乡游猎,乡民无知,必致肇事,道路远隔,恐军令有所不及。"令遂止。

山西归化城,有杀英国矿学士周尼思事,尸身未获。岳克欲兴师问罪。一日夜分,岳克约察哈尔都统、副都统及敦和往,幽诸别室,勒令偕赴归化。两都统仓皇无措。敦和告岳克曰:周尼思未知下落,若贵军猝往,归化人虑为所累,必将其尸深藏,或焚毁灭迹,转非所以保全周尼思之道。此事当由不佞密派侦探,必可得实。岳克因以此事责成敦和,谓口说无凭,要求立约签字。敦和恐进兵之后,行在震惊,慨然画诺,亦要岳克止兵不进。岳克许之,遂出敦和等于别室,而联军归化之行亦止。

张家口之元宝山,为俄罗斯陆路通商口岸,并有各国洋商贩运毛皮土货。拳乱时,商场被毁,停止贸易。至是洋商欲照旧贩运,联军拟驻口保护。敦和虑其扰,乃商于岳克,曰:余欲开办警察营,准营勇往来京张一带,以卫地方,兼护洋商贩运,其营勇仍雇中国人,而仿用贵国军制。此系为保护外宾起见,务请特别看待,勿令与贵军龃龉肇事,以收实效。岳克以为然,遂罢驻口保护之议,而京张一路往来行旅亦恃以无恐。

岳克初欲进兵山西,敦和正告之曰:西北天气严寒,前路冰雪深厚,不利行军。昔法皇拿破仑第一,用兵莫斯科,亦以严寒深雪,士马冻死,几于片甲不回。此役情形,大致相同,愿勿轻进,致贻后悔。岳克意动。十月初二日,岳克班师。途中谣传董福祥军在张家口左近,复停军怀来为久驻计,并嘱敦和购马口外。敦和不即办。初冬时令,塞外早寒,初六日忽传岳克中寒身死,联军遂决计回京。奎都统疏闻行在,请将敦和破格录用。

孝钦显皇后览奏喜曰:不料沈敦和发往军台,原为今日之用。特旨免军台,并留于察哈尔委用,檄充察哈尔洋务局总办,兼练警察营。

案敦和之在宣张无外交之职,而行外交之权迹。其单骑见敌,谈笑解兵,可谓折冲樽俎者矣。惟时景皇帝方奉慈圣由晋入秦,登山遥望,风鹤不惊。无前世永嘉、靖康、正统之祸,敦和之功懋焉。

联军退后甫匝月,复分兵出关赴张家口。周尼思之弟、海军少尉周恩思随行。敦和往见德将维纳根,询其二次出兵之由。维纳根曰:"归化永将军郑道台,昔杀害周尼思,今日必杀将军道台,为死者复仇。"敦和曰:"此案已奉严旨,饬将署归绥道郑文钦就地正法。中国官场正在遵旨拿办。倘贵军一到,归化郑文钦必乘机潜逃,转令罪魁漏网。现在周尼思尸身,已由我派人在枯庙中觅得,其生前所测之图,亦未遗失。若令周尼思之弟周恩思改装易服,与我偕至归化,既可归周尼思之骸骨,且可拿办郑文钦,为死者复仇。"联军以敦和特开会议,自昏达旦,始以敦和之言为然。敦和遂与周恩思偕至归化,认验周尼思尸,且审郑文钦拿办之真伪。而郑已闻信他往,寻为山西巡抚锡良所获,服毒自尽。周恩思验之果真,联军遂退。奎都统上其功,得旨开复原官。

敦和在宣张办洋务及警察,凡四阅月,威信甚著。方拳匪之盛也,晋边教民受祸最烈,至是日寻报复,土匪溃勇勾结为乱。敦和檄地方官剿抚互用,民教乃安。有记名骁骑校图萨本者,团首也。敦和请于都统,归案审讯,就地正法。宣化廪生祝某,雄于财,曾被拳匪勒输钱文。教民以为助匪也,请地方官拿办。敦和廉其情,释勿治。元宝山俄商行栈,遭拳匪焚毁,贩运茶叶,又被掠。敦和为查获二万箱,所值价银五十万两,均在国家大赔款内扣还。又恐俄人乘机派兵,乃于库伦、恰克图一路,安设马巡,护送俄商之往来运茶者,宣张大治。其后敦和入晋,匪首马天兰遂纠众扰边,德都司马克轰毁张家口营房,伤人畜无算,官民皆追念敦和不置。

联军以敦和故,不得志于宣张,乃改道入晋。光绪二十七年正月,德提督某将万人由平山入娘子关,法提督巴耀由获鹿井陉进攻固关。提督方友升、总兵刘光才率兵守。联军大至,方刘军不支,法兵从间道袭其后,遂入固关,踞槐树坡,晋人汹惧。敦和初奉锡良函调,继奉岑春煊奏调,遂于二月十五日兼程赴晋。

十八行次阳高县王郭二屯,故相刚毅灵柩在焉。敦和具香烛奠之,并祝曰:"某以奉职无状,遭中堂严劾,圣恩宽大,罪止发遣,感激涕零。当时吴淞炮台一案,非中堂奏辩,无人为某昭雪,其遇某不可谓不厚。今日中堂地下有知,当恍然于某之非汉奸矣。中堂生前最恶洋文,身后惨逢丧乱,灵柩入京,恐遭开验,惟有洋文护照可免斯厄。某当手书一纸,以报中堂旧日之恩。"其后刚柩入京,果免开验。

敦和抵太原,新抚岑春煊甫下车,见敦和不及语他事,即揖而言曰:"足下声望远震西京,上邀眷顾,故膺此特调,愿足下深维两宫付托之重,三晋云霓之望,速赴敌营,说阻强兵,以全民命。"敦和星夜遄征,不遑投宿,沿途与太原知府吴匡,驱散溃勇,安抚百姓。至平定州,州官白昶已逃,中西兵勇,日夜行劫。固关子药库被法人焚毁,地方受祸尤惨。敦和率警察勇四人,行于积尸之上,枪林炮雨,危险万端。行近敌营,作西文书付警勇,持赴德军。德军覆称此次入晋,兵队系由法国主政。敦和又致书法军,法军乃遣马队二十人来迎。

敦和入法军,法将巴耀问曰:"足下此来,亦有山西全省之权,可代巡抚行事否乎。"敦和曰:"不佞受巡抚岑公命,总办山西全省洋务,办理洋务之权,实不佞操之,将军劳师远涉,意欲何为?"巴耀曰:"敝军此来,有望于足下者五。前抚毓贤残杀欧美男女至百七十七人,焚毁教堂医院二万二千余间,屠剪教民六千余命,未筹赔恤,一也。贵国朝廷有拿办拳匪之谕,而匪首大师兄等逍遥法外,二也。各国被害至此,中国官吏竟无人出而处理,使被害之人稍慰于心,三也。纵庇拳匪各官亦未惩处,四也。晋中矿产颇多,外人往勘者辄多留难,且极危险,五也。有此五事,何能嘿尔而息,且晋人最号顽固,一切邮政矿政,尤宜及时举办,以开晋中风气,否则外人来晋,仍多危险。足下明达时务,又有晋省全权,必能将以上各事一一筹办,以慰私愿。"敦和曰:"将军所命不佞五事,卜佞已受教矣。不佞所望于将军者:一、将军所约各事,必俟贵军远退,方能照办。一、岑公已将匪首大师兄、二师兄等拿办,此事当由岑公处置,要在歼厥渠魁,解散胁从。一、被害欧美男女,除天主教法人,皆由不佞与将军筹议外,其余各教,不佞当与总教士李提摩太电商办理,今日可以不提。一、纵庇拳匪之官,已有旨严惩,不能不钦遵办理,断不必大队亲临,以势相逼。一、教中赔款,已由岑公派员会同教士公议。一、往后外人来晋传教及开矿等事,保护为我国应尽之义务。现拟创设巡防马队,护送往来行旅,俟巡队一到,务请贵军他调,以便节节驻扎保护。"时议和全权大臣李鸿章,电敦和嘱联军退至保定。敦和以巡队不敷分布,仅能使联军退至正定。凡敦和所言者,巴耀均一一应允,并允以后联军不再扰及晋边,遂相约赴正定签押。盖巴耀欲就近请示于统帅威龙,而敦和亦欲请示于全权大臣也。

先是法兵占据民房,安设电线邮政,并备汽车大炮,为久驻计。自敦和与巴耀定约,即行撤退,敦和谕令百姓还居。

敦和既任保护行旅及开办邮矿等事,乃设巡防队为退兵计。自正定起为第一站,获鹿为第二站,井陉为第三站,固关为第四站,平定为第五站,测石驿为第六站,寿阳为第七站,自榆次至太原省城,更设马巡,以护送外人之往来晋疆者。

敦和初见德将,竭力阻其进兵。德将曰:"敝军此来,统帅瓦德西亲往天津,晓谕军士曰,今法军求助于我,我军当奋勇前驱,以示威武,无论前途如何危险,必须攻至太原。且现在晋省拳匪依旧骄横,各国教士曾开送拳匪名单,故军中知之甚审。此行必尽力搜杀,以雪冤仇。"敦和曰:"贵军大队来晋,拳匪已纷纷远窜,华官正在设法拿办。贵军若再深入,更恐匪徒远遁新疆,永无就擒之日。不佞为将军计,莫如以捕匪一事,全归华官办理,一面从速退兵,以坚匪徒之信,使其不再远窜,而后可以就擒,劳师远涉,诚无益也。"寻法军约定德兵,遂退还天津。

自联军退后,英人疑敦和与法有密约,谓必授以利权。西报访事某君亦云,军队濒行,瓦帅曾谕将士,必须攻至太原,苟非沈某授以利权,焉肯半途折回?敦和亦接西友书云,以畏兵之故,密授权利于外人,计谋之左,莫此为甚。各报皆纷纷訾议。敦和乃宣布法军所订条约,谣诼始息。其后法军以主教安怀珍言,董军将卷土重来,数欲调兵来晋。敦和又悉力调停,备尝艰险。

案自山西约定而燕晋兵祸息,敦和所为大似春秋之展禽,战国之苏代。然鲁与周无罪而被伐,齐楚虽大,师出无名,我有词矣。其视敦和之事,曲直不同,难易有间。当是时,神京已覆,直隶、山西皆列强之县鄙耳,而犹能持国体,保主权,毅然以争,沛然以解民倒悬,今受其赐能者固不可测乎。吾闻敦和之退敌兵,奇谋密计,尚有什伯于此者,其事颇隐,世莫知其详焉。

外交家之沈敦和(下)
耶稣教之结案　天主教之结案

联军之入晋也,以两宫西狩故,尤以晋人仇教故。方毓贤抚晋时,杀欧美男女之在晋者几尽,杀晋民之入天主教、耶稣教者几尽,焚毁晋属六十余厅州县教堂教产亦几尽,戾气感召,遂以兴戎。时无沈敦和则联军不退矣,而民教相争之祸,亦必无穷期。故欲观沈敦和外交之才,不可不观其当时议结之教案。

初敦和在张家口,耶稣教士以拳匪鸱张,恐祸及己,请于万全县吴令为避地计,吴令就商敦和,敦和正告之曰:"方今乱民揭竿,洋人受创不小,朝廷剿抚两难,势必激成大变。倘各国群起而攻,又不免有议和之一日。彼时清理教案,势将任彼要求,无从核实。莫若于今日先令教士,将教堂房屋及家具什物,开具清单,会估价值,然后将房屋封锁,万一被毁,议及赔偿,可省磋磨之力。现在拳祸急于燃眉,宜令教士速挈眷属,绕道口外,由西伯利亚铁路回国,稍一迟回,祸将不测。"吴令以敦和言告教士,教士从之。有公理会教士某侦探消息,去而复来。敦和促其速行,得免于难。其任张家口洋务总办时,天主教主教方济众,以天长院子、大沟、高家营等处教堂,及教民屋宇被毁,共索偿银四万两。敦和允之,即与定约签押。地方官绅以敦和之不费磋磨也,疑有偏袒。后联军一再来口,主教亦一再加索,卒以定约在先,不能反汗。时口北道属被毁教堂尚有十余处,敦和屡请宣化当道,会同教士查明实数,从速议赔,谓将来若由教中要索,费必倍蓰。当道以教中并未有人出而索赔,迁延观望,后主教果索赔百四十余万。盖敦和之意,务在保教而不扰民,以先事预防为政策。观此数事,可以见其宗旨矣。

敦和自任山西洋务局事,即定章程十八条,上之岑抚,通行各属。其最要者有三:一、拿办拳匪,须分首从,其有大师兄、二师兄名目者,尽法惩治,胁从者免究。一、苦主告凶手者,量其资财,令抚养苦主家属,概不论抵。一、教堂赔款,必须委员亲到与教士会查,并访诸亲邻地保,有实据者,始准赔偿。若由教士洋兵一面自查者,概不议赔。初到太原,葬被害教士五十六人于城外杨家峪,高起坟茔,旁植花木。下窆之日,举行出殡礼以荣之,并令省外杀害洋人各地方,仿照办理。追回天主教育婴堂女孩之没为婢者六百六十余人,德音孔昭,中外信服。天主教徒初于章程凶手不论抵一条,未肯承认,继因有追回教中妇女一事,乃各贴然就范。

案杀教民而不论抵,于法得无稍纵,然导之者,毓贤也。细民何知,睚眦必报,随风而靡,固其宜矣。且晋俗犷悍,不如是,无以安反侧之心,抑无以为民教相安久长之计。天主教徒虽不满意于章程,而卒无以易之,则其切于当日之事情可知矣,是之谓以义制事。

光绪辛丑五月,敦和以岑抚命,请耶稣教总教主李提摩太赴晋议办耶稣教案。李为代邀英国浸理会教士敦崇礼、自立会教士叶守真、内地会教士何斯德荣晃熙及英国陆军副将柏来乐等到太原。敦和遍告曰:往岁拳匪作乱,贵教中人多数被害,甚堪伤悼,但死者长已矣,即议赔偿,于彼何益?不佞奉命办理教案,欲以安死者之魂魄,慰生者之欲望,再四踌躇,计惟厚葬一举,或可稍尽寸心,不知被害各家属于意云何?倘免追求,实深感幸。词意恳切,教士皆动容,相继首肯。敦和以面允无凭,请各教士备书,内述"厚葬已足、不必追求"等语,存案为据。教士从之。

耶稣教之入晋也,始于光绪三年,其时晋省奇荒,教中人捐款施赈,遂传教焉。敦和因势利导,告各教士曰:贵教前以赈饥入晋,久有博施济众之美名。此次人命被害,屋宇被毁,理应议赔议恤,特为贵教计,莫如捐不腆之钱币,以博无限之声誉。盖扰害贵教者匪也,今匪乃或死或窜,踪迹杳然,赔恤之款,势必取之良民。匪徒种其因,良民收其果,人心不服也。如此不独失畴昔之美名,抑将积后日之仇怨。倘以良民赔恤之款,慨然豁免,则良民必深感贵教之宽仁,名誉日高,归附日众,永无意外之虞,不亦休乎?各教士皆韪其言,故耶稣教一切损害,均得不赔。惟口外之宣道会,当时无人与议,教士伍约翰至辛丑十一月始回晋,亦允如各会办法,惟被毁房产照失单赔三分之一,计银五万两,此后不复在晋传教。其余被扰者,如英国之浸理会、圣经会、自立会、独立传道会、内地会,瑞典内地会,美国之公理会,皆一律免赔,共省赔款银五十余万两。

议既定,李提摩太请于岑抚曰:"山西拳祸最烈,此次耶稣教赔款一既蠲免,恐无以儆将来,应罚银五十万两,为办理学堂之用。"岑抚允其请,派知县周之骧与订合同,学堂中一切事务,悉归教会经理。议甫定,而朝廷即有各省创设大学堂之命,教会与地方官绅,分途筹办,晋省遂有两大学堂,中西畛域判然。岑抚恐积久酿成党祸,令敦和与李提摩太熟商两校合并之策,改教会所办之大学堂为西学专斋,官办之大学堂为中学专斋,统由绅士办理,以免两歧。时晋中士论多主合办。李提摩太亦深明利害,遂将合同取消。所谓罚款,悉数交还。晋中学务均由官绅主政,惟西学教习则归教会延聘。两大学合并之议定,而耶稣教案亦结。

毓贤任晋抚时,曾设计诱洋人至省城猪头巷空屋内,尽杀之。至是各教士来问此案作何办理,敦和允将此屋改为公园,立碑刊载被害各人姓氏年月,永为纪念。教士乃无辞。

先是是年春间,联军数数往来宣大,耶稣教民遂藉兵势以恫吓百姓。百姓纷纷略遗,以求和好。有勿与者,教民即往讹索,民教之仇又起。事为敦和所闻,即出示曰:赔款由官办理,不准民教私和,其已经私和者,令各地方官追还充公,解入藩库,即凑赔款之用。地方官遵示追缴,集至四万余金,其有应赔之款,令教民向官具领,不许扰及平民。民皆感泣。

耶稣教被毁各物产,敦和先令地方官会同教士,查明禀复,再由洋务局委员复查。凡系外国人产业,已议定免赔。至教民皆中国人,被毁之产业,应由中国自行筹议,外人毋庸干预。且照教规不准吸食鸦片,其教民有开设土行,或家中藏有烟土,或种土收割在家者,均以不守教规论,概不议赔。故晋省耶稣教八会教民被毁产业虽遍六十厅州县,而赔款仅二十余万两,晋民不至大累,而耶稣教士人人服敦和之持平。结案后内地会教士,为立石于太原城南,颂敦和功德,为海通以来所仅见云。

耶稣教案既结,天主教徒以受祸尤惨,欲望甚奢,未能同时结案。意大利索太原、大同、宁武、朔平、汾州五府被毁教堂教产,赔银四百余万两。法索潞安、泽州、平阳、蒲州四府被毁教堂教产,赔银二百三十万两。又口外闵主教所辖萨拉齐一厅,索赔银九十万两。方主教所辖归化、托克托、和林格尔、宁远、丰镇、清水河六厅,索赔银一百二十万两。数既不资,磋商又未得要领。岑抚乃派知府郑景福入都,与法公使鲍渥商议。鲍使深愿和平了结,意大利萨公使亦减让太原等五府赔款,以百万两结案。其潞安等四府赔款,鲍使减为一百五十万,由和约大赔款内拨助五十万。口外闵方两主教所辖七厅赔款,减为二十万,均由郑景福与鲍使定约签押。越一月鲍忽致书景福云:口外赔款二十万,系专指闵主教所辖萨拉齐一厅,其方主教所辖六厅为中央蒙古,当时疑为归化将军及张家口厅属地,故未索赔。今据方主教来京,声明归化七厅所属蒙民,归将军辖,汉民归山西巡抚辖,仇教乃汉民所为,亦应由山西议赔等语。外务部亦来文声明,鲍使又再三争辩,敦和据前约驳复,不允赔。

光绪二十八年五月,口外六厅教民知赔款无着,即径向百姓索赔,纠众二万人,乘势劫夺,民不堪命,将成巨变。初议天主教赔款时,岑抚本遣敦和入都,李鸿章亦调敦和往,以事不果行。至是敦和方署冀宁道篆,闻口外事亟,不及交卸,匆促入都,与鲍使议时,鲍使将调任,行有日矣。和与之辩曰:和约十二款中有一条云,凡各国人公私所受之害,其赔款均在四百五十兆内,今何以又索赔款。鲍答曰:此大赔款需由庚子十二月以前开送,过此不能续报。斯时山西主教教士都被杀,无人呈报,故应赔几何及受害情形,均不得而知,况教民系中国人民,不在条约之内,应由山西自赔。且当时但知闵主教所辖一厅,属于山西,而不知方主教所辖六厅亦属山西,以致遗漏。今既由方教主陈明,理应补偿,以了此案。敦和曰:此由方主教迟报致误,既已签押,似难改变。鲍曰:现在口外二万人,嗷嗷待哺,万一再生事端,则民教何日能安?教案何日可了?因坚索教民赔款九十五万,教堂赔款二十五万,且以萨拉齐一厅前议赔款二十万,恐有错误,复派其参赞端贵亲往确查。敦和屡与抗论,仍将教堂赔款二十五万,归入大赔款内。会鲍使回国,教民赔款遂无定议。

法国新简驻京公使吕班,熟习东方情形,夙以外交名,将到京。外人之识敦和者,皆怂恿敦和宜稍迁就。及到京,又怂恿吕使,毋与敦和议,而与新简晋抚丁铎振议,并不欲敦和随丁抚议。丁见吕使亦辩论不稍屈。吕使曰:前鲍使仓促订约,不免舛误,现已电奏本国朝廷,将此约作废。晋省口外七厅,除萨拉齐一厅不计外,其它归化等六厅,应再赔银八十万两,否则势将决裂。彼此抗辩,不欢而散。

时敦和已往天津议开平矿事,丁抚电调敦和来京相助。敦和至,即盛服往拜吕班,握手相见,极道倾慕,并云:"公办外交,大名鼎鼎,不才亦办外交多年,至今始觉从前所学之浅。窃闻诸丁公云贵公使以前使鲍公所订之约有误,奏明贵政府作废,公法中有此例乎?有之,则中国大赔款至四百五十兆之多,其间恐亦有误,当奏明敝国朝廷将和约作废,交万国弭兵会公议何如?"吕使作色曰:"前日并无废约之议,丁公殆误听也。"敦和曰:"我固谓无废约之理也,但约既不废,则如约而行,无劳再议矣。"吕使曰:"公忠清宏亮,欧人闻大名久矣。

今丁公遣公来,自当力劝各教士将赔款大减,以后遇有教案,若烦公来,便当格外迁就。"敦和曰:"此案若五六十万可了则了之,再多则无能为役矣。"相持不下者数日。丁抚以口外教民太横,迁延一日,百姓多累一日,嘱敦和速了此案。敦和不得已,乃以京平六十五万两定议,而口外主教教士从前请领抚恤各款共银二十余万两,即于此中扣抵,且民教私和及教民讹案未经退还之款,亦皆扣除,省民力不少。

潞安绅士当拳匪盛时,曾助以钱物,及是教中以其通匪也,屡请岑抚拿办。绅士计无所出,以诉敦和。敦和令制匾额赠教堂,颜曰大度包容,列绅士三十六人姓名,并为致书,通款曲。各绅士衣冠奉匾额诣教堂,并奏乐以致敬。翌日,敦和往见教士曰:"昨闻各绅士衣冠到堂,彼此皆已和好,前事当可冰释矣。"主教闻之,致书敦和曰:"贵道设计甚巧,然亦足见贵道宁人息事,煞费苦心。敝教不为已甚,请即销案可也。"绅士乃得无恙。太谷县令胡德修、大宁县令曹季凤、河津县令黄廷光,均有焚毁教堂戕害教士之案。主教开单请究,奉旨发遣极边。公访悉太谷仇教时,适胡令调省。大宁虽有杀教士之事,而教士之道经大宁者,皆赖曹令保全,可见曹令并无仇教之心。河津杀洋人时,黄令尚未到任。三人之罪,均系冤抑。敦和遂会同教士,致书驻京公使辩正,得免发遣。

有太谷教民毕谦和者,向充教堂执事,倚势陵人,道路以目,拳乱时全家被害,而毕独免。胡令之免发遣也,实由毕具结声明,由是气焰益张,无恶不作,人人尊为毕先生。敦和欲捕治之。闻者咸劝敦和勿撄其锋。敦和曰:"毕系中国人,我应有惩办之权。"毅然行文太谷县,密拿解省。敦和亲鞫之,历数其罪,加以笞责,并访拿毕同党胡之气等到案,连枷解回太谷县游街示众。其所讹索各赃,勒令交出充公,教民皆股栗。

敦和调京时,太原县之古城营教民,将沿街店牌毁去,势甚汹汹。县令惶急无措,请命敦和。敦和出示,有不论教不教,但论匪不匪之言,教民大惧,愿将所毁各牌一一赔偿,事乃已。

按中国人之仇教也,非好为仇教也,其始皆由有司之不公,教士之结怨于民也。非好为结怨也,其实皆受教民之愚弄,以护教之原因,成仇教之结果。两害交乘,两盲相触,祸发而不可收拾矣。故夫持公理抑教民者,保教之良剂也,不有良医,安有良剂?观敦和自直入晋,自晋入京,所争议、所设施,无一不为民,实无一不为教。探其病原而药石之,彼教之受赐,其愈于吾民者千百焉。

立石颂德不为过,虽馨香百世可也。

慈善家之沈敦和

大清红十字会　华洋义赈会　时疫医院
中国公立医院　中国防疫医院　济良分所

自郑罕、宋乐输粟贷民,见称于仲尼、钟离、聂阳,哀鳏寡矜孤独,见问于威后,而慈善家始著闻于世。二千年来,大吉之家、缙绅之族,好行其德者,代不乏人。顾其范围所及,不过一乡一邑一人一物之间,操术易而被泽寡,虽曰慈善,不足以言事业也。环海交通,万事恢广,有伟人出好善之量优于天下,则本其政治思想,外交手段,并力以兼营之,而其人之慈善事业,遂开亘古未有之局。此今日之沈敦和,所以见重于中外乎。

敦和之入都也,督臣王文韶、枢臣瞿鸿機调敦和充路矿提调,兼总开平煤矿、建平金矿事。始为矿局总办者,侍郎张翼也。内容紊乱,外患乘之。敦和接任数月,即以目疾辞归,寻充沪宁铁路总办,改充通商银行董事。未几俄日旅顺战事作,日本以炮击俄船坞,死船坞华工二百余人,俄人死者止六名。其后俄日日夕鏖战,自旅顺蔓延东省,战地华人,死伤枕藉。闻者恻然,而无策以救济之。

敦和言于众曰:“战地华人遭池鱼之殃,呼救而罔应者,无他,以吾国无红十字会故也。红十字会之设,始于瑞士,遍于环球,独吾国向不入会。以不入会之国,而欲设红十字会,外人必不承认。不承认,则不能入战地以救民。事亟矣,宜设一万国红十字会,牵合日俄两国及局外中立各国,共同组织,以收战地救护之权。”众称善。敦和复商之英教士李提摩太、英按察使威金生、英商安德生及英法德美俄日各领事,皆以为然。遂借租界工部局开特别会议,公推敦和与施则敬、任锡汾、任凤苞,英人威金生、裴式楷、安德生、麦尼而、李提摩太,法人勃鲁那,德人宝隆,美人葛累为中西办事总董。当场募中西捐款五万两,而商约大臣吕海寰、盛宣怀、电政大臣吴重熹适奉电旨,颁内帑十万两为经费,内外官绅输捐者愈众。

光绪甲辰二月,上海万国红十字会成立,借丝业会馆为办事处。敦和与中西各董,先后驰电营口、烟台、沟帮子、新民屯、辽阳、沈阳、开原、铁岭、安暑河、吉林、海参崴等地中西官绅,各设分会,由上海购运药物,前往分别救护其无关战事人民,救护出险。及会员乘坐中国火车轮船、往来电报,均经议明,作为路局、轮局、电局捐助，概免给费，并由李提摩太电致东三省，凡耶稣教会所设医院，悉悬红十字会旗，医战地华人之受伤者。派直隶候补府史善诒等，会同营口西董魏伯诗德等，办理东三省协赈事宜，银钱粟米，不绝于道。敦和与中西各董刊布简章八条，为各分会办事暂行规则。其最要者，为第五、第六两条，节录如下：

第五条、本会最重救护战地因战事被难、无关战事之人民，其救护之法有数端：

甲、水路现已阻塞，由难民自行设法出险至烟台，分会查察，近则给资，听其自回原籍，远则给以轮船免票。

乙、陆路分会，均依傍火车站设立。蒙北洋大臣核准，火车免票，发交会员领存应用，与北洋救济公所事同一律。察难民之实系贫苦一无所有者，方给免票，递转至卢汉铁路，照给半票，招商局轮船照给免票。其再转至沪者，验明免票。于换给免票之外，量其归途远近，加给川费，自洋二元起，递至数元不等，以足敷到家尚略有余为度。其候船宿食之费，仍由本会核实给付。

丙、轮船火车免票或半票，设已用竣，未及续领，或领而未到，而适有多数难民急待运送者，则有营口初办时之法。先与站局约明，于每人衣襟手心钤一印记，编数十人为一起，会员亲自护送，至车船停处，帮同船车办事人验明，俾即启行。其中如有贫苦不堪者，每人加给洋一二元，按日按人详细登簿，以便征信。

丁、同是被难，而其人向来体面，或携带家眷，尚有行李，但无现钱；或不愿侵占难民免票地步，欲自留体面者，则有沟帮子初办时之法。计其车费若干，其人写立借据，由本会如数代给。一面将借据寄交其所指地方，索回借款；或寄交上海总会，听候酌办，总使其出险而免受窘。

戊、体面人不用免票外，尚有官商知战国禁令，不敢出险者，则有新民屯之办法。由其人自将眷属行李分为数起，商明本会，附入难民之列，仍不用免票，由本会一体保护出险，惟不列入难民册报中。

己、以上救护出险各办法，无论何国人，均一体相待。营口曾救护德人，随时知照天津接护。烟台曾救护俄人、韩人，资遣回国。各分会须加意照办，毋得稍有歧视。

第六条、救护出险办法，业已略备。尚有土著，系恋世业；或已濒于危，又知他出仍无可为生者，该分会目击心伤，岂能忍置？本会预筹办法数端：

甲、地方被兵，即多失业，衣食何资，饥寒可悯。中国最重赈荒，现已由总董会议，广设筹款之法。款集办赈，应随地制宜，总期不出险之无关战事人民，不绝生机。

乙、大兵之后，必有凶年，并多疫疠，又非医院之医伤药品所能疗治。现先购运暑药，交各分会散给，随时再讲求避疫方药，购运济用。

丙、战地炮火纷飞，未易过问。战地外及附近处，或有不愿出险、不能出险之人民，既与战事无关，凡有中国地方官之处，均已有大吏拨款，饬交设法赈抚，本会谊应协助，已切嘱各分会中西会员，因地制宜，带同翻译，与交战国将领，恳切情商，以期有济。

光绪丙午春，俄日已媾和。红十字会救济事竣，各地分会皆裁撤，协赈事亦于是年七月截止。综计两年中战地人民被救者十三万一千一百七十七人，被赈者二十二万五千一百三十八人。瑞士红十字会闻敦和之创是举也，遂函驻英使臣张德彝，请中国入会。敦和与各总董，亦以是请命政府，朝旨报可，命德彝前往瑞士，补划会约。故中国之入红十字会，敦和导之也。其后万国红十字会，遂改为大清红十字会，亦设医学堂，以养成医院人才，规模灿备。敦和慈善之名由是振。

其年夏，江北积雨，淮水高涨，溃决两岸，漂没民居数万，溺死无算。水遂汇入洪泽湖，湖以运河为尾闾，而运河入江之瓜洲口，狭窄不能连泄同，于是水势倒灌，全地遂成泽国。河水本涨与堤岸相平，且有地低于河身二丈之处，久雨堤崩，一泻千丈，万顷农田，沉于釜底。凡江北灾区面积，达四万方里，饥民载道，流离转徙。江南大吏筹款施赈，犹苦不济。敦和乃与英商李德立谋，倡办华洋义赈会，推李德立为干事部长，而自与李佳白为书记员，董理会事。

李德立以灾区较广，欲与各教士亲往调查，以便放赈。江督端方恐外人深入灾地，饥民铤走肇衅，商请李德立将捐款交其地方绅士，代为散给。李不允，以书抵江督曰：外洋捐款各户，皆信由中国内地各西教士经赈是款，故慷慨乐输。倘余等董事，承认江督意旨，款归各地华绅赈给，则必大违各捐户之心。既教士不预赈务，则余侪亦不能复向外洋募捐。如谓扰乱之际，虑有莠民滋事，可令教士等但在本境办赈，勿深入荒僻之区，俾华官得以保护。华绅应造饥民册，列灾户人口，经教士调查核实，给发月票。一切办法，可与中国政府相辅而行，使余等不失信于外洋各捐户，敢请俯允云云。江督仍游移。敦和知江督意在慎重外人生命，防患未然，为婉商于李德立。李乃言如教士在办赈所遇有意外,不关国际交涉。彼此疑虑,遂各释然,裨益赈务不小。

上海华洋义赈会既开办,敦和与中西董事四出募捐,义声远振,施银助粮,络绎于道。美总统罗斯福,亦宣告国民,令尽救灾恤邻之谊,集款至五十万金元。其余中西捐款,数亦不资,共得百六十万元。是年值敦和五十初度,亲友致送寿礼千余元,并自备筵资百元,悉以助赈。明年春,敦和复与英商伊德,就上海张氏味莼园,设万国赛珍会,中外士女列肆售物,所得之资,即充赈款。四日之中,凡得七万余元。

是役也,会设于上海,而于镇江储积银米,分解灾区。敦和与中西议董,商定放赈方法四则:

一、工赈,以工代赈。本会曾屡告于政府,须大兴工程,如筑铁路、修道路、浚河道、筑堤堰等,工赈有数善焉:(一)可容多数贫民工作,以获资存活,不致束手待毙;(二)工程既毕,必与地方大有裨益;(三)浚河筑堤,可永免水灾之害。目下宿迁已开办工赈,他处亦当仿办。

二、低价粜粮。灾民赤贫如洗,而官赈但有铜圆。本会乃决议购运麦粉,以低价粜给灾民。麦粉每包五十斤,减价售银一两二钱三分,仅占成本三分之二。每包复分作小包,包约数斤,令灾民持票购粉。

三、赈给。至灾民之极贫而患病不能工作者,既未获得赈钱,赤手空拳,何能得食。其地方分会董事,查悉确实极贫,则给以钱米。

四、散给籽粮。本会购备澳洲麦种五百石,运至灾区,散给田农以明年籽粮。

是项方法,经中西董事及地方官绅通过实行。捐款既多,推行尤力,自丙午迄丁未,计浚河几六百里,筑路几四百里,造桥三十余座,统计受赈之民一百二十一万余人。越三年,为宣统庚戌,皖属颍州、凤阳等府十余州县,霖雨为灾,大水骤至,皖民昏垫。同于丙申,皖抚朱家宝请于朝,派敦和与美国博士福开森,董理华洋义赈会事,办法一如丙申。而江北淮徐海各属同时告灾,复以赈皖之法赈之。中西人士及海外华侨皆高敦和之义,捐资助赈,凡得一百四十余万元,所全活一百三万余人。凶年之后,继以大疫。敦和为组织医队,携带中西药品,前往救治。江淮之间,三五年中,两被奇荒,公私扫地,而居民尚有孑遗者,敦和联合西人筹办义赈之力也。然敦和未尝自伐,每与人言义赈成绩,必首推李德立,次及福开森,谓非两君提倡之功不及此,以故西人咸乐为赞助云。

敦和之以慈善名也,始于红十字会,继以华洋义赈,而今则以医院。其办医院也,仿自光绪戊申之秋。时则上海时疫大行,患之者或朝发而夕死,俗称之为瘪螺痧。西人恐其传染也,特设医院,治华人之患瘪螺痧者,华人不愿往。敦和谂知西医柯师,发明盐水注射机器,灌治时疫,可以起死回生。又以病人不愿入外国医院,虑为西人借口,乃就上海租界自设时疫医院两处。倡捐五百元,募款八千余元,为开办经费。延中西义务医生六人诊治之,愈五百余人。其明年,以住院人多,推广病舍,而成绩亦愈著。计戊申、己酉、庚戌三年中医活,殆六千余人,有海关巡船长西人卡尔生,亦被救治。时疫医院之名震中外,是为中国自立医院之导源。

庚戌十月,上海鼠疫作。租界工部局饬医按户检验,居民苦之。适有以疫死者六人,讹言大起,群情汹汹,几成巨变。然工部局仍坚持防疫之议不少让,官绅虽甚患之,无如何也。甬人苏葆笙、粤人陈炳谦以自立医院之谋告敦和。敦和偕绅商就商工部局,反复辩难,历五小时,工部局许之,猝然问曰:凡办医院,必须有资望有学问之人,中国人谁能如此者? 在座绅商,以敦和应。工部局素闻时疫医院名,稔知敦和能,乃曰如沈君者,可以承认,但检疫不可间断,中国医院之成,请以四日为限。闻者皆有难色。敦和出,大会士民,登台演说,力言治安不可扰,主权不可损,医院成立不可缓。慷慨激昂,继以挥涕,会场千余人,无不感动者。粤人张子标让宝山县境之补萝园为院舍,议值四万,子标仅收三万三千,余七千及园中什物,悉输医院。十月二十二日,中国公立医院成,适当工部局四日之限。

时值上海银市恐慌,绅商自救不赡,然闻敦和之风,莫不解囊相助,苏松太道刘燕翼亦请款万两为之倡,医院经费沛然。敦和总理院事,派遣华人之习西医者四人,女医一人,照工部局指定地段,分途按户检查,计居民二千四百余家,十日查竣。开封路有李陈氏者,病势剧,状类疫,舁入医院,由西医亨司德针取血点考验,知系伤寒,证明非疫。敦和为延华医,施方药,三日而愈,于是公立医院信用昭著,人心大安。医生查验,遂无阻力,西人亦刊报称善。

宣统辛亥正月,工部局示谕,规定租界防疫永久办法五条。略言凡华人患疫,其查验隔避诊治各事,概归华人医院办理。又种痘治霍乱等症,及关于人身一切,亦归华人自行办理。其见重于西人如此,租界华人始有自立之资格矣。医院信用既著,华人患病者,鼠疫、非鼠疫皆来求治。补萝园不能容,乃与大清红十字会合设分医院于天津路,病者称便。

自公立医院开办,上海鼠疫遂息,而盛行于东三省。中西官商,惧疫之由北而南也,开会筹议,咸请敦和推广防范。而法总领事,更请于该租界内另设医院,以免向隅。敦和力任其难,为请苏松太道刘燕翼通禀督抚,奏拨经费,电旨报可。于是敦和续购公立医院毗近隙地十亩许,增建养病舍、沐浴室、殡殓所、化验疫质所,及水池、水塔、电灯之属,规制益宏,而于法租界内,则赁定福开森路之汪氏余村园,鸠工改葺,克日成立,是谓中国防疫医院。一应经费,悉由官给,不动公立医院丝毫捐款。法人对于租界主权,最为注重,虽极细故,均弗许通融。至是敦和宣言该院办法,一如公立医院成议,法公董局竟欣然乐从,其见重外人如此。会海宁路天宝里翁姓家,偶见鼠疫,不数日其二女即相继染疫毙,辗转迁避,寓居法界嘉善旅馆。翁妻郑氏,疫势复剧,腋核纹起,热逾百度,已渐濒危险。当为该院查悉,令之入院,悉心调治,卒获大痊,未至滋蔓。以故福建、广东、台湾、香港等埠鼠疫时作时止,惟上海终得保为无疫口岸,西人皆推服敦和,而上海居民尤感激敦和不置。

案医院之成立,虽为慈善事业,实含有外交之性质。当工部局检疫时,沪上讹言,一日数惊。强者与外人相持,弱者挈家逃避,纷纷扰扰,如大敌之当前,追兵之在后也。时无敦和,则医院必不成,医院不成,则此事遂无结束。歌舞之地,变为寂寞之滨,可计日待也。敦和一奋袂而措沪上于泰山之安,不特国人望公如岁,即西人亦未尝不心悦而诚服焉。此为敦和平生第一快事。

敦和好善之诚,根于天性,故生平所营慈善事业甚多。以上所述,皆与政治外交有关系者。方办华洋义赈时,上海有妓女赛桂芬,受鸨母酷虐,足不能行,乘车至西门觅济良所不得,痛苦道旁,巡防局送至县署,县令讯知其伤足之由,当堂在足心取出铁钉长二寸余,已血锈矣。席子佩、汪汉溪以告敦和。敦和恻然曰:此亦苍生忍坐视乎?集资在四马路另设济良分所,群推敦和为华董。凡妓女受鸨凌虐者,即可就近投入留养。又商请会审公廨,禁十四岁以下女子之为妓者,虐妓之风颇息。其余力所能及,犹卓卓如此,则其它可知矣。

教育家之沈敦和

天足会之接办　女学堂之成立
女学堂之成绩　沭阳女学堂之建议

教育之兴,其必自家庭始乎?古者男子八岁入小学,出就外傅,八岁以前未必以天年为游戏,有家庭教育在也。童子跬步不离母,则家庭教育之责即在母,是故女学者教育之源也。诗三百篇,多妇人之作。汉唐之际,女子文采,常散见于史乘,其时女学犹可言也。宋元以降,学说多歧,流风遂息,重以刖足之刑,创巨痛深,精力弱而智识短。识字读书十不获一,家庭之间鲜闻母教,教育之源从此涸矣。故欲言教育,必兴女学,欲兴女学,必禁缠足。其相维相系之故,今日缙绅先生类能言之。而导此说以先路,开东南之风气者,则沈敦和之功不在禹下也。

先是英儒李德立之夫人,久寓中国,欲除妇女缠足之害,曾编诗歌以劝诫之,号曰上海天足会。凡内地有教堂之处,皆附设此会,四出劝导。其时中国风气未开,又其事为教会所起,发行之十余年,罕有应者。光绪甲辰,李夫人将回国。敦和时以办红十字会著慈善名,李夫人以后事嘱敦和。会孝钦显皇后颁诏天下,申缠足之禁。上海绅商学界特开大会,公推敦和为天足会会长,是为中国天足会之始。

敦和既任会长,手定章程三十余条,令会员子女,互通婚姻,以除社会之障蔽;并令会中天足女子,佩戴徽章,以别于婢媪之装束。时时开会演说,刊布谕旨及诗歌小说,委曲譬劝,无微不至。报章流传,闻风兴起。于是福建之福州、厦门、汕头,浙江之杭州、金华、台州、诸暨、兰溪、桐乡,江苏之苏州、镇江、扬州、清江、华亭、张揭,山东之威海等地方,次第设天足分会。会员题名,各以千计,行之期年,成效大著。

敦和谋于众,曰:中国女子以持门户保子孙为义务者也,今放足而不读书,不习艺,散步游行,日荒于嬉,是徒焕发其精神,而未增长其智识,仍无以全女子之资格也,是非兴女学不可。有以经费支绌为虑者,敦和曰:是诚在我。乃在上海设女学堂,即名曰天足会女学堂,嘱其夫人章兰,总理校事。定章程二十余条,其大要有六:

一、宗旨。授以妇女切要之学业,保其天赋之能力,兼德育、智育、体育三者而并教之,使具自治之资格,以为自立之基础。俾能主持家政,教育子女,为完全无缺之女子。

二、进学。凡学生入校,必须妥觅保人,填写本校印就保单,年岁、籍贯、父母、夫家姓名、住址、职业,以及承受委托放假休息时来领之人姓名,均于单上一一注明。如该生戚族,非所指定来领之人,只可来校探访,不得将该生领出,以严防范。其有品行亏缺,志气昏惰,屡戒不悛者,由校长随时斥退。

三、学级。本校凡设四科,曰正科,曰预科,曰艺科,曰师范科。正科以曾读书粗通文义者入之,三年卒业;预科以未读书或读而未明者入之,二年卒业,升入正科;艺科以愿专习工艺者入之,一年卒业;师范科以文理通达,程度相当者入之,一年卒业。

四、学龄。正科预科,以年在十四岁以上、二十四岁以下为合格;艺科不限年岁;师范科以年在二十岁以上为合格。

五、科目。正科预科科目十二:修身、国文、外国文语、算学、历史、地理、物理、女红、家政、图画、乐歌、体操。艺科科目十:手编、抽丝、花边、盘扣、绕绒、裁缝、造花、机缝、机器织布、手绣。师范科科目十二:修身、国文、经学、历史、地理、家政、学校管理法、女红、图画、物理、乐歌、体操。

六、游学。本校卒业学生,如有志游学外洋,无论东西均可领给护照,并为代觅肄业相宜之学堂,随时函请外洋天足会会员,妥为照料。

章程之外,并有宿舍详章十四条、课堂详章十条、请假详章六条、寄宿简约十七条。虑藻周密,礼禁未然。初定额住堂学生一百名,通学生四十名,其后逐渐推广,校舍不能容。光绪乙巳、丙午之间,天足会女学堂之声闻天下。时艺科学生先后卒业者已三十九人,皆分往各地教授工艺,或归里以不缠足倡导乡曲。比及三年,正科、艺科卒业者又三十人。明年春,校中添设幼稚园及医学专科。

天足会女学堂之初办也,经费无所出,敦和时时募款,不足则罄私囊以济之。敦和家不中资,如是者四年,凡输入八千金,而夫人章氏又殁。敦和方锐意经营慈善事业,及办理通商银行、华安保险公司等事,不复能兼顾学堂。学堂款奇绌,而管理又难其人,遂即停办。然自敦和任天足会长,提倡女学,内地风气为之一变,比其停办,女学堂已遍天下矣。

当敦和规办女学堂时,沭阳有徐氏妇胡仿兰,以好读书不缠足为翁姑所憎,勒令自尽。敦和闻而大愤,上书江督,谓匹妇之死其事小,进化之阻其事大,请给额旌表胡氏,并罚其翁徐嘉懋重金,就沭阳创办女学堂,以竟胡氏生前之志。江督趣之如议行,沭阳遂有女学堂,敦和之劝女学如此。

案沭阳胡氏之狱,查赈委员宋康复首白其冤,而江苏教育总会与江北旅沪学界继之。敦和以天足会长仗义执言,尤为名正言顺。时沭阳某令治斯狱颇袒徐嘉懋,敦和再禀揭其奸,而江督遂札县定案,故士论皆归美于敦和。

敦和自在南洋,即为同文馆教习、水雷鱼雷学堂、水师学堂提调,在山西创办晋省大学堂,比解组归沪,又为华童公学校董,设红十字会医学堂,其于学务,可谓阅历深而成效著矣。然握教育之枢纽,启世界之光明,则当以天足会女学堂为最巨。吾尝闻章夫人论办天足会女学之难,谓国人程度不高,少见多怪;儇薄好事之徒,推波助澜;或造作不根之谈,以快其私怨,生机一线,几被摧夷云云。以此见非常之原黎民所惧,而益叹敦和之心精力果为不可及也。

结　论

综观以上各节,则沈敦和之为当今伟人,确然无可疑者;为将来吾国历史上之伟人,亦确然无可疑者。盖推其用兵之道,足以振国威;扩其外交之能,足以光坛坫;大其慈善之量,足以保小民;充其教育之源,足以谋进化。使敦和而得位乘时,其设施必有可观者。然且位不进,禄不及,手无斧柯,奈龟山何? 此天下之人为敦和惜者也。

虽然今日中国之朝局,犹弈棋耳,敦和之前途若何,吾诚不敢预为论定。顾吾所望于敦和者,不在厚禄,不在高官,而专在于实业。何则? 中国之民穷财尽,至今日而极矣! 言乎重农,而农则流离载道;言乎重商,而商则亏倒相闻。信义不相维,骨肉不相保,吁嗟吾民! 此岂尚是人世乎? 揆厥原因,则兵战之赔款,商战之岁输,有以致之。调查近年海关贸易册,洋货进口,总在四万一千万两以上;而土货出口,不过三万三千万两左右。出入相衡,每岁不敷常在八千万两上下。益以岁出赔款五千数百万两,则漏卮在一万三千万两上矣。金钱输出,如此其多,累岁穷年,母财安得不竭? 此所以演成近来市面之大恐慌也。夫赔款无可如何者也,商战可以挽回者也,挽回维何? 改良土货,以谋出口之进步而已。故今日之中国,练兵兴学,不足以救亡。言邦交,言吏治,不足以救亡,救亡之道,惟在实业。时有伟人,忍令其坐以待毙乎? 故吾所望于沈敦和者不在彼而在此。

征之吾国之历史,一治一乱之故,未有不与生计相为表里者也。其乱也,必由于生齿日烦,地不加辟。一人之衣食,分而贻之两人,则两人皆不给矣,更分而贻之三人五人,则饥寒随之矣。弱者转沟壑,强者为盗贼。积盗贼之多数,以成为帝王之羽翼,原野餍肉,川谷流血,杀人如麻,户口稀少,然后可以拨乱而返治。聚五人十人之衣食,以供一二人之饱暖,民乃恋恋于太平之乐而不敢为非故。夫暴君奸相,自戕其身而已,害不足以及国也。顾天命畏民喦者,君臣相戒之词,而非其事实也。治乱之源,是在生计;当今之患,即在人多。然以吾国土地之广,物产之饶,及今而安排之,犹足以为善国。孔子曰:君子信,而后劳其民。敦和之见信于社会久矣！实业之兴,非敦和之望而谁望乎?

夫敦和固非无意于实业者！其在北洋,则有金矿煤矿之阅历;其办沪宁铁路,则有上海无锡五百里之成绩;其在上海,则经办中国通商银行,创设华安水火人寿保险两公司、华纶机织绸缎公司,固明明为实业界有关系之人物。吾犹记宣统庚戌之冬,钱市风潮大起,敦和曾著一论,推母财涸竭之由,为推广土货之计。其言曰:欧美各国,取精用宏,其需吾土货多多益善,诚使吾国朝野一心,提倡实业,于种植、畜牧各大问题,一一殚精竭虑,研究改良,力谋进步,则不但漏卮可塞,而富强无难立致。东三省荒地累累,弥望肥沃,本为天然利薮。近年各直省水旱为灾,饥民载道,奚止亿兆。苟能设法量移,畀之开垦,定必事半功倍。而禁烟之后,向种罂粟之地,尤当赶令改种土货。庶几土货之出产日益蕃,外货之销路日益滞,于是因势利导,一力进行,必使出口之数,超过于进口之数,以暗为挹注,则中国母财自然潜滋暗长。本固者枝荣,源远者流长。而谓金融机关,犹有今日之恐慌,吾不信也。吾又记敦和招待美国实业团时,曾与美团画振兴商务之策,一曰设立中美货品陈列所,二曰互派中美商务调查员,三曰设立中美联合银行,四曰设立中美交通轮船公司。并抵书上海商务总会,力陈联美之不可缓,其言至为痛切。以此观之,则敦和如炬之眼光,迥非寻常实业家所能几及。孟子曰:虽有智慧,不如乘势,虽有镃基,不如待时。今日中国之时势,厝火于积薪之下耳,岂尚有可待者耶? 三年小变,五年大变,江河日下,来日大难。苟有镃基,苟有智慧,但当急取直追,以求所谓当务之急而已。改良政治不易言,改良社会,亦岂空言所能至耶? 吾于敦和之行事,敬之信之,祝以香花,奉以神明。吾著此书,吾不敢为溢美之词,而直名之为兵家,为外交家,为慈善家,为教育家,吾尤濡笔以待敦和之为实业家。(宣统三年四月出版 著作者南苕外史 校阅者眛秋簃 印刷者集成图书公司)

二、追述沈仲礼君之家庭
乐童 孝娥

沈仲礼先生当今之大慈善家也,办红十字会及公立医院,实心实力,名震寰区。按公幼时游学英国,毕业于英最高等之铅勃立治之大学堂。故公于中西两文,皆臻绝顶,寓沪西儒皆尊重之。工局设立华童公学,延为掌教。工部局议事厅,公亦列席其间,凡此出类拔萃华人参与西政,实为不可多见之事。前清时为记名海关道,山西教案,办理极善。至令英国将赔款捐办山西大学堂,既不辱主权,复功归实际。如外交尽能若此,尚有何憾乎哉?逮至民国,授以三等文虎章,以彰功绩。上海光复,伤兵络绎至医院,公不但亲督医治,且驾汽车至战场寻觅,见义勇为,不避艰险。办鼠疫时,设公立医院,亦力任其难,不解劳瘁。凡此彰彰在人耳目之大事,公能不落人后,收美满之功。虽大半出于勇于任事之性,而才为世用,真能不负其所学者也。

公之历史与政绩知之者尚众,而公之家庭,知之者卒甚鲜也。公名敦和,浙江宁波人。其夫人乐氏,大雅春风,极能容物。公之姬妾及婢仆人数众多,无不颂其德惠。夫人对人语言,和蔼可亲,彬彬有礼,其统众亦明察秋毫,宽严并济,真不愧有大家风范,闺门表率。且其持身节俭,除宽于赏给下人外,不肯有所浪费。公之二夫人章氏,博学多才,曾为天足会会长、某女学校校董。与亲戚相周旋,圆转如意,长于应对,佐理家政,不愧谓贤内助。惜天不永年,未享上寿。卒后葬于上海宝山县界之某地,闻与宋渔父之墓相去不远。出殡之日,执绋者盈途,不亚于公。虽亲友多出公之交情,然章夫人生前若无感人之处,追悼者亦无如是之殷勤也。公之姬妾约五六人,内多识字知书之女文豪。公一一分配之,令某姬司笔札,某姬理中馈,某姬理巾栉,某姬司箱箧,乐夫人总理其出纳之大纲,而家政秩然井然,不致有所紊乱也。

公晨起阅报,不以观而以听,报令识字之姬朗诵之。公以耳代目,亦生面别开之一端也。将出,令司巾栉之姬盥漱栉沐。事毕,则登车至每日办事处,如通商银行、华安公司等遍莅一周,复返而及于酬应之事。公不溺烟酒,生平无嗜好。公暇多在休息室中独坐静养,宜乎年逾花甲而能康强如少年也。公平日多宿于诸姬处,惟除夕至大夫人房中过宿一宵。元旦家宴,不杂他客。逢节开筵亦甚丰腆。其公子厚生先生,亦长于中西文学,现为汉阳铁厂某处坐办。媳山西人,为前清某观察之女。公子雍容,能识大体,事翁姑亦甚和顺,惟娶久不育,因此沈公少食饴之乐,此亦一憾事。然公为大慈善家,后嗣必有大兴其门闾者,不过眼前稍觉寂寞耳。甬绅在沪负有鼎鼎之大名者,不过五六人而已,而公实此五六人中之一。沪上各种善举及公益事业,莫不有公名列入其中,或为人推作为董事会员,可想见其为人任事实心,信乎中外,居家自奉,均有治法也矣。(《妇女旬刊》,1922 年第 91 期)

附录二:电报韵目代日表

日期	韵目					日期	韵母			替代
	上平声	下平声	上声	去声	入声		上声	去声	入声	
1	东	先	董	送	屋	16	铣	谏	叶	
2	冬	萧	肿	宋	沃	17	筱	霰	洽	
3	江	肴	讲	绛	觉	18	巧	啸		
4	支	豪	纸	寘	质	19	晧	效		
5	微	歌	尾	未	物	20	哿	号		
6	鱼	麻	语	御	月	21	马	个		
7	虞	阳	麌	遇	曷	22	养	祃		
8	齐	庚	荠	霁	黠	23	梗	漾		
9	佳	青	蟹	泰	屑	24	迥	敬		
10	灰	蒸	贿	卦	药	25	有	径		
11	真	尤	轸	队	陌	26	寝	宥		
12	文	侵	吻	震	锡	27	感	沁		
13	元	覃	阮	问	职	28	俭	勘		
14	寒	盐	旱	愿	缉	29	赚	艳		
15	删	咸	潸	翰	合	30		陷		卅
						31				世、引

注:30 日,按规定该用"陷",但是于军队不吉利,忌用,便用"卅"(卅,音 sà,就是三十)字代替。公历 31 日没有韵目可用,通常都用"世"或"引"字来代替;"世"字是"卅一"的合写,"引"字则像阿拉伯数字"31"。

参考文献

一、报刊

《申报》《时报》《万国公报》《大公报》《新闻报》《湘报》《昌言报》《顺天时报》《东方杂志》《环球中国学生报》《天足会报》《万国商业月报》《中国红十字会杂志》《妇女旬刊》《中国实业杂志》《江苏公报》。

二、著作

（美）弗朗西斯·亨利·尼科尔斯著：《穿越神秘的陕西》，三秦出版社 2009 年版。

（美）李提摩太：《李提摩太在华回忆录》，江苏凤凰文艺出版社 2018 年版。

曹聚仁：《上海春秋》，生活·读书·新知三联书店 2007 年版。

陈占彪编著：《清末民初万国博览会亲历记》，商务印书馆 2010 年版。

池子华、丁泽丽、傅亮主编：《〈新闻报〉上的红十字》，合肥工业大学出版社 2014 年版。

池子华、傅亮、张丽萍、王丽萍主编：《〈大公报〉上的红十字》，合肥工业大学出版社 2012 年版。

池子华、郝如一主编：《中国红十字（1904—2004）历史编年》，安徽人民出版社 2005 年版。

池子华主编：《中国红十字运动大事编年》，合肥工业大学出版社 2018 年版。

池子华著：《近代的红十字运动历史变迁》（上），合肥工业大学出版社 2018 年版。

李鸿章著，顾廷龙、戴逸主编：《李鸿章全集》（十一），安徽教育出版社 2008 年版。

李志茗著:《赵凤昌评传》,上海古籍出版社 2019 年版。

刘德隆、刘瑀编著:《刘鹗年谱长编》,上海交通大学出版社 2018 年版。

刘坤一著,陈代湘点校:《刘坤一集》(五),岳麓书社 2018 年版。

刘时觉编著:《浙江医籍考》,人民卫生出版社 2008 年版。

南苕外史著:《沈敦和》,上海集成图书公司 1911 年版。

宁波市政协文史委员会编:《上海总商会的宁波人》,中国文史出版社 2010 年版。

宁树藩主编:《中国地区比较新闻史》上,复旦大学出版社 2018 年版。

秦国经主编:《中国第一历史档案馆藏清代官员履历档案全编》,华东师范大学出版 1995 年版。

青岛市博物馆等编:《德国侵占胶州湾史料选编 1897—1898》,山东人民出版社 1986 年版。

本书编委会编:《大清万国红十字会档案》,全国图书馆文献缩微复制中心 2009 年版。

上海市工商业联合会编:《上海总商会议事录》,上海古籍出版社 2010 年版。

沈敦和著:《英法俄德四国志略》四卷,上海图书集成印书社 1896 年版。

沈敦和著:《自强军创制公言》,上海顺成书局石印 1898 年版。

沈云龙编:《近代中国史资料丛刊》第三辑《吕海寰往来电函录稿》,台北文海出版有限公司 1978 年版。

孙宝瑄著:《忘山庐日记》,上海人民出版社 2015 年版。

汤志钧主编:《近代上海大事记》,上海辞书出版社 1989 年版。

汪熙主编:《汉冶萍公司》(三),上海人民出版社 2004 年版。

夏东元著:《洋务运动史》,华东师范大学出版社 1992 年版。

谢俊美编:《中国通商银行》,上海人民出版社 2000 年版。

熊希龄著:《熊希龄先生遗稿》,上海书店 1998 年版。

虞和平编:《经元善集》,华中师范大学出版社 1988 年版。

张荣华编校:《康有为往来书信集》,中国人民大学出版社 2012 年版。

张晓编著:《近代汉译西学书目提要——明末至 1919》,北京大学出版社 2012 年版。

张元济著:《张元济全集》第二卷,商务印书馆 2007 年版。

张元济著:《张元济日记》,河北教育出版社 2001 年版。

张之洞著,张志欣主编:《张之洞全集》,河北人民出版社 1998 年版。

赵生瑞著:《中国清代营房史》(下册),中国建筑工业出版社 1999 年版。

中国第一历史档案馆、福建师范大学历史系编:《清末教案》第三册,中华书局 1998 年版。

中国红十字会总办事处编:《慈善近录》,1924 年印行。

中国红十字会总会编:《中国红十字会历史资料选编 1904—1949》,南京大学出版社 1993 年版。

中国历史研究社编:《庚子国变记拳变余闻》,上海书店 1982 年版。

周秋光著:《红十字会在中国 1904—1927》,人民出版社 2008 年版。

后 记

也许是冥冥之中的感召，恰逢一代慈善家沈敦和逝世一百年的 2020 年初夏的一个下午，我接到鄞州区红十字会党组书记、常务副会长李鹏程先生的电话，说是他们六七年前与宁波市红十字会发起编纂的《中国红十字运动奠基人沈敦和年谱长编》一书，使人们对中国红十字会主要缔造者沈敦和及其在中国红十字运动历史上的地位有了大致了解，作为家乡红十字工作者深感自豪与振奋。但他们意犹未尽，希望对记载沈敦和生平事迹的文献史料有一个更加全面翔实的整理，特别是在其逝世一百周年之际，进行此项工作对于纪念红十字运动的先驱，传承红十字运动的历史传统，弘扬红十字精神，激励人们更好地投身红十字事业更加富有价值与意义。对此，本人感到责无旁贷。于是，在鄞州区红十字会的大力支持与组织下，在原有基础上，多方收集文献资料，并增加历史图片的搜集。经过近一年的努力，终于完成书稿并付梓出版。

本书在编纂与出版过程中，得到了诸多单位与友人的支持与帮助，特别是鄞州区红十字会领导多次与本人深入交流，予以鼓励与支持，并提供经费保障。原中国红十字会副会长、现红十字国际学院院长王汝鹏先生为本书作序，予以鼓励。上海市图书馆、宁波市图书馆、宁波市档案馆以及宁波大学图书馆、宁波大学人文与传媒学院资料室等在资料收集与查阅方面给予了很大便利。在书稿修改阶段，浙江省红十字会张孚传先生通读全书，进行了仔细的校对，特别是苏州大学中国红十字运动研究中心主任池子华教授认真负责，不仅提出了很好的意见与建议，还亲力亲为，对书稿中的差错逐字逐句进行改正，实在令人感动。我的研究生赵薇、程凤娟、黎浩智以及毛雨静等同学在资料整理方面也做了不少工作。在此一并表示谢意。

由于本人水平有限,加之时间仓促,本书还存在着诸多的不足与欠缺,在此敬请广大读者批评指正。

孙善根于宁波大学宁波帮研究中心

2021 年 3 月

再改于 2021 年 6 月

图书在版编目(CIP)数据

中国红十字会第一人:沈敦和史事编年 / 孙善根编
著. —杭州 : 浙江大学出版社,2021.12
ISBN 978-7-308-22106-1

Ⅰ.①中… Ⅱ.①孙… Ⅲ.①沈敦和(1857—1920)
—生平事迹 Ⅳ.①K827=52

中国版本图书馆 CIP 数据核字(2021)第 248165 号

中国红十字会第一人

——沈敦和史事编年

孙善根　编著

责任编辑	胡　畔	
责任校对	吴　超	
封面设计	周　灵	
出版发行	浙江大学出版社	
	(杭州市天目山路 148 号　邮政编码 310007)	
	(网址:http://www.zjupress.com)	
排　　版	浙江时代出版服务有限公司	
印　　刷	杭州宏雅印刷有限公司	
开　　本	710mm×1000mm　1/16	
印　　张	28	
字　　数	500 千	
版 印 次	2021 年 12 月第 1 版　2021 年 12 月第 1 次印刷	
书　　号	ISBN 978-7-308-22106-1	
定　　价	88.00 元	